· 安徽师范大学文学院学术文库 ·

先唐文史考论

XIANTANG WENSHI KAOLUN

刘运好 著

安徽师范大学出版社

· 芜湖 ·

责任编辑：胡志恒

装帧设计：杨　群　欧阳显根

责任印制：郭行洲

图书在版编目（CIP）数据

先唐文史考论 / 刘运好著. —芜湖：安徽师范大学出版社，2014.12

（安徽师范大学文学院学术文库）

ISBN 978-7-5676-1176-4

Ⅰ.①先… Ⅱ.①刘… Ⅲ.①文史—中国—古代—文集 Ⅳ.①C52

中国版本图书馆CIP数据核字（2014）第001581号

本书由安徽师范大学教育基金会宝文基金资助出版

先唐文史考论

刘运好　著

出版发行：安徽师范大学出版社

　　　　　芜湖市九华南路189号安徽师范大学花津校区　　邮政编码：241002

网　　址：http://www.ahnupress.com/

发 行 部：0553-3883578 5910327 5910310（传真）　　E-mail：asdcbsfxb@126.com

印　　刷：安徽芜湖新华印务有限责任公司

版　　次：2014年12月第1版

印　　次：2014年12月第1次印刷

规　　格：700×1000　1/16

印　　张：20.75

字　　数：339千

书　　号：ISBN 978-7-5676-1176-4

定　　价：42.00元

总 序

安徽师范大学文学院的前身是1928年建立的省立安徽大学中国文学系,是安徽省高校办学历史最悠久的四个院系之一。这里人才荟萃,刘文典、郁达夫、苏雪林、周予同、潘重规、卫仲璠、宛敏灏、张涤华、祖保泉等著名学者都曾在此工作过,他们高尚的师德、杰出的学术成就凝固成了我院的优良传统,培养出了一大批出类拔萃的各类人才。

文学院现设有汉语言文学、汉语言、秘书学、汉语国际教育等4个本科专业;文学研究所、语言研究所、古籍整理研究所、美育与审美文化研究所、艺术文化学研究中心等5个研究所(中心)。拥有中国语言文学博士后科研流动站,中国语言文学一级学科博士点,中国语言文学、艺术学理论2个一级学科硕士学位点;设有中国古代文学等10个硕士学位二级学科授权点和学科教学(语文)、汉语国际教育两个专业学位点;有1个安徽省A类重点学科(中国语言文学),3个安徽省B类重点学科(中国古代文学、汉语言文字学、中国现当代文学);1个国家级特色专业建设点(汉语言文学专业),1个国家级教学团队(中国古代文学),2门国家级精品课程(文学理论、大学语文),1个省级刊物(《学语文》)。

文学院师资科研力量雄厚,现有专任教师82人,其中教授26人,副教授40人,博士51人。2009年以来,本学科共主持省部级以上科研项目74项,其中国家社科基金项目20项(含重大招标项目1项),获得省部级以上奖励13项。教师中,有国家首届教学名师1人,享受国务院特殊津贴12人,皖江学者3人,二级教授8人,5人入选省级学术和技术带头人,6人入选省级学术和技术带头人后备人选。

走过80多年的风雨征程,目前中文学科方向齐全,拥有很多相对稳定、特色鲜明的研究领域。唐诗研究、"二陆"研究、宋辽金文学研究、词学研究、现代小说及理论批评研究、当代文学现象研究、《文心雕龙》研究、古典诗歌接受史研究、梵汉对音研究、句法语义接口研究、儿童语言习得研究等在全国居于领先地位或在学术界有较大影响。特别是李商隐研究的系列成果已成为传世经典，国务院学位委员会委员、北京大学教授袁行霈先生说，本学科的李商隐研究，直接推动了《中国文学史》的改写。

经过几代人的薪火相传，中文学科养成了严谨扎实的学术传统，培育了开拓创新的学术精神，打造了精诚合作的学术团队，形成了理论研究与服务社会相结合、扎根传统与关注当下相结合、立足本位与学科交融相结合、历代书面文献与当代口传文献并重的学科特色。

新世纪以来，随着老一辈学者相继退休，中文学科逐渐进入了新老交替的时期，如何继承、弘扬老一辈学者的学术传统，如何开启中文学科的新篇章，成了摆在我们面前的迫切任务。基于这一初衷，我们特编选了这套丛书，名之为"安徽师范大学文学院学术文库"，计划做成开放式丛书，一直出版下去。我们认为对过去的学术成果进行阶段性归纳汇集，很有必要，也很有意义，可以向学界整体推介我院的学术研究，展现学术影响力。

现在呈现在读者眼前的是第一辑，文集作者均是资深教授或博士生导师，有年高德劭的老一辈专家，有能独当一面的中年学术骨干，有崭露头角的青年才俊，可以反映出文学院近年科研的研究特点与研究范式。

新时代，新篇章。文学院经过八十余年的风雨砥砺，取得了辉煌的成就。赭塔晴岚见证了我们的发展，花津水韵预示着我们会更上层楼；"傍青冥而颉颃白日，出幽谷而翱翔碧云"。我们坚信，承载着八十多年的历史积淀，文学院的各项事业必将走向更大的辉煌！

我们拭目以待……

丁　放　　储泰松
2014年8月

目　录

上编　文化

"巫医"非为贱业考辨
——释《论语》"人而无恒,不可以作巫医"

引言:对"巫医"职业性质的两种阐释

关于《论语·子路》"人而无恒,不可以作巫医"之"巫医"的职业性质与社会地位,历代注《论语》颇有歧义,主要解释分为两类:"巫医为贱业"说,"巫医非贱业"说。

(一)"巫医为贱业"说

此说以宋儒为主,元明清亦间有持其说者。举其要者如下:(1)宋陈祥道《论语全解》:"荀卿曰:趋舍无定谓之无常,巫医贱技,然人所委听,犹不可以无常,况不为巫医者乎?"① (2)宋朱熹《四书集注》:"巫所以交鬼神,医所以寄死生,故虽贱役,而犹不可以无常。孔子称其言而善之。"② 宋真德秀《四书集编·论语》亦同此说。(3)宋戴溪《石鼓论语答问》:"人而无常,不特不可为善止,他事亦做不得。其曰不可作巫医者,举有利害者言也。……巫医虽贱技,然死生、祸福与人相关,若使无常之人为之,其害人多也。"③ (4)宋蔡节《论语集说》:"巫所以交鬼神,医所以寄生死也,人而无恒,虽巫医之贱犹不可为也,况其它乎?"④ (5)宋赵顺孙《四书纂疏·论语》:"辅氏曰:无常之人则在我者无定守也,何所用而可? 巫医虽贱役,然必有常乃可为之,盖交鬼神而无常,则鬼神不享,治疾病无常,则人何以敢寄以生死哉?"⑤ (6)元胡炳文《四书通·论语通》:"南国之人甚言无恒之不可,巫交鬼神,医寄生

---

① 《文渊阁四库全书》(第196册),台湾商务印书馆1987年版,第172页。
② 朱熹:《四书集注》,岳麓书社1987年版,第214页。
③ 《文渊阁四库全书》(第199册),台湾商务印书馆1987年版,第74页。
④ 《文渊阁四库全书》(第200册),台湾商务印书馆1987年版,第656页。
⑤ 《文渊阁四库全书》(第201册),台湾商务印书馆1987年版,第414页。

死,虽贱事也尚不可为,况学者乎?"①(7)明葛寅亮《四书湖南讲》:"夫子说南人有言说,人若没了恒常,连巫医这等小道也做不得。"②(8)清宦懋庸《论语稽》引朱注:"故虽贱役而不可以为常,孔子称其言而善之。"③

以上几家注释,或称巫医为"贱技",或称"贱事",或称"小道"等,表述不同,本质则一,均以为巫医为贱业。

(二)"巫医非贱业"说

此说产生于明,盛行于清,其代表性注释有以下几家:(1)明蔡清《四书蒙引》:"南人之言非以巫医为小益,以其重也,故注亦推其本意,云尤不可以无常。"④(2)明焦竑《焦氏四书讲录》:"人而无恒不可以作巫医,南人重巫医上,夫子善之之意,不止此,巫医且不可作,更有甚大事可作得?"⑤(3)清梁章钜《论语旁证》:"《礼记·淄衣》:南人,殷掌卜之人,有遗余之言。考之地理,殷都在鲁南,故曰……则巫医岂易做者,周礼司巫司医者皆是士大夫,试而为之,极其郑重。"⑥(4)清陈鳣《论语古训》:"夫无恒者岂止不可以为巫医,巫医周官列之上士中士,亦非贱役。"⑦(5)清刘宝楠《论语正义》:"巫医者皆包道怀德、学彻天人,故必有恒之人,或以巫医为贱役,非也。"⑧(6)清康有为《论语注》:"巫所以交鬼神,医所以治疾病,非久于其道则不能精。……太古重巫医,故巫医之权最大,埃及、犹太、印度、波斯皆然。犹太先知即巫也,耶氏则兼巫医而为大教主矣。盖巫言魂而通灵,医言体则近于人,其关系最重。故孔子重之,欲其有恒而致精也。"⑨此外,蔡清、焦竑均认为南人重巫医,其意谓巫医非贱业;梁章钜、陈鳣均以《周礼》为据证巫医位列士大夫之阶层,非为贱业;刘宝楠又从道德与学识两方面说明巫医并非贱役;康有为则与西方之"先知"、"大主教"比较说明"巫医之

---

① 《文渊阁四库全书》(第203册),台湾商务印书馆1987年版,第296页。
② 《续修四库全书》(第162册),上海古籍出版社1995年版,第266页。
③ 《续修四库全书》(第157册),上海古籍出版社1995年版,第367页。
④ 《文渊阁四库全书》(第206册),台湾商务印书馆1987年版,第317页。
⑤ 《续修四库全书》(第162册),上海古籍出版社1995年版,第152页。
⑥ 《续修四库全书》(第155册),上海古籍出版社1995年版,第193页。
⑦ 《续修四库全书》(第154册),上海古籍出版社1995年版,第547页。
⑧ 《续修四库全书》(第156册),上海古籍出版社1995年版,第196页。
⑨ 康有为:《论语注》,中华书局1984年版,第201页。

权极大",并明确指出"孔子重之"。其说不同,其意则一,均认为巫医非贱业。

今之学者,有承袭"巫医为贱业"说者,如南怀瑾《论语别裁》曰:"古代认为巫事虽是很浅薄的事,可是没有恒心就学不会。"[①]来可泓《论语直解》:"人如果没有恒心连巫医都做不了。""(孔子)引用南方谚语讲述学贵有恒,并举学巫这一贱业为例,说明有恒之必要。"[②]亦有持"巫医非贱业"说者,如钱穆《论语新解》曰:"惟南人之言,正是重巫医,故谓无恒者不可付以此任。"[③]

比较二说,今人亦以"巫医为贱业"说占据主导地位。乃至今本《辞源》中也释曰:"巫医,古指低贱的职业。"其语证即是《论语·子路》"人而无恒,不可以作巫医"。

"巫医为贱业"与"巫医非贱业"二说对立。从逻辑上看,或是或非,均具有排他性。而正确阐释巫医的职业性质与社会地位,不仅对理解"人而无恒,不可以作巫医"之语义至为重要,对理解孔子思想也十分重要。当然,若仅从《论语·子路》的这句话本身或难作出准确判断,但如果从巫的起源及巫医、巫史之分合,巫与宗教文化及南方区域文化之关系,巫医的身份及其道德智慧之要求,孔子对巫医及祭祀之态度等几个方面综合考察,即可证在孔子之前及孔子时代巫医地位虽有隆降,却并非贱业。

一、巫的起源及巫医、巫史之合分

考察巫医的职业性质及社会地位,首先必须从巫的起源及巫医、巫史之分合关系。

(一)巫的起源和发展

巫起源甚早,甲骨文即有"巫"字。《竹书纪年》卷一记载,黄帝时代"天有严教,以赐帝。帝勿犯也,乃召史,卜之龟燋。"《乾隆御批纲鉴》卷一记载,太昊伏羲氏始作八卦,于是"卜筮生焉"。上古巫史不分,召

---

① 南怀瑾:《论语别裁》,复旦大学出版社2002年版,第629页。
② 来可泓:《论语直解》,复旦大学出版社1996年版,第364页。
③ 钱穆:《论语新解》,生活·读书·新知三联书店2002年版,第345页。

史占卜,说明巫已产生。据《国语·楚语下》载,至少暤时,已出现"夫人作享,家为巫史"的局面,少暤为黄帝之子,说明黄帝时"召史卜之"完全可能。因此,今人杨向奎将"巫的开始"定在"颛顼时代,重、黎'绝地天通'"① 时期,并不准确,颛顼为黄帝之孙,巫的产生必早于这一时期。

由于史料匮乏,我们对上古巫的身份及其变化难以作确切考证。然据《国语·楚语下》可知,夏商之前,巫的身份变化大致可分三个阶段:第一,"民神不杂"期。"古者民神不杂。民之精爽不携贰者,而又能齐肃衷正,其智能上下比义,其圣能光远宣朗,其明能光照之,其聪能听彻之,如是则明神降之,在男曰觋,在女曰巫。"这一时期神明地位崇高,巫处于部落权力核心阶层,确定祭神之位与主次,恭敬神明而为之祝,"心率旧典而为之宗",成为沟通神明与众生之桥梁,因此地位十分隆崇。第二,"家为巫史"期。"及少暤之衰也,九黎乱德,民神杂糅,不可方物,夫人作享,家为巫史,无有要质。民匮于祀,而不知其福。烝享无度,民神同位。"这一时期神明地位下降,巫由部落权力核心阶层而降至氏族家庭,人人享祭,家有巫史,巫由神圣而坠入世俗。第三,"绝地通天"期。"颛顼受之,乃命南正重司天以属神,命火正黎司地以属民,使复旧常,无相侵渎,是谓绝地天通。其后,三苗复九黎之德,尧复育重、黎之后,不亡旧者,使复典之。"重、黎是颛顼之孙②,可见,这一时期,巫与部落贵族身份重合,属于部落最高权力阶层,其地位不仅重振,几已登峰造极。

夏商两代,重、黎后裔仍为巫官,直至周宣王止。《国语·楚语下》曰:"至于夏、商,故重、黎氏世叙天地,而别其主者也。其在周,程休父其后也。当宣王时,失其官守,而为司马氏。"夏代巫除负责传统的世系记载、宗庙祭祀、礼仪制定和天文历象诸事外,甚至直接参与判断诉讼,如《山海经·海内南经》曰:"夏后启之臣曰孟涂,是司神于巴人。请讼于孟涂之所,其衣有血者,乃执之。"商代巫官地位更为隆崇,如《尚书·君奭》:"在太戊,时则有伊陟、臣扈,格于上帝,巫咸乂王家。在祖乙,时则有巫贤。"巫咸为男巫,贤为咸之子。他们不仅"乂王家"——

---

① 杨向奎:《宗周社会与礼乐文明》,人民出版社1992年版,第345页。

② 《山海经·大荒西经》曰:"颛顼生老童,老童生重及黎,帝令重献上天,令黎邛下地。"所谓上天、下地,与"绝地天通"意义相同。由此说可知,重、黎乃老童之子,颛顼之孙。

直接治理政事,且父子爵位相袭。所以,"凭借巫术力量进而握有政治决策实权的巫史集团,不仅是商代的政治精英,更是文化精英。因此,商代政治的特点可以概括为巫政合一,商代文化的特质可以总结为巫史文化。"① 西周巫的地位虽较商略有下降,然仍有世袭者,如上文所言之程休父。其他亦由士大夫担任,"掌群巫之政令"的"司巫"即由中士二人担任。此时巫官专司祭祀,且分工明细,"男巫掌望祀、望衍授号……女巫掌岁时祓除、衅浴。"(《周礼·春官宗伯》)

春秋后巫官不仅存在,据《左传》所载,亦且广泛参与政事,如宣公十二年,"冬,楚子伐楚……申公巫臣曰:'师人多寒。'王巡三军,拊而勉之。"成公二年,"庄公欲纳夏姬。申公巫臣曰:'不可。'……王乃止。"而且上文还详尽记载了巫臣在外交上所起的重要作用。由此可知,巫在春秋仍活跃于社会权力核心阶层,有相当高的社会地位。

由上论述可知,自原始部落至夏、商、周、春秋,虽然巫的地位代有隆降,但至春秋孔子时代,巫仍身属贵族,列职于官,参与国家社会政治、经济生活,地位特殊,影响较大,并非是一种贱业。

(二)巫与医之关系

如上所论,巫起源较早,职能较多,治病亦是其重要一项。段玉裁《说文解字注》:"古代巫彭,初作医。"初作医者为巫,可见巫是医的源头。故俞樾《群经平议》:"巫即医也。"而据符友丰考证,医的本意当与酒有关,它的现行意当源于巫,假借而来②。因此"医"又作"毉",从巫。《山海经·大荒西经》即载巫占卜治病:"有灵山,巫咸、巫即、巫盼、巫彭、巫姑、巫真、巫礼、巫抵、巫谢、巫罗十巫,从此升降,百药爰在。"《春秋公羊传·隐公四年》何休注也曰:"巫者,事鬼神祷解以治病,请福者也。"

虽然,医的名称起源较早,传说扁鹊③、俞跗是黄帝时的医家。然上古之医治病,亦是以占卜为基本手段。如刘向《说苑·辨物》载:"上古之为医者曰苗父,苗父之为医也,以菅为席,以刍为狗,北面而祝。"

---

① 刘乃寅:《商周巫史文化论纲》,《宁夏大学学报》(哲学社会科学版)1997年第4期。
② 符友丰:《"醫"字新释——兼考医、巫先后》,《医古文知识》1997年第2期。
③ 按:此所言之扁鹊,与下文所言之扁鹊非为一人。下文所言之扁鹊,勃海郡郑人,姓秦氏名越人,因其医术高明,人称扁鹊。见《史记·扁鹊仓公列传》。

医苗父之治病以"祝",而甲骨文"祝",似跪而有所祷告之形,《说文》曰:"祝,祭主赞誉者……《易》曰:兑为口为巫。"故祝亦即巫。

而至周代医与巫已单独列于官署,《周礼·天官冢宰》即有医师、食医、疾医、疡医、兽医,然言医者多以巫医并称。如《汲冢周书》卷五:"完民乃归之卿,立巫医具百药以备疾灾。"《尚书大传》卷五:"养以礼食之也,卜筮巫医御于前。"《墨子·迎敌祠》:"举巫医卜有所长,具药,宫之,善为舍。"说明医也并没有真正从巫中独立出来。

春秋以降,以巫治病仍不绝于史籍,如《左传·哀公六年》记载更为明确:"初,昭王有疾,卜曰:河为祟。王弗祭。大夫请祭诸郊。"而且医的形象也带有巫的性质,如《史记·扁鹊仓公列传》记载:"(长桑君)乃悉取其禁方书尽与扁鹊,忽然不见,殆非人也。扁鹊以其言饮药三十日,视见垣一方人。以此视病,尽见五脏症结,特以诊脉为名耳。"把扁鹊学医过程加以神秘化,实际上与巫有难以割舍的关系。然而,随着社会的发展以及礼乐文明的成熟,医更趋于关注现实人生和生命,巫与医也慢慢分离。《史记·扁鹊仓公列传》又谓:"信巫不信医,六不治也。"就明确把治病作为医的职责,从而区分了巫与医不同的职业性质。于是人们对于巫与医的态度也渐渐发生了转化,如《新语·资质》:"卫人有病将死者,扁鹊至其家,欲为治之,病者之父退而不用,乃使灵巫求福请合,对扁鹊而祝,病者卒死。"明显带有贬斥巫的情感色彩。战国晚期,反巫信医更趋强烈,并渐成主流。《韩非子·显学》:"今巫祝之祝人曰使若千秋万秋、千岁万岁之声括耳。而一日之寿,无征于人。此人所以简巫祝也。"不仅对巫祝提出尖锐批评,而且揭示了人轻巫祝的现状。所以说"中国医学的演进,始而巫,继而巫和医混合,再进而巫与医分离"①。

这说明:第一,自三代至春秋医与巫虽经历由合而分的过程,但春秋以后,医与巫也并非界限判然。第二,即使医与巫分离,春秋之前亦均列于官属,并非贱业。

(三)巫与史之关系

上古巫史重合,如上引《国语·楚语下》即有少暤时代"家作巫史"

---

① 李平主编:《中国文化概论》,安徽大学出版社2002年版,第241页。

的记载。《礼记·礼运》卷七亦曰:"祝嘏辞说藏于宗祝巫史,非礼也。"

殷商甲骨文字产生以前,除了一些并不确定的神话传说反映一些历史片断外,商代以前史官的历史记载几乎空白,倒是巫官通过记载占卜卦辞、氏族牒系保存了一些重要的史料。可见,史最初也是巫的一部分,当巫官进行占卜祭祀时,"凡卜筮,君占体,大夫占色,史占墨,卜人占坼。"(《周礼·春官·宗伯》)在西周前,巫史的功能也是重合的,例如《周易》可以说是巫官文化的最高成就,内容大多是占卜卦辞,但如果撕去其神秘面纱,其实质反映的就是上古社会的巫史文化。郭沫若就从其他文献中挖掘出保存在《周易》中的商周史料,而且在对爻辞梳理中发现了中国历史中奴隶的存在以及原始社会的生活画卷①。

随着时代的发展,"王前巫而后史,卜筮瞽侑,皆在左右。"(《礼记·礼运》)史开始慢慢从巫官系统中分离出来。周初史官由尹、史、作册三系构成,史又分大史、小史、内史、外史,多由归化的殷商贵族担任,其地位较高,大史"掌建邦之六典,以逆邦国之治";小史"掌邦国之志,奠系世,辨昭穆";内史"掌王之八柄之法,以诏王治";外史"掌书外令,掌四方之志"(《周礼·春官·宗伯》)。史或可代王宣命,或可代王拟令,而且分工细致,于是传统以宗教为主的巫官文化转变为理性的史官文化。"东周以降,王官失学,巫祝卜史,尽在诸侯。齐地旧俗浓厚,祝官权威,根深蒂固;鲁多太史,故尚能秉持周礼,晋之风尚,祝史混杂,或探究天道,或秉笔直书。春秋晚期,随着政权的下移和社会的动荡,巫史或屈为卿大夫家史,或降为游士。诸子之学,承此而兴。"② 由此可知巫史地位之坠落发生于孔子之后,此前巫史之地位亦且十分隆盛,其侧面亦可证巫非为贱业。

总之,上古巫产生较早,医、史均脱胎于巫。作为间杂有医、史成分的巫的地位也经历了一个由隆而降的转变过程。但至孔子所生活的春秋时代,巫医绝非贱业。

二、"巫"与宗教文化及南方区域文化之关系

如果从巫与宗教文化及南方区域文化之关系考察,亦可证巫医并

① 参见张强:《史官文化与巫官文化及宗教神话之关系》,《江苏社会科学》1994年第4期。
② 孟世杰:《先秦文化史》,上海书店出版社1992年版,第85页。

非贱业。

众所周知,巫与宗教文化密切有关。上古时期,社会生产力低下,文化落后,先民对自然灾害无法抗御,对风雨雷电等自然现象也找不到合理解释,于是就把它们归之于超自然力量的作用,从而产生了宗教文化,巫也应运而生。而上古巫史不分,巫史既是彼时盛行的宗教文化的主要承载者,也是宗教文化的传播者与创造者,如《左传·昭公二十年》所言"祝史祭祀,陈信不愧"。在进入国家制后,巫的地位互有隆降,然在其特殊的政治活动中,依然影响国家政治经济生活。巫的这一特殊地位推动了宗教文化传播。一些较早的宗教文化,如传说神农时《蜡辞》及后来的甲骨卜辞、《易卦爻辞》,大都是巫觋祭祀占卜而作。

上古宗教文化之所以如此盛行,也与原始氏族首领、古代君王的认同、利用与积极推行不无关系。因为,"元后和群后阶级不甚悬殊,非托之神灵,不足以示尊而驭众。""苗夷先处中原,其俗淫祀而尚鬼,汉族既战胜而代有其地,必有以变其俗,庶足以服其心,故提倡神权之政策。"[①] 所以,《礼记·表记》载:"三代明王,皆事天地之神明,无非卜筮之用。"《史记·龟策列传》亦载:"自古圣王将建国受命,兴动事业,何尝不宝卜筮以助善?"

特别是夏、商、周三代,巫风尤盛。夏禹克己以重祭祀,积极推行巫祝宗教文化几乎已到了狂热的程度,如《论语·泰伯》曰:"禹,吾无间然也。菲饮食而致孝乎鬼神,恶衣服而致美乎黻冕。"自有夏已经开始有意识地利用宗教文化来确立自己的统治,《尚书·召诰》说:"有夏服天命。"到了商代,这种宗教文化鼎盛,巫的地位、权力无比崇高,大凡发生大事如举兵、祭祀,都要行巫占卜;且这种由巫祝主持的占卜祭祀被认为是与上天感应,领受神的旨意,奴隶主贵族则利用这种占卜巫术假托神旨来驱使奴隶、平民,从而巩固自己的统治,如《礼记·表记》说殷人尊神,"率民以事神,先鬼而后礼"。西周虽礼乐文化渐成主流,巫的权力与地位比夏商两代有所下降,但统治阶级仍保有巫职,并且"王者自己虽为政治领袖,同时仍为群巫之长"[②],他们利用巫术为自己的统治服务。西周统治者说"天命靡常"(《诗经·大雅·文王》),又说

---

① 陈梦家:《商代的神话与巫术》,《燕京学报》第20期。
② 陈梦家:《商代的神话与巫术》,《燕京学报》第20期。

"非我小周敢弋殷命,惟天不畀"(《尚书·多士》),从而利用宗教文化为自己代商而正名。可见,孔子之前,确是一个尊巫盛巫的时代,巫的地位之隆不言而喻。即使到了东周以后,王官失学,巫祝卜史,尽在诸侯,巫的地位也并未降至贱业的地步。

再从南方区域文化的背景看。《论语·子路》所言之"南人",《论语注疏》曰:"南人,南国之人。"即吴越与楚地之人。吴越与楚,地理环境、风俗习惯相近。《汉书·地理志》曰:"本吴粤(越)与楚接比,数相并兼,故民俗略同。"吴国为姬姓,于周初奔荆蛮,吴地民族主要为当地土著越人,《汉书·地理志》载:"粤人俗鬼,而其祠皆见鬼,数有效。"又《越绝书》卷十载:"巫里,勾践所徙巫为一里,去县二十五里。"由此可见吴越巫风之盛的一斑了。越先并于吴,后为楚所灭,其实与楚也属于一个大文化圈范畴。

楚地巫风最盛,固然有其文化基因的关系,楚族芈姓,为火神祝融后裔八姓之一,其祖为高阳颛顼,如上所述,至颛顼时代,重、黎"绝地天通",巫风大盛,楚既是颛顼后裔,必有其文化基因。然而,楚地巫风之盛也有其地理环境的原因。《山海经·中山经》载:"又东南一百二十里,曰洞庭之山……帝之二女居之,是常游于江渊。澧沅之风,交潇湘之渊,是在九江之间,出入必以飘风暴雨。是多怪神,状如人而载蛇,左右手操蛇。"山上有美丽的娥皇、女英,有操蛇的怪神,飘风暴雨与沅湘水波交织,神秘恍惚,"完全是一个原始社会人神杂糅的巫术神话世界"[①]。这种远古地理与文化风貌的积淀与影响,形成了楚地"信巫鬼,重淫祠"(《汉书·地理志》)的社会习俗。

即便到战国时期,中原地区史官文化已渐趋成熟,巫术宗教文化日见衰微,而楚地尊神敬鬼之风依然历久不衰。祭祀宗庙及山神、河伯的巫术礼仪在民间十分流行。南方土著聚居之地,如南郢之邑、沅湘之间,巫风尤为浓烈,"其俗信鬼而好祠,好祠必作歌乐载舞,以乐诸神。"(王逸《楚辞章句·九歌序》)这种风气在文学作品中多有反映,楚辞中就有许多求神问卜的描写。屈原《九歌》就是民间祭神的歌曲;《招魂》《大招》也是仿照民间招魂曲而作;《离骚》中多次提及"灵"字,据王国维考证即楚人之谓巫[②]。世风习染,上下同气,于是楚国上层

① 陈元锋:《乐官文化与文学》,山东教育出版社1999年版,第179页。
② 参见孙立等:《先秦两汉文学史》,中山大学出版社1999年版,第130页。

统治者之崇巫信祭也不绝于史籍。桓谭《新论·言体》载:楚灵王"简贤务鬼,信巫祝之道",及吴人来攻,国人告急之时,犹"鼓舞自如",而不发兵。而楚怀王"隆祭祀,事鬼神",受张仪之惑,与齐断交,受骗后与秦交战,又"欲以获福助,却秦师",最终"兵挫地削,身辱国危"。甚至连选择储君这样的大事也求之祭祀,《史记·楚世家》载:"共王有宠子五人,无适意,乃望祭群神,请神决之,使主社稷。"至于其他楚贵族崇巫信祭更不必言,今望山一号墓、天星观一号墓出土的大量竹简,据考就是楚贵族占卜祭祀的记录。试想,南人如此崇巫信祭,巫的活动已经渗透到南人政治文化、生活习俗的各个方面,巫的意识已经成为支撑人行为的思想依据,巫的地位之隆即可想而知。

综上所论,巫既是宗教文化的承载者,又是宗教文化的传播者、创造者,在一个宗教文化居于社会文化主流的历史时期,巫地位的隆盛是不言而喻的。即使到了孔子时代,王官失学,巫祝卜史,尽在诸侯,巫的身份也属士大夫之阶层,其地位虽有衰落,也并未降至贱业的地步。尤为值得注意的是,孔子所言是指"南人",南人之崇巫信祭,使巫之地位较中原而言,更是隆盛。因为巫医合一,巫之地位隆盛,巫医之地位自不必论。

三、巫医之身份及其道德智慧之要求

如果细致地考察担任巫医者的身份,亦可看出巫医非为贱业。

上文已论,上古医源于巫,先有巫祝,继而巫医混合,后来才巫医分离,巫医均有治病之责。同时巫与医分离之后,又各有分类,且均列属于官。《周礼·天官》有医师、食医、疾医、疡医、兽医;《春官》有司巫、男巫、女巫。"医师上士二人,下士四人,府二人,史二人,徒二十人;食医中士二人;疾医中士八人;疡医下士八人;兽医下士四人";"司巫中士二人,府一人,史一人,胥一人,徒十人;男巫无数,女巫无数,其师中士四人,府二人,史四人,胥四人,徒四十人。"可知,古代巫医多由卿士大夫担任,奴隶、平民根本没有资格担任,段玉裁《说文解字注》也说:"或云大臣必不作巫官,是未读楚语也。贤圣何必不作巫乎?"故刘宝楠《论语正义》说:"是巫医皆以士为之,世有其授,精其求,非无恒之人所能为也。"那么对于担任巫医官职之士又有什么特别要求呢？

先说巫。上文已引《国语·楚语下》曰："古者民神不杂。民之精爽不携贰者，而又能齐肃衷正，其智能上下比义，其圣能光远宣朗，其明能光照之，其聪能听彻之，如是则明神降之，在男曰觋，在女曰巫。""绝地天通"是巫之神圣职能，而担任巫者必须精纯、虔诚、专一，其才智和宜天地，圣明朗照远方，目能明察大地，耳能视听一切。可见，对巫的人品道德、才能智慧都要求甚高。

再说医。杨泉《物理论》说："夫医者，非仁爱不可托，非聪明达理不可任，非廉洁纯良不可信。古人周医必选名姓之后。""其德能仁恕博爱，其智能宣畅曲解，知天地神祇之次，明性命吉凶之数，处虚实之虚，定顺逆之理，厚疾量药，贯彻达微。"不仅要求医要仁恕博爱、廉洁纯良，而且必须聪明达理、宣畅曲解，还必须知天地神祇，明性命吉凶，如此方可确定虚实顺逆，明彻微妙，对症下药。其道德才智几达圣贤！惟此，医在《周官》中被列之于第三位。正如《礼经会元》所言："《天官》自宰夫而下第一项是宫官，所以防肘腋之变而弭之于无形之始；第二项是食官，所以保身体之安而养之于无事之一；第三项是医官，所以全性命之正而乐之于无病之时。三者体统虽殊，而脉络则一，皆关国本民命之大者也……夫医不三世，不服其药，惧其不精也，而无恒不可以为医，惧其不专也……有医有以见先王仁民之心，观兽之疾病；有医有以见先王爱物之仁。……奚为之不知膳官医官则皆上士中士下士也。"

由此看来，刘宝楠《论语正义》认为："巫医皆包道怀德，学彻天人，故必以有恒之人。或以巫医为贱役，非也。"并非虚言。

至此，我们已经清楚：古人对巫医非常重视，认为它事关民根国本，非卿士大夫无以担其职，并将之列为属官，无论如何不可能是贱业。后人多根据自己所处时代的特点及后世巫医地位的下降，而妄自揣测圣人之意，误释之为贱业，实是没有认真考校古之史实之故。

四、孔子对巫医及其祭祀之态度

以上论述已经证明：巫医在上古确非贱业。然孔子究竟如何看待巫医？对待祭祀取何种态度？这还必须回归到孔子本人的思想去研究。

《论语》两处提到"恒",除《子路》篇外,《述而》亦曰:"圣人我不得而见之矣;得见君子者斯可矣。""善人,吾不得见之也,得见有恒者,斯可也。亡而为有,虚而为盈,约而为泰,难乎有恒也。"恒者,常也,常德也,即不变之德。孔子认为人有恒德之心难,而要保持恒德之心更难,所以他推崇恒心乃一的可贵质量。认为"有恒之人"略次于圣人、善人。而孔子又同时指出只有"有恒之人"方可以作巫医,如果把巫医解释为贱业,那么就等于否定了孔子所推重的仅次于圣人、善人的有恒之人。这从逻辑上也讲不通。

那么,孔子对鬼神祭祀又持什么态度呢? 孔子所处的春秋是一个社会急剧变革时期,随着反对夏、商、周讲天命、重礼治的新思潮,形成了"礼崩乐坏"和上天信仰动摇的局面。因此,"信而好古"的孔子毕生以"克己复礼"为己任。而孔子所重之"礼",其"基本特征是在原始巫术礼仪基础上的晚期氏族统治体系的规范化和系统化"[①],是对殷周神学化之"礼"的修正和发展,其本质是由先民祭神、祭鬼、祭天到祭祖发展而来。故《礼记·天运》载孔子之曰:"先王秉蓍龟,列祭祀,瘗缯,宣祝嘏辞说,设制度。故国礼,官有御,事有职,礼有序,故先王患礼之不达于下也。"故王国维说:"奉神人之事通谓之礼。"[②] 郭沫若亦谓:"大概礼之起于祀神,故其字后来从示,其后扩展而为对人。"[③] 无疑,礼仪的本身就含有神权和宗教文化意识。《礼记·祭统》谓"礼有五经",即吉礼、凶礼、宾礼、军礼、嘉礼,因为古人认为鬼神祭祀为国家的大事,故将祭祀之吉凶列为五礼之首,而祭祀必用巫觋。可见,孔子重礼的背后至少包含着对鬼神祭祀的部分认同。

孔子是殷商苗裔,他自己说:"丘也,殷人也。"(《礼记·檀弓上》)"殷人尊神"(《礼记·表记》)自不必再论,即在孔子时代,居于殷商旧地又是殷商后代的宋国,宗教文化及祭祀风气仍然盛行。宋人普遍认为天象、梦境或鬼神主未来吉凶。发生火灾,"二师令四乡正敬享,祝宗用马干四墉,祀盘庚于西门之外"(《左传·襄公九年》);发生

---

① 李泽厚:《中国古代思想史论》,人民出版社1986年版,第8页。
② 王国维:《观堂集林·释礼》,中华书局1959年版,第291页。
③ 郭沫若:《十批判书》,人民出版社1954年版,第82页。

水灾,于是"愍公自罪曰:寡人不能事鬼神,政不修,故水"(《史记·宋微子世家》)。甚至对一些天文现象也感到恐惧,"十年春,陨石于宋……宋襄公忙问焉曰:是何祥也,吉凶焉在?"(《左传·僖公十六年》)作为殷商苗裔的孔子,其心理深层必然积淀着殷商宗教文化的基因。

孔子生在鲁,鲁人重祀。巫祀占卜在鲁随处可见,故《诗经·鲁颂》曰:"春秋匪解,享祀不忒,皇皇后帝,皇祖后稷。"鲁人乔迁要占卜,穆姜"始往(东宫)而筮之,遇艮八"(《左传·襄公九年》);生子也要占卜,"初穆子之生也,庄叔以《周易》筮之"(《左传·昭公五年》)。甚至迷信到以卜辞决定国家命运,"成季之将生也,桓公使卜楚丘之父卜之,曰:男也,其名为友,在公之右,见于两社,为公室辅,季氏亡则鲁不昌。又筮之。"(《左传·闵公二年》)在这样一个宗教文化盛行的鲁国中,孔子不可能不受其浸染影响。

当然孔子思想很复杂,但如果根据《论语》片言只语,便断章取义,妄加臆断,认为孔子不相信宗教文化,恐怕不妥。固然,《述而》曰:"子不语怪、力、乱、神。"但孔子"不语"神,并不代表他不相信神或反对神。《庄子·齐物论》曰:"六合之外,圣人存而不论。"鬼神、天命在六合之外,故圣人存而不论。《先进》亦曰:"未能事人,焉能事鬼。"孔子强调"事人",也并不能代表他反对"事鬼",只不过他强调先"事人",后"事鬼"而已。实际上孔子也承认天的神圣地位,"天生德于予,桓魋其如予何?"(《述而》)认为天是个人生死祸福的主宰者,"死生有命,富贵在天。"(《颜渊》)他也讲天命,认为天命有绝对权威,不可抗拒,"君子有三畏:畏天命,畏大人,畏圣人之言。"(《季氏》)有人认为孔子是无神论者,事实上孔子也很重鬼神祭祀。孔子推崇大禹,认为他的伟大之处首先就在于"菲饮食而致孝乎鬼神"(《泰伯》)。在《尧曰》中他强调"民、食、丧、祭";《述而》又说"子之所慎:斋、战、疾"。孔子病重,子路请求祈祷,并举古书为证,开始孔子婉言谢绝,而杨伯峻先生据此说孔子怀疑鬼神,殊不知杨先生忽略了后一句"丘之祷久也"(《述而》)。种种材料证明孔子确实是较重视鬼神祭祀的。

总之,孔子承认天命,感畏天命,敬鬼神,重祭祀。其心理深层积淀着深厚的殷商宗教文化基因。既然如此,孔子怎么会把作为那个时代鬼神祭祀的承担者,能"绝地天通"的巫医视为贱业呢?

结　论

通过以上分析,笔者认为,如将巫医释为贱业,不符合孔子本意,而将"人而无恒,不可以作巫医",解释为"人如果没有常德的话,就不可以付之以巫医的重任",或许更为确切。

[原载《孔子研究》2007年第1期,与李飞合作]

《论语》和谐人文精神与和谐社会构建之意义

从逻辑意义说,和谐社会的构建基于两个基本层次:一是人类自身的和谐;二是人类与自然的和谐。就人类自身和谐而言,按照"个人—家庭—群体—社会"递加式人类社会结构的基本模式,其目标又包括三个子层次:主体与家庭的和谐,主体与群体的和谐,社会政治秩序的和谐。一切和谐社会的构建,都是以个人和谐为逻辑起点,以整个社会和谐为最终归宿。

《论语》虽然没有明确地提出和谐社会的理念,但是其和谐的人文精神与现代和谐社会理论有显明的文化传承关系。如果系统地梳理、整合,可以看出,《论语》的和谐人文精神从学理上已经包含了和谐社会构建的两个基本层次,以及人类自身和谐的三个子层次。研究《论语》的和谐人文精神,对于进一步认识和谐社会的文化渊源,丰富和谐社会的理论,也有十分重要的理论建设意义。然而,对《论语》和谐人文精神的研究,除个别论文偶有论述外,尚缺乏系统的研究,所以这个问题仍然有深入探讨的必要。

一、"其为人也孝弟"——主体与家庭的和谐

个人是社会构成的基本元素,家庭是社会构成的基本单元。和谐社会的构建,从逻辑起点上说,是作为主体的人的内在和谐。主体和谐的本质在于:如何真正消解人的本能欲求与社会文明之间的冲突,使社会文明对人的外在规范转化为主体的内在自觉。主体和谐的集合是社会和谐,社会和谐又以主体与家庭和谐为基本层面。就这个意义上说,主体和谐又是社会和谐的核心。《论语·学而》中曾子所言之内省意识的本质,就是把社会文明的外在规范转化为内在自觉的一种行为的审视。然而,真正完成这种转化则主要依赖于主体的道德修养。

在《论语》中,道德修养的主体自觉与社会文明的外在规范是一种二元一体的关系。概括地说,以孝悌为体,以礼乐为用,以正确处理道与欲、穷与达、言与行的三种关系为行为表现,是《论语》主体和谐精神的基本理论形态。

(一)"孝悌"——一个核心的道德观念

"孝悌"是《论语》的核心道德观念。"孝悌"既是建构主体和谐的基本人性基础,又是构建主体与家庭和谐的基本纽带。《论语·学而》:"有子曰:其为人也孝弟,而好犯上者,鲜矣;不好犯上,而好作乱者,未之有也。君子务本,本立而道生。孝弟也者,其为仁之本欤!"①"仁"是《论语》设定的君子的最高道德标准,而"孝弟"是"仁"的根本,植根于人性的最基本、最真实的情感,也是主体行为的最基本准则,所以《学而》曰:"弟子,入则孝,出则悌,谨而信,泛爱众,而亲仁。"恪守孝悌,若能推己及人,如孟子所言"老吾老以及人之老,幼吾幼以及人之幼"(《孟子·梁惠王上》),则可达到"泛爱众"的博大的人生境界。

《论语》言"孝悌",实则以孝为上。孝,首先表现在"无违"、"色养"上。为子之孝,必以敬为前提。《为政》载子游问孝,"子曰:今之孝者,是谓能养。至于犬马,皆能有养;不敬,何以别乎?"赡养父母,只是孝的基本要求,如果赡养而不敬,则和饲养犬马没有区别。而"敬"又具体表现在两个层面上:孟懿子问孝,子曰:"无违"(《为政》);子夏问孝,子曰:"色难"(《为政》)。"无违",即事之以礼,无违其志;"色难",即态度谦和,色养为上。即使与父母意见不同,亦须委婉劝谏,不失之敬,故《里仁》云:"事父母几谏,见志不从,又敬不违,劳而不怨。"意即"见父母志有不从己,谏之,色则又当恭敬,不敢违父母意而遂己谏也。"②其次,还表现在"慎终追远"上。"曾子曰:慎终追远,民德归厚矣。"(《学而》)所谓"慎终者,丧尽其礼。追远者,祭尽其诚。民德归厚,谓下民化之,其德亦归于厚。"③丧尽其礼,祭尽其诚,其为孝也,可以淳化民风,提高人的道德素质。"慎终追远"不止是礼是诚,还须"无改于父之

---

① 杨伯峻:《论语译注》,中华书局1980年版,第2页。下引版本同,只标篇名。

② 何晏注、邢昺疏:《论语注疏》,北京大学出版社1999年版,第52页。(按:引文据四部丛刊本,与十三经本略异。)

③ 朱熹:《四书章句集注》,中华书局1983年版,第50页。

道",《学而》又曰："父没,观其行;三年无改于父之道,可谓孝矣。"《论语》所言的"父之道",是先辈社会人生的伦理规范,秉承先辈之道,是巩固既定伦理秩序、维护社会稳定发展的必要前提。

《论语》常常把治政作为"孝悌"的延伸。《子罕》云:"出则事公卿,入则事父兄。"把"事公卿"、"事父兄"相提并论,体现了中国古代社会基本结构中家国一体的观念①。中国早期宗法社会的基本特点就是把家族融入国家,社会伦理关系与家庭伦理关系有直接的联系。儒家主张以"孝"治天下,就是把天下看作是家庭的推衍扩展。君礼臣忠的伦理和谐源于家庭父慈子孝的伦理和谐,"君使臣以礼,臣事君以忠"(《八佾》)。朋友忠信的伦理和谐亦源于家庭兄友弟恭的伦理和谐,"君子敬而无失,与人恭而有礼。四海之内皆兄弟也"(《颜渊》)。因此,"孝悌"在整个社会的道德观念里处于核心的位置,孔子的道德价值观,就是以"孝悌"为核心层层外推的存在着有限极差的统一体。

(二)"礼"、"乐"——修养心性的两大途径

礼与乐是主体修养心性的两大途径。孔子说:"礼云礼云,玉帛云乎哉? 乐云乐云,钟鼓云乎哉?"(《阳货》)朱熹云:"敬而将之以玉帛,则为礼;和而发之以钟鼓,则为乐。"② 钱穆亦云:"礼有内心,有外物,有文有质。内心为质为本,外物为文为末。"③ 植根于中国人心灵的,不是礼乐之玉帛钟鼓的"外在形式",而是"和而发之"的"内在精神"。 所以,礼乐精神,其实就是一种和谐精神。

"礼之用,和为贵。先王之道,斯为美,小大由之。"(《学而》)"礼"所以能创造和谐④,是因为它规定了社会成员安于并恪守自己在社会结构中的位置,"君君,臣臣,父父,子子"(《颜渊》),不仅是森严的等级秩序,而且是突出各尽其责,各行其是,互不冲突,社会才能和谐有序。但是,要把"礼"的外在规范转化为内在的自觉,则又须借助于"乐"。因此,孔子说:"兴于诗,立于礼,成于乐。"(《泰伯》)虽以"礼"为立身的行为规范,却只有通过"乐"教化人心,才可能转化为一种内在

① 程兆奇:《〈论语〉〈孟子〉等所见早期儒家的"和谐"观》,《杭州师范学院学报》(社会科学版),2006年第2期。

② 朱熹:《四书章句集注》,中华书局1983年版,第178页。

③ 钱穆:《论语新解》,生活·读书·新知三联书店2002年版,第55页。

④ 赵杏根:《论语新解》,安徽大学出版社1999年版,第5页。

自觉。《卫灵公》记载颜渊问治理国家，"子曰：放郑声，远佞人。郑声淫，佞人殆。""放郑声"是否合理暂且不论，这里要说的是，孔子所以要"放郑声"，就是希望通过"正"乐以教化人心，使人心归于"正"，在潜移默化中达到主体的内在和谐。所以，"礼"与"乐"，一主外一主内，一立行一养性。礼为立身本原，乐为教化手段，礼乐互补，二元一体，从而使礼的外在规范转化为主体的内心自觉，达到个体的全面和谐。

（三）道与欲、穷与达、言与行——处理三种关系的行为准则

以"孝悌"为核心的道德观念使主体与家庭的和谐成为可能，礼乐互补使主体人格修养的完善成为可能，然而本能的欲求，现实的诱惑，使主体始终在和谐与冲突的两极中摇摆，要超然于现实对心灵的撞击，保持内在和谐，就必须处理好道与欲、穷与达、言与行的三种关系。

首先，正确处理"道"与"欲"的关系。道与欲，就是外在伦理规范与主体内在需求。《里仁》曰："富与贵，是人之所欲也；不以其道得之，不处也。贫与贱，是人之所恶也；不以其道得之，不去也。"《述而》又曰："不义而富且贵，于我如浮云。"孔子并不反对"富与贵"，他肯定人的基本欲望与需求，但他反对为满足私欲而"不以其道"。换言之，人的基本欲望与需求的满足，必须"以其道"，"道"是主体自律的内在道德底线。所以，孔子评价申枨云："枨也欲，焉得刚？"（《公冶长》）申枨欲望太盛，屈意徇物，必然不得君子刚毅果烈的人格境界。

其次，正确处理"穷"与"达"的关系。人之处世，或守道而穷，或得志而显；穷者，人之所恶；显者，人之所欲。然而，或穷或达，皆须守之以道。孔子说："笃信好学，守死善道。……天下有道则见，无道则隐。邦有道，贫且贱焉，耻也；邦无道，富且贵焉，耻也。"（《泰伯》）若国家有道，社会和谐，止于独善其身，为耻；国家无道，社会混乱，却失节而求达，亦耻。"有道则见，无道则隐"，是君子出处的基本原则；"笃信好学，守死善道"，是君子的基本道德底线。

再次，正确处理"言"与"行"的关系。言与行，乃主体道德的外在表现。《论语》强调君子居世，慎言谨行，"慎言其余，则寡尤；……慎行其余，则寡悔"（《为政》）；以言过其行而为耻，"古者言之不出，耻躬之不逮也"（《里仁》）。言与行的基本准则依然是"道"，故《学而》曰："敏于事而慎于言，就有道而正焉，可谓好学也已矣。"如上所论，与言相

比,孔子更注重行。行的基本准则是不违"礼",不为"利",所以《学而》曰:"不以礼节之,亦不可行也。"《里仁》曰:"放于利而行,多怨。"用以治政,推行君子之道,"子谓子产有君子之道四焉。其行已也恭,其事上也敬,其养民也惠,其使民也义。"(《公冶长》)可见,君子在处理"言"与"行"的关系上,其支撑点仍然不离于儒家之"道"。

综上所论,儒家之道是以"孝悌"为道德核心,以"礼乐"为实现途径,以君子之行为表现形式。《学而》强调的"内省":"吾日三省吾身——为人谋而不忠乎? 与朋友交而不信乎? 传不习乎?"其实在整部《论语》中,已经远远超出了曾子所反省的三个方面,如《宪问》强调:"修己以敬","修己以安人","修己以安百姓",几乎扩展到整个道德修养范畴。孔子认为通过"内省"自律,可以达到"敬人""安人""安百姓"的社会宗旨,实现"老者安之,朋友信之,少者怀之"(《公冶长》)的和谐社会理想。

二、"己所不欲,勿施于人"——主体与群体的和谐

主体的和谐是社会和谐的一个基本元素,主体与家庭的和谐是社会和谐的基本层面。作为社会的人,必然与社会其他成员有割不断的联系。因此,主体与群体的和谐,成为社会和谐的第二个层面。在孔子的道德价值观中,维系人与人之间关系的最高原则是"仁",而"忠恕"、"信"和"宽",则又是孔子主要的人际和谐观。这既是构建主体和谐的基本品质,也是在社会交往中构建主体与群体和谐的必备条件。

(一)"忠恕"——人际和谐的心理基础

主体与群体的关系,是社会关系的基本存在形式。人际和谐,是社会和谐的主要表征。主体与群体关系,在《论语》中不是一种交往艺术,而是一种道德考量。和《老子》注重行为超越的学说不同,《论语》更注重基于道德层面的心理基础。而"忠恕"是孔子构建人际和谐的"一以贯之"的理念。故曾子曰:"夫子之道,忠恕而已矣。"(《里仁》)何谓"忠恕"? 钱穆曰:"尽己之心以待人谓之忠,推己之心以及人谓之

恕。"① 尽己之心，不谲诈；推己及人，博爱人。孔子强调的"己欲立而立人，己欲达而达人"(《雍也》)，其本质就是一种推己及人的情怀，这也正是仁人之心，故朱熹说："以己及人，仁者之心也。"② 由此可见，忠恕之道，既是君子之"仁"的主体修养，一旦转化为社会行为时，则又成为构建人际和谐的必备的心理基础。社会是以每一个主体为基本构成元素，如果曾子"为人谋而不忠乎"(《学而》)的基于道德的心理反省，作为一种普遍性的主体心理要求，那么社会的矛盾与冲突也自然失去了生存的根基。可见，"忠恕"是人际关系和谐的心理基础，有了这种心理基础，才可能真正达到人际关系的和谐。

(二)"信"——人际和谐的基本保证

"忠恕"之忠为"信"。信与忠是内涵互相包容的两个伦理道德范畴，故《论语》中经常将忠信并提，如《述而》曰："子以四教：文、行、忠、信。"程颐云："忠信，本也。"③ 钱穆亦曰："忠信，人之心性，为立行之本。"④ 如果区别言之，"忠"是行为的基本价值取向，更多属于心理层面；而"信"是行为的基本伦理标准，更多属于践行的层面。所以"信"在孔学中仍然被纳入道德伦理的范畴。惟此，孔子既将"信"作为一种主体道德修养，如《颜渊》："子张问崇德辨惑，子曰：'主忠信，徙义，崇德也。'"又将"信"作为一种上下必须遵守的社会公德行为，如《子路》曰："上好信，则民莫敢不用情。"在《论语》中，"信"包涵两方面含义：一是言语真诚而不谲诈，即所谓"言而有信"(《学而》)；二是行为诚实而不虚伪，亦即所谓"敬事而信"(《学而》)。孔子既反对"巧言令色"，又反对"人而无信"。诚信不仅是人际交往的基本道德准则，"子曰：人而无信，不知其可也。大车无輗，小车无軏，其何以行之哉？"(《为政》)对于个人的意义，诚信犹輗軏(连接车辕装置)对于车马，人无信无以立，车无輗軏不得行；而且诚信也是不以地域变化均须恪守的道德准则，"言忠信，行笃敬，虽蛮貊之邦，行矣。"(《卫灵公》)从主体上说，诚信是立行之本；从群体上说，诚信又是维系社会各成员之间的道德纽带。

---

① 钱穆：《论语新解》，生活·读书·新知三联书店2002年版，第98页。
② 朱熹：《四书章句集注》，中华书局1983年版，第92页。
③ 朱熹：《四书章句集注》，中华书局1983年版，第99页。
④ 钱穆：《论语新解》，生活·读书·新知三联书店2002年版，第187页。

主体与群体之间,如果都能遵守诚信的原则,人际关系必然趋向和谐。

(三)"宽"——人际和谐的调节方式

"忠恕"之恕为"宽"。宽与恕是内涵基本一致的同类道德范畴。因为矛盾的存在具有普遍性,人际交往不可避免地有种种冲突。如何有效地规避矛盾,化解冲突,是处理人际关系所面临的实际问题。所以孔子提出的"宽以得众",就是要求待人宽厚,惟此方可规避矛盾,化解冲突,从而成为人际和谐的主要调节方式。孔子"温、良、恭、俭、让"① 的道德修养与行为方式,则又是"宽"的另一种诠释。

细致考察,《论语》所言之"宽",包含以下几个层面:第一,严于律己,宽以待人。"躬自厚而薄责于人,则远怨矣。"(《卫灵公》)责己以严,不苛求他人,即为"宽"。不以不殚之心推测他人,"不逆诈,不亿不信"(《宪问》);对别人之过,"既往不咎"(《八佾》),"不念旧恶"(《公冶长》);不求全责备,"无求备于一人"(《微子》),亦为"宽"。第二,推己及人,恕以待人。孔子认为要终身奉行"己所不欲,勿施于人"(《卫灵公》)的人际交往原则,推己及人,是"宽"。《公冶长》云:"我不欲人之加诸我也,吾亦欲无加诸人。"既不希望别人之辱加于己,自己就不要辱加于人,恕以待人,亦为"宽"。面对分歧,不"攻乎异端"(《为政》);若大同而小异,则"和而不同"(《子路》),不斤斤计较于小异,以"和"而求其大同,便可以构建和谐的人际环境。

当然,孔子之"宽",并非凡事委曲求全,不讲原则。孔子不赞同"乡愿"(随俗浮沉)的做法,认为是"德之贼也"(《阳货》)。有人问:"以德报怨,何如?"子曰:"何以报德? 以直报怨,以德报德。"(《宪问》)"直"即"公平正直",对待怨恨,不能因为宽厚就无视错误的存在,也不能因为"旧怨"而改变公平正直的道德准绳。对待"怨"要有原则,"宽厚"要有分寸。否则,纵容了奸佞小人,不仅不能促进甚至会破坏人际关系的和谐。

无论是主体抑或群体,如果以"忠恕"为道德之本,以"信"为立行之本,以"宽"为待人之本,则可以博爱济众,避免尔虞我诈,强权意志,

---

① 按照钱穆的解释,温即柔和、良即易善、恭即恭顺、俭即节制、让即谦让。见《论语新解》,生活·读书·新知三联书店2002年版,第15页。朱熹曰:此"五者,夫子之盛德光辉接于人者也。"见《四书章句集注》,中华书局1983年版,第51页。

这样必然可以构建一个和谐的社会环境。

三、"举直错诸枉"——政治秩序的和谐

任何一个社会制度的维持,任何一架国家机器的存在与运转,不仅"取决于社会成员的身心达到'和谐';还取决于社会制度的安排给人以希望,即社会成员感到社会规则大致公平"。① 其实,社会成员对一种社会制度的认同感,社会公平只是基本前提,政治秩序的和谐则是必要前提。而政治秩序的和谐又是社会和谐的最直接的表征。《论语》中所论"为政"的"中庸""尚贤""正名"和"惠""义"四个方面,其突出点就是强调政治秩序的和谐。

(一)"中庸"——政治和谐的道德基础

以德治国,是儒家基本治政理念。孔子强调"为政以德"(《为政》),并认为这是构成社会向心力的基础,"譬如北辰,居其所而众星共之",就是这一理念的直接表达。惟此,则"近者说,远者来"(《颜渊》),使整个社会达到和谐社会状态。

为政之德的核心是什么呢?是"中庸"。就是以中为常道,反对"过犹不及"。这不仅是个人立身处世的道德标准,也是政治和谐的道德标准。《雍也》云:"中庸之为德也,其至矣乎! 民鲜久矣。"孔子把"中庸"作为治政的至高道德准则,如若"世乱,先王之道废,民鲜能行此道"②。"中庸"治政,就是要兼顾各方面的利益,不偏不倚,公允公正。颁布政令,制定规则,不仅要给每个社会成员起码的生存权,还必须给社会成员最大的公平指数,故《季氏》曰:"丘也闻有国有家者,不患寡而患不均,不患贫而患不安。盖均无贫,和无寡,安无倾。"何晏《集解》云:"政教均平,则不患贫矣。上下和同,不患寡矣。小大安宁,不倾危也矣。"③ 可见,政教均平是上下和同、国家安宁的前提,惟此社会才得和谐有序地运行。从这个角度说,"中庸"不仅是政治和谐的道德基

---

① 陈东平:《构建社会主义和谐社会》,《前线》2004年第12期。

② 何晏注、邢昺疏:《论语注疏》,北京大学出版社1999年版,第82页。

③ 何晏注、邢昺疏:《论语注疏》,北京大学出版社1999年版,第221页。(按:引文据四部丛刊本,与十三经本略异。)

础，"也是一种方法论"①———一种治政的策略。

(二)"尚贤"———政治和谐的吏制原则

"尚贤"既是儒家修身的一种标准，《里仁》曰："见贤思齐焉，见不贤而内自省也。"更是治政的用人标准，《子路》曰："仲弓为季氏宰问政。子曰：'先有司，赦小过，举贤才。'"因此，孔子对"柳下惠之贤而不与立"(《卫灵公》)而深致不满。以道德为考量标准，贤才即直道之士，故《论语》中两次提到"举直错诸枉"。《为政》云："哀公问曰：'何为则民服？'孔子对曰：'举直错诸枉，则民服；举枉错诸直，则民不服。'"《颜渊》又曰："举直错诸枉，能使枉者直。"即举荐直道贤德之士，废置邪曲之人，一方面可以使"枉者直"———以直正邪，净化政治环境，构建和谐的政治吏制；另一方面又可以使"民服"其上，形成社会向心力，构建和谐的社会关系。所以，"举直错诸枉"是国家政治和谐的根本原则。否则，邪曲当道，小人得志，吏制崩坏，民心离散，就无法建构一个和谐的社会。

(三)"正名"———政治和谐的伦理秩序

国家政体的存在和发展，除需要有道德支撑之外，还需要正定名分，确立必要的社会秩序与等级，故孔子曰："政者，正也。"(《颜渊》)夫子目睹礼崩乐坏的局面，认为当时之所以出现"天下征伐之诸侯出"(《季氏》)的"无道"状态，就是因为名分不正，人伦失常。而解决这个问题的途径就是要"正名"，即"君君、臣臣、父父、子子"(《颜渊》)。

春秋时代，礼乐征伐是一种政治秩序的象征，礼乐征伐出自诸侯，就是政治秩序混乱的标志，所以《季氏》曰："天下有道，则礼乐征伐自天子出；天下无道，则礼乐征伐自诸侯出。"在孔子看来，这种混乱的政治秩序，就是"名不正"的具体表现，如果任其继续发展，就会导致国家政体的崩溃，所以必须"克己复礼"(《颜渊》)以正名。"子路曰：'卫君待子而为政，子将奚先？'子曰：'必也正名乎！……名不正，则言不顺；言不顺，则事不成；事不成，则礼乐不兴；礼乐不兴，则刑罚不中；刑罚不中，则民无所措手足。'"(《子路》)在此，孔子非常严密地诠释了"正名"

---

① 赵杏根：《论语新解》，安徽大学出版社1999年版，第16页。

的重要意义。在孔子看来，只有正名，才能挽救日渐崩溃的政治秩序，促进周礼礼乐制度的复兴；只有正名，才能恰当地运用刑罚，制止邪说暴行的产生和流行；也只有正名，才能使一个社会得以和谐发展。长期以来，一直认为"正名"是孔子维护等级森严的封建制度，其实，从政治文明的角度看，上下各居其位，各司其职，不僭越，不越轨，恰恰是现代政治秩序文明的一个标志，也是和谐社会的必要保证。

（四）"惠""义"——政治和谐的社会基础

百姓和而政和。如何正确地治理百姓，是政治和谐的社会基础。孔子认为，治理百姓的基本原则是："其养民也惠，其使民也义。"（《公冶长》）

以惠养民，必须使民"庶、富、教"。《子路》曰："子适卫，冉有仆。子曰：'庶矣哉！'冉有曰：'既庶矣，又何加焉？'曰：'富之。'曰：'既富矣，又何加焉？'曰：'教之。'"在古代社会，人口繁盛是国家强盛的标志之一，故以惠养民，先必"庶"之；然人口众多，就可能资用不足，保障百姓的物质生活是社会稳定的最基本条件，故以惠养民，亦必"富"之；若"富而不教，则近于禽兽。故必立学校，明礼义以教之。"①教者，教以化之。要使整个社会达到文明和谐，必须礼法与教化并重。"子张曰：'何谓四恶？'子曰：'不教而杀谓之虐；不戒视成谓之暴；慢令致期谓之贼；犹之与人也，出纳之吝谓之有司。'"（《尧曰》）治理国家，不能仅靠刑法，必须重视教化。否则，"百姓有过，在予一人"（《尧曰》）。富而不"教"，陷民于刑罚，统治者亦难辞其咎。"当然，现代社会的物质文明建设，较孔子之所谓'富'，具有更广阔、更高级、更丰富的意义；现代社会的精神文明建设，较孔子之所谓'教'，更显示出极强的先进性和广阔性。"②然而，孔子强调古代社会三个基本条件：人口因素、物质条件和人文教化的平衡发展，对于现代和谐社会的构建有十分重要的启示。

以义使民，首先必须实行"仁"。《雍也》曰："子贡曰：'如有博施于民而能济众，何如？可谓仁乎？'子曰：'何事于仁，必也圣乎！尧舜其犹病诸。'"《里仁》又曰："民之过也，各于其党，观过斯知仁矣。"在孔子

① 朱熹：《四书章句集注》，中华书局1983年版，第144页。
② 赵杏根：《论语新解》，安徽大学出版社1999年版，第236页。

看来,使民以"仁"的标准是"广施恩惠,济民于患难",民之有过,"当恕而勿责之,观过,使贤愚各当其所,则为仁之也。"① 这是孟子"仁政"思想的本原。其次必须实行"礼"、"义"、"信"。《子路》曰:"上好礼,则民莫敢不敬;上好义,则民莫敢不服;上好信,则民莫敢不用情。夫如是则四方之民襁负其子而至矣。"上使民以礼,民敬;使民以义,民服;使民以信,民诚。如此则可以形成巨大的社会向心力,上下同心同德,社会必然趋于和谐。

以"中庸"构建和谐的政治道德,以"尚贤"构建和谐的政治吏制,以"正名"构建和谐的政治秩序,以"惠""义"构建和谐的政治基础,全面协调君、吏、民的级差与和谐关系,是孔子和谐政治人文精神的主要体现。当然,"政治之和"的终极目标仍然是"天下之和",政治秩序的和谐使人各安其分,谐调有序,从而达到社会整体的和谐。

四、"知命畏天"——主体与自然的和谐

人,作为"主体"而言,所面临的是社会;作为"类主体"而言,所面临的是自然。从个人角度说,必须构建主体与群体的和谐环境;从人类角度说,则必须构建人类与自然的和谐环境。如果说,道家主要强调人与自然的同一关系;那么,儒家则主要强调人与自然的和谐关系。《论语》中,孔子直接谈到"天"十三次,谈到"天命"三次。虽然其意义比较复杂,但是有一点是肯定的,"天"有指自然之天的意义;"天命"有指自然规律的意义。因此,孔子的和谐人文精神也包含着人与自然的和谐。虽然涉猎较少,却也弥足珍贵。爬梳剔理,大致可以分为以下三点。

(一)"四时行焉,百物生焉"——认识自然

人类之于自然,首先就面临着如何了解自然、认识自然的问题。《为政》曰:"五十而知天命。"这里的"天命"就是指"自然规律"。"知天命",即了解自然规律(也包括人类自身的规律)。而《阳货》又曰:"天何言哉? 四时行焉,百物生焉,天何言哉?"天不言说,然而四时运行,

① 何晏注、邢昺疏:《论语注疏》,北京大学出版社1999年版,第49、83页。

无尽无穷,化生万物,生生不息,亦无须言说,人类必须在"天地不言"中认识自然界运行的规律,所以他强调"知天"的重要性。他深情地赞美:"大哉,尧之为君也! 巍巍乎,唯天为大,唯尧则之。荡荡乎,民无能名焉。巍巍乎其有成功也,焕乎其有文章!"(《泰伯》)也就是认为,天道旷荡,无私而生万物,且不知其所由,尧之伟大就在于"唯天为大",认识到了自然的重要性;而后能"则之",即能效法自然的规律而化成天下,所以尧是巍然焕乎的楷模。尧不仅认识自然,而且在自然中认识了人类自身;在自然的和谐中,寻求人类自身的和谐。在孔子看来,这是最高的一种治政理民的境界。

(二)"钓而不纲,弋不射宿"——尊重自然

君子知天命,亦须敬天命,《季氏》:"孔子曰:君子有三畏:畏天命……小人不知天命而不畏也。""畏天命",即尊重自然规律。而尊重自然规律,就不能损害人与自然的和谐关系;如若肆意妄为,破坏人与自然的和谐,则"获罪于天,无所祷也"(《八佾》)。

从人类践履上说,尊重自然包括两个方面:首先,《论语》强调"节用"、"宁俭"、"使民以时"的处事与治政原则,包含着一种节约资源、善待自然的意义。《学而》:"子曰:道千乘之国,敬事而信,节用而爱人,使民以时。"《八佾》又云:"礼,与其奢也,宁俭。"究其本原,《论语》所提出的"节用"、"宁俭"是一种道德意识,然而从生态学的角度看,"节用",提倡生活俭朴;"宁俭",反对尚礼奢侈,恰恰是一种节约资源的意识;"使民以时",何晏《集解》曰:"包氏曰:作使民必以其时,不妨夺农务也。"[①] 本来也是一种施政策略,然而,强调不夺以"时",显然也有遵循自然的意味。其次,《论语》强调尚用有度,"使民以时",推及禽兽,也包含着一种生态平衡的意义。《述而》曰:"子钓而不纲,弋不射宿。"意思是,钓以一竿,不以大索悬挂多钩,一举而获多鱼;弋射一禽,不射伏卵育雏之鸟[②]。这原本为儒家"恩及禽兽"的"仁"的思想表现,然而因为蕴涵着"取用有时"和"取用有度"[③] 两个方面的含义,所以就有了维护生态平衡的意味,与今天长江休渔有同样的生态学意义。

---

① 何晏注、邢昺疏:《论语注疏》,北京大学出版社1999年版,第5页。
② 钱穆:《论语新解》,生活·读书·新知三联书店2002年版,第189页。
③ 赵杏根:《论语新解》,安徽大学出版社1999年版,第134页。

必须说明的是，孔子并没有严格意义上的生态意识，因为，一方面在以自然经济为主导的中国古代，远没有今天所面临的严重生态问题；另一方面，孔子面对的时代，"礼崩乐坏"，他的理论主要是针对突出的社会问题而言，他希望以"仁"拯救人心不古，以"礼"规范伦理行为。然而，其思想言论在客观上却具有生态上的意义。节约资源，取用有度，维护生态平衡，是构建人类与自然和谐的重要途径。

(三)"见雌雉而共之"——热爱自然

孔子重视人与自然的和谐，客观上有一种科学意义上的对自然规律的认识，更是儒家宇宙观和仁爱观的具体体现。如果说，科学规律从客观上规范了人与自然的和谐关系；那么，儒家悲天悯人的仁爱思想又使这种和谐关系成为自觉。儒家把自然界看成是一个生生不已的生命体，认为人与万事万物是平等的伙伴。他们敬畏自然，热爱自然界的一山一水、一草一木、一鱼一鸟。这些对我们今天贯彻落实科学发展观，建立环境友好型、资源节约型社会，建设人与自然和谐相处的社会，具有重要的借鉴意义①。《乡党》曰："色斯举矣，翔而后集。曰：'山梁雌雉，时哉！时哉！'子路共之，三嗅而作。"这是《论语》中最为独特而又难解的文字。朱熹曰："鸟见人之颜色不善，则飞去，回翔审视而后下止。"②孔子感叹飞鸟之得其时，故子路共之。"共"即"拱手"，是古代社会表示尊敬的一种礼仪。子路"共之"的行为，或许在飞鸟之得其时中表达一种人生的向往，是本质对象化的表现。然而，子路"共之"的行为，客观上又显现了一种人与自然的和谐关系。能够对飞鸟表示敬重，就是没有把它们看作异类，而是以平等的姿态与飞鸟对话。人类应该消除与大自然的对立状态，不做大自然的主人，也不做大自然的奴隶，而是要成为它们的亲密伙伴。就像《先进》篇描绘的那种美好而从容的情景："莫春者，春服既成，冠者五六人，童子二三人，浴乎沂，风乎舞雩，咏而归。"在人与自然和谐的相处中，享受自然带给人类的欢乐，在自然中勃发出自由的人性生机。

如上所论，孔子虽然无意于论述生态上的人与自然的关系，然而"知天命、畏天命"的自然观，尚俭节用、取用以时所包含的生态意义，

---

① 陈增辉：《孔子的社会和谐理论》，《孔子研究》2006年第4期。
② 朱熹：《四书章句集注》，中华书局1983年版，第122页。

却为我们今天正确认识人与自然的关系,保护生态环境提供了宝贵的思想资源。我们认为,孔子在这方面理论的意义,主要不在于为今天维护生态平衡提供方法上的借鉴,而在于意识上的提醒——"促进人与自然相和谐的可持续发展,首先要在观念上树立善待自然界的思想"①。地球是人类的生存家园,只有构建人与自然的和谐关系,确保人们日常生活的舒适自由,才能使政治和谐与社会和谐成为可能。

要言之,从结构模式上看,孔子的和谐人文精神包含两大基本层次:主体与社会的和谐;人类与自然的和谐。前者主要是从伦理的层面而言,而后者则主要从生存的层面而言。如果再细致考察,主体与社会的和谐又分为三个子层次:主体与家庭的和谐是基本层次;主体与群体的和谐是中介层次;而政治秩序的和谐则是最高层次。从主体、从人类来说,如果真正达到两大基本层次的和谐,人类社会才可能达到"天下大同"的和谐目标。

[原载(《八皖学术文库》第二辑,安徽人民出版社2007年版,与宋雪玲合作]

---

① 中共中央宣传部舆情信息局编选:《论构建社会主义和谐社会》,学习出版社2005年版,第91页。

从皇权依附到集团依附

——论汉末建安士风对政治结构的影响

汉末建安时期，"士"作为一个独立的社会力量在政治舞台上发挥了秦汉以来前所未有的历史作用。这一时期士的精神风貌，一方面表现出对先秦士之精神的回归，另一方面又表现出汉代士之精神的积淀，同时也成为魏晋士之精神的先导。在中国士大夫思想发展史上处于一个历史转型时期。

研究这一时期的士风变化，一般学者都以"人的觉醒"概括言之，著名的有李泽厚、余英时①。余英时更以群体之觉醒与个体之觉醒析而言之。其实，上述结论并不准确。士之"人的觉醒"完成于先秦，坠落于秦汉，复苏于汉末。而汉末"人的觉醒"，也并未完全回归到先秦士之"志于道"的政治超越的精神状态，而带有浓厚的汉代士强烈的政治依附性特征，表现出较浓厚的世俗化倾向。只不过这种依附由汉鼎盛时期所表现出的强烈的皇权依附逐步向集团依附转化。

这种由皇权依附逐步向政治集团依附转化的士风嬗变，始于党锢集团对皇权依附意识的解构，从而形成汉灵帝中平元年以后至建安时期皇权依附意识与集团依附意识的互动，正是这两种意识的互动深刻地影响了汉末政治结构的变化——皇权逐渐傀儡化，皇权专制逐渐让位于集团专制，并最终导致旧皇权的消亡与新皇权的产生。下文依次论之。

一、党锢集团对皇权依附意识的解构

汉末士风的嬗变始于党锢集团对皇权依附意识的解构。论述汉末党锢集团对皇权依附意识的解构，建立在两个逻辑基点上：客观上，

---

① 参见李泽厚：《美的历程·魏晋风度》，安徽文艺出版社1999年版；余英时：《士与中国文化·汉晋之际士之新自觉与新思潮》，上海人民出版社1987年版。

汉代士之阶层皇权依附意识的强烈；主观上，汉末党锢集团对先秦士之精神的回归与对现实政治的批判。必须说明的是：汉末党锢集团对皇权依附意识的解构是一种客观使然的无意识行为，并非是一种自觉的思想行为。

皇权依附意识形成于秦汉的中央集权专制，尤其是汉代更进一步地对中央集权专制加以理论化、系统化，更强化了这种皇权依附意识。

秦试图在三个层面上建立中央集权专制：废除分封制，实行郡县制，建立集权专制的政治体制；焚书坑儒，强制推行一元政治文化，建立适应集权专制的文化体制；统一度量衡，实行书同文、车同轨，建立适应集权专制的亚文化体制。其核心就是强化皇权的绝对权威与臣民的依附意识。汉承秦制，但是汉与秦有一点很大的不同，就是秦特别注意从国家职能与政治结构上强化中央集权专制，所强制推行的文化和亚文化体制，都带有赤裸裸的集权专制色彩；而汉代特别注意集权专制理论的建设，将本来赤裸裸的国家职能与政治结构的中央集权专制涂上一层浓厚的人文色彩。汉代集权专制理论的建立，概括地说，经历了由对秦代集权专制的扬弃与整合到新的集权专制理论建立的两个基本阶段。陆贾、叔孙通、贾谊等人的理论主要是在反思历史的基础上扬弃和整合秦代集权专制，而董仲舒则是将专制集权加以理论化、系统化。前一点笔者曾撰专文论述 ①，此不赘论；对后一点略论如下。

专制集权的核心是皇权，皇权的绝对权威与臣民的依附意识是集权专制赖以存在的两大前提。前者是皇权意识的本质，后者是皇权意识的表现。董仲舒所提出的《春秋》大一统理论、君权神授，就是强调树立皇权的绝对权威。其《举贤良对策》三曰："《春秋》大一统者，天地之常经，古今之通谊也。今师异道，人异论，百家殊方，指意不同，是以上亡以持一统。法制数变，下不知所守。臣愚以为诸不在六艺之科孔子之术者，皆绝其道，勿使并进。邪辟之说灭息，然后统纪可一，而法度可明，民知所从矣。"② 又《举贤良对策》一曰："臣谨案《春秋》之文，求王道之端，得之于正。……其意曰，上承天之所为，而下以正其所

---

① 参见刘运好：《解构皇权意识和传统文化——论竹林七贤在文化史上的意义》，(加拿大)《文化中国》2001年6月。按：见本书第57页。

② 《汉书》卷五十六《董仲舒传》，岳麓书社1993年版，第1107—1108页。

为,正王道之端云尔。然则王者欲有所为,宜求其端于天。"① 其内涵可概括为:第一,帝王要"持一统",就必须遵从《春秋》大一统理论,罢黜百家,独尊儒术。第二,帝王之道的根本就是上承天意,下正其行。也就是说,帝王之权为天所授,因此帝王之尊则是绝对的、神圣不可侵犯的。这两点,不仅从理论上阐释了皇权的绝对权威,而且提供了维护这种绝对权威的政治策略。

董仲舒《春秋繁露》在"君为天,臣为地"的逻辑基础上,强调臣民绝对服从与依附皇权。其《顺命》曰:"天子受命于天,诸侯受命于天子,子受命于父,臣妾受命于君,妻受命于夫。"② 又《天地之行》曰:"为人臣者,其法取象于地。故朝夕进退,奉职应对,所以事贵也;供设饮食,候视疚疾,所以致养也;委身致命,事无专制,所以为忠也;竭愚写情,不饰其过,所以为信也;伏节死难,不惜其命,所以救穷也;推进光荣,褒扬其善,所以助明也;受命宣恩,辅成君子,所以助化也;功成事就,德归于上,所以致义也。"③ 又《王道通三》曰:"故《春秋》君不名恶,臣不名善,善皆归于君,恶皆归于臣,臣之义比于地。故为人臣下者,视地之事天也。"④ 董仲舒强调的是:第一,君主受命于天,诸侯、臣民受命于君主,其间存在着逻辑上的依存关系,因此诸侯、臣民必须绝对依附于君。第二,因为君为天,臣为地,臣之事君如地之事天,臣之事君所做的"事贵""致养""为忠""为信""救穷""助明""助化""致义",天经地义,必须绝对服从。第三,君为天,一切善皆归于君,君就成为"善"的化身;臣为地,一切"恶"皆归于臣,这就从伦理上论证了臣民必须绝对服从于君。三点强调一个核心,这就是皇权不仅具有绝对权威,而且臣民必须绝对服从并依附于皇权! 一言以蔽之,董仲舒是通过自然与人事的比附,论证其皇权的绝对权威与臣民的依附意识,而其理论策略是把政治关系伦理化,伦理关系神学化。从而使对皇权偶像的崇拜与对皇权的绝对依附成为臣民的思想和行为准则,并支撑着几乎整个汉代"士"的心理。

这种状况直至汉末党锢集团的出现才被打破。余英时指出:"东

① 《汉书》卷五十六《董仲舒传》,岳麓书社1993年版,第1097页。
② 《二十二子》,上海古籍出版社1986年版,第802页。
③ 《二十二子》,上海古籍出版社1986年版,第807页。
④ 《二十二子》,上海古籍出版社1986年版,第794页。

汉外戚之祸极于梁冀之专权,士大夫之形成清流集团似亦肇端于此。"① 汉末士大夫之清流集团的形成、消解与党人之议相始终。"初,桓帝为蠡吾侯,受学于甘陵周福,及即帝位,擢福为尚书。时同郡河南尹房植有名当朝……二家宾客,互相讥揣,遂各树朋徒,渐成尤隙,由是甘陵有南北部,党人之议,自此始矣。……流言转入太学,诸生三万余人,郭林宗、贾伟节为其冠,并与李膺、陈蕃、王畅更相褒重。学中语曰:'天下模楷李元礼,不畏强御陈仲举,天下俊秀王叔茂。'……并危言深论,不隐豪强。"② 前后酿成了三次党锢之祸,直至黄巾蜂起,才"大赦党人,诛徙之家皆归故郡"。详细情况可参见《后汉书·党锢列传》。从以上所引的材料可以看出,士大夫之"党人",虽源于甘陵南北部之"党人",但其性质大不相同。甘陵之党人是依势而结党,结党以耸势;士之党人是依"名节"而结党,结党以崇名节。

士大夫之清流集团即党锢集团有两个基本特点:一以名节自重,一以天下为己任。汉末士林注重名节,始于王莽居摄篡弑之际,至东汉而渐成风气。《党锢列传》载:"至王莽专伪,终于篡国,忠义之流,耻见缨绋,遂乃荣华丘壑,甘足枯槁。虽中兴在运,汉德重开,而保身怀方,弥相慕袭,去就之节,重于时矣。"③ 至汉末,在太学生的推波助澜下,去就与名节尤为士林所关注。虽党祸酷烈,然此风尤炽。李膺因党锢之祸被捕入狱,后遇赦,"免归乡里,居阳城山中,天下士大夫皆高尚其道,而污秽朝廷。"所谓"高尚其道"就是褒重其名节。因为李膺能在"朝廷日乱,纲纪颓弛"之时,"独持风裁,以声名自高",即使后来因张俭事而受牵连,朝廷收捕钩党,乡人劝李膺逃走避难,膺对曰:"事不辞难,罪不逃刑,臣之节也。"④ 当时的士大夫乃至为名节而竟脚蹐死地,凛然从容。如范滂因党锢之祸而入狱,其母与之诀曰:"汝今得与李(膺)、杜(密)齐名,死亦何恨! 既有令名,复求寿考,可兼得乎?"⑤ 反之,若不持士节,即使位极权臣,或名重当时,也为清流士大夫所不齿。如《党锢列传》载:"南阳樊陵求为门徒,(李)膺谢不受,陵后以阿附宦官,致位太尉,为节志者所羞。"又《三辅决录》引赵岐《与友书》曰:

---

① 余英时:《士与中国文化》,上海人民出版社1987年版,第288页。
② 《后汉书》卷六十七《党锢列传》,中华书局1965年版,第2185—2186页。
③ 《后汉书》卷六十七《党锢列传》,中华书局1965年版,第2185页。
④ 《后汉书》卷六十七《党锢列传》,中华书局1965年版,第2195、2197页。
⑤ 《后汉书》卷六十七《党锢列传》,中华书局1965年版,第2207页。

"马季长虽有名当世,而不持士节,三辅高士未曾以衣裾襒其门也。"①正是清流名士崇尚名节与"天下之士"褒重名节的互动,形成了汉末士林注重名节的一代士风。这在《党锢传论》揭示得非常清楚:"李膺振拔污险之中,蕴义生风,以鼓动流俗,激素行以耻威权,立廉尚以振贵执,使天下之士奋迅感慨,波荡而从之。"②

事实上,在与外戚和宦官斗争中,清流名士崇尚名节与"天下之士"波荡从之,无意中也形成了一种自然的政治联盟,《党锢列传》对此也有深刻阐述:"逮桓灵之间,主荒政缪,国命委于阉寺,士子羞与为伍,故匹夫抗愤,处士横议,遂乃激扬名声,互相题拂,品核公卿,裁量执政,婞直之风,于斯行矣。"③这种自然的政治联盟,既不同于朱穆《绝交论》所指责的"蔽过窃誉,以赡其私",以及徐干《中论·谴交》所批评的"王事不恤,宾客是务"的俗士交游结党,也不同于以一己私利为一切准则的外戚和宦官权力集团。党锢诸君子关注时政和激扬现实,骨子里所浸透着的是一种以天下为己任的社会历史责任感。党锢诸君的思想与行为就充分说明了这一点。如陈蕃年十五,就有清世之志,说:"大丈夫处世,当扫除天下,安事一室乎!"④"(范)滂登车揽辔,慨然有澄清天下之志。"⑤正因为如此,这些人一旦执掌权柄,并非以权谋私,而是借权行道,企冀匡正时俗,澄清浊政。"李固据位持重,以争大义,确乎而不可夺。岂不知守节之触祸,耻夫覆折之伤任也。"⑥身居高位而"争大义"、"守节"就是借权以行道——实现自己的政治理想。"滂在职,严整疾恶。其有行违孝悌、不轨仁义者,皆扫迹斥逐,不与共朝。"⑦"是时朝廷日乱,纲纪颓弛,膺独持风裁,以声名自高。"⑧范滂之"严整疾恶"、"显荐异节,抽拔幽陋",李膺之"独持风裁",也就是希望通过黜邪褒正、裁量执政的手段,而匡正时俗,清除弊政,整顿朝纲。

① 《后汉书》卷六十四《赵岐传》李贤注引,中华书局1965年版,第2121页。
② 《后汉书》卷六十七《党锢列传》,中华书局1965年版,第2207页。
③ 《后汉书》卷六十七《党锢列传》,中华书局1965年版,第2185页。
④ 《后汉书》卷六十六《陈蕃传》,中华书局1965年版,第2159页。
⑤ 《后汉书》卷六十七《党锢列传》,中华书局1965年版,第2203页。
⑥ 《后汉书》卷六十三《李固传》,中华书局1965年版,第2094页。
⑦ 《后汉书》卷六十七《党锢列传》,中华书局1965年版,第2205页。
⑧ 《后汉书》卷六十七《党锢列传》,中华书局1965年版,第2195页。

事实上,清流士大夫的注重操守与以天下为己任的精神,是士林主体意识觉醒的一个问题的两面,虽然在借权行道这一点上与先秦士有所区别以外,在整体上所表现的实际上是一种对先秦时期士之精神的回归!

这种产生于特定政治背景下的主体意识的自觉,表现在对皇权的认识上,与汉代初中期大不相同,具体有两个方面:一是将皇权与社稷剥离开来,产生了"事皇权"与"事社稷"之别的自觉意识;二是将现实中的朝廷与理念中的皇权剥离开来,产生了"污秽朝廷"的激烈行为。这两方面,直接导致了皇权绝对权威的式微,无意中解构了汉初所建立至汉中期所强化的皇权依附意识。

在一个极端专制的中央集权中,皇权凌驾于国家之上,皇权就是国家,国家的权威也就是皇权的权威。秦汉以来,皇权的绝对权威与臣民的依附意识也正是建立在士大夫对皇权即社稷(国家)的认识上。汉代流行的谚语"学成文武艺,货于帝王家"正是这种意识的典型表现。然而到了汉末,由于政治权力结构的变化,士大夫对皇权的认识产生了巨大变化。王夫之说:"汉之亡也,母后、外戚、宦竖操立主之权,以持国柄而乱之,其所立者,感立己者之德而捐社稷以徇之;夫其渐积使然,岂一朝一夕之故哉?"①

这种现实,对汉末士大夫的皇权意识产生了两方面的重要影响:第一,君主"捐社稷"以徇私利,就造成了君主与社稷(国家)的分离,甚至对立,客观上使士大夫在思想深处逐渐将皇权与国家剥离开来。第二,"母后、外戚、宦竖操立主之权",就打碎了董仲舒"天子受命于天"的神话,淡化了皇帝的神圣光环;另一方面,汉末所立之君主或年幼暗弱,或淫于声色,或怠于政事,这样,现实中的皇帝与士大夫理想中的皇帝形成强烈反差,导致了皇权依附意识的坍塌,客观上促使士大夫以一种切实而冷静的目光审视皇权与国家的关系。

上述两方面恰恰是使士大夫产生朦胧的国家意识的一种契机,于是在士大夫中出现了"事君"与"事社稷"的区别:"时封赏逾制,内宠猥盛,(陈)蕃乃上疏谏曰:'臣闻有事社稷者,社稷是为;有事人君者,容悦是为。'"② 国家意识的产生本质上是对中央专制集权的皇权意识的

① 王夫之:《读通鉴论》(上),中华书局1975年版,第206页。
② 《后汉书》卷六十六《陈蕃传》,中华书局1965年版,第2161页。

解构。汉末士大夫以天下为己任的精神,实际包含着朦胧的国家意识,这与先秦士人的天下理念是有所区别的。

汉顺帝后,先是外戚擅权,后为宦官主政,外戚、宦官"操立主之权"的背后,反映了皇权的式微;另一方面,"操立主之权"者的横行跋扈,又进一步加速了皇权的式微。皇权下移,皇帝成为一种徒有虚名的偶像,于是士大夫就将现实中的朝廷与理念中的皇权分离开来,将皇权偶像与操持国柄者分离开来,这才可能在清流士大夫中出现"污秽朝廷"和"裁量执政"的风气。在第一次党锢之祸中,牢修指责李膺"交结诸郡生徒,更相驱驰,共为部党,诽讪朝廷,疑乱风俗";王甫指责范滂"君为人臣,不惟忠国,而共造部党,自相褒举,评论朝廷"①。虽然语涉诬陷,但就其指斥党人批评朝政、激扬政治这一点来说是真实的。这其实又涉及了问题的两个方面:第一,在中央集权时代,即使君主昏庸之极,臣民也断无"诽讪"、"评论"君主之理,清流士大夫"污秽朝廷"、"裁量执政",说明他们已经将现实中的朝廷与理念中的皇权分离开来。第二,在中央集权时代,皇权与国家、执政者三位一体,不可分割,结合上文所论可知,这一时期的清流士大夫对国家、皇权与执政者的层次关系已有较为清晰的认识,而这种认识产生了两个直接的后果:其一,皇权不是置于国家之上的绝对权威,这一意识的本身是对中央专制集权下的皇权意识的解构;其二,在一个具体的时代中,皇权往往是通过执政者对集权权威的运用所表现出来的,对执政者的批判实际上无意中就是对现有皇权的挑战,这就无可避免地造成皇权绝对权威的式微,必然对专制集权下的皇权意识形成解构。

主体意识的自觉、批判执政、激扬政治,的确是当时士风的基本特点,这些方面时贤多有论述。但是,汉末士大夫对先秦士之精神的回归,国家意识的朦胧产生,以及由此而形成的对皇权意识的解构,却为我们的史学界和思想界所忽略了。倒是明人王夫之则隐约地看到了这一点,他说:"祸始于桓、灵,毒溃于献帝,日甚日滋,求如前汉之末,王莽篡而人思汉,不可复得矣。"②"王莽篡而人思汉"是因为当时王朝虽发生了更迭,但大多士大夫对汉王朝的皇权依附意识并未改变,而在东汉末,原有的皇权依附意识已被解构,对社会政治的激烈批判已

① 《后汉书》卷六十七《党锢列传》,中华书局1965年版,第2186、2205页。
② 王夫之:《读通鉴论》(上),中华书局1975年版,第211页。

经遮蔽了人们对"汉官威仪"的遥想了。

二、皇权依附意识与集团依附意识的互动

"主荒政缪"的政治生态与皇权依附意识的解构,直接导致了社会的动乱与皇权的式微,而这几方面所形成的社会合力,使士大夫由皇权依附逐渐向集团依附位移。然而,经过秦汉以来数百年政治文化的积淀而形成的皇权意识,犹"百足之虫,死而不僵",于是残存的皇权依附意识与新生的集团依附意识的互动,构成了汉灵帝中平元年以后至建安时期生动的士风画卷图。

汉末的政治集团,虽然不能说与党锢集团毫无关系,然而党锢集团尚非严格意义上的政治集团。因为它还没有具备政治集团必须具备的三个基本要件,即严密的组织结构、明确的政治目标、统一的集团领袖。汉末政治集团萌芽于坞堡庄园经济,形成于拥兵自重的军阀集团。王夫之指出:"桓灵之世,士大夫而欲有为,不能也。君必不可匡者也;朝廷之法纪,必不可正者也;郡县之贪虐,必不可问者也。士大夫而欲有为,唯拥兵以戮力于边徼;其次则驱芟盗贼于中原;名以振,功不可揜,人情以归往,闇主权阉抑资之以安居而肆志。故虽或忌之,或谮之,而终不能陷之于重辟。于是天下知唯此为功名之径而祸之所及者鲜也,士大夫乐习之,凡民亦竞尚之,于是而盗日起,兵日兴,究且瓜分鼎峙,以成乎袁、曹、孙、刘之世。故国恒以弱丧,而汉以强亡。"①士大夫无法辅佐君主,匡正法纪,欲有所为者,或戮力于边庭,或驱贼于中原,终于形成了瓜分鼎峙的军事集团。王夫之看出了由军事集团而转化为政治集团,最终导致了东汉王朝覆亡的历史事实。但是,他并没有明白原本是支撑东汉中央专制集权的军事集团,如何转变成为瓦解东汉专制集权的政治集团的深层原因。其实,个中深层原因,就是士大夫皇权依附意识的解构而造成向政治集团依附的位移。士大夫这种意识的位移,既导致了皇权作为国家职能的削弱,又部分地抽空了皇权存在的政治基础;客观上既壮大了政治集团的力量,又膨胀了政治集团领袖觊觎皇室的政治野心。

---

① 王夫之:《读通鉴论》(上),中华书局1975年版,第212—213页。

造成士大夫这种意识位移的直接原因是董卓乱政。《武帝纪》载："大将军何进与袁绍为谋诛宦官，太后不听。进乃召董卓，欲以胁太后，卓未至而进见杀。卓到，废帝为弘农王而立献帝，京都大乱。"又载，太祖曰："（董卓）今焚烧宫室，劫迁天子，海内震动，不知所归，此天亡之时也。"① 何进召董卓进京本是为胁迫太后，诛灭宦官，其结果却是引狼入室。董卓进京后，擅权乱政，淫乱宫廷，轻操废立之权，直接导致了汉末皇权式微，国家分裂。

虽然汉末的权臣、阉宦擅权乱政，由来已久，但是董卓擅权乱政，与汉末宦官和外戚擅权有本质的区别。宦官和外戚擅权，是宫廷内部的权力之争，操弄权柄仍然以皇权作为幌子，皇权虽已成为傀儡，然在表面上依然笼罩着神圣的光环。所以，宦官和外戚的行为在形式上基本还限定在中央专制集权的框架内，皇权的权力职能虽被弱化，然皇权作为国家象征的政治职能却并没有从根本上被毁坏。而董卓乱政，则是宫廷与地方军阀的权力之争。加之董卓身为异族，率兵入京，以军力为后盾，"焚烧宫室，劫迁天子"，开东汉军人干政的先例。军队一旦凌驾于皇权之上，皇权就必然从耸立于专制集权的塔尖坠落了下来。所以，董卓的行为已经完全突破了秦汉以来中央专制集权的框架形式，从根本上破坏了中央专制集权的政治功能。

董卓进京的最为直接后果是导致"京都大乱"、"海内震动"的混乱局面。在皇权形式上，直接打碎了"汉官威仪"，导致了皇室流播，百官沦落。《孝献帝纪》曰："是时（建安元年），宫室烧尽，百官披荆棘，依墙壁间。州郡各拥强兵，而委输不至，群僚饥乏，尚书郎以下自出采稆，或饥死墙壁间，或为兵士所杀。"② 朝廷沦落至此，威严丧失殆尽！这种现实直接导致了两方面的后果：在权力职能上，打碎了皇权集权专制，出现政出多门。《魏书》曰："（袁）术归帝号于绍，曰：'汉之失天下久矣，天子提挈，政在家门，豪雄角逐，分裂疆宇，此与周之末年七国分势无异，卒强者兼之耳。'"③ 二袁自己就是"豪雄角逐，分裂疆宇"的祸首。初平二年（公元191）袁绍私刻皇帝印玺，企图立刘虞为帝；建安二年（公元197）袁术在寿春称帝。皇权专制曾拥有的绝对权威荡然

---

① 《三国志》卷一《武帝纪》，岳麓书社1990年版，第4、6页。
② 《后汉书》卷九《孝献帝纪》，中华书局1965年版，第379页。
③ 《三国志》卷六《袁术传》裴松之注引，岳麓书社1990年版，第171页。

无存。在权力分配上，地方军阀藉讨董卓之机迅速崛起，拥兵自重。《吴录》载："是时关东州郡，务相兼并以自强大。……坚慨然叹曰；'同举义兵，将救社稷。逆贼垂破而各若此，吾当谁与戮力乎！'"① 打破中央对地方力量的制衡，终于形成尾大不掉的局面。

汉末军政一体的地方政治体制，使那些割据一方的军阀本身带有浓厚的政治集团性质。而董卓对中央专制集权政治功能的破坏，使汉室名存实亡，又导致了士大夫精神上的"不知所归"。于是那些在精神上"不知所归"的士林群体，逐步地从原先的皇权依附开始向崛起的政治集团靠拢，士大夫原有的皇权依附意识也就开始逐步向集团依附意识转向。

其实，这种意识的转向又经历了由最初的崇拜政治精英到依附政治集团的过程。当世积乱离，生灵涂炭时，士林阶层都渴望政治精英垂世，能够救己、救民于倒悬，于是崇拜政治精英成为士林的普遍心态，汉末亦然。如《党锢列传》载："初，曹操微时，瓒异其才，将没，谓子宣等曰：'时将乱矣，天下英雄无过曹操。张孟卓与吾善，袁本初汝外亲，虽尔勿依，必归曹氏。'"② 无独有偶，董昭亦劝张杨结好曹操，明确地告诫他说："袁、曹虽为一家，势不久群。曹今虽弱，然实天下之英雄也，当故结之。"③ 吕布偷袭下邳，刘备不得已投曹操，程昱认为刘备有雄才且有雄心，力劝曹操杀之。操曰："方今收英雄时也，杀一人而失天下之心，不可。"④ 李瓒教子、董昭劝张杨结好曹操时，曹操尚未成为独立的政治集团；刘备投靠曹操时，更是兵微将寡。然此二人既有英雄之才，亦有英雄之志，社会均以治理乱世的政治精英视之。杀一刘备竟可能"失天下之心"，可见士林对刘备的崇拜；而曹操更是士大夫崇拜的偶像，孔融《六言诗》（其二）曰："郭李分争为非，迁都长安思归。瞻望关东可哀，梦想曹公归来。"则是明证。

这种对政治精英的个人崇拜，最初或只是存在于士大夫的心理层面，而最终却直接地导致了士大夫对政治精英的依附。而士大夫对政治精英的依附则又逐渐地使这些政治精英形成强大的政治集团。于

① 《三国志》卷四十六《孙坚传》裴松之注引，岳麓书社1990年版，第871页。
② 《后汉书》卷六十七《党锢列传》，中华书局1965年版，第2197页。
③ 《三国志》卷十四《董昭传》，岳麓书社1990年版，第354页。
④ 《三国志》卷一《武帝纪》，岳麓书社1990年版，第11页。

是，一方面这些政治集团为逐鹿中原，更加拼命地网罗人才；另一方面人才也择主而依，希望为世所用。而择主而依又恰恰是由精英崇拜走向集团依附的一种行为表现。曹操《短歌行》所描绘之情境："月明星稀，乌鹊南飞。绕树三匝，何枝可依？山不厌高，水不厌深。周公吐哺，天下归心。"既表现了当时士人择主而依时彷徨不定的心态，也表现了作为集团领袖的曹操，为实现政治理想而网罗人才为我所用的渴望。诸葛亮躬耕陇亩，因刘备三顾茅庐而终于出山，成就刘氏帝业，就是那个时代的典型。这两种因素的互相推衍激荡，就形成了士大夫由崇拜皇权偶像，依附皇权，而转变为崇拜政治精英，逐步走向依附政治集团。

一旦士大夫的意识从皇权依附转向集团依附，中央专制集权的绝对权威就受到了前所未有的挑战，而从皇权依附意识转向集团依附意识时，秦汉以来一直为士大夫顶礼膜拜的皇权偶像也在意识形态的领域中被掏空了。

但是，汉末之际，从政治结构上看，中央集权的形式依然存在，政治集团也常常以中央集权的大纛为幌子；从意识形态看，皇权依附意识并未完全消弭，士大夫阶层大多在中央集权与政治集团之间首鼠两端。因此，集团依附与皇权依附的两种思想意识处于一种互动并存的状态。官渡之战前桓阶的一席话特别具有代表性。建安五年，曹操与袁绍相拒于官渡，刘表举州以应绍。"阶说其太守张羡曰：'夫举事而不本于义，未有不败者也。故齐桓率诸侯以尊周，晋文逐叔带以纳王。今袁氏反此，而刘牧应之，取祸之道也。明府必欲立功明义，全福远祸，不宜与之同也。'羡曰：'然则何向而可？'阶曰：'曹公虽弱，仗义而起，救朝廷之危，奉王命而讨有罪，孰敢不服？今若举四郡保三江以待其来，而为之内应，不亦可乎！'"① 曹操与袁绍是当时两大政治集团，曹在军事上虽暂时处于劣势，但挟天子以令诸侯，在形式上依然依附于中央专制集权，所以桓阶认为曹操举事本于"义"；而袁氏家族先是袁绍私刻皇帝印玺，后又袁术称帝，形式上破坏了中央专制集权，所以桓阶认为袁绍举事悖于"义"。桓阶之论说明了两点：第一，汉末士大夫依然积淀比较浓厚的皇权依附意识，与集团依附意识并存；第二，汉

---

① 《三国志》卷二十二《桓阶传》，岳麓书社1990年版，第507页。

末士大夫的集团依附意识往往还叠合在皇权依附意识之上,与皇权依附意识互动。

皇权依附意识与集团依附意识的并存互动,使汉末政治生态形成了种种悖论的现象:第一,臣的政治含义的悖论。汉在削藩之后,臣只是相对于君而存在,而汉末时期的"臣"却有私臣与君臣之别。《九州岛春秋》载:袁绍欲立刘虞为帝,虞厉声曰:"卿敢出此言乎! 忠孝之道,既不能济。孤受国恩,天下扰乱,未能竭命以除国耻,望诸州郡烈义之士戮力西面,援迎幼主,而乃妄造逆谋,欲涂污忠臣邪!"① 又《魏书》曰:"时诸将皆受魏官号,惇独汉官,乃自上疏自陈不当不臣之礼。太祖曰:'吾闻太上师臣,其次友臣。夫臣者,贵德之人也,区区之魏,而臣足以屈君乎?'惇固请,乃拜为前将军。"② 刘虞所言之臣,就是汉主之臣(君臣),所以不欲称帝,乃是守臣忠孝之道。而夏侯惇所言之臣,则是指魏王之臣(私臣),因为自己身事魏王,故宁为魏臣,不为汉官。故汉末所言之臣,其名一,其实二。本是一个概念,其政治含义则又分成了背离的两个方面。第二,臣的政治行为的悖论。正因为有了私臣与君臣之别,这也就造成了臣的政治行为的背离。《傅子》曰:"初表谓(韩)嵩曰:'今天下大乱,未知所定,曹公拥天子都许,君为我观其衅。'嵩对曰:'……嵩,守节者也。夫事君为君,君臣名定,以死守之;今策名委质,唯将军所命,虽赴汤蹈火,死无辞也。……设计未定,嵩使京师,天子假嵩一官,则天子之臣,而将军之故吏耳。在君为君,则嵩守天子之命,义不得复为将军死也。'"③ 韩嵩所言"事君为君,君臣名定"之臣,既指私家之臣,亦指国君之臣。从韩嵩的语言与行为看,当时的士大夫既可为私臣,亦可为君臣,准的无依,首鼠两端。韩嵩为将军吏则可为将军死,为天子官则必为君子死,其政治行为可按照其依附对象的不同而分为事其主和事其君。而事其君与事其主泾渭分明者,前

---

① 《三国志》卷八《公孙瓒传》裴松之注引,岳麓书社1990年版,第194页。
② 《三国志》卷九《夏侯惇传》裴松之注引,岳麓书社1990年版,第218页。
③ 《三国志》卷六《刘表传》裴松之注引,岳麓书社1990年版,第173页。

有伍孚、王允事其君而死[1]，后有韩珩事其主而亡[2]。

臣的身份有私臣，有君臣；臣的行为有事其主，有事其君。这在秦汉皇权专制的鼎盛时期是难以想象的。皇权专制鼎盛时期，天下一统，皇权至上，只有君臣，没有私臣；君使臣，臣事君，天经地义。即使是豪门贵族，也只有家奴，并无私臣。而豪门贵族的家奴，也因为主子君臣的身份，构成了奴事主、主事君的政治生态链。因此，家奴也只是皇权金字塔塔基的一个构成部分。然而，随着皇权危机的出现，政治集团的产生，这种情况逐步发生了变化。皇权式微之初，政治集团在形式上仍然隶属于皇权，即使与皇权专制若即若离，但是某一政治集团的私家之臣与君主之臣在政治生态中所扮演的角色尚有部分叠合，即本质上事其主，而形式上却仍然事其君，于是出现了私臣与君臣并存的局面。而在这特定时期，集团依附意识与皇权依附意识也必然存在着交集并存的现象。另一方面，政治集团逐渐地从旧皇权体制中剥离出来，逐渐形成了一批私家之臣，由于政治生态链的断裂，这批私家之臣只知事其主而不知事其君，于是形成了一种强烈的集团依附意识，成为解构皇权的异端力量。而这两方面的过渡则包含着一个皇权权威由危机走向衰落的过程。

概括言之，汉末之忠，其行为有事其主与事其君之别，其意识有依附皇权与依附政治集团之别。第一，当政治集团形式上仍然隶属于皇权专制时，对政治集团的依附形式上也仍然是皇权依附。这时，皇权依附意识与集团依附意识呈现出隐性的并存状态。第二，当政治集团游离于皇权甚至与皇权对立，而政治依附又并非以皇权为唯一衡量尺度，而是以所投靠对象为衡量尺度时，对政治集团的依附则是对皇权依附的背离。这时，皇权依附意识与集团依附意识呈现出显性的并存

---

① 《三国志》卷六《董卓传》裴松之注引谢承《后汉书》曰："董卓作乱，百僚震栗。孚著小铠，于朝服里挟佩刀见卓，欲伺便刺杀之。语阕辞去，卓送至阁中，孚因出刀刺之。卓多力，退却不中，即收孚。卓曰：'卿欲反邪？'孚大言曰：'汝非吾君，吾非汝臣，何反之有？汝乱国篡位，罪盈恶大，今是吾死日，故来诛奸贼耳，恨不车裂汝于市朝以谢天下。'遂杀孚。"又引张璠《汉纪》曰："布兵败，住马青琐门外，谓允曰：'公可以去。'允曰：'安国家，吾之上愿也，若不获，则奉身以死。朝廷幼主恃我而已，临难苟免，吾不为也。努力谢关东诸公，以国家为念。'"岳麓书社1990年版，第141、146页。

② 《三国志》卷六《袁绍传》："至别驾韩珩，曰：'吾受袁公父子厚恩，今其破亡，智不能救，勇不能死，于义阙矣；若乃北面于曹氏，所弗能为也。'"岳麓书社1990年版，第168页。按：韩氏之言，固有一"义"字，但也可间接说明其皇权意识的淡薄。因为曹操挟天子，代表王室，韩只知忠于袁氏，而不知忠于王室，于此可见也。另，袁绍部将审配被曹操逮捕时，忠于袁氏，为其死节，亦可作如是观。

状态。无论是隐性的还是显性的皇权依附意识与集团依附意识的并存状态,实际上都是对皇权专制鼎盛时期皇权依附意识的一种解构。

因此,皇权依附意识与集团依附意识的并存互动,既是皇权式微的产物,又加速了皇权式微的过程。而且随着时间的推移,时局的变易,集团依附意识渐渐地从皇权依附意识中剥离开来,皇权依附意识也渐渐地让位于集团依附意识,于是在这一过程中社会政治结构也渐渐地隐隐地发生了变化。

三、两种意识互动对政治结构的影响

汉末士大夫的皇权依附意识与集团依附意识的并存互动,对国家的政治结构和权力分配产生了深刻影响。概括言之,有以下几个方面:第一,士大夫积淀的皇权依附意识和乱世中萌生的集团依附意识,使"挟天子以令诸侯"成为新生代政治集团领袖拓展政治资源的最有效的政治策略。第二,"挟天子以令诸侯",虽是利用积淀的皇权依附意识,但在客观上又培植了集团依附意识,既延缓了汉末皇权的衰亡过程,也促进了皇权的进一步衰落。第三,"挟天子以令诸侯",是以"挟天子"为偶像,以"令诸侯"为目的。皇权的国家象征意义虽然存在,但皇权的国家职能却已经被集团的权力职能所取代,从而形成一种畸形的政治结构。第四,这种畸形的政治结构,在皇权依附意识向集团依附意识、皇权国家职能向集团权力职能的不断位移的过程中,逐步转化为新的皇权政治结构,并最终导致旧皇权的消亡,新皇权的诞生。

上文已经论及,汉中平六年(公元189)董卓进京。是年废少帝,立献帝,鸩杀何太后,独专朝政,操生杀之权,于是关中州郡起兵讨卓。虽然,表面上看,讨伐董卓是清君侧,复汉室。实际上,各路豪杰见汉皇权已名存实亡,"天子提挈,政在家门",便伺机扩充势力,企图逐鹿中原。然而作为国家象征的汉末皇权依然存在,积淀的皇权依附意识仍成为众多士大夫基本的思想支点,如上文所举的伍孚、王允就是典型。这就造成汉兴平至建安初年政治生态的两方面特点:

第一,觊觎汉室者必然遭遇重重阻力,且终以失败而告终。董卓自不必言,后来最早重蹈董卓覆辙者,以袁术为典型。袁术出生世家,四世公辅,董卓乱政以后,见汉室衰陵,阴怀异志,奉书与陈珪曰:"昔秦失其政,天下群雄争而取之,兼智勇者卒受其归。今世事纷扰,复有瓦解之势矣,诚英义有为之时也。"陈珪目睹袁术代汉自立的野心,复书义正词严,晓以大义:"今虽季世,未有亡秦苛暴之乱也。……足下当戮力同心,匡翼汉室,而阴谋不轨。以身试祸,岂不痛哉!"[1] 这不仅仅表明陈珪的皇权依附意识依然十分浓厚,实际上也是当时士大夫思想意识的典型反映,所以后来袁术不顾部下反对,于汉兴平二年(公元195),僭号称帝,旋即在众叛亲离之中归帝号于袁绍,呕血而死。

第二,讨伐异己者必以匡扶汉室、剪除奸贼为旗号。董卓败后,在讨卓中伺机崛起的几大军事集团,并没有同心匡扶汉室,而是阋于墙内,党同伐异。他们都希望凭借军事手段攫取最大的政治权力。虽各怀异志,却又都打着匡扶汉室、剪除奸贼的幌子。如袁绍先是希望通过废献帝刘协,另立刘虞的方式,以操纵国柄,不成。后见曹操挟天子以令诸侯,是自己窃取国柄的最大政治障碍,于是便欲置之死地而后快。官渡之战前,挥师南向许昌,本是师出无名,却命陈琳作讨曹操檄文曰:"操豺狼野心,潜苞祸谋,乃欲挠折栋梁,孤弱汉室,除灭中正,专为枭雄。……惧其篡逆之祸,因斯而作。"[2] 一方面是自己潜藏祸心,史载袁术归帝号于袁绍,绍虽未敢公然僭号称帝,却心"阴然之";另一方面又打着清除篡逆、匡扶汉室的旗号。其政治策略也是利用士大夫对旧有的皇权依附意识,实现自己的政治野心。

这种特殊的政治生态,给当时政治集团领袖及其有识之士一种强烈的心理暗示:汉末皇权的政治职能虽已丧失,但是皇权作为国家象征的意义并未有完全消退,士大夫积淀的皇权依附意识依然是这个社会的思想支点。如何利用已经式微的皇权的虚拟光环来聚拢士大夫向心力,成为一种重要政治手段与政治策略。于是,"挟天子以令诸侯"也就成为睿智的政治集团领袖攫取政治权力、实现政治野心的最佳选择。

作为一个军事集团,曹操的壮大得益于镇压黄巾起义,改编青州军;作为一个政治集团,曹操的成功也有很多方面原因,诸如军事、谋略、用人等,但最重要的却是采纳了荀彧"挟天子以令诸侯"的建议。

① 《三国志》卷六《董卓传》,岳麓书社1990年版,第170页。
② 《三国志》卷六《袁绍传》,岳麓书社1990年版,第161页。

《荀彧传》曰："建安元年……彧劝太祖曰：'自天子播越，将军首唱义兵，徒以山东扰乱，未能远赴关右，然犹分遣将帅，蒙险通使，虽御难于外，乃心无不在王室，是将军匡天下之素志也。今车驾旋轸，东京榛芜，义士有存本之思，百姓感旧而增哀。诚因此时，奉主上以从民望，大顺也；秉至公以服豪杰，大略也；扶弘义以致英俊，大德也。天下虽有逆节，必不能为累，明矣。'……太祖遂至洛阳，奉迎天子都许。"① 义士存本，百姓感旧，只要"奉迎天子"，便是秉至公，便可顺民望，服豪杰，说明皇权依附心理在当时是何等强烈！挟天子以令诸侯的策略，一方面，使曹操在皇权的大纛下把自己装扮成皇权代言人，不仅扩张了自己的政治资源，而且抽去了其他政治集团存在的理论依据；另一方面，利用皇权依附意识，又巧妙地将士大夫的向心力集中在自己的政治集团之上。

历史证明，曹操的政治策略运用得十分成功。《袁绍传》曰："会太祖迎天子都许，收河南地，关中皆附。"② "关中皆附"，说明挟天子以令诸侯的确起到笼络士大夫向心力的作用。另据《献帝传》载：袁绍南师许昌，沮授谏曰："曹氏迎天子安宫许都，今举兵南向，于义则违。……今弃万安之术，而兴无名之兵，窃为公惧之。"③ 袁绍攻曹，本是政治集团之间以武力解决权力的重新分配问题，然而因为曹操"挟天子"而成为皇权的代表，从而使袁绍师出无名。虽然后来袁绍也勉强出兵，终于官渡一战而自蹈死地。由此看来，官渡之战曹操的胜利，并非仅是军事上的原因，"挟天子以令诸侯"的政治策略也起到潜在的支配作用。诸葛亮《隆中对》曰："操已拥百万之众，挟天子而令诸侯，此诚不可与争锋。"④ 特别向刘备指出其"挟天子而令诸侯"的政治优势，也正是这个原因。

其实，这一点当时士大夫也多有清醒认识。谋士田丰、沮授均向袁绍提出过这一建议，《献帝传》载：沮授说绍曰："将军累叶辅弼，世济忠义。今朝廷播越，宗庙毁坏，观诸州郡外托义兵，内图相灭，未有存主恤民者。且今州城粗定，宜迎大驾，安宫邺都，挟天子而令诸侯，畜

---

① 《三国志》卷十《荀彧传》，岳麓书社1990年版，第252页。
② 《三国志》卷六《袁绍传》，岳麓书社1990年版，第157页。
③ 《三国志》卷六（裴松之注引），岳麓书社1990年版，第159页。
④ 《三国志》卷三十五《诸葛亮传》，岳麓书社1990年版，第728页。

士马以讨不庭,谁能御之。"① 又《先贤行状》曰:"(田)丰以王室多难,志存匡救,乃应绍命,以为别驾。劝绍迎天子,绍不纳。"② 可惜,袁绍并未采纳沮授、田丰的建议,否则,逐鹿中原,胜负难定也。虽然后来"绍悔,欲令太祖徙天子,都鄄城,以自密近",却因"太祖拒之"③,而使袁绍永远丧失了这一重要的政治资源,与曹争锋处于劣势。

"挟天子以令诸侯"本来是在皇权式微、天下混乱的情况下,曹操利用士大夫积淀的皇权依附意识所采取的一种政治策略。然而,这种政治策略在实践的不断运用过程中,却打破了汉末原来的政治格局,而形成了一种特殊的政治结构形式。

"挟天子以令诸侯",使得"挟天子"者成为国家政权的实际主宰者,而"天子"则成为国家政权的傀儡;"令诸侯"之"令",并非发自天子,而是发自"挟天子"者。只要回顾一下建安以后的重要历史事实就可以清楚地说明这一问题。建安元年(公元196)曹操迎献帝,建都许昌,正式形成"挟天子以令诸侯"的局面。此后,军事上,诛董卓余党、擒吕布、败袁绍、破乌桓、南征刘备孙权,均是以天子之名号令天下。政治上,专擅朝政,刑赏政令一由己出。建安元年"自为司空……百官总己以听";五年"杀董承等,夷三族","立皇子冯为南阳王";十三年"罢三公官……自为丞相";十八年"自立为魏公,加九锡";十九年"杀皇后伏氏,灭其族及二皇子";二十一年"自进号魏王……杀琅邪王熙"④。随着曹操完全操纵国家政权,皇权的集权专制逐渐被权臣的集权专制所代替,皇权的国家职能实质上已经被抽去,剩下的只是一副没有灵魂任人宰割的傀儡。所以,这种畸形政治,不仅打倒了皇权的绝对权威,也加速了皇权的衰落过程。

既然皇权已经丧失了它的国家功能,成为任人摆布的傀儡,为什么曹操只是"挟天子"而不是废天子呢? 如上所述,不仅皇权在乱世中是形成社会向心力的一个圆心,皇权依附意识仍然是当时社会的一种比较普遍的思想意识,而且曹操身为汉臣,"孤祖、父以至孤身,皆当亲重之任",社会上称曹操有"不逊之志"的议论又沸沸扬扬⑤。这种历

① 《三国志》卷六《袁绍传》裴松之注引,岳麓书社1990年版,第157页。
② 《三国志》卷六《袁绍传》裴松之注引,岳麓书社1990年版,第163页。
③ 《三国志》卷六《袁绍传》,岳麓书社1990年版,第157页。
④ 以上材料均见《后汉书》卷九《孝献帝纪》,中华书局1965年版,第379—388页。
⑤ 《三国志》卷一《武帝纪》裴松之注引,岳麓书社1990年版,第25页。

史惯性、社会心理、舆论压力以及自己特殊的政治角色,使曹操只能"挟天子",而不敢"废天子"。即使是后来政治羽翼丰满,也依然不敢轻举妄动。《魏略》曰:"孙权上书称臣,称说天命。王以权书示外曰:"是儿欲踞吾著炉火上邪!"① 孙权"上书称臣",实际上即是尊曹为君,而当时汉室尚存,人心存汉,任何形式的僭越,都可能引起社会动荡,故曹操认为孙权是欲置他于"炉火"上的危险境地。可见,"挟天子"而不废,实在有深层的客观原因。非操不愿为,乃不敢为也。

但无论如何,对于汉末皇权而言,这种畸形的政治结构,不仅部分地恢复作为以皇权为象征的国家政治职能,《武帝纪》载"自天子西迁,朝廷日乱",然而在曹操迁都许昌后,"至是,宗庙社稷制度始立"②,而且在形式上也维护了皇权的完整性和国家的统一性。正如曹操自己所言:"设使国家无孤,不知当几人称帝,几人称王。"③ 故汉献帝的政权在移都许昌以后,还在摇摇欲坠中苟延残喘了二十五年。

另一方面,"挟天子以令诸侯",本来是利用士大夫旧有的皇权依附意识,而"挟天子"者恰恰是在不断"以令诸侯"的过程中,扩展了自己的政治资源,提高了自己的政治地位,使士大夫积淀的皇权依附意识渐渐地向集团依附意识位移。据张璠《汉纪》所载,建安初年,侍中太史令王立"数言于帝曰:'天命有去就,五行不常盛,代火者土也,承汉者魏也,能安天下者,曹姓也。唯委任曹氏而已。'公闻之,使人语立曰:'知公忠于朝廷,然天道深远,幸勿多言。'"④ 这一段史料特别值得注意。王立劝曹操代汉自立,本是背叛朝廷,忠心曹魏,而曹却意味深长地说他"忠于朝廷"。可见,曹操已将自己视为朝廷的代表,"挟天子以令诸侯"只是利用士大夫的皇权依附意识,有效地将人们对朝廷的向心力集中到自己的身上。

其实,曹操"使人语立"也并未否定"承汉者,魏也;能安天下者,曹姓也",而只是说"天道深远",他也清楚,要实现这一"天道"还有一段漫长的历史过程。由此也可见,曹操并非没有不臣之心,只是时机尚未成熟。于是他在"挟天子以令诸侯"的过程中,逐步实现汉室政权不

---

① 《三国志》卷一《武帝纪》裴松之注引,岳麓书社1990年版,第42页。
② 《三国志》卷一《武帝纪》,岳麓书社1990年版,第10页。
③ 《三国志》卷一《武帝纪》裴松之注引,岳麓书社1990年版,第26页。
④ 《三国志》卷一《武帝纪》裴松之注引,岳麓书社1990年版,第11页。

断向曹魏政权的位移。所以,建安后期,士大夫的思想意识也基本从旧有的皇权依附而转向了对曹魏政治集团的依附。《魏氏春秋》:"夏侯惇谓王曰:'天下咸知汉祚已尽,异代方起。自古以来,能除民害为百姓所归者,即民主也。今殿下即戎三十余年,功德著于黎庶,为天下所依归,应天顺民,复何疑哉!'"① 又如上所引《魏略》:"孙权上书称臣,称说天命。王以权书示外曰:'是儿欲踞吾著炉火上邪!'侍中陈群、尚书桓阶奏曰:'汉自安帝以来,政去公室,国统数绝,至于今者,唯有名号,尺土一民,皆非汉有,期运久已尽,历数久已终,非适今日也。……殿下应期,十分天下而有其九,以服事汉,群生注望,遐迩怨叹,是故孙权在远称臣,此天人之应,异气齐声。'"② 曹操正是挟天子之令,为民除害,最终"为天下所依归",使汉室"至于今者,唯有名号",孙权上书在建安二十四年十月,其实这时曹操已经完成了汉室政权向曹魏政权的位移。所以,从另一角度看,孙权上书称臣,也并非真是要置曹操于"炉火上",而恰恰说明汉末皇权的衰落,曹魏政权的兴起,已经在士大夫中形成了共识。于是才会出现夏侯惇耻为汉官,求受魏印的情况。建安二十五年,曹丕即魏王位后,不废一矢,不折一卒,旋即禅汉,实在有其历史发展的必然性。

综上所论,从意识形态上说,"挟天子以令诸侯"实际上包含着皇权依附意识与集团依附意识的互动;从政治结构上说,"挟天子以令诸侯"实际上又存在着皇权国家职能与集团权力职能的互动。曹操巧妙地利用皇权依附意识而向集团依附意识的位移,利用皇权的国家职能而向集团的权力职能的位移。而支撑着政治结构变化的背后恰恰是士大夫思想意识的变化。

结　语

概括地说,皇权依附与集团依附,既是集权政治下士大夫政治上行为取向的两种基本形式,也是影响皇权或国家政治结构的两种基本要素。秦汉中央集权的形成结束了意识形态"百家争鸣"的局面,依附皇权成为士大夫思想意识的支点。而士大夫的思想意识,虽然不能直

① 《三国志》卷一《武帝纪》裴松之注引,岳麓书社1990年版,第42页。
② 《三国志》卷一《武帝纪》裴松之注引,岳麓书社1990年版,第42页。

接地决定皇权或国家的政治结构,但是对皇权或国家政治结构的形成、稳定和变化,却产生潜在的深刻的影响。因为,士大夫的皇权依附与集团依附意识一旦由心理层面转化到行为层面时,其本身也决定中央集权与政治集团之间的权力分配的消长。

在皇权专制鼎盛时期,虽然也存在着集团依附,但是这种集团多是一种具体的利益集团而不是政治集团,士大夫与利益集团和皇权政治之间,构成一个完整的政治生态链,任何利益集团都处于皇权控制之下,所以集团依附的本质依然是皇权依附。然而,皇权一旦衰微,政治生态链断裂,利益集团迅速转化为游离于皇权之外,甚至与皇权对立的政治集团,这时士大夫的集团依附就是对皇权意识的解构,这种解构,一方面对现存的皇权或国家政治结构的稳定起潜在的破坏作用,另一方面也对新的皇权或国家政治结构的产生起催生作用。因此,集团依附所造成的中央集权不断向下位移,成为封建社会非暴力前提下皇权更迭的一个重要原因,也可能成为引发暴力冲突的一个导火线。

这两点,正是研究汉末建安士风嬗变给我们的启示。即使在今天,对我们研究知识分子的思想意识与政治取向对国家政治结构所起的潜在影响,仍具有深刻意义。

［原载《皖西学院学报》2011 年第 6 期］

皇权意识和传统文化的解构

——论竹林七贤的文化意义

魏晋时代有三大文人集团:建安七子、竹林七贤、二十四友。其中,竹林七贤尤为值得注意。其原因有三:其一,建安七子与二十四友都是吸附在政治磁铁上的文人集团,本质上并没有改变汉代文人的政治依附性,只有竹林七贤摆脱了政治依附,从而成为一个独立的真正意义上的文人集团。其二,竹林七贤在皇权意识、价值体系与诗学精神方面所表现出的强烈批判精神,解构了传统文化哲学,影响了后代部分知识分子的思想、行为以及文化活动。其三,竹林七贤行为所表现的主体自由与人格意识,生命情调与气质风度,标志着魏晋风度的形成,是构成魏晋风度的主要内涵。因此,七贤在文化哲学史上的深刻意义,是魏晋其他文人集团难以比拟的。

一、皇权依附意识的解构

竹林七贤是一个游离于皇权政治以外的文人集团,理论上猛烈批判皇权,行为上公然漠视皇权权威,由依附皇权而转向主体独立,客观上消解了秦汉以来所建立的以皇权为轴心的偶像崇拜意识。

皇权意识萌生于家天下的国家制度的建立,凸显于秦汉时期。秦始皇吞并六国,建立中央集权专制。中央集权专制的核心是皇权,皇权的绝对权威与臣民的依附意识(以皇权为轴心),是集权专制赖以存在的两大前提。而实现这一前提,除了专制机器的自身运转外,就是文化的维系作用。百家争鸣的多元文化显然已无法适应统一的专制帝国的要求,李斯认为,天下散乱的根源就在于由文化多元而造成的混乱局面①。于是,秦帝国废除分封制,实行郡县制,建立集权专制的

---

① 《史记》卷六《秦始皇本纪》载李斯曰:"古者天下散乱,莫之能一,是以诸侯并作,语皆道古以害今,饰虚言以乱实,人善其所私学,以非上之所建立。今皇帝并有天下,别黑白而定一尊。"

政治机制；统一度量衡，实行书同文、车同轨，逐步建立起适应集权专制的心理机制；焚书坑儒，强制推行一元政治文化，逐步建立集权专制的文化机制。当然，由于文化发展的自身惯性，以及秦帝国残酷的文化政策所造成的强大反弹力，使秦帝国的文化政策运作并不成功。

汉初得天下后，刘邦开始并未意识到建立大一统文化的重要性。有两件事改变了汉高祖的政治走向：

一是陆贾说诗书而论治天下。《史记》卷九十七《陆贾列传》载："陆生时时前说诗书。高祖骂之曰：'乃公居马上而得之，安事诗书！'陆生曰：'居马上得之，宁可以马上治之乎？且汤武逆取而以顺守之，文武并用，长久之术也。昔者吴王夫差、智伯极武而亡；秦任刑法不变，卒灭赵氏。向使秦已并天下，行仁义，法先圣，陛下安得而有之？'高帝不怿而有惭色，乃谓陆生曰：'试为我著秦所以失天下，吾所以得之者何，及古成败之国。'陆生乃粗述存亡之征，凡著十二篇。每奏一篇，高帝未尝不称善，左右呼万岁，号其书曰《新语》。"陆贾以史为鉴，说明"逆取顺守"是治世的基本原则。"行仁义，法先圣"，推行统一的文化政策是治国的根本，由此而说动刘邦。

二是叔孙通制礼仪而树立皇权的权威。汉初废秦礼仪，群臣无章可循，任性而动，造成朝政秩序混乱，高祖使叔孙通制礼仪。《汉书》卷四十三《叔孙通传》："汉王已并天下……悉去秦仪法，为简易。群臣饮争功，醉或妄呼，拔剑击柱，上患之。"于是高祖命叔孙通制礼仪，"度吾所能行为之"，通"颇采古礼与秦仪杂就之"。此后"自诸侯王以下莫不震恐肃敬"，使刘邦品尝到皇权专制的甜头。

两人的着眼点都是皇权政治。前者以史为鉴，论维护皇权的策略与技术。后者以礼为用，树立皇权的绝对权威。其方法都是将皇帝的政治资源融入文化阐释中，在整理文化的同时，树立皇权意识。后来经过董仲舒进一步改造与发展，建立了完整的皇权理论体系。直至汉末士大夫清流集团的出现，才逐步解构了这种文化体系①，为魏晋思想的转轨提供了一个契机。

---

① 概括言之，汉代帝国政治文化的建立与消解经历了三个阶段：历史的批判阶段——对秦代皇权政治的扬弃；皇权理论体系的建立阶段——独尊儒术，强调天人感应，统一思想，树立皇权的绝对权威；皇权理论体系的消解阶段——士大夫清流集团的形成和对现实的批判。董仲舒是建立帝国政治文化体系的代表人物。

在建安时期，皇权的躯壳徒然存在，而皇权意识则被政治集团意识所取代，邺下文人如众星拱月，紧紧攀附在曹操集团的龙麟凤翼上，几乎已经完全漠视了皇权的存在。所以后来曹丕代汉称帝未费一兵一卒，就是这个原因。曹丕即位后，虽通过整理文化，复兴儒学，调整统治者内部的权利分配，试图建立新的皇权依附意识，但由于曹丕背离了家天下宗法制度的皇权本质，失去了与手握重权的鹰扬之臣抗衡的政治力量；加之又没有建立起本朝皇权政治的理论体系，所以曹丕死后，皇权力量逐渐倾斜，终至形成了以司马氏为首的新政治集团。

到正始时期，曹魏皇权式微，形成以曹爽为代表和以司马懿为代表的两大政治集团①。两大集团在培植党羽集团意识的同时，逐步掏空了士大夫阶层本就十分脆弱的皇权意识，于是趣竞之徒奔走权门。高平陵事变后，依附曹爽的文士几乎全被杀戮。旧王朝大厦将倾，一木难支，而司马氏篡政野心又路人皆知。面对血腥政治，竹林七贤虽怀着对曹魏王朝的眷顾之心，却又不能也不敢公开反抗司马氏集团，于是在"越名教而任自然"的人生哲学幌子下，在行为上，以避世与悖礼对抗已被司马氏阉割了的儒家伦理秩序，企图消解司马氏的政治集团意识；在思想上，张扬"无君""非汤武而薄周孔"，企图消解司马氏所渴望建立的新的皇权政治。

司马氏集团通过对传统名教的伪饰化，一方面掏空旧王朝存在的基础，建立集团依附意识；另一方面，又希望由集团依附意识逐步向新的皇权依附意识过渡，其终极目的还是为了建立一个新的皇权。于是七贤猛烈地抨击皇权意识。阮籍明确提出"无君"思想。其《大人先生传》说："盖无君而庶物定，无臣而万事理，保身修性，不为其纪，惟兹若然，故能长久……君立而虐兴，臣设而贼生。"君为暴虐之源，臣为乱贼之本；去君臣，息礼法，而天下安矣。此后，嵇康《与山巨源绝交书》提出"非汤武而薄周孔"，与阮籍一脉相承。毫无疑问，从政治背景看，"无君"论是直接针对司马氏集团而言的，他希望通过对君的否定从根本上抽去司马氏集团篡政的思想基础。这一点从阮籍思想的发展阶

---

① 习惯上称曹爽一派为曹魏集团。这一概念并不准确。其一，魏的政治性质是中央集权，而曹爽集团的政治性质是政治集团。在中央集权下，任何一个政治集团存在本身都是对皇权的解构。其二，曹爽虽名为魏室成员，却非魏室忠臣，他的一系列僭越行为，说明他已经漠视皇权的存在，其集团在政治上也已经独立于皇权之外。

段也可以看出①。

在行为上,七贤优游竹林,在酗饮中佯狂避世。如山涛四十为官,因两大政治集团斗争激烈,而"投传而去……遂隐身不交世务"。阮籍"本有济世志,属魏晋之际,天下多故,名士少有全者,籍由是不与世事,遂酗饮为常"②。大将军尝欲辟嵇康,"(康)避之河东,或云避世"③。他们在避世的同时,常做出悖礼的举动,这将在下文论述。七贤行为有两点值得注意:其一,避世并不仅是为了逃祸全身,而是通过避世,疏远政治,淡化士林对政治的趣竞意识。其二,悖礼也并非仅仅是惊世骇俗,而是在超世之举中掏空伪饰名教的根基,故阮籍《大人先生传》说:"汝君子之礼法,诚天下之残贼、乱危、死亡之术耳。"这两方面客观上都试图掏空司马氏集团赖以存在的社会基础,从而切断其建立新王朝的文化纽带。

竹林七贤,思想上"无君"与"非汤武而薄周孔",行为上避世与悖礼,原本是为了对抗司马氏的伪饰名教,抽空司马氏集团篡政的思想基石,实质上是一曲隐晦曲折的曹魏皇权没落的挽歌。但是在客观上,第一,比汉末名士更为猛烈地冲击了秦汉以来凸现的皇权意识,以及建安以来的集团意识,使知识分子从皇权与集团的依附中解脱出来从而成为一个独立的社会群体,成为了可能。第二,对皇权与集团依附意识的消解,使知识分子从以宗法制为基础的皇权意识中逐渐萌生国家意识成为了可能。第三,皇权依附意识的消解,使知识分子追求独立人格与自由意识提供了可能。这三点对后代的知识分子影响都十分深远。

二、儒学价值体系的解构

正始之前,儒与道所建立的价值体系影响最大。但是,秦汉以来,虽有汉初推行黄老之学,然至武帝独尊儒术之后,实际已消解了道家的人生价值体系。到正始时期,一方面,何晏、王弼提倡玄学,重构了

---

① 简言之,阮籍思想的发展分为三个阶段:一是伸张儒学为治国之本,以《达易论》为代表;二是抨击礼法制度,高扬庄子的人生哲学,以《达庄论》为代表;三是宣扬无君思想,解构传统的皇权依附意识,以《大人先生传》为代表。

② 《晋书》卷四十三《山涛传》、卷四十九《阮籍传》,中华书局1974年版,第1223、1360页。

③ 《三国志》卷二十一《嵇康传》裴松之注引《魏氏春秋》,中华书局1982年版,第606页。

道家的价值体系,但何、王玄学融合儒道,基本以老子学说为核心,与政治关系较为紧密;另一方面,司马氏外倡儒教,而内崇机诈,使儒教层层伪饰化。竹林名士本是为了解构司马氏所提倡的伪饰名教,然而客观上又对传统儒学形成了巨大冲击力量。

从思想方面看,简单说,儒家社会价值体系有三个基本层面:一是以"君"为核心的政治价值体系;二是以"礼"为核心的伦理价值体系;三是以"仁"为核心的主体价值体系。竹林名士强调"无君"、"自然"、"超越",也就在三方面消解了儒学的社会价值体系。

第一,关于儒学的政治价值体系问题上文已有论述,现补充论证如下:孔子用"正名"为手段,企图建立起以《周礼》为尺度的政治价值体系,其核心是"君君、臣臣"。其后,董仲舒《春秋繁露》提出春秋大一统的理论,强调君权至高无上,系统地建立起以皇权为轴心的政治价值体系。而阮籍"无君无臣"论与嵇康"非汤武而薄周孔"论,又消解了孔子直至董仲舒所建立起的政治价值体系。

第二,儒家以社会群体为参照系,以"礼"作为维系社会秩序的伦理准则①。竹林名士在批评君臣伦理的同时,也抨击了整个礼教制度。阮籍认为:"坐制礼法,束缚下民,欺愚诳拙,藏智自神。强者睽眡而凌暴,弱者憔悴而事人,假廉以成贪,内险而外仁。"故阮籍嘲笑礼法之人为裈中之虱(《大人先生传》)。嵇康公开宣称自己"情意傲散,简与礼相背"(《与山巨源绝交书》)。刘伶对"陈说礼法"的贵介公子、缙绅处士予以辛辣嘲笑(《酒德颂》)。而且他们都是以"越名教而任自然"作为理论旗帜。在《释私论》中,嵇康强调不存矜尚,不为欲望所累,心无是非,行循自然,在凸显主体性的同时,淡化了人的社会性,这就必然消解了以人的社会性为基点的儒学伦理价值体系。

第三,儒学以"仁"为核心的主体价值体系,其本质有三:其一,"克己复礼为仁"的自律意识;其二,庄重威严,"温、良、恭、俭、让"(《论语·学而》)的人格修养;其三,积极用世的人生态度与任重道远的使命感②。三个方面也仍然以人的社会性为基点。但是竹林名士强调人

---

① 儒家所期望建立的伦理秩序,简单地说,就是子夏所言:"贤贤易色;事父母,能竭其力;事君,能致其身;与朋友交,言而有信。"(《论语·学而》)这就讲了三个方面的关系:第一,在家庭关系上,贤贤(重德)孝悌;第二,在群体关系上,言而有信;第三,在社会关系上,事君尊上。

② 《论语·述而》:"发愤忘食,乐以忘忧,不知老之将至云尔。"又《泰伯》:"士不可不弘毅,任重而道远。仁以为己任,不亦重乎!死而后已,不亦远乎!"

的自然性,以超越现实为起点,这就从根本上掏空了儒学赖以存在的基础。刘伶所塑造的"幕天席地,纵意所如"(《酒德颂》)的大人先生,是以夸张的手法强调对现实的超越。嵇康论述养生,不仅要超越外物之累,而且要情无爱憎,意无忧喜,超越自我情感的束缚,从而达到"天地与我并生,而万物与我齐一"的庄学境界,则主要强调对自我的超越。这种对现实与自我的双重超越,纵情所适,土木形骸,不以世务婴心,均是强调一种以自我为核心的主体生存状态。在消解自律意识和社会责任感的同时,也抽换了儒学人格修养的内涵。嵇康的"七不堪"理论、刘伶的"幕天席地,纵意所如",与儒家以"仁"为核心的三方面形成尖锐对立。

从行为方面看,儒家提倡的人生行为是以其自身所建立的社会价值体系为准则。积极用世、约我以礼、行为自律是其主要内容。而竹林名士以逍遥、狂诞、自然的行为方式消解了儒家的社会价值体系。

先说逍遥。竹林之游、肆意酣饮是竹林名士最主要的逍遥形式。竹林七贤名称的由来,本身就与文士的逍遥密切相关①。游于竹林,肆意酣饮,追求一种纵情适意的生命状态,是竹林名士逍遥的主要形式。嵇康与向秀锻于树下,与吕安园中灌蔬,刘伶病酒,均属此类。他们甚至以一种逍遥的态度治理政事。"(阮)籍闻步兵厨营人善酿,有贮酒三百斛,乃求为步兵校尉。遗落世事,虽去佐职,恒游府内,朝宴必与焉"②。求官竟是为酒,足见其为政态度之逍遥了。表面看,竹林名士逍遥的生命状态与生活情调同皇权意识毫无关联。值得注意的是,竹林之风直接源于汉末林下之风,而汉末林下之风又是在皇权意识崩溃以后,直接与政治对抗的产物。另一方面,竹林名士并非是真正的隐士,竹林之游的肆意酣饮,不以世务婴心,客观上疏远了政治,涣散了国家机制与职能,与儒学"事君能致其身"形成直接的对立。这种边缘化政治的手段,解构了以皇权为轴心的政治价值体系。

再说狂诞。传统的儒学礼法经过汉末时代潮流的冲刷,已经是支离破碎了。曹丕即位,虽一度也希望恢复传统儒学礼法,但因为时代

---

① 竹林七贤之名最早见于《世说新语·任诞》第一则:"陈留阮籍,谯国嵇康,河内山涛,三人年皆相比,康年少亚之。预此契者:沛国刘伶,陈留阮咸,河内向秀,琅邪王戎。七子常集于竹林之下,肆意酣畅,故世谓'竹林七贤'。"余嘉锡:《世说新语笺疏》,上海古籍出版社1993年版,第726页。
② 《晋书》卷四十九《阮籍传》,中华书局1974年版,第1360页。

原因,这一努力并不成功。到正始时期,名教已彻底伪饰化,成了司马氏集团篡政的一种政治手段。因此,以狂诞的方法,对抗伪饰的名教成为竹林名士的又一种手段。突破酒、色的大防是其狂诞的具体表现。刘伶《酒德颂》的大人先生"幕天席地,纵意所如。止则操卮执瓠,动则挈榼提壶,唯酒是务,焉知其余"。这个壮美的酒徒形象正是诗人的自我写照①。即使在守孝期间也不愿放下酒杯,如阮籍遭母丧,在晋文王坐进酒肉,因此而遭到贵介公子、缙绅处士"闻吾风声,议其所以"。他们打破礼法限制,以一种平等的态度对待女色。"阮籍嫂尝还家,籍见与别,或讥之,籍曰:'礼岂为吾辈设也?'"②阮咸在守孝期间宠幸姑母之婢,婢归又借驴追还,竟振振有词曰"人种不可失"③。竹林名士的狂诞行为,虽然只是性格的外在层面,本是以情抗礼,但是这种浪漫的情调带有浓厚的政治色彩,客观上对儒学所建立的理性的社会伦理秩序起极大的冲击作用,在情的放纵中解构了儒学以"礼"为核心的伦理价值体系。

后说自然。"越名任心"是竹林名士行为没有准则的准则。也惟其"越名任心"才使他们行为绝少矫揉造作,更多袒露出人性的自然和真淳,在并非刻意的追求中表现出生命的本真。这种本真表现在三个方面:其一,生命形式的本真。《嵇康传》载:嵇康"美词气,有风仪,而土木形骸,不自藻饰,人以为龙章凤姿,天质自然"④。不注重外在修饰,而纯任自然,表现一种生命外在形式(气质风度)的本真。即使被行刑东市也是"顾视日影,索琴弹之",与诗中"目送归鸿,手挥五弦"的名士风流是完全一致的。其二,生命内质的本真。《阮籍传》载:"邻家少妇有美色,当垆沽酒。籍尝诣饮,醉,便卧其侧。籍既不自嫌,其夫察之,亦不疑也。兵家女有才色,未嫁而死。籍不识其父兄,径往哭之,尽哀而还。其外坦荡而内淳至,皆此类也。"⑤阮籍好色而不乱,表现一种生命内质(心境人格)的本真。"好色"仅仅是一种对美的追求,"不乱"才是心境的坦荡和人格的淳粹。其三,生命情性的本真。刘伶"澹默少

①《世说新语·任诞》第六则:刘伶"纵酒放达,或脱衣裸形在屋中。人见讥之。伶曰:'我以天地为栋宇,屋室为裈衣,诸君何为入我裈中?'"余嘉锡《世说新语笺疏》,上海古籍出版社1993年版,第730页。
②《世说新语·任诞》第七则,余嘉锡《世说新语笺疏》,上海古籍出版社1993年版,第730页。
③《世说新语·任诞》第十五则,余嘉锡《世说新语笺疏》,上海古籍出版社1993年版,第734页。
④《晋书》卷四十九《嵇康传》,中华书局1974年版,第1369页。
⑤《晋书》卷四十九《阮籍传》,中华书局1974年版,第1361页。

言,不妄交游,与阮籍、嵇康相遇,欣然神解,携手入林……常乘鹿车,携一壶酒,使人荷锸而随之,谓曰:'死便埋我。'"① 阮籍"时率意独驾,不由径路,车迹所穷,辄恸哭而反"②。追求人生知音,放纵生命欲望,毫不掩饰人生的失落,表现一种生命情性(情感欲望)的本真。剥去人生的面具,袒露生命的真实,打碎人为伦理的桎梏,凸现生命的自然状态,不仅与儒学名教形成尖锐冲突,也是对"克己复礼"的儒家理性人格的消解。

如果对竹林名士的行为进行简略概括的话,逍遥是行为的情调,狂诞是行为的方式,自然是行为的本质。竹林名士的行为对儒学社会价值体系的解构,主要是通过悖礼的方式来达到目的的。因为儒学的社会价值体系是以"礼"为核心,一切政治的与主体的价值体系都建立在以"礼"为核心的伦理价值体系之上。

这种对儒学社会价值体系的解构,有两方面的文化意义:一是凸显了汉末以来所产生的强烈的生命意识与主体意识。在打碎儒学桎梏的同时,重建了知识分子独立的文化人格与主体人格。二是庄学所建立的人生哲学在汉代之前基本上只是以一种文化理论的形态存在,虽经过"魏文慕通达而天下贱守节"的发展过程,但在正始以前仍然没有完全渗透到文人的行为上来,只是经过竹林名士的生活实践,才形成了一种新的生活模式与人格模式,从而影响了后代知识分子的思想与行为。

三、对传统诗学的解构

建安之前,儒家诗学一直居于正统地位。建安时期,徐干与曹丕兄弟的理论也并未完全逸出儒家的樊篱。竹林名士对传统诗学的解构主要是对儒家诗学的解构。而这种解构的本质也是对儒学价值体系解构的一种方式。主要表现在理论与创作两方面。

儒家诗学是以伦理哲学为核心,以社会人生为审美存在的基本形式,从而衍生出三个主要层面:一是以"兴于诗,立于礼,成于乐"(《论语·泰伯》)的伦理人格为基本内容;二是以"兴、观、群、怨"(《论语·阳

---

① 《晋书》卷四十九《刘伶传》,中华书局1974年版,第1676页。
② 《晋书》卷四十九《阮籍传》,中华书局1974年版,第1661页。

货》)的社会教化为功能要求；三是以"执中以为本""奏中声以为节""温和而居中"①的中和之美为审美原则。而竹林名士以"越名任心"为哲学核心，以主观精神为审美存在的基本形式，从而解构了儒家诗学的三个基本层面。竹林名士没有完整的诗学理论著作。他们的诗学思想主要体现在他们的玄学理论与美学理论中。追求超越与自由是竹林名士的基本美学原则。

他们首先以打破一切偶像的气势向传统模式提出了挑战，以超越现实的精神冲决一切现实的罗网。阮籍《答伏义书》说："夫人之立节也，将舒网以笼世，岂樽樽以入网？方开模以范俗，何暇毁质以适检？"亦即摆脱世俗名教之网，以自己的精神风范，笼盖时世，垂范世人。

阮籍追求超越现实，在现实超越中获得主体的精神自由。在《答伏义书》中，强调超举出世、颉颃于心灵的自由境界，与道同游，与天地并存，遗落了一切现实的"飘埃""飞尘"，认为形体只是寄寓现实世界的一副躯壳，现实的行为并非是伦理规范的显现，因此也不能据此考察主体的精神。这种现实超越意识转化为美学原则就是超越有限而达无限。其《清思赋》曰："余以为形之可见，非色之美；音之可闻，非声之善……是以微妙无形，寂寞无听，然后乃可以睹窈窕而淑清。"犹如由形体而不可考察精神一样，只有超越了客观之形、可闻之声，在无形寂寞之中，才能把握声色的玄奥、清雅之美。

嵇康强调追求心灵的超越——不仅超越现实，而且超越自我。比阮籍更具有绝对自由性。他在《养生论》中强调两种心灵状态与超越方式：一是"清虚静泰，少私寡欲，知名位之伤德，故忽而不营，非欲而强禁也；识厚味之害性，故弃而弗顾，非贪而后抑也"。即以智克欲——完成现实超越而回归自性；二是"爱憎不栖于情，忧喜不留于意，泊然无感，而体气和平"，即离智和性——完成情感超越而回归自然。因为"喜怒悖其正气，思虑销其精神，哀乐殃其平粹"，世俗之情妨生。养生不仅需超越世俗之累，且须超越情感之累，进入绝对自由的精神境界。追求心灵超越，进入审美状态就是物我两忘，与道齐一。在《琴赋》中，嵇康特别描述心境平和者的三种审美心理状态：先是愉悦快乐；进而和善天真，恬虚乐古；最终弃世遗身。从现代审美心理学的角

---

① 刘向：《说苑·修文》引孔子语，赵善诒：《说苑疏证》，华东师范大学出版社1985年版，第594页。

度阐释,就是审美心理三层次:审美感知层、审美转换层、审美超越层。感知层是由音乐节奏进入音声之和所引起情绪的变化,主体由现实而逐渐进入审美,完成现实的超越;转换层是由音声之和进入自然之和所引起的心灵的净化(淑穆玄真,恬虚乐古),在情感逐渐消逝的过程中,完成心理的超越;超越层是主体完全融入自然之和中,是物我两忘,与天地齐一的"道"的境界,故曰"弃事遗身"。

虽然阮、嵇超越意识的内涵不同,但有两点则完全一致:其一,无论是追求现实超越,还是心灵超越,都强调主体精神的绝对自由。其二,无论是超越现实,得之无限,还是超越心灵,与道齐一,都认为主观心灵是审美存在的基本形式。这与儒家强调现实伦理行为与精神道德的统一,客观现实是审美存在的基本形式,是大相径庭的。这就抽去了儒家诗学存在的根基。

在这种美学思潮下,正始诗歌创作表现了与建安诗歌的不同风貌。由关注现实到退归心灵,由超越因现实而生的愤懑勃郁到追求精神的绝对自由,是正始诗歌发展的基本轨迹。

超越现实是阮籍《咏怀》永恒的情绪状态和哲学主题。组诗五言《咏怀》大部分篇章作于阮籍晚年,故其诗亦如其文,否定现实,企望以超越现实的方式寻求精神自由与人格独立。阮籍早期的确"有济世之志",其《孔子诔》对孔子的崇敬之情,《乐论》强调儒家教化功能,均是以儒入世的见证。五言《咏怀》诗对雄杰士、壮士建功立业也同样充满钦敬与赞赏(其三十八、三十九),所以他超越现实,又留恋现实。因为诗人生活在魏晋易代之际,国家政治、世道人心以及个人生存状态都十分恶劣,因此诗人入世而忧生,求名而畏谗(其三十三),生命在躁动悲愤的情绪中流逝,人格与自由在窒息沉重的现实中失落。他要享受这有限的生命,保持独立人格与自由精神,就必须弃名遁世,泯是非,齐荣辱,一死生。然而,弃名遁世,仅仅是对现实的逃避,其背后隐蔽着对理想社会的向往和对浊乱现实的忧愤,只有隐于仙,才算是真正地超越现实,进入逍遥自由的境界。所以,求仙成为阮籍晚期诗的主要内容,而且阮籍的游仙诗与建安游仙诗表现出不同的诗风。

与阮籍比较,嵇康追求另一种超越形式——心灵的超越。比阮籍有更强烈的否定现实的倾向。他认为,生逢季世,大道不行,若如当路士那样奔竞权势,无疑是自入荆棘(《五言诗三首》其二)。故他彻底地否定了世人趋之若鹜的富贵尊荣、贵盛、酒色(《秋胡行》)。认为智慧、令名、欲望、势位是生寇、害道、妨生、祸患之由(《六言诗》)。总之,传统认可的价值观,世俗从之的欲望,都被嵇康彻底地否定了。他认为,生命存在的价值就是游心太玄,无色无欲,以澹泊之心性,悟无限之至道,万物齐一,与道消长。他的诗与《养生论》、《答难养生论》的养性原则,《声无哀乐论》的情感超越原则,其共同的哲学主题就是归之于"道"的心灵超越。其《赠兄秀才入军诗》亦充分表达了这一哲学主题:"目送归鸿,手挥五弦。俯仰自得,游心太玄。""至人远鉴,归之自然。万物为一,四海同宅。……贵得肆志,纵心无悔。"超越名教,纵情适意。在目送归鸿、手挥五弦的玄意与潇洒中,"含道独往,弃智遗身",最终"寂乎无累","归之自然",获得心灵的超越。故其笔下的日常生活,习见之景,都涂有浓厚的超脱尘俗的色彩。其《四言诗》写泛舟、赏景、操琴、垂钓、赏荷、观兰、看云、望鸟、思友、遐思、访友,均具有高标尘世、纵心肆志的美感。身居现实,却获得超越尘世、一无挂碍的自由逍遥的精神境界。

嵇康亦有大量的游仙诗,然而在嵇康笔下,仙境与人境,仙人之我与人境之我,现实超越与心灵超越是玄同彼我,合而为一。如《赠兄秀才入军诗》《述志诗》等。这与阮籍游仙诗,仙凡殊异,主体多游离于仙境之外,仙境带有明显的幻化超现实的生命存在形式,形成鲜明对比。故阮籍的逍遥始终挂着压抑的生命情绪,而嵇康的逍遥则浸透潇洒的生命情调。

当然,心灵超越首先表现为对现实的超越。现实超越也包含有心灵超越的渴求。但是从总的倾向看,阮籍强调超越现实,而嵇康强调超越心灵。

总之,竹林名士以玄学的人生哲学为基点,以主体自由的原则替代了儒家伦理规范的原则,从理论到创作,都在客观上解构了传统诗学原则:其一,在文艺表现形态上,强调超越和主体精神的绝对自由,抽去了儒家伦理美学的存在基础,使文学由客观转向主观,由反映社会转向表现心灵,使文艺从政治伦理中独立开来,标志着文学自觉的根本实现。其二,在文艺本原上,强调文艺本原于"天地之体,万物之性"(阮籍《乐论》),是超越现实甚至超越心灵的玄学情调的写照,就解构了儒家"社会反映说"的诗学理论,直接导致了玄言诗的产生。其三,在文艺功能上,强调艺术不是具体的事物,也不是具体情感的载体,因此"移风易俗,本不在此"(嵇康《声无哀乐论》),这也就解构了儒家的"道德教化说"的诗学理论,导致了南朝诗风对道德伦理的偏离。其四,在文艺审美品质上,艺术之"和"是指合天地之体,得万物之性,"道德平淡,五声无味"(阮籍《乐论》),这就将道家美学融入儒家的中和之美中,增加了诗歌的美学内涵,后来又融合佛学理论,导致了境界说的产生。

最后要说明的是,竹林七贤作为一个文人集团,最终在强权政治下逐渐产生了分化,有些名士最终也走出竹林,投向政治集团或皇权政治的怀抱,当年的竹林之风也只能映现在知识分子理想中,成为难以企及的梦幻了。

[原载加拿大《文化中国》2001年6月号]

崇儒融道

——晋初思想论

依社会结构的变化,西晋可分为太康承平、王室内讧、永嘉之乱三个时期。西晋统治阶级思想的整体特征是儒道兼综,但随社会结构的变化,时代思想的演进轨迹亦十分明显:由崇儒融道,发展为援儒入玄,再归结为儒道式微。从泰始到太康是西晋的承平期。这个时期,面对魏晋易代之际儒学思想体系崩溃,浮华趣竞之风大炽,重建社会的儒学思想体系,并且援道入儒以匡正世风,成为思想界所面临的首要任务。崇儒融道成为武帝与西晋前期思想的基本特点。

一

西晋初期崇儒融道的思想,以景帝、文帝为开端,至武帝正式形成。虽然,高平陵事变之后,司马氏集团已成为国家的实际统治者,但是,在当时正始思想的流风余韵依然笼罩着整体社会,司马氏的治政思想并未形成一个明显体系。然而其间有两点值得注意:一是景帝司马师虽擅长机诈权术,却又以名士而显身于世。《晋书·景帝纪》载其"雅有风彩,沉毅多大略。少有美誉,与夏侯玄、何晏齐名。晏常称曰:'唯几也能成天下之务,司马子元是也。'"夏、何为一代风流名士,景帝与他们齐名,其名士地位是毋庸置疑的。然而他与一般名士亦有区别,除擅长于机诈权术之外,更在于"能成天下之务"。所以,他在玄言清谈的调侃中,亦时时透出对治世之臣以及能维系社会秩序的儒学思想的重视。据《世说新语·排调》记载:"钟毓为黄门郎,有机警,在景王坐宴饮。时陈群子玄伯、武周子元夏同在坐,其嘲毓。景王曰:'皋繇何如人也?'对曰:'古之懿士。'顾谓玄伯、元夏曰:'君子周而不比,群而不党。'"皋繇为古代的贤臣,助舜而治天下。"君子周而不比"语出

《论语》，"群而不党"出孔安国注。透过调侃语言的表层含意，可见景帝虽厕身名士，却又心存治世，倾心于儒学。二是（晋）文帝弑曹髦，为不忠之极，其行为已毁坏了儒学名教。然而一旦迁魏鼎受禅让之势已经成熟，立即回到以儒治政的轨迹上来。《文帝纪》载："（咸熙元年）秋七月，帝奏司空荀顗定礼仪，中护军贾充正法律，尚书仆射裴秀议官制，太保郑冲总而裁焉。始建五等爵。"其中虽杂以法治，却又以儒家思想作为社会运行的纽带。然而，他对阮籍"每与之言，言及玄远，而未尝评论时事，臧否人物"①的遗落世事的人生态度又十分推崇，欣赏山涛"在事清明，洁操迈时"②的出世人格。这种对以道家思想为安身之基的竹林名士的褒赏，显露了文帝的思想亦倾向于道。虽然，景、文的治政思想并未形成体系，但其崇儒融道的思想倾向却比较明显。

武帝执政后，进一步发展了父兄崇儒融道的思想，逐渐形成理论体系，并运用到治国、御臣、役民之中。在咸熙二年八月嗣相国、晋王位后，十一月即下令诸中正以六条标准举淹滞之才："一曰忠恪匪躬，二曰孝悌敬礼，三曰友于兄弟，四曰洁身劳谦，五曰信义可复，六曰学以为己。"③完全以儒学思想为标准选拔人才。是年十二月受禅践祚之后进一步崇儒复古。诏令："凡事有非常，当依准旧典，为之立新。"④强调"弘崇王化，示人轨仪"⑤。并且责成地方官吏"'敦喻五教……思勤正典……士庶有好学笃道，孝悌忠信，清白异行者举而进之。有不孝敬于父母，不长悌于族党，悖礼弃常，不率法令者，纠而罪之。"⑥他举贤良策问的核心亦多为推贤让位、教同德一、王道之本、经化之务等以儒治国的问题。

此外，武帝所采取的一系列具体措施敦崇儒学，更完整地显现其儒学思想体系。荀崧《上元帝疏》曰："世祖武皇帝应运登禅，崇儒兴学。经始明堂，营建辟雍，告朔班政，乡饮大射。西阁东序，河图秘书经籍。台省有宗庙太府、金墉故事，太学有石经古文、先儒典训。贾、

① 《世说新语·德行》第十五则刘孝标注引李康《家诫》，余嘉锡：《世说新语笺疏》，上海古籍出版社1993年版，第17页。

② 晋文帝：《与山涛书》，严可均：《全晋文》卷一，商务印书馆1999年版，第7页。

③ 《晋书》卷三《武帝纪》，中华书局1974年版，第50页。

④ 晋武帝：《下制王昌不应前母服》，严可均：《全晋文》卷二，商务印书馆1999年版，第7页。

⑤ 晋武帝：《以荀顗为司徒诏》，严可均：《全晋文》卷二，商务印书馆1999年版，第17页。

⑥ 晋武帝：《责成二千石诏》，严可均：《全晋文》卷三，商务印书馆1999年版，第21页。

马、郑、杜、服、孔、王、何、颜、尹之徒,章句传注众家之学,置博士十九人。九州之中,师徒相传,学士如林,犹选张华、刘寔居太常官,以重儒教。"① 武帝企图重建汉末以来业已分崩离析的儒学一统的局面,恢复以儒学伦理关系为构架的社会伦理秩序。

在选拔官僚集团成员,建构官僚阶层时,晋武帝不唯崇儒,亦且重道。晋初,武帝即采纳傅玄的建议"举清远有礼之臣",并认为是"此今之要也"②。有礼,即有儒学之礼;清远,是为清操高蹈之情。举清远有礼之臣,正体现了武帝所期望建立起的官僚集团成员儒道兼综的人格模式。具有此种人格模式的臣属,以道守身,以儒事君;上不以威逼主,下可教化天下。所以武帝多以此为标准裁量人物:华峤"体素宏简,文雅该通";荀顗"明允笃诚,思心通远";山涛"清风淳履,思心通远";郑冲"履行高洁,恬远清虚";羊祜"蹈德冲素,思心清远";皇甫谧"沉静履素,好学守古"③。

这些诏书人物品评的套语,未必能真实地反映所评人物的人格特征,倒可真实地窥见武帝理想中的士族集团的人格模式,在一定程度上显现其崇儒融道的思想特征。非常有意义的是,从上文所引的《上元帝疏》可见,武帝将王弼、何晏的著作亦列入章句传注众家之学。王、何虽亦注过《易经》《论语》之类,但更以注《老子》而名世。而且王、何的玄学理论,不同于嵇康"越名教而任自然",而是调和名教与自然的关系,亦即儒道兼容,援儒入道。这亦从侧面证明武帝的思想亦为融合儒道,只不过期望官僚集团的成员以德治政,以道守身,具有"内圣外王"的特点而已。

分析晋武帝崇儒融道的思想体系,大约可分为三个层面:一是恢复儒家理想化的古代社会蓝图作为治国施政的人文背景;二是强调以儒学弘崇王化,示人轨仪的教化方式;三是建立以君本位为核心的以儒治国、以道守身的官僚集团。三个层面形成一种金字塔式的结构。其本质是以儒学思想的内部伦理关系作为建构社会模式的基本框架,铸造以儒学事君御下为入世、以道家玄冲退让出世的士族人格模式,

① 《晋书》卷七十五《荀崧传》,中华书局1974年版,第1977页。

② 《晋书》卷四十七《傅玄传》,中华书局1974年版,第1318页。

③ 晋武帝:《转华峤为秘书监典领著作诏》《以荀顗为司徒诏》《许郑冲致仕诏》《追赠羊祜诏》《以山涛为侍中诏》《征皇甫谧为太子中庶子诏》,载严可均:《全晋文》卷二至卷六,商务印书馆1999年版,第12、17、29、38、27、35页。

协调君主与官僚集团、官僚集团内部,以及奴役者与被奴役者之间的种种复杂关系,以期得到"易简而人化"的治世之效。

<h1 style="text-align:center">二</h1>

在多教情况下,统治者的思想往往代表一个时期的思想。晋初的思想界在整体上并未脱离武帝思想的影子,思想家大多是对武帝思想进行阐释发挥。但是在围绕拯救世风,废除九品中正制,以清议取士,以及如何建构吏制,采取有效施政措施等问题上,又多有创见。

在曹爽与司马氏两大政治集团的权力倾轧中,虽有高蹈之士栖隐山林,但更多的却是利禄之徒奔走权门。于是魏末晋初,趣竞之风炽,廉退之道阙。浮华之士名显,淹滞之才隐没。武帝践祚之后,首先就必须敦儒学以淳风厉俗,崇推让而举拔淹滞。刘寔著《崇让论》正试图以此矫正世风:"古之圣王之化天下,所以贵让者,欲以出贤才,息竞争也……在朝之士相让于上,草庐之人咸皆化之……此道之行,在上者无所用其心,因成清议,随之而已……自魏代以来,登进辟命之士,及在职之吏临见受叙,虽自辞不能,终莫肯让有胜己者。"① 显然,刘寔之论是针对儒学浇漓、士风趣竞的现实有感而发。认为要矫正时弊必须恢复汉代清议制度,推贤进能,以砥砺士节,使"在朝之人相让于上",最终达到"圣王之化天下"的目的。后来,孙楚借龙见于武库井中一事而上言,更具体地提出了敦厚士风,阐扬道化的措施:赦小过,举贤才,修学官,起淹滞,"举独行君子可惇风厉俗者,又举亮拔秀异之才可以拔烦理难矫世抗俗者,无系世族,必先逸贱。"② 举逸贱,重寒素,拔秀异之才,不仅能矫世抗俗,打破世族与庶族的界限,而且可以拔烦理难,为君、为民所用。所以,在下者,须以儒学教化人心,虞溥《奖训诸生诰》:"君子内正其心,外修其行,行有余力,则以学文,文质彬彬,然后为德。"③ 在上者,必须选举得人,谧静风俗,王戎等人因为'备台辅,兼掌选举,不能谧静风俗,以凝庶绩,至令人心倾动,开张浮竞",而被

---

① 《晋书》卷四十一《刘寔传》,中华书局1974年版,第1191—1192页。
② 《晋书》卷五十六《孙楚传》,中华书局1974年版,第1543页。
③ 《晋书》卷八十二《虞溥传》,中华书局1974年版,第2140页。

傅咸奏请"免官"①。

魏建国以降，士林趣竞浮华之风的形成，虽然原因较为复杂，难以缕述，但是仅就社会机制而言，九品中正制的施行无疑起了推波助澜的作用。所以晋初朝廷废除九品中正制之声鼎沸，首先发难者是刘毅。其《论九品中正疏》认为："立中正，定九品，高下任意，荣辱在手"，不依才实，唯重门阀，造成"上品无寒门，下品无势族"，致使"廉让之风灭，苟且之俗成，天下汹汹，但争品位，不闻推让"。州里横驳违之论，大臣结嫌仇之隙。品不校功，选非得人，但求浮华虚誉，使清浊同流。名为选人为君，实为乱政之源。所以他提出恢复州里清议，考名辨实，庶几使天下之人杜绝浮华趣竞，退而修身立本②。后卫瓘、司马亮、李重亦有同类上书。综观诸人所论，其思想的基点在于：举贤荐能，责其名实，恢复乡议之风，以砺士节，使其息浮华，修儒学，以匡救日渐颓弊的士风，从而教化天下。其立论的本质均为调整统治阶级内部权力机制，建构一个外儒内道，名实相符，才位对称的高素质官僚阶层，上达君情，下及民瘼，以使西晋社会长治久安。

而调整统治阶级内部权力机制，建构合理的吏制，协调社会各阶层之间的关系，成为西晋初部分思想家主要思考的问题。刘颂于太康末年《上武帝书》阐述得尤为切要③。此文论述要点有四个方面：

其一，封建诸侯，藩固内外，协调王室内部的关系，合理分配王室内部权力机制。《上武帝书》云："故善为天下者，任势而不任人。任势者，诸侯是也；任人者，郡县是也。郡县之察，小政理而大势危；诸侯为邦，近多危而远虑固。……包彼小危以据大安，然后足以藩固内外，维镇九服。"刘颂考稽历史，迹其衰亡，认为前代之亡，"恒在同姓失职，诸侯微时"，郡县权重，形成尾大不掉的局面，只有封同姓之王，使其建成国之体制，方可屏藩王室，以防不虞。

其二，在统治者内部权力分配上，须用任臣而防重臣。刘颂告诫："国有任臣则安，有重臣则乱"，因为"重臣假所资以树私，任臣因所籍以尽公。尽公者，政之本也；树私者，乱之源也。"大臣之权受之于君，君授臣权，既须得"中贤之佐"，又须有"干辅之固"，形成统治阶级内部

---

① 《晋书》卷四十七《傅咸传》，中华书局1974年版，第1329页。
② 《晋书》卷四十五《刘毅传》，中华书局1974年版，第1273—1277页。
③ 《晋书》卷四十六《刘颂传》，中华书局1974年版，第1297—1307页。

权力机制的制约,防止权倾重臣,以威逼主,杜绝乱源。

其三,实行上执要而下分职,协调君臣关系。刘颂认为"圣王之化,执要而已,委务于下而不以事自婴也。"君主执要,分职于下,且又"六卿分职,冢宰为师",就能使"人臣功罪形于成败之征,无逃其诛赏。"为此方可职责明确,考课有据,赏罚有征,能者日劝,违慢日肃。既可建立严密而有效的官僚机制,又可澄清吏制,整肃士风,以达圣王之化。

其四,举纲疏网,息役无为,协调臣与民的关系。刘颂认为"善为政者,纲举而网疏,纲举则所罗者广,网疏则小必漏,所罗者广则为政不苛。"振大纲而不举微过。因"微过不足以害政,举之则微而愈乱",而"大纲不振,则豪强横肆,则百姓失职矣。"摧抑豪强,民宁政静,即可造成和谐的社会环境,使天下善化,清议风行。而政静民宁的另一方面则又是"政在息役,息役在无为",使百姓仓廪丰实,然后可淳厚风化,安居乐业。

刘颂之论涉及西晋王朝整个封建官僚体制的建构,权力的分配,以及君与臣、臣与臣、臣与民的关系之协调。所论的依据仍然以儒学伦理关系为基本支点,以儒学理想社会为蓝图,但是由于所论者深,所见者远,其思想高度已超乎时人之上。西晋短暂的承平局面随着武帝之死而土崩瓦解,从某种意义上说,正是武帝生前并未建构起一支严密而又有效的官僚队伍,合理地分配权力,调整好社会各阶层的关系,所以随武帝这尊偶像的坍塌,西晋官制立即陷入瘫痪。故刘颂之论真是切中西晋社会政治问题的要害。

最后值得提及的是儒学思想虽然在晋初占有主导地位,但道家思想仍较风行,在某种程度上显现出崇儒融道的倾向。在朝者,刘颂倡导的清静无为之治,就杂有较浓的道家思想。李重荐隐士霍原"隐居求志,笃古好学,学不为利,行不要名,绝迹穷山,缊韠道艺。外无希世之容,内全遁逸之节……志定穷山,修述儒道,义在可嘉。"[①]霍原笃古好学,修述儒道,正是西晋所推崇的儒道融合的人格模式。李重的上书,亦流露出浓厚的崇儒融道的思想倾向。这在上文已经涉及。

简言之,晋初思想家在对世风、举才、吏制的论述中,试图解决以

---

① 《晋书》卷四十六《李重传》,中华书局1974年版,第1312页。

下几个问题:一是重建崩离的儒学思想体系,作为维系社会机制运转的基本理论框架。二是援老庄入儒,淳朴世风,以救儒家入世过深所引起的流弊,建立起外儒内道的理想人格模式。三是建立一支富有成效而组织严密的官僚队伍,调整好社会各阶层之间的关系,以造成和谐完美的社会环境。这与武帝的思想虽殊途而同归。

<h2 style="text-align:center">三</h2>

晋初的思想理论并未脱离国家现实而进入纯粹的理论探讨。思想家所讨论的一切实际上都属于治国方略的问题,武帝自不待言,其臣下之论亦多为武帝提供资治之鉴而已。因此西晋思想的产生与当时的社会背景,几乎构成了对应的关系。魏晋之际社会背景的整体特征是:儒学思想体系崩离;士林趣竞,世风颓靡;官僚集团整体素质低下。

这种社会背景的形成主要有以下三点原因:

其一,魏武曹操执政于乱世,为平定天下,重建王业,用人重功用才干,弃道德操守。其有名的三下求贤令,所依据的原则是明扬仄陋,唯才是举,即便是盗嫂受金、背信弃义、不仁不孝之徒,只要有定天下、成王业之才,均网罗博赅,为我所用①。曹丕以贵胄公子的身份与文人居止接席,酒酣耳热,啸歌丝竹,行为相当洒脱②。于是士子景慕,翕然成风。汉末本已崩离的儒学思想体系,至此更是委然坠地。正如晋初傅玄上疏所言:"近者魏武好法术,而天下贵刑名;魏文慕通达,而天下贱守节。其后纲维不摄,而虚无放诞之论盈于朝野,使天下无复清议,而亡秦之病复发于今。"③ 虽然其间亦有明帝诏令恢复经学,裁抑浮华,选人以德,敦崇郎吏学通一经④,但随曹魏与司马两大政治集团倾轧的产生,又摧毁了明帝所建立的本不牢固的儒学根基。

其二,在曹爽与司马氏两大政治集团权力之争中,各自网罗人才,营私结党。双方均以权势声名、功用才干、忠于自己为着眼点,而不是

① 魏武帝:《求贤令》《敕有司取士毋废偏短令》《举贤勿拘品行令》,载《曹操集》,中华书局1959年版,第40、46、48页。

② 参见曹丕《又与吴质书》《大墙上蒿行》等诗文。

③《晋书》卷四十七《傅玄传》,中华书局1974年版,第1317—1318页。

④《三国志》卷三《明帝纪》,中华书局1982年版,第97页。

道德操守。明帝驾崩,曹爽与司马懿同受顾命,辅弼齐王。二人在争权倾轧中,逐渐形成两大政治集团。《三国志》卷九载:'"南阳何晏、邓飏、李胜、沛国丁谧、东平毕轨,咸有声名,进趣于时……及爽秉政,乃复进叙,任为腹心。……以晏、谧为尚书,晏典选举,轨司隶校尉,胜河南尹,诸事希复由宣王,宣王遂称疾避爽。"① 面对曹爽磨刀霍霍,司马懿利用自己的资望权势拉拢世族官僚,如蒋济、何曾、荀顗、贾充、王沈、裴秀等,形成以世族为核心的司马氏政治集团,终在嘉平元年发动高平陵政变,一举铲除曹爽政治集团。两大集团的主要成员均非以道德节操显名于世,曹爽集团的何晏、丁谧等为浮华趣竞之徒,司马氏集团的何曾、王沈等是政治投机之辈。所以两大集团的形成过程,既助长了浮华趣竞之风,其行为又掏空了儒学思想的底蕴,必然造成士林趣竞,世风颓靡。

其三,司马氏在拉拢与借重世族勋旧时,逐渐形成世族特权阶层。魏甘露三年,司马昭执政,为缓和高平陵政变和废齐王曹芳等数次政治大倾轧所引起的统治阶层内部矛盾,"奏录先世名臣元功大勋之子孙,随才叙用。"② 魏末咸熙元年又建五等爵,从法律上确认世族的特权地位。这样,晋初所建立的官僚阶层,其成员除政治投机分子之外,多为元勋大臣的后裔。贤者淹滞,不肖者登进,造成了官僚队伍素质低下,正如刘颂上书所言:"自嘉平之初,晋祚始基,逮于咸熙之末,其间累年。虽铁钺屡断,剪除凶丑,然其存者咸蒙遭时之恩,不轨于法。泰始之初,陛下践祚,其所服乘者皆先代功臣之胤,非其子孙,则其曾玄。古人有言,膏粱之性难正,故曰时遇叔世。"③ 显然,"咸蒙遭时之恩"的存者,正是移魏禅晋中立下汗马功劳的投机分子,如王沈以告密而封侯,贾充因弑君而位尊,晋初重臣多属此类。"先代功臣之胤"实为元勋旧臣的世族子弟。前者不轨于法,为乱政之源;后者纨绔成性,难以治国御民。这两类人倾天下可,治天下难。晋初官僚阶层素质之低,于此可见一斑。正因为如此,世风、举才、吏制等问题才成为晋初思想家关注的焦点。但由于司马氏父子的思想、行为以及现实的诸多矛盾,使其终于未达到淳化世风,重建维系社会秩序的儒学伦

---

① 《三国志》卷九《曹爽传》,中华书局1982年版,第283—284页。
② 《晋书》卷二《文帝纪》,中华书局1974年版,第35页。
③ 《晋书》卷四十六《刘颂传》,中华书局1974年版,第1296页。

理思想体系,建构一支合理有效的官僚阶层的目标。武帝之后,先是贾后祸政,后是王室内讧,迅速使国家机制崩溃,机能瘫痪,便是明证。

司马氏父子的确希望建立起以儒学为骨干,以道家思想为补充的思想体系,以及外儒内道的士族人格模式。但是在他们深层的心理中却又崇尚机谋权诈,刑名法治。弑曹髦,迁魏鼎,戮名士,正是这种思想的行为表现,这种外儒道兼综、内权诈峻法的思想矛盾,造成了一种心理与人格的分裂,使他们在推行这一思想体系时,既缺少人格的感召力量,又缺少理直气壮的心理基础。这在平息庾纯与贾充的矛盾时表现得尤为明显。贾充宴请朝臣。宴会上,庾纯纵酒使性,公开指责贾充弑君之罪,一时间朝廷人言汹汹。武帝处理此事颇感棘手。责庾纯,庾纯所言是以儒学伦理思想为依据,而这种思想正是维系王朝秩序的一种手段;责贾充,贾充所为乃司马昭授意,其人格亦是其父兄人格的缩影。贾充所为是篡天下之所需,庾纯所言是治天下之所需,武帝面临二难选择,只好用政治平衡的方式,息事宁人,先免纯官,不久即复职,将争论的双方都拉向自己身边①。司马氏思想的矛盾,导致了官僚阶层思想准的无依,不仅使重建以儒学为骨干的思想体系化为泡影,客观上还涣散了臣民对中央封建集权的向心力。

思想的矛盾必然导致行为的矛盾。文帝杀嵇康是以名教为由。但阮籍居丧无礼,当何曾面质籍于文帝之座曰"卿纵情背礼,败俗之人"时,文帝又加以袒护②。究其原因,嵇康峻烈,与魏室又有丝丝缕缕的联系,对问鼎魏室有所阻碍;阮籍平和,与文帝关系较密,其《劝进表》即出自阮籍之手,对篡夺政权无妨。可见司马师的着眼点完全是政治集团的利益,而不是整个国家机制依赖运转的思想体系。对石苞的使用亦复如此。苞好色薄行,宣帝责之景帝,景帝却辩护曰:"苞虽细节不足,而有经国才略,夫贞廉之士未必能经济世务。"③看似与曹操的举才观念相似,但曹处天下版荡之秋,举才为定天下、建王业,司马居国家安宁之时,举才应维护国家机制运转。乱世用人唯才,治世用人不唯重才,更需重德。司马师用苞非为弘道济世,而是为篡魏效力。果然,石苞薄行无德,在移魏禅晋中充当了重要角色。司马父子

---

① 参见《晋书》卷五十《庾纯传》,中华书局1974年版,第1397—1401页。

② 《晋书》卷三十三《何曾传》,中华书局1974年版,第995—996页。

③ 《晋书》卷三十三《石苞传》,中华书局1974年版,第1001页。

的行为,既助长了趋竞之风,在建立新王朝的同时,也抽去了士族的国家观念意识。

司马氏思想与行为的矛盾植根于当时现实的矛盾。而现实矛盾的焦点是集团意识与国家观念之间的冲突。入晋前,司马氏父子要达到篡魏的目的,首先必须营构私党,培养党羽的集团意识。司马氏集团发动高平陵政变,废曹芳,弑曹髦等一系列重大政治事件,并未招致朝臣公开责难而引起内乱,由此固然可见司马集团势力之强盛,然亦可见司马氏培养集团意识之成功。集团意识是以集团利益高于一切,以权力分配为驱动力;而国家意识则是以皇权高于一切,以儒家伦理思想为维系社会的纽带。集团意识的膨胀必然导致儒学伦理体系的崩溃,造成贱名节,轻道德,追逐权力,奔走权门的趋竞之风,不可能建立合理而有序的官僚阶层。入晋后,司马氏已由政治集团而转化为国家机制,原有积淀的集团意识反之成为危害国家稳定的重要因素,与新王朝必须重建的国家观念产生激烈的矛盾。晋初思想界对世风、举才、吏制的思考,其深层均属国家观念的重建问题。但是由于入晋前司马氏父子的行为已打碎了士大夫的国家观念,入晋后又没有有效地将集团意识转化为国家观念,所以综观西晋一代始终未建立起士族的国家观念,中朝之后这个问题尤为突出。

总之,西晋前期思想的基本特色是儒道兼综,以儒学的伦理思想体系维系王朝的政治秩序,以道家的玄冲退让建构士人的基本人格,以授贤举能建立合理严密的官僚阶层。但是司马氏"饰忠于已诈之心,延安于将危之命","陵土未干,遽相诛戮[①]。"靠机诈欺伪、戮杀名士而得天下,其行为已抽空儒学的伦理思想,而且集团意识滋长之时,又摧抑了王朝的国家观念,助长了投机者趋竞之风。又由于司马氏依世族集团而得天下,靠投机者而倾魏室,也终未建立起合理严密的官僚阶层。实际上,太康盛世已潜伏着西晋衰亡的危机。

[原载《江苏社会科学》1998年第4期]

① 《晋书》卷一《宣帝纪》,中华书局1974年版,第21页。

援儒入玄

——西晋中期思想论

认为西晋中期是"一个纵恣放达玄言清谈的时期",这是史学界的基本共识。但问题似乎并没有这么简单。由于武帝没有有效地建立起士大夫集团的皇权意识,所以随武帝偶像的坍塌,惠帝即位,王朝即陷入内讧之中。先是杨骏专权,后是贾后乱政,引发了长达十六年之久的八王之乱。面临混乱局面,中朝士林分化十分明显。(1)理想派崇儒。企图将道家的谦冲退让融入儒学伦理体系以建构新的理论,匡救驱驰浮竞的世风,挽救崩溃的儒学价值体系,修复分崩离析的皇权机制。(2)宏放派尚玄。不以世务婴心,以玄虚宏放为夷达。上者以清谈为出世,下者以纵恣为入世。在对儒学伦理秩序解构的同时,客观上又解构了以儒学为轴心的皇权意识。(3)折中派援儒入玄。既跻身名士清谈,追求形上思辨,又苦心营构完备的理论体系,为现实世界寻求理论诠释。试图以援儒入玄为切入点,消弭儒玄的思想冲突,论证尚君、崇礼、治政,重建士族的皇权意识,进而消弭皇权与世族的权力冲突。从思想史角度看,折中派理论体系完备,代表西晋中期思想新的高度。因此,援儒入玄是西晋中期思想的基本特点。从深层次上看,维护与强化皇权意识是这一时期思想的核心问题,这恰被过去思想界所忽略。

——

惠帝初,内乱未萌,仍采取武帝治政措施。援玄入儒,建立外儒内道的士族人格模式是既定方针。元康元年惠帝所下诏书几乎全是重弹武帝老调。如谓张华"体良清粹,才识经济","虚冲挹损,难违高尚";王戎"清虚履道,谋猷冲远……将澄清风俗,显一群望。宜崇其职,乃可赞成王化";司马亮"体道冲粹,通识政理,宣翼之绩显于本朝。二南之风流于方夏,将凭远猷,以康王化"①。其实,上述三人除张华以儒立身,以道励节,确如诏书所言之外,王戎是"与时舒卷,无蹇谔之节"的"苟媚取容"②的政治投机分子;司马亮属于"欲以苟悦众心"③的政治短视之徒。虽然惠帝诏书并非人物的评,然而从中可见,惠帝初期的治政理想亦如武帝,也期望建立起以外儒内道为理想人格模式的士族官僚队伍。以这种人格模式所建立起的士族官僚队伍,上不以威逼主,下可治政理民,因而可达到康崇王化、天下乂安的政治目的。但是由于西晋王朝的特殊性,以武帝的雄才尚无法达到这一目的,对暗弱平庸的惠帝来说,无异于坐地摸天。所以八王之乱彻底地粉碎了惠帝初期的治政理想,此后的诏书只充满软弱的叹息与无奈的悲喟。

西晋由承平迅速走向崩溃,理想派的思想家认为主要缘于三个方面:从吏制看,是世族势重,权倾朝野,寒素沉沦,选才非人;从士族看,是修身不谨,趣竞权势;从世风看,是教化不行,儒学伦理体系进一步崩溃。因此他们提出,举寒素,以改革国家官僚结构;重安身,以匡正士林趣竞之性;崇教化,以维系社会人心。

上述三点,吏制是问题的核心。西晋选官在皇族内部实行分封制,对世家大族实行门选制(按门第选官)。而门选则诏令"以二品系资"④,即沈约所言"凡厥衣冠,莫非二品,自此以还,遂成卑庶"⑤。世族子弟无论才能优劣,一律定为二品,遂至"世胄蹑高位,英俊沉下僚"(左思《咏史诗》)。但在武帝时由于朝臣对九品中正制议论鼎沸,非议日多,寒素中才能卓异之士亦时被诏用,如郭汤、刘珩、霍原、吉谋等。然而至惠帝时朝廷混乱,政出多门,加之八王觊觎王权,各自营构私党,拉拢世族,寒素之士多窜身草莽,仕进无门。使得西晋中期以降比晋初官僚结构更为失衡,素质更为低下,权势侔主的重臣层出不穷。所以简贤授能、推举寒庶又成为惠帝初期思想界的热点。傅咸率先上书强烈批评世族趣竞、寒庶沉沦之弊,提出:"夫兴化之要,在于官人

① 晋惠帝:《以张华为中书诏》《以张华为仪同诏》《王戎为开府诏》《以汝南王亮为太宰诏》,载严可均:《全晋文》卷七,商务印书馆1999年版,第57、58页。

② 《晋书》卷四十三《王戎传》,中华书局1974年版,第1234页。

③ 《晋书》卷五十九《汝南王亮传》,中华书局1974年版,第1592页。

④ 《晋书》卷四十六《李重传》,中华书局1974年版,第1311页。

⑤ 《宋书》卷九十四《恩幸传序》,中华书局1974年版,第2302页。

……故明扬逮于仄陋,畴咨无拘内外。内外之任,出处随宜。"① 强调建立合理的官僚队伍的重要,明确主张举官应打破内外(世族与庶族)界限,明扬仄陋,惟才是举。后来阎缵亦借为皇太孙选傅之事强调:"可择寒门笃行、学问素士、更履险易、节以足称者,以备群臣,可以轻其礼仪,使与古同,于相切磋为益。"② 李重和胡济的上书、纪瞻《举秀才对策》均阐明类似观点。他们希望从根本上改变"上品无寒门,下品无势族"的九品中正制的选举局面,改善官僚阶层结构,提高官僚阶层素质,限制重臣权势。

虽然元康年间惠帝曾"诏求廉让冲退履道寒素者,不计资,以参选叙"③,但由于弱主临朝,皇权旁落,简贤授能的举措并未取得实质性进展。衣冠子弟仍居高位,而"如此之辈,生而富溢,无念修己,率多轻薄浮华,相驱放纵"④,加之世乱方艾,重臣当政,营私结党,儒家伦理思想失落,以皇权为轴心的社会向心力渐次丧失,造成士族准的无依,依违两可,趣竞权势、党同伐异之风笼罩士林。正如潘尼《安身论》⑤所说:"弃本要末之徒,知进忘退之士,莫不饰才锐智,抽锋擢颖,倾侧乎势利之交,驰骋乎当途之务";"党与炽其前,荣名扇其后……至于爱恶相攻,与夺交战",其结果是"祸结而恨争也不强,患至而悔伐之未辩,大者倾国丧家,次则覆身灭祀"。面对这种局面,潘尼提出"崇德""安身""存正""无私""寡欲"的士人修身养性的标准。认为,只有"安乎道""进乎德""治乎心",才能"保国家""处富贵""治万物"。但他并非要求士人故作清高,栖迟衡门,而是"达则济其道而不荣也,穷则善其身而不闷也,用则立于上而非争也,舍则藏于下而非让也"。在《乘舆箴》中进一步阐明修身养性的目的是"修诸己而化诸人,出乎迩而见乎远"⑥,教化天下,为君所用。潘尼从士林主体、社会、君主三个层面上思考现实。其思想逻辑是:君主偶像的坍塌源于社会动乱;社会动乱源于趣竞权势、党同伐异;而趣竞权势、党同伐异又源于道德沦丧、私欲炽烈。因此,他把修身治心、息趣竞之性、去爱恶之心、舍藏进退

---

① 《晋书》卷四十七《傅咸传》,中华书局1974年版,第1327页。
② 《晋书》卷四十八《阎缵传》,中华书局1974年版,第1354—1355页。
③ 《晋书》卷九十四《隐逸传·范粲》,中华书局1974年版,第2432页。
④ 《晋书》卷四十八《阎缵传》,中华书局1974年版,第1354页。
⑤ 《晋书》卷五十五《潘尼传》,中华书局1974年版,第1507页。
⑥ 《晋书》卷五十五《潘尼传》,中华书局1974年版,第1513页。

顺乎自然,作为靖国理乱的逻辑起点,其归结点是重建儒家伦理思想体系,增强对皇权轴心的向心力,树立君主的偶像崇拜意识。

《安身论》试图以儒家伦理思想体系挽救社会人心,调整社会价值取向,维系封建王朝的正常秩序。纪瞻《举秀才对策》①,从另一侧面深入地讨论了这一问题。其文要点有二:其一,针对"今贡贤之途已闿,而教学之务未广,是以进竞之志恒锐,而务学之心不修"的现状,强调举贤才,崇教化,兴学校,敦崇君臣人伦,协调百僚群臣,宣正国典,协济康化;其二,针对"大道既高,智慧扰物","狱用弥繁,而人弥暴,法令滋章,盗贼多有"的局面,提出去文存朴,尚简返本,崇德教,贵仁义,贱势力,使强不凌弱,众不暴寡,贪夫不竞,兆庶渐化,以致大和。可见纪瞻亦企望重建封建儒学伦理思想体系,维护社会人心,协调封建社会内部秩序,使之趋于和谐。如果将潘尼与纪瞻比较,潘尼是以士林主体为基点,辐射社会环境;纪瞻是以社会人文环境为基点,同化士林主体。二人着眼点不同,其立论的质则相同。

重建儒学伦理思想体系,修复分崩离析的国家机制,以道家的谦冲退让匡救驱驰浮竞的世风,是元康初期理想派思想家的治政理想。无论是强调士林修德、进道、治心,还是重建儒学价值体系,改善官僚机制,其深层意义都是维护与强化皇权。虽然其思想倾向与武帝时期相近,但是,强调打破世族与庶族之间的界限,限制权侔君主的重臣,强化皇权意识,则又与西晋初期不同。

二

随着王室内乱的加重,士族对政治集团利益趋之若鹜,儒学伦理思想体系的崩离已难以挽回,元康初期的治政理想亦化为泡影,思想界已无力回天,于是一度沉寂的玄学思想又泛滥起来。

关于元康玄学,东晋应詹《上疏陈便宜》颇引起后人注意:"元康以来,贱经尚道,以玄虚宏放为夷达,以儒术清俭为鄙俗。望白署空,显以台衡之望;寻文谨案,目以兰薰之器。"② 而后,干宝《晋纪总论》、戴

---

① 《晋书》卷六十八《纪瞻传》,中华书局1974年版,第1815页。

② 严可均:《全晋文》卷二十五,商务印书馆1999年版,第354页。按:后四句严氏据《文选》卷四十九干宝《晋纪总论》李善注校补。

遂《放达为非道论》、《晋书·儒林传论》均表述了类似观点。其实应詹诸人,不惟没有概括出元康名士的特点,亦没有概括出宏放派的特点。即便是宏放派内部亦可分为两种模式:一以清谈为出世,追求宅心玄远,思想倾向于儒道兼综;一以纵恣为入世,崇尚任诞逍遥,思想倾向于老庄自然。就思想渊源而言,前者源于正始玄学的"名教出于自然"论,后者源于竹林玄学的"越名教而任自然"论。就行为模式而言,前者类似于嵇康,嵇康峻烈,思想宏放而行为较为自律;后者类似于阮籍,阮籍遥深,思想隐晦而行为任诞。前者以王衍、乐广、庾敳、卫玠为代表,后者以王澄、阮瞻、毕卓、胡毋辅之为代表。

王衍和乐广是宏放派中影响最大的人物。《晋书·乐广传》曰:"广与王衍俱宅心事外,名重于时。故天下言风流者,谓王、乐为称首焉。"① 王、乐诸人以清谈为风流,多深乎思考,长乎析理,贵乎妙悟。《世说新语·文学》第十四则记:"卫玠总角时问乐令'梦',乐云:'是想。'卫曰:'形神所不接而梦,岂是想邪?'乐云'因也……'卫思'因',经日不得,遂成病。乐闻,故命驾为剖析之,卫既小差。"卫玠为风流名士,总角时即对生命意识与生命现象作如此思考,不可谓不深。乐广之论,刘孝标注引《周礼》,余嘉锡笺引《酉阳杂俎》与之相参证,以证其析理之精②。而"卫既小差",又说明他对乐广之论已妙悟神得,了然于心。记载虽为吉光片羽,已足见此辈思想特征。

王、乐诸君立论盘桓于老庄思想。王衍推重何晏、王弼,立论以为"天地万物皆以无为本。无也者,开物成务,无往而不存者也。阴阳恃以化生,万物恃以成形,贤者恃以成德,不肖者恃以免身。故无之为用,无爵而贵矣"③。可见王衍思想亦以"无"为宇宙本体,无生有,有生万物。将这一哲学命题引入人生观中,则"无"可以养德、全身、体用。庾敳又从言与意的关系讨论无与有的哲学命题。《世说新语·文学》第七十五则:"庾子嵩作《意赋》成,从子文康见,问曰:'若有意邪,非赋之所尽;若无意邪,复何所赋?'答曰:'正在有意无意之间。'"庾文康所论是《周易》言与意的关系,而庾敳所言"正在有意无意之间",则又是庄子有即无、无即有的有无双遣的观点。《意赋》正是以老庄至理

① 《晋书》卷四十三《乐广传》,中华书局1974年版,第1244页。
② 余嘉锡:《世说新语笺疏》,上海古籍出版社1993年版,第204页。
③ 《晋书》卷四十三《王衍传》,中华书局1974年版,第1236页。

浑一的观点说明荣辱同贯、存亡均齐、细宇宙、泯是非的宇宙观与人生观①。这种相对主义的哲学又恰是乐广所津津乐道的。《世说新语·文学》第十六则:"客问乐令'旨不至'者,乐亦不复剖析文句,直以麈尾柄确几曰:'至不?'客曰:'至!'乐因又举麈尾曰:'若至者,那得去?'于是客乃悟服。"刘孝标注引"夫藏舟潜往,交臂恒谢,一息不留,忽焉生灭。故飞鸟之影,莫见其移;驰车之轮,曾不掩地。是以去不去矣,庸有至乎?至不至矣,庸有去乎?"可见乐广是以简约的言词,阐述至与去、生与灭、动与静的相对主义哲学。宏放派名士的玄谈主题、思辨内容,正是以老庄的相对主义哲学、以无为本的宇宙观为核心。

然而,宏放派名士又显现出儒道融合的倾向。《世说新语·文学》载:"阮宣子有令闻,太尉王夷甫见而问曰:'老庄与圣教同异?'对曰:'将无同?'太尉善其言,辟之为掾。世谓'三语掾'。"②阮宣子即阮修,是"好老易,能言理"的玄学名士,认为儒学与玄学并无根本区别,显然带有很浓的儒道融合的思想倾向。而王衍善其言,也显示出相同的倾向。难怪《王衍传》载,王衍虽妙善玄言,惟谈老庄为事,却又常自比子贡。

立身老庄,又援儒入玄,使王、乐诸公在一定程度上以儒学名理自律。"衍有重名于世,时人许以人伦之鉴"③"人伦之鉴",既包含玄学名士的风流,也包含儒学伦理的自律。这在史籍记载中还可以找到其他旁证。又"是时王澄、胡毋辅之等,皆亦任放为达,或至裸体者。广闻而笑曰:'名教内自有乐地,何必乃尔!'其居才爱物,动有理中,皆此类也"④。在保持思想的宏放自由之时,又遵循儒家伦理的行为规范,故谓"名教内自有乐地"。他们属于戴逵《放达为非道论》所说的"达其旨故不惑其迹"之类。

与王、乐等人不同,王澄之流不惟清谈,亦以任诞放达为风流。王澄清谈,连兄长王衍也要让他三分,《晋书》王澄本传载"有经澄所题目者,衍不复有言,辄云'已经平子矣'"。足见此辈清谈水平之高。但是他们主要是以任诞放达名世。王隐《晋书》说:"魏末阮籍,嗜酒荒放,露头散发,裸袒箕踞。其后贵游子弟阮瞻、王澄、谢鲲、胡毋辅之之徒,

---

① 具体内容可参见《意赋》,载《全晋文》卷三十六,商务印书馆1999年版。
② 《世说新语·文学》第十八则,参余嘉锡:《世说新语笺疏》,上海古籍出版社1993年版,第207页。
③ 《晋书》卷四十三《王澄传》,中华书局1974年版,第1239页。
④ 《晋书》卷四十三《乐广传》,中华书局1974年版,第1245页。

皆祖述于籍,谓得大道之本。故去巾帻,脱衣服,露丑恶,同禽兽,甚者名之为通,次者名之为达也。"① 元康名士的狂诞不羁,与阮籍比较,得其貌而遗其神。籍外坦荡而内淳至,任诞旷达,是对抗虚伪名教,追求人格独立、任性自然的自由境界。元康名士之狂是故"作达","彼非玄心,徒利其纵恣而已"②。剥去了人性的社会本质,放纵原始的人性欲望,只剩下露丑恶、同禽兽的丑态。"解祖登枝"、"裸形扪鹊",是非玄心,故作达;"投梭折齿"、"对弄婢妾",是纵恣欲,同禽兽。故戴逵《放达为非道论》讥之曰:"夫紫之乱朱,以其似朱也。乡原似中和,所以乱德;放者似达,所以乱道。然竹林之为放,有疾而为颦者也;元康之为放,无德而折巾者也。"

王澄之流并非思想家,但是他们的行为却是触发新思想的生长点,不惟当时郭象、裴頠、欧阳建等人的思想与此有关,东晋戴逵、干宝、葛洪,乃至后代朱熹、顾炎武等对元康士风都进行了较深入的讨论,从而成为思想界的一个热点。因此,研究中朝的玄学思想,这个问题是无法回避的。

宏放派的理论与行为,客观上已游离于皇权政治之外,加深了儒学伦理思想的危机。虽然王、乐诸人表现出维护儒学伦理的思想倾向,但是,其相对主义的哲学观,以无为本的宇宙本体论,在理论上消融了儒学绝对、统一、理性的理想社会观念,这与理想派以儒治政、以道立身的标准已有本质区别。他们试图融合儒道、援儒入玄而儒学亡。而王澄之流更是从行为上掏空了儒学伦理思想,使已经渐次崩离的儒学伦理思想体系几已消失殆尽,从而抽去了皇权意识赖以存在的理论轴心。这也是后世常将西晋之亡归咎于宏放夷达者的关键原因。当然清谈误国论者也并没有悟出其中深层的原因。

三

既然理想派的治政理想无法实现,而宏放派的理论与行为又加速了儒学伦理思想与士族皇权意识的崩离,于是折中派便希望在理想政

---

① 《世说新语·德行》第二十三则刘孝标注,载余嘉锡:《世说新语笺疏》,上海古籍出版社1993年版,第24页。

② 戴逵:《竹林七贤论》,载严可均:《全晋文》卷一三七,商务印书馆1999年版,第1490页。

治与玄言清谈之间寻找一条新的出路,既能挽救崩离的儒学伦理思想体系,重建士族的国家与皇权意识,又能以玄学思辨的方式,得到风流名士的认可。援儒入玄,调和儒道思想的冲突,就成为这一派思想家的努力目标。

首先做出这种努力的是裴𬱟。其《崇有论》尖锐地批判了士族阶层"立言藉于虚无,谓之玄妙;处官不亲所司,谓之雅远;奉身散其廉操,谓之旷达",认为这种状况造成了三个方面危害:就士族主体而言,言笑忘宜,德行亏损,使"砥砺之风弥以陵迟",散操守,廉名节,士风颓敝。就社会伦理而言,倡贵无贱有之论,造成"外形""遗制""忽防""忘礼",以至于"渎弃长幼之序,混漫贵贱之级",客观上淆乱了儒家建立的社会伦理秩序。就国家机制与职能而言,官僚集团"薄综世之务,贱功烈之用,高浮游之业,埤经实之贤",浮华趣竞,不务事功,造成"礼制弗存,则无以为政"的局面,从而使皇权和国家的机制与职能陷于瘫痪。实质上裴𬱟是以儒家社会伦理秩序为中介,将士族的理论和行为同皇权和国家的机制与职能紧密地联系起来。所以他强调,首先应挽救浮华趣竞的颓靡士风,重建士族主体的儒学价值体系,使之"居以仁顺,守以恭俭;率以中信,行以敬让;志无盈求,事无过用",从根本上提高士族素质,改变其思想与行为。然后在此基础上调整社会秩序,协调权力机制,强化国家职能。"是以君人必慎所教,班其政刑一切之务,分宅百姓,各授四职,能令禀命之者不肃而安,忽然忘异,莫有迁志。况于据在三之尊,怀所隆之情,敦以为训者哉!"最终达到"大过厥极,绥理群生,训物垂范"的"圣人为政"之目的。由此可见,裴𬱟将社会的政治结构划分为三个层次:为政之圣人(皇权),在三之尊与禀命之者(权臣),分宅之百姓(人民)。在这三个层次中,裴𬱟特别强调两点:一是皇权的至高无上性,即"大建厥极,绥理群生"(立皇权为最高准则,安邦治民)。二是王臣的皇权依附意识,即"忽焉忘异,莫有迁志"(忘权势的贵贱之别,不生异心)。所以从深层看,裴𬱟不仅要恢复名教,而且要以儒家伦理思想体系为轴心,调整社会秩序,强化士族官僚以皇权为核心的国家观念。

因为王公大臣处于社会结构的关键阶层,是决定社会治乱的最重要因素,而士族又是这一阶层的主要组成部分,所以裴𬱟在强化士族儒学伦理意识的同时,又强调以玄学修身养性。《崇有论》说:老子之学

"表摭秽杂之弊，甄举静一之义，有以令人释然自夷，合于《易》之损、谦、艮、节之旨"。其意是，老子标举静一，与《易》损、谦、艮、节之旨相同，并非是论宇宙本体，而是让人在喧嚣的尘世修养心性。"著贵无之文，将以绝所非之盈谬，存大善之中节，收流遁于既过，反澄正于胸怀，宜其以无为辞，而旨在全有"。老子的虚无、无为亦同样是教人绝世俗之欲，持中正之善，节佚荡之情，澄心而息虑。心性修养既高，"虽出处异业，默语殊途"，亦可全身远祸，息竞争，静时世。这就巧妙地将老庄的宇宙本体论哲学引入心性哲学领域中去，避开了老庄哲学对儒学伦理思想的消解。与理想派相比，裴氏理论不惟针砭时代痼疾，"寻艰争所缘"，而且将自己的治世良方放入玄学思辨中寻找哲学依据。其目的是"崇济先典，扶明大业，有益于时"。

综上所论，裴頠以现实为起点，以儒学伦理思想为内核，最后归结为玄学思辨，企图援儒入玄以匡救世风，重建士族以皇权为核心的国家观念，挽救行将崩溃的西晋王朝。但裴頠并未对名教与自然的关系进行严密的哲学论证，而这个问题又是元康时代的思想主题，故对名教与自然关系进行新的哲学论证已十分必要。于是郭象的《庄子注》便应运而生。

《庄子注》构筑了一个精密完整的玄学体系。许抗生认为，郭象"以反对无中生有说为始点，而提出自生无待说；进而由自生无待说推至独化相因说，并由独化说导致足性逍遥说为中间环节，最后由足性逍遥说得出宏内游外，即名教与自然合一说，为其哲学的最后归宿"①。如果从国家政治学说的角度看，郭象又恰是以名教与自然合一为起点，论证圣人游外宏内，与神人同一，并以此为中间环节，论证尚君、崇礼，最后归结到理政、治国。

所以《庄子注》②开篇即调停用世与避世的矛盾，不以山林独往者为然，而强调无为之治：尧治天下是"治之由乎不治，为之出乎无为"（《庄子·逍遥游》注），是无为的一种最高境界。所以他的结论是："所谓无为之业，非拱默而已；所谓尘垢之外，非伏于山林也。"并由此而进入形而上的哲学思辨："夫理有致极，外内相冥，未有极游外之致而不

---

① 许抗生：《三国两晋玄佛道简论》，齐鲁书社1991年版，第140页。

② 本书所引郭象《庄子注》，系上海古籍出版社1986年影印《二十二子》本，标点为引者所加。以下引据此书版本同，只注篇名。

冥于内者也,未有能冥于内而不游于外者也。"(《庄子·大宗师》注)在郭象玄学中,外为机务,内为逍遥;外属名教,内属自然。内外冥合,即自然与名教齐一,是至极之理。

从这个逻辑出发,进而论"圣人常游外以冥内,无心以顺有"(《庄子·大宗师》注),"付当于尘垢之外,而玄合于视听之表"(《庄子·齐物论》注)。惟其游外冥内,故可无心以顺有,逍遥而脱俗,无为而有为。又因为"神人即今之圣人",故"虽在庙堂之上,然其心无异于山林之中"(《庄子·逍遥游》注),圣人与神人精神合一,使其达到"内圣外王"(《庄子序》)的境界。因此无论从名教,还是从自然,都合乎逻辑地推出"尚君"的理论:"千人聚,不以一人为主,不乱则散。故多贤不可以多君,无贤不可以无君。此天人之道,必至之宜。"(《庄子·人间世》注)君主、圣人、神人三位一体。故尚君是天人之道,必至之宜。

然君主依存于国家机制,国家机制依存于刑法礼义,所以尚君就必须崇礼。郭象从三个方面论证了尚君必须崇礼的问题。其一,从现存社会的合理性方面。"夫时之所贤者为君,才不应世者为臣。若天之自高,地之自卑,首自在上,足之在下,其有递哉!"(《庄子·齐物论》注)"若夫任自然而居当,则贤愚袭情,而贵贱履位,君臣上下,莫匪尔极,而天下无患矣。"(《庄子·在宥》注)君臣上下,贵贱尊卑,如天地首足,均出自然。若任其自然,安之若素,则祸患自息。郭象以抽象的自然论为现存的皇权结构找到了存在的合理性。其二,从有为治政的客观性方面。"天下之物,未必皆自成也。自然之理,亦有须治锻而为器者耳。"(《庄子·大宗师》注)客观之物非自成完满,必须经过治锻,方可为器。锻治为器,有物之用,虽是有为,亦属自然。他反对"闻任马之情,乃谓放而不乘;闻无为之风,遂云行不如卧"(《庄子·马蹄》注)的迂执于无为的做法。主张笼万物为我用,虽乖造化,亦为适性。所以庄子指责穿牛落马,有乖造化,而郭象却认为穿牛落马,为人所用,虽是有为,却因乎自然①。这就又把治政的有为与自然的无为统一起来。而对于被治者而言,治锻、穿落亦是客观天命。其三,从刑法礼义的必然性方面。治政之有为既是顺乎自然之道,刑法礼义之存在就成为必然了。"刑者,治之体,非我为;礼者,世之所以自行耳,非我将;德者,自彼

---

① 《庄子·秋水》注曰:"人之生也,可不服牛乘马乎? 服牛乘马,可不穿落乎? 牛马不辞穿落者,天命固当也……不因其自为而故为之者,命其安在乎?"

所循,非我作"(《庄子·大宗师》注)。"夫仁义自是人之情性,但当任之耳"(《庄子·骈拇》注)。治政必须刑法,理国必用礼仪,修身必以仁义。但郭象认为,刑法、礼仪、仁义均出于自然或人之情性,是势与道之必然,是有为而实无为。

尚君、崇礼的归结点在于治政,为此他提出了三条治政措施:一是主臣分职。在承认现存皇权结构合理性的前提下,郭象认为,居于这一结构的各个层次必须各司其职:主能用臣,臣能亲事,百姓安业。"故主上不为冢宰之任,则伊、吕静而司尹矣;冢宰不为百官之所执,则百官静而御事矣;百官不为万民之所务,则万民静而安其业矣……是故弥无为而弥尊也"(《庄子·天道》注)。为此方可无为而治,天下宁静,主上弥尊。二是御下适性。治政必有所为,御下必求其用,而有所为、求其用又必须合乎物之本性。郭象以御马比喻治政:"夫善御者,将以尽其能也。尽能在于自任,而乃走作驰步,求其过能之用,故有不堪而多死焉。若乃任驽骥之力,适迟疾之分,虽则足迹接乎八荒之表,而众马之性全矣。"(《庄子·马蹄》注)尽其能而不求过能之用,正是御下适性之本。三是教民守本。治民者,外董之以刑法,内化之以礼义,但这并非治民之本。民以衣食为天,善治民者必教民守本。"夫民之德,小异而大同。故性之不可去者,衣食也;事之不可废者,耕织也。此天下之所同而为本者也"(《庄子·马蹄》注)。只有教民守本,辅之以刑法礼义,方是无为之至。

将庄子哲学从理想彼岸拉回世俗,是郭象哲学的一大特点。他从自然与名教合一的玄学思辨出发,论述了皇权政治、社会结构、治国御下等一系列重大问题,将有为治政引入无为之境,将儒学名教包裹于自然之中,全方位地完成了援儒入玄的理论工作。

从整体上看,郭象哲学并非门阀士族哲学,恰恰是国家政治哲学!他所期望的仍然是重建皇权意识,强化国家观念。以将儒学伦理思想塞进玄学体系中的方法,企图弥合宏放派因背离儒学的思想与行为而造成的与皇权意识、国家观念的缝隙。但这种国家政治哲学,由于在玄学中包裹太紧,在庄注一出"妙其奇致,大畅玄风"①的局面中,尘封于历史陈迹之中。至今也并未引起人们的足够注意。

---

① 《晋书》卷五十《郭象传》,中华书局1974年版,第1397页。

如果将郭象与裴頠进行比较,可以看出:裴頠以社会现实为起点,上升到玄学思辨;郭象则以玄学思辨为起点,论证社会现实。论证的逻辑起点不同,但理论形态相同,建构新理论体系的终极归属也是一致的。援儒入玄,匡救时弊,重建士族的国家与皇权意识,是这一派学说的共同点。

纵观西晋中期,所面临的是两种冲突:儒学与玄学的思想冲突,皇权与世族的权力冲突。两种冲突既造成了社会价值取向的紊乱,也影响了西晋中期的思想。由崇儒到尚玄,再由尚玄到援儒入玄,现象上反映的是学术文化冲突,本质里反映的是政治文化冲突。理想派以儒学伦理思想体系调整社会秩序,打破世族与庶族的界限,均衡官僚结构,限制权势侔主的重臣,最终消弭皇权与世族的权力冲突。宏放派尚玄与理想派崇儒表面上是价值取向的分离,实际上尚玄所造成的儒学伦理思想体系的崩溃,客观上是对皇权意识的一种解构。于是折中派便从理论上调和儒玄冲突,援儒入玄,论证尚君、崇礼,回归治政、御下的社会现实,以试图消弭世族与皇权的权力冲突,从而完成了西晋思想从统一到分化,再从分化到整合的完整过程。西晋后期,由于民族矛盾尖锐,风流宏放的社会基础已经被抽换,救国图存成为有识之士的首要之务,于是清谈玄虚之学逐步为务实的儒学所代替,刘琨是西晋名士分化的一个典型。

[原载《孔子研究》2001年第3期]

民族精神的脊梁

——诸葛亮论

一、由《出师表》说起

谈《出师表》当然要谈诸葛亮。这里所谈的诸葛亮是历史上的,而不是小说中的。作为战略家诸葛亮的才能出众是引人注目的。这可以从三个方面谈。

历史上最能表现诸葛亮才能的有几件大事:

草堂纵论天下。刘备三顾茅庐,诸葛与他纵论天下局势:"今操已拥百万之众,挟天子以令诸侯,此诚不可与争锋。孙权据有江东,已历三世,国险而民附,贤能为之用,此可以为援而不可图也。荆州北据汉、沔,利尽南海,东连吴会,西通巴、蜀,此用武之国,而其主不能守,此殆天所以资将军……若跨有荆益,保其岩阻,西和诸戎,南抚夷越,外结好孙权,内修政理……则霸业可成,汉室可兴也。"[1] 诸葛亮从力量对比、政治资源、地理环境等方面,纵论了三分天下之可行性与必然性,指出刘备将来的发展态势。说明他对时势了如指掌,表现出一种高瞻远瞩的政治家眼光。是年诸葛仅27岁。

江东说吴抗曹。曹操在北方平定乌桓以后,马上向南方用兵,企图一举统一中国。建安十三年(公元208)七月率20万大军南下,迅速攻占了襄阳、江陵等军事重镇,刘备屯兵夏口,局势千钧一发。在这关键时刻,诸葛出使江东,以雄辩的口才舌战群儒,说服孙权出兵抗曹。诸葛是如何说服孙权的呢? 首先他抓住了孙权的霸业之志,激其抗曹决心。他说,刘备与操并争天下,今操已破荆州,英雄无用武之地,故遁逃至此。你量力而行,能抗衡则与之绝,不能抗衡则俯首称臣。孙问:刘备为什么不俯首称臣呢? 他说:"田横,齐之壮士,犹守义不辱,

---

况刘豫州王室之胄,英才盖世……安能复为之下乎?"① 于是孙权勃然大怒,决计抗曹。其次,向孙权分析双方军事态势,增强其抗曹的信心:曹凭疲惫之师以击养逸之师为兵法之忌,北方之兵不习水战,附曹之荆州将士人心不附,这些有利条件加上刘备尚有精兵两万,一旦孙刘联盟足以抗曹。曹军一破,必然北还,鼎足之势即将形成。诸葛亮在江东成功说服孙权联合刘备,抗击曹操,不仅表现了出色的外交才能,而且也表现了一位军事家的战略眼光和政治家对战后政治格局形成的英明预见。

南征与北伐。南征取得了辉煌的胜利,史书记载:建兴三年(公元225)"亮率众南征,其秋悉平。军资所出,国以富饶。"此即《出师表》中所说"五月渡泸,深入不毛。今南方已定"的史实。建兴五年(公元227)诸葛亮首次北伐,临行上表,反复劝勉后主继承先帝遗志,亲贤臣,远小人,陈述对汉主的忠诚和对北伐中原的坚定信心。诸葛所演的"空城计"即在此次北伐中。其后又分别于建兴六年(公元228)春、冬(《后出师表》写于该年冬,出兵大散关时)、七年(公元229)、九年(公元231)、十二年(公元234)等,六次北伐。这里有三点值得注意:(1)第二次北伐取得了辉煌胜利,夺得了南安、天水、安定三郡,因马谡街亭之失而前功尽弃。这是诸葛亮一生事业的转折点。后来虽于第四次北伐夺取武都、阴平二郡,但已与第二次所取得的胜利不可同日而语。(2)后三次北伐与前三次比较,间隔时间较长,说明此时蜀国力已经逐渐衰落。(3)对诸葛亮六次北伐史学界争论很大,以为与中原曹魏争锋,不仅于事无补,而且削弱了蜀国实力。实际上诸葛亮是采取以攻为守的战略,从《后出师表》"然不伐贼,王业亦亡,惟坐待亡,孰与伐之"之语中完全可以看出。蜀国幅宇狭小,一旦失去对外拓展的锐气,国运立即萎缩,后来诸葛亮死后,蜀国的发展历史也说明了这一点。应该说,诸葛亮的战略方针是正确的。

仅以上三点即可以看出,诸葛亮确实是一杰出的政治家、军事家和外交家。此外,诸葛亮善于巧思,改进连弩,制造木牛流马,还是一位科学家。小小蜀国,在诸葛亮生前能够被治理得有声有色,这绝非偶然的。

---

① 《三国志》卷三十五《诸葛亮传》,中华书局1982年版,第915页。

二、民族心理中的精神象征

在民族心理中，诸葛亮已不仅是一个历史人物，更是一种智慧和精神的象征。诸葛亮的精神至少有这样几个层次：理想上，志存高远；事业上，百折不挠；对自己，严于律己；对国家，鞠躬尽瘁。

诸葛亮在荆州时与徐庶等人游学，庶等读书"务于精熟，而亮独观其大略。每晨夜从容，常抱膝长啸，而谓……诸卿仕进可至刺史郡守……人问其所至，亮但笑而不言。"①亮为何笑而不言？因为他志存天下，而不在一郡，其性格又风流蕴藉，不动声色，故不言。《出师表》所说的"臣本布衣，躬耕于南阳，苟全性命于乱世，不求闻达于诸侯"，正是与这一段历史密切关联。故裴松之评价说："其高吟俟时，情见乎言，志气所存，即已定于始矣。"可以说诛入骨髓了。由诸葛晚年所写的《诫外生》："夫志当存高远，慕先贤，绝情欲……忍屈伸，去细碎，广咨问，除嫌吝，虽有淹留，何损于美趣？何患于不济？若志不弘毅，意不慷慨，徒碌碌滞于俗，默默束于情，永伏于凡庸，不免于下流矣。"《诫子书》："静以修身，俭以养性，澹泊明志，宁静致远"，由此也可看出诸葛亮追求志存高远、不拘于世俗之利的精神境界。

《出师表》中说："先帝不以臣卑鄙，猥自枉屈，三顾臣于草庐之中，咨臣以当世之事，由是感激，遂许先帝以驱驰。"这里有两个问题：第一，诸葛亮躬耕南阳本是待时而动，既有当权者相请，为何需要"三顾"才肯出山呢？从历史看，古之大贤实现自己的理想必须有两个条件：一是依附明君，二是取得明君信任。从诸葛亮理想看，他不出山不是为"稻粮谋"，而是为实现自己"攘除奸凶，兴复汉室"的政治理想，如此则必须依附明君，取得明君信任。"三顾"说明刘备礼贤下士，其行诚，此行是明君之行；求贤若渴，其心信，此心是明君之心。第二，为何"许先帝以驱驰"？从传统的人格说，"君子不轻诺，一诺千金"，诸葛既已然诺，必然为先帝"驱驰"；从人生的事业说，刘备既为明君，诸葛亮即可依附明君以实现自己的理想，"许先帝以驱驰"，也正是自己实现理想的必然途径。

---

① 《三国志》卷三十五《诸葛亮传》裴松之注引《魏略》，中华书局1982年版，第911页。

诸葛亮崇高的人生境界,成为毕生事业追求的动力源泉,使他在事业困顿之时,不坠青云之志;在事业兴盛之时,不生骄矜之心。诸葛年轻时在南阳"躬耕","自比管仲、乐毅",虽然"时人莫之许",也并没有颓然失意。刘备请他出山,正是刘事业处于低谷时期,诸葛也并没有对他失望,反而运筹帷幄,决胜未来。长坂坡刘备差一点全军覆没,诸葛也没有悲观,出使东吴时,何等的自信!他总是以胜利者的姿态出现在历史舞台上。六次北伐,艰难之至,诸葛亮毫不退缩。直至最后一次出兵五丈原,与司马懿对峙于渭南,吸取久战粮草不足的教训,采取分兵屯田,以为长久之计,这一战略在当时应该是正确的,也可能取得明显的效果。可惜此年八月,诸葛亮积劳成疾而病逝。难怪杜甫在《蜀相》诗中叹息:"出师未捷身先死,长使英雄泪满巾。"

诸葛亮辅佐刘备及嗣君刘禅,作为蜀国的决策人物,(1)他不居功自傲。刘备逝世前夕,召诸葛亮嘱托后事:"君才十倍曹丕,必能安国,终定大事。若嗣子可辅,辅之;如其不才,君可自取。"亮涕泣曰:"臣安敢不竭股肱之力,效忠贞之节,继之以死。"① 后来他实践了自己的诺言。对内,精心地维护蜀国的安定与繁荣;对外,希望拓展疆土,最终平定中原,统一祖国;对上,效忠后主,报答先帝之恩。然而,诸葛亮却功高而不盖主,作为封建时代的一个大臣,这是非常难能可贵的。(2)严于律己。先帝死后,后主尊之若父。但是诸葛亮宽以待人,严于律己。《出师表》列举郭攸之、费祎、董允、向宠等人,一一指出他们的长处与特点,说明他对人才了如指掌,用人取其长而避其短。诸葛亮对自己的要求十分严格。第二次北伐,本已取得了决定性的胜利,但因为街亭之失而功亏一篑。"街亭之失"诸葛亮没有诿过于人,而是上表自责,自请贬官三等。诸葛亮为政清廉,临终上表后主:"臣在外任,无别调度,随身衣食,悉仰于官,不别治生,以长尺寸。若臣死之日,不使内有余帛,外有赢财,以负陛下。"卒时,果如其言。(3)事必躬亲。诸葛亮因为受刘备临终托孤之重,所以先帝死后,更是兢兢业业,谨慎从事。《出师表》言:"先帝知臣谨慎,故临崩寄臣以大事也。受命以来,夙夜忧叹,恐托付不效,以伤先帝之明也。"《后出师表》又说:"臣受命之日,寝不安席,食不甘味,思惟北征,宜先入南,故五月渡泸,深入不毛,并

---

① 《三国志》卷三十五《诸葛亮传》,中华书局1982年版,第918页。

日而食。"裴松之注引《魏氏春秋》曰:"亮使至,(司马懿)问其寝食及其事之烦简,不问戎事。使对曰:'诸葛公夙兴夜寐,罚二十以上,皆亲览焉,所啖食不至数升。'"① 由此可见,诸葛亮拥有执着的理想追求,强烈的敬业精神,眷眷的忠臣意识,真正做到了"鞠躬尽瘁,死而后已"。

补充说明的是,诸葛之忠,不能仅仅理解为对皇权的愚忠。因为中国封建社会的一个典型特征是:国与君、国家职能和皇权职能是一个难以分割的整体,所以在特定意义上说,皇权往往就是一个国家的象征。因此诸葛亮之忠,是忠君,也是报国。

三、丰富心灵的痛苦

作为历史的一部分,后人在研究诸葛亮这个人物的时候可以感到他的内心世界是非常丰富复杂,甚至矛盾、痛苦的。读《出师表》更可以感受到诸葛亮厚重的情感世界。《前出师表》作为临别上表所表达的,既有对先帝缅怀感激之情,又有对后主的眷眷思念之情;既有深切的回忆,又有谆谆的劝诫。语言周详,饱含情感。特别是最后两句"临表涕零,不知所云",那种怅然若失,欲去依依的情怀,至今仍然令人动容。

《后出师表》创作有一个特定的政治背景。蜀建兴六年(公元228),诸葛亮闻魏扬州牧曹休为吴陆逊所败,魏兵东下,关中虚弱,欲出兵击魏。但因为上次街亭之失,引起朝臣的非议。大多朝臣认为,蜀国国力较弱,兵少将寡,百姓贫穷,不宜年年用兵中原。所以《后出师表》开头即谓:"先帝深虑以汉贼不两立,王业不偏安,故托臣以讨贼。以先帝之明,量臣之才,固当知臣伐贼,才弱敌强。然不伐贼王业亦亡,惟坐而待亡,孰与伐之!……顾王业不可偏全于蜀都,故冒危难以奉先帝之遗意也,而议者谓为非计。"我们所感受到的是诸葛亮面对流言内心的迷茫和不被理解时的心理深层的痛苦。实际上,经过与魏国的几次正面交锋,诸葛亮已深深地感受到,北伐中原与当年同曹操南下作战的战争格局、作战态势、力量对比都已发生了很大变化,能否取得北定中原的胜利,诸葛亮自己难有十分把握。然而,(1)蜀国幅宇

① 《三国志》卷三十五《诸葛亮传》,中华书局1982年版,第926页。

狭小,难以与敌国持久地抗衡,若不乘敌国空虚之时北伐,不仅不能实现先帝遗愿,而且可能导致坐以待毙。(2)蜀地本来人才匮乏,加之又人才损失惨重,若不抓紧利用目前的人才资源,数年之后,就会丧失北伐中原的人才资源,就可能永远丧失北伐中原的机会。这就是《后出师表》中所说的两个"不解":"自臣到汉中,中间期年耳。然丧赵云、阳群、马玉、阎芝、丁立、白寿、刘郃、邓铜等及曲长屯将七十余人,突将无前,賨叟青羌,散骑武骑一千余人,皆数十年之内所纠合四方之精锐,非一州之所有。若复数年则损三分之二,当何以图敌?此臣之未解五也。今民穷兵疲而事不可息,事不可息则住与行劳费正等而不及早图之,欲以一州之地,与贼支久,此臣之未解六也。"实际上诸葛亮已经认识到后来的北伐之"不可为",然而又不得不"为之",这对于虑事谨慎、料事在先的他来说,是怎样的痛苦啊。所以后人曾感慨诸葛亮是遇其主而不遇其时,悲夫!

比较前后《出师表》分明可以感受到诸葛亮前后心境的不同。首次出征,充满自信,抱着必定实现先帝遗愿的决心,精神是昂扬的,情绪是饱满的,心境是明朗的,而后来的出征,他已经看到所走的是一条充满荆棘且前途难以逆料的险境,然而不走此路,又别无选择,"不伐贼,王业亦亡,惟坐待亡,孰与伐之"。其精神是沉重的,情绪是低沉的,心境是暗淡的。所以前《出师表》对自己的治国方略是正面的阐述,对后主是谆谆告诫。而后《出师表》,对自己的北伐战略则是反面的阐述,以咨询求教的口气表达出来。但两表所表现的精神境界却是一致的:"鞠躬尽瘁,死而后已。"所以白居易《尚不明》诗感慨:"前后出师遗表在,令人一览泪沾襟。"

《三国演义》写诸葛亮生前最后一次出寨巡视各营:"自觉秋风吹面,彻骨生凉。孔明泪流满面,长叹曰:'吾不能临阵讨贼矣。悠悠苍天,曷此其极!'"壮志未酬的悲剧气氛一览无余。罗贯中对诸葛亮的人生悲剧的理解,无疑是非常深刻的。

诸葛亮是中国古代智慧的化身,是民族文化中一座精神的山峰。他是悲剧的英雄,他所具有的悲剧色彩,不但没有淡化他的艺术形象和历史形象,反而使他比任何一个历史人物都更加饱满和动人。

[原载《人民政协报·学术家园》,2001年7月3、10、17日]

从文学向历史的还原

——鲁肃评说

一

在东吴风云人物中，鲁肃受人误解最深。在后人眼里，他没有公瑾的风流才华，孔明的过人谋略，更没有关羽的勇猛胆略。这种误解是如何产生的呢？主要产生于《三国演义》。在小说中，鲁肃成为一个忠厚善良、平庸无能而又迂腐胆怯的漫画式人物。罗贯中真是开了鲁肃一个不小的历史玩笑。

实际上，历史上的鲁肃是一位新生代的政治家，出色的外交家，杰出的军事领袖。青年时期，志向远大，不在周郎之下；与孙权合榻饮酒，纵论天下，与诸葛亮《隆中对》前后辉映；运筹赤壁，所表现的军事谋略，周郎或有所不及；在荆州风云中，胆略过人，比关羽也毫不逊色。拨开文学家描写的迷雾，才能还原历史的真实。

研究鲁肃，必须从他青年时代"初出临淮"说起。据《三国志》本传载："鲁肃，字子敬，临淮东城人也。生而失父，与祖母居。家富于财，性好施与。尔时天下已乱，肃不治家事，大散财货，摽卖田地，以赈穷弊，结士为务，甚得乡邑欢心。"① 对于青年鲁肃的系列行为，当时人们是如何理解的？《吴书》载曰："父老咸曰：'鲁氏世衰，乃生此狂儿！'"② 可知，在当时也颇受部分老朽的诟病。那些鼠目寸光、只会守着土地的老朽，当然不能在鲁肃的行为中，读懂这位少年深远的眼光，远大的志向和非凡的见识。按常理说，乱世创业，治世守成。如果生逢乱世，你还想守住那一份滴着祖辈血汗的家业，可能吗？所以《三国志》耐人寻味地说："尔时天下已乱"。

也就是说，要理解青年鲁肃的行为的意义，就必须回到风云激荡

---

① 《三国志》卷五十四《鲁肃传》，中华书局1982年版，第1267页。

② 《三国志》卷五十四《鲁肃传》裴松之注引，中华书局1982年版，第1267页。

的汉末历史画卷之中。鲁肃生于汉灵帝熹平元年(公元172)。此时,宦官干政,曾经辉煌显赫的汉王朝,逐渐式微。鲁肃13岁,爆发黄巾起义,加速了汉王朝的衰亡。18岁,灵帝驾崩,9岁的少帝登基,朝廷大权旁落何进手中。此人目光短浅,才能平庸,却外慕大名,内藏祸心。为了密谋诛杀宦官,召董卓进京。而董卓不习中原礼义,虎狼成性。进京以后,独揽朝政,废少帝,立献帝,私通宫妃,迁都西安,引发了连年征战、诸侯割据的混乱局面。从此以后,汉王朝空有一副躯壳,骨子里已经分崩离析。试想,生遭乱世,鲁肃怎么可能安心守着几份祖业,做一个吝啬的守财奴呢? 常言道"乱世出英雄,英雄出少年",少年的思想行为,志向见识,决定着未来人生的成败。而乱世少年,要做英雄,必须具备:第一,深得人心,才能振臂一呼,众人云集;第二,智慧过人,才能上马为将,下马为相;第三,眼光敏锐,才能择主而依,施展才华。青年鲁肃具备了这些条件。他大散资财,救济穷人,广交朋友,甚得乡邑欢心,这在当时就产生了三个显著的社会效果:第一,美名远扬。本传载:"袁术闻其名,就署东城长";第二,拥有丰厚的人心资源。在临淮自然形成了以鲁肃为核心的社会小集团。据《吴书》载:"后雄杰并起,中州扰乱,肃乃命其属曰:'中国失纲,寇贼横暴,淮、泗间非遗种之地,吾闻江东沃野万里,民富兵强,可以避害,宁肯相随俱至乐土,以观时变乎?'其属皆从命。"[1] 于是,他立即拉起一支队伍,离开临淮,开辟一条崭新的人生道路。第三,结识豪杰。本传又载:"周瑜为居巢长,将数百人,故过候肃,并求资粮。肃家有两囷米,各三千斛,肃乃指一囷与周瑜,瑜亦知其奇也,遂相亲结,定侨、札之分。"与周瑜定交,对鲁肃后来建立勋业于东吴,产生了深远影响。

鲁肃初出临淮,究竟带了多少人马,史书记载不同。本传说"百余人",《吴书》说"三百余人"。裴松之注《三国志》,或援引史料,或直接考证,纠正了《三国志》不少失误,所以应以《吴书》记载为是。

鲁肃入吴以后,在纵论天下、结盟刘备、运筹赤壁等一系列重大的政治、军事、外交中,淋漓尽致地表现了他过人的文韬武略,此是后话。鲁肃后来的人生辉煌,除上所论外,还与其青年时代哪些方面有关系? 据《吴书》记载:"肃体貌魁奇,少有壮节,好为奇计。天下将乱,

① 《三国志》卷五十四《鲁肃传》裴松之注引,中华书局1982年版,第1267页。

乃学击剑骑射,招聚少年,给其衣食,往来南山中射猎,阴相部勒,讲武习兵。"① 可见,青年鲁肃的行为有三个基本特点:第一,爱好奇思妙想,谋略出人意表;第二,学习击剑、骑马、射击,练习武功,研究兵法;第三,按照军队管理与布阵的方法,部署打猎人马。这说明青年鲁肃已特别注意训练自己冲锋陷阵、治国用兵的本领。至少可以说,他已初步具备乱世英雄的基本素质,其思想智慧、用兵之道都在他人之上。

鲁肃离开临淮时,还有一个有趣的小插曲,特别能表现他的胆略、智慧和武功。《吴书》又载:"州追骑至,肃等徐行,勒兵持满,谓之曰:'卿等丈夫,当解大数。今日天下兵乱,有功弗赏,不追无罚,何为相偪乎?'又自植盾,引弓射之,矢皆洞贯。骑既嘉肃言,且度不能制,乃相率还。"面对追兵,徐徐而行,表现了他的从容镇静;晓之以理,表现了他的智慧过人;示以威猛,又表现了他的武功超群。由此,我们完全可以想见青年时期鲁肃的壮士风采了。鲁肃射盾,也很容易使我们联想起《三国演义》"辕门射戟"的精彩故事。史书叙述,虽没有小说夸张渲染,但是通过一鳞半爪的记载,可以相信,鲁肃的武功可与吕布媲美。

鲁肃究竟是什么时候离开临淮的? 史书没有确切记载,但《吴书》说:"吾闻江东沃野万里,民富兵强,可以避害",说明鲁肃初出临淮时,孙策已经占据江东。孙策在汉献帝兴平二年(公元195)占据江东,既是"民富兵强,可以避害",必然是已有经年。因此我们推测,鲁肃"初出临淮",应在这孙策占据江东之后的三年左右,鲁肃时年26岁。

概括言之,青年鲁肃大散财货,广结人才,建立了一支独立的武装,培养了自己的社会亲和力;而好为奇计,讲武习兵,也锻炼了自己的文韬武略。这一切在个人心理上、人格魅力上和军事实践上,都为日后的人生辉煌奠定了坚实的基础。所以说,"初出临淮",是鲁肃走向人生辉煌,走向历史前台的一个序幕。

二

鲁肃初出临淮后,"南到居巢就瑜,瑜之东渡,因与同行。"(《三国志·鲁肃传》)于是二人率领队伍,浩荡南下。然后鲁肃定居曲阿,周瑜

---

① 《三国志》卷五十四《鲁肃传》裴松之注引,中华书局1982年版,第1267页。

暂居牛渚。这一年是汉献帝建安三年,周瑜24岁,鲁肃27岁。

"乌鹊南飞,何枝可依?"(曹操《短歌行》)鲁肃、周瑜原来都是袁术手下,为什么最终选择投靠孙策呢? 揭开这一谜底,从中也可以看出二人敏锐的政治眼光和非凡的见识。

前文说过,要在乱世建立功业,施展才华,就必须选择明主。袁术出身世家,是典型的纨绔子弟,外无治国用兵的谋略,内藏篡汉自立的野心。军事上毫无建树。初平元年,董卓进京,袁术怕遭杀身之祸,逃出京城,因为孙坚杀了南阳太守张咨,引兵投之,才使袁术得以栖身南阳。在后来的军阀混战中,袁术一败于刘表,再败于袁绍,三败于曹操,然后在淮北集结残兵,进发寿春,才真正有了一块赖以喘息的地盘。政治上贪暴平庸。袁术不善政事,栖身南阳后,不使百姓休养生息,稳固后方,反而骄奢淫逸,横征暴敛;到寿春后,竟冒天下之大不韪,于建安二年称帝。结果曹操大军一到,自己兵败身死,妻女没入吴宫。不善于安抚部下,孙坚本是袁术板荡之臣,可为了掠夺孙坚的传国玉玺,袁术竟然逮捕其妻儿。孙坚死后,策据江东,本可与袁术南北呼应,形成掎角之势,却又因策劝止袁术称帝,二人反目成仇。如此贪得无厌、昏庸无能之辈,岂可托付终身,成就大业? 孔融评之"冢中枯骨"[1],真是高明的见解。

而孙策呢? 起兵时只有数百人马,孙坚死后,也仅留下一千多人马,这点单薄的家当,后来竟然立足江东,轰轰烈烈。据裴注引《江表传》载,初,孙策向袁术请求渡江,招募旧众,袁术认为,刘繇占据曲阿,王朗拥兵会稽,即使孙策到了江东也无所作为,于是答应孙策请求,做了个顺水人情。然而,孙策渡江以后,转战南北,攻城斩将,迅速占领了会稽、丹杨、豫章、吴郡等地,不仅平定了江东,部队也迅速扩展至数万人,谋士纷纷归之,终于在江东奠定了与天下争霸的东吴帝业。孙策所以能迅速崛起,乃在于治军严明,秋毫无犯,还给百姓安居乐业的生活环境;用人兼听则明,还给人才一片施展才华的空间。所以,凡追随孙策者,都尽心辅佐,愿意为之效命。可见围绕着孙策,已经形成了一股巨大的社会向心力! 所以陈寿评价说:"策英气杰济,猛锐冠世,览奇取异,志陵中夏。"[2]

---

① 《三国志》卷六《先主传》,中华书局1982年版,第873页。

② 《三国志》卷四十六《孙策传》,中华书局1982年版,第1113页。

袁术出身世家,终于兵败身死,基业丧尽;孙策起兵微贱,终于平定江东,奠立帝业。一昏一明,一庸一俊,形成了鲜明的对比!所以,鲁肃、周瑜毅然离开出身世族的袁术,而投奔起兵微贱的孙策,在人生重大抉择中,也可以看出二人敏锐的眼光和非凡的见识。

然而,"肃渡江往见策,策亦雅奇之"①,策虽赏其儒雅,目为奇才,却并没有重用他。什么原因呢?鲁肃出身寒门,社会影响无法与世族相比;才华未显,难委重任啊。而当时天下大乱,正是用人之际,所以孙策既不拒绝,又不重用。此时的鲁肃,处境的确颇有几分尴尬,如果不是周瑜细密安排,巧妙周旋,鲁肃还真差一点儿离开东吴。那样,吴主就与这位将相之才失之交臂了。历史正是在一些偶然的插曲中显现了饶有趣味的戏剧性。

当初,鲁肃毅然辞去东城县长,抛弃富有生活,与周瑜率兵南下,态度何等坚决!本认为孙策是礼贤下士的贤君明主,必然会给自己提供一方施展才华的空间。可是真正见了孙策,仅"雅奇之"而已。而同去的周瑜,事业如烹油着锦,蒸蒸日上;爱情有知己小乔,琴瑟和谐。可以想见,当时的鲁肃心境是多么苍凉!恰在这时,鲁肃祖母去世,前文说过,鲁肃幼年丧父,赖祖母抚养成人,养育之恩未报,祖母就弃他而去,于是鲁肃凄惶匆忙从曲阿回临淮奔丧。正是在奔丧期间,鲁肃人生又发生了一段小的插曲。

鲁肃幼与刘子扬友善,子扬得知鲁肃尴尬境遇后,写信规劝鲁肃离开东吴而归顺郑宝。处于进退维谷的鲁肃,接到书信,率尔"答然其计"。郑宝何许人也?只是活动于巢湖一带的绿林好汉而已,虽勇猛果敢,才力过人,占山为王,成为一方霸主,后来终被当地世族刘晔所杀。鲁肃本有识人的慧眼,却因眼前的窘境而"病急乱投医"。鲁肃的这一段人生小插曲启发我们:在处境窘迫时,要抉择人生的去就,必须理性、谨慎,否则真一失足成千古恨!

为何后来鲁肃没有离开东吴?此事也与周瑜有关。初到东吴,鲁肃定居曲阿,周瑜先居牛渚,后领军镇守巴丘。建安五年,孙策战死,周瑜率兵回吴奔丧,留在吴郡,任中护军,与长史张昭共同襄理政事。此时鲁肃仍在家乡守孝。周瑜在吴郡安顿之后,立即派人将居住曲阿

---

① 《三国志》卷五十四《鲁肃传》裴松之注引《吴书》,中华书局1982年版,第1268页。

的鲁肃母亲接到吴郡。当时吴郡是孙氏的大本营,东吴政权的中心。既将鲁肃母亲接到吴郡,肃回到江东,必然要来吴郡。这样,就使鲁肃能够由东吴政权的边缘地带,顺理成章地进入东吴政权的中心。公瑾为友真是用心良苦!

鲁肃守孝结束后,重返曲阿,准备打点行装,北投郑宝。可是,当他回到曲阿后,发现母亲已被周瑜接走,于是又匆匆赶往吴郡,拜见周瑜,把刘子扬的劝说以及自己准备离开东吴的打算,统统告诉了周瑜。周瑜一听,大吃一惊,于是语重心长地规劝鲁肃说:"昔马援答光武云:'当今之世,非但君择臣,臣亦择君。'今主人亲贤贵士,纳奇录异,且吾闻先哲秘论,承运代刘氏者,必兴于东南,推步事势,当其历数。终构帝基,以协天符,是烈士攀龙附凤驰骛之秋。吾方达此,足下不须以子扬之言介意也。"(《三国志·鲁肃传》)晓之以理,廓清前途,情真意切,说得鲁肃如梦初醒,终于安居吴郡。

在这一次人生抉择中,鲁肃虽然未免显得有点草率,然从善如流,迷途知返,也未失英雄本色。鲁肃"定居曲阿"的人生插曲,也使我们从另一侧面看到当时鲁肃建功立业的愿望何其强烈!有趣的是:鲁肃的每一次人生转折,总与周瑜息息相关。周瑜的一件事、一段话,竟改变了鲁肃的人生抉择,成为他人生命运的又一次转折点。中国人所欣赏的高山流水,知音难觅,真是寓含着深刻的人生启示。

三

上文说过,鲁肃初去江东,定居曲阿,因处境困窘,准备离开东吴。因周瑜的细密安排,耐心劝说,才使鲁肃安心留了下来。此事发生在建安五年,这一年鲁肃29岁,正处在而立之年的前夕。所谓"而立"者,立德、立功、立言也。立德既不待言。饶有兴味的是,与诸葛亮相同,鲁肃也是先立言,后立功。立言给他拉开了立功的序幕,也展现了一位新生代政治家的风采。

在周瑜劝说鲁肃留吴之后,立即向孙权鼎力推荐鲁肃。《三国志·鲁肃传》载:"瑜因荐肃才宜佐时,当广求其比,以成功业,不可令去也。"于是孙权立即召见鲁肃,而且每次相见都是主宾"甚悦之"。自此鲁肃真正进入了东吴最高统治者的视线,命运也随之发生了戏剧性的转折。但是鲁肃真正的人生转折,是在与孙权合榻对饮、纵论天下之后。

一次,孙权召见谋臣,会见结束后,众臣告退,孙权唯独示意鲁肃留下。鲁肃留下后,孙权立即命侍从摆上美酒,将坐榻移到鲁肃对面,二人相对饮酒,这就是著名的"合榻对饮"的故事。

孙权因与肃密议曰:"今汉室倾危,四方云扰,孤承父兄余业,思有桓、文之功。君既惠顾,何以佐之?"鲁肃一听,暗想:吴主雄才大略果然了得!齐桓公、晋文公何许人也?乃春秋时代的诸侯霸主。二人早年都流亡国外,回国继位后,励精图治,任用贤才,从而使国家富庶强盛。而且此二人既能平定天下,称霸诸侯,却又尊崇周天子,因此成为后人向往的诸侯典范。孙权以桓、文自比,明白告诉了鲁肃自己的政治理想:任用贤才,称霸诸侯,匡复汉室。

然而,鲁肃转而一想,吴主政治理想仅在一方诸侯,眼光未免稍浅,于是从容答道:"昔高帝区区欲尊事义帝而不获者,以项羽为害也。今之曹操,犹昔之项羽,将军何由得为桓、文乎?肃窃料之,汉室不可复兴,曹操不可卒除。为将军计,惟有鼎足江东,以观天下之衅。规模如此,亦自无嫌。何者?北方诚多务也。因其多务,剿除黄祖,进伐刘表,竟长江所极,据而有之,然后建号帝王以图天下,此高帝之业也。"(《三国志·鲁肃传》)鲁肃的话有三个要点:第一,比较了汉初历史与当今时势的相同点,指出:当年高祖本来也想称霸诸侯,匡扶义帝,可是因为项羽杀了义帝,使高祖要做桓、文而不可得,不得已而夺取天下,建立汉朝基业。今日曹操,就如当年的项羽,您想建立桓、文那样的霸业,匡复汉室,可以实现吗?第二,分析了当今天下大势的发展趋向,认为:汉朝王室已经不可复兴,曹操也不可能最终被消灭。所以,应该顺应三国鼎立的天下大势,立足江东,伺机夺取天下。第三,为孙权构想了一幅未来发展的政治蓝图。认为:将军现在已有鼎盛的气象,不可妄自菲薄。为什么呢?曹操虽然称雄北方,然北方诸侯纷争,正处在多事之秋,他暂时无法率兵东进。您抓住这个机会,先消灭黄祖,打垮刘表,占据江东地盘,凭借长江天险,然后建国称帝,再图谋统一天下,就可以建立高祖那样的帝业了!

这一段话真是"惊天地、泣鬼神"!为什么?因为鲁肃纵论天下大势,高屋建瓴,从根本上动摇了孙权原有的政治理想,改变了东吴历史发展走向,也影响了三国政治格局的形成。虽然,当时孙权还说:"今尽力一方,冀以辅汉耳。此言非所及也。"可是后来的两个历史细节说明,鲁肃实际上已经深深影响了孙权的政治理想。一是鲁肃死后,孙权登基的那天,回头来对公卿说:"从前子敬曾经和我谈起建国称帝,真是明白天下大势啊!"二是孙权曾经评价说:"公瑾从前邀请子敬来江东,我与他合榻对饮,他谈到东吴建立帝王之业,这真是人生的一大快事。"由此可见,鲁肃这次谈话,对孙权建立帝业的深刻影响了。

为什么说合榻对饮,纵论天下,展示了鲁肃新生代政治家的风采? 新生代政治家的特点是什么? 对当时历史产生什么样的影响? 这就必须从当时政治人物的政治态度和政治目标说起。

从政治态度和政治目标上考察,当时的政治人物可以分为保守派政治家和新生代政治家。保守派政治家以曹操、刘备、孙权为代表。他们的政治态度和政治目标是扫清天下,恢复汉室。上面说过,孙权最大的政治理想是要效仿齐、文,称霸天下,尊崇王室;刘备,人称皇叔,时时以汉朝皇族正统自居,声声要复兴汉室;即使是生前死后都一直被人误为"汉贼"的曹操,何曾说过半句废除汉室的话? 反而在《让县自明本志令》中声称"为国家讨贼立功"是他的志向,"身为宰相"已是大喜过望。维护汉王朝的大一统,是支撑这一批人的基本政治理念。

新生代政治家,以鲁肃、诸葛亮为代表。基本理念是:汉王朝衰亡具有历史必然性,而三国鼎立即将成为一种基本的政治格局。因此,他们的政治态度和政治目标是首先建立一块稳固的根据地,一旦时机成熟就建国称帝,然后再图谋统一天下。所以鲁肃合榻对饮时提出:"鼎足江东","然后建号帝王以图天下"。诸葛亮《隆中对》也劝刘备说:"先取荆州,后取西川建国,以成鼎足之势,然后中原可图也。"曹操的一位谋士王立,虽不能算是政治家,观点却与鲁肃、诸葛亮近似。他曾明确地劝曹操代汉自立①。而曹操呢? 虽然已经是朝廷的实际统治者,却终身奉行"挟天子以令诸侯",始终没有称帝。后人对曹操误解也是很深的,这是题外话。必须说明的是:袁绍、袁术虽包藏代汉自

---

① 《三国志》卷一《武帝纪》裴松之注引张璠《汉纪》曰:"太史令王立曰:'……汉祚终矣,晋魏必有兴者。'立后数言于帝曰:'天命有去就,五行不常盛,代火者土也,承汉者魏也,能安天下者,曹姓也,唯委任曹氏而已。'"中华书局1982年版,第14页。

立之野心,但因为没有明确的政治态度和政治目标,仅属于野心家而已,还不能划归新生代政治家的行列。

新生代政治家,具有更为开阔的政治眼光,不再抱守残缺,因而更具有历史发展的预见性。所以,鲁肃"合榻对饮"时的纵论天下,刘备三顾茅庐,诸葛亮的《隆中对》,如同历史天空的两声惊雷,前后呼应,不仅影响了历史的进程和基本政治格局,也将新生代政治家的形象镌刻在历史画卷之中。然而,鲁肃纵论天下比诸葛亮的《隆中对》整整早七年,其意义当在诸葛之上。可惜一代政治明星,因为文学家的歪曲描写,被淹没在历史的尘封之中。

四

鲁肃与孙权"合榻对饮"后,受到了孙权的器重与信任,开始参与东吴高层的一系列重大决策。如果说纵论天下展示了鲁肃新生代政治家的风采,那么出使荆州,结盟刘备,又让我们目睹了鲁肃作为杰出外交家的另一面风采。

建安十三年八月,荆州刺史刘表病卒。因为荆州北连中原,地处长江上游,是扼守东吴长江天险的咽喉;西接巴蜀,是东吴进入益州的走廊,因此对东吴来说,其地理位置非常重要。所以,刘表一死,鲁肃就进言孙权,令其出使荆州。鲁肃从三个方面分析了出使荆州的意义。第一,荆州对于东吴建立帝业有十分重要的意义:"夫荆楚与国邻接,水流顺北,外带江汉,内阻山陵,有金城之固,沃野万里,士民殷富,若据而有之,此帝王之资也。"地理位置上,荆州与吴接壤,外有江湘,内有峻陵,易守难攻;物产资源上,荆州土地肥沃,百姓富足,若能占据荆州,就可以建立帝王之业。第二,荆州问题在外交上存在两种可能的策略:"今表新亡,二子素不辑(揖)睦,军中诸将,各有彼此。加刘备天下枭雄,与操有隙,寄寓于表,表恶其能而不能用也。若备与彼协心,上下齐同,则宜抚安,与结盟好;如有离违,宜别图之,以济大事。"如果荆州内部矛盾激化,可以采取军事手段加以解决;如果荆州内部同心协力,就应该采用外交手段加以解决,即结盟刘备,安抚荆州。第三,自己出使荆州的真正目的:"肃请得奉命吊表二子,并慰劳其军中用事者,及说备使抚表众,同心一意,共治曹操,备必喜而从命。如其克谐,天下可定也。今不速往,恐为操所先。"(《三国志·鲁肃传》)以吊丧为名,一来可以乘机慰问荆州军中实权派人物,拉近与吴国的关系;二来可以游说刘备,请他安抚刘表旧部,使上下齐心,共同对付曹操,以防曹操捷足先登。

这一段话,不仅又一次展示了鲁肃作为一个政治家的高瞻远瞩,而且第一次表达了结盟刘备、安抚荆州的外交战略。作为一名政治家与外交家,鲁肃既认识到安定荆州对于东吴建立帝国的重要,也非常清楚保持荆州稳定,结盟刘备,既能牵制曹操,又能壮大抗操力量。后来联刘抗操,保持荆州稳定,一直成为鲁肃一条不变的外交路线,也就是这个原因。

然而鲁肃出使荆州时,曹操已从襄阳挥师南下,于是鲁肃日夜兼程,希望抢在曹操之前到达荆州。当他一路风尘、抵达南郡境内时,才知道荆州刘琮望风降操,刘备逃至江陵,正准备渡江南下。在这千钧一发之际,鲁肃直奔刘备南下必经之路,在当阳长坂,与刘备相遇。见到刘备后,鲁肃"因宣权旨,论天下事势,致殷勤之意",然后试探性地询问说:"豫州今欲何往?"备曰:"与苍梧太守吴巨有旧,欲往投之。"试想,刘备一旦南下,孙刘联盟胎死腹中,联刘抗操就化为泡影,于是鲁肃语重心长地说:"孙讨虏聪明仁惠,敬贤礼士,江表英豪,咸归附之。已据有六郡,兵精粮多,足以立事,今为君计,莫若遣腹心自结于东,崇连和之好,共济世业。而云欲投吴巨,巨是凡人,偏在远郡,行将为人所并,岂足托乎!"[①] 鲁肃的话既直率坦诚,又入木三分;既有外交辞令,又是陈述事实;既有责刘备之意,又从对方未来着想。所以刘备听后,心悦诚服,孙刘联盟从此拉开序幕。

鲁肃劝阻刘备南下,史学家只看到孙刘结盟对于北拒曹操的意义,其实这中间还蕴涵着更深层的军事意义。因为刘备一旦南下,曹军直下东吴,如入无人之境。如果刘备兵留荆州境内,不仅可以牵制曹军,而且也无形中构成一条曹军与东吴对垒的军事缓冲地带,可以延缓曹军进军的速度,为东吴调兵遣将争取时间。所以劝阻刘备,不仅显示了鲁肃外交策略,在更深层次上也显示了鲁肃的军事谋略。

作为一名外交家,鲁肃还有非常娴熟的外交技巧。《三国志》本传

---

① 《三国志》卷三十二《先主传》裴松之注引《江表传》,中华书局1982年版,第878—879页。

上记载了一个有趣的细节。鲁肃与刘备讨论天下大势,诸葛亮始终侍坐刘备旁边。诸葛亮何等人也？用刘备的话来说,二人关系如同鱼水。他的一言一行都可能影响刘备的决策。然而整个过程诸葛亮却始终未至可否,鲁肃自然也难以与他直接对话。可是,鲁肃却意味深长地对诸葛亮说:"我,子瑜友也。"

鲁肃的这一句话,看上去漫不经意,与孙刘结盟的谈话主题似乎毫无瓜葛,也最容易为历史学家所忽略,其实中间大有深意。子瑜,乃诸葛亮之兄诸葛瑾,年长诸葛亮八岁,与鲁肃同年。建安五年,避乱江东,成为孙权的重要谋士。鲁肃与子瑜既是同事,又是好友,关系自然非同寻常,这也自然拉近了与诸葛亮的情感距离。重要的是,诸葛亮《隆中对》勾画的政治蓝图就是"三分天下",而实现这一政治蓝图的基本外交策略就是孙刘联盟,北拒曹操。这与鲁肃纵论天下,是英雄所见略同。如今,鲁肃又送来政治秋波,使诸葛亮看到了实现自己政治蓝图的希望。然而,政治毕竟是理性的,外交辞令也有难以琢磨的弦外之音。或许正在诸葛亮心存疑虑时,正是鲁肃这句充满温情的话,消除诸葛亮对鲁肃私心的疑虑,一下拉近了二人情感。这一细节,不仅展示了鲁肃的外交艺术,也将他虑事周密,性格坦诚,而又充满性情的一面展示了出来。所以,终于说服刘备,使他回师夏口。而鲁肃回吴后,刘备又立即派遣诸葛亮出使东吴,孙刘结盟由此正式形成。

那么,孙刘结盟、共拒曹操的政治与外交战略,究竟是谁首先提出来的？历史记载很不一致。《三国志·诸葛亮传》认为是诸葛亮首先提出,"亮以连横之略说权,权乃大喜。"而《鲁肃传》却明确记载由鲁肃首先提出。为此,裴注《三国志》特别加以甄别,肯定地说"皆肃之本谋"。裴松之的结论是正确的。诸葛亮出使东吴,智激孙权,使孙权力排众议,决定联刘抗操,仅仅是促进孙刘联盟正式形成而已。

值得注意的是:鲁肃与诸葛亮提出孙刘结盟的背景也不相同。鲁肃是在东吴处于盛势之时提出的,更具有战略的眼光。而诸葛亮却是在刘备兵败长坂、曹军大军压境之时提出的,似乎带有形势所逼的意味。同是推行孙刘结盟的外交策略,鲁肃更具有主动性,而诸葛亮却具有被动性。孙刘联盟从根本上改变了南北双方力量的对比,为赤壁之战的胜利奠定了基础,也从根本上改变了三国历史的政治格局。

五

鲁肃出使荆州，结成孙刘联盟；尔后刘备移兵夏口，诸葛亮又出使柴桑，智激孙权，加强了孙刘联盟。这一年是建安十三年，鲁肃37岁，诸葛亮29岁。如果说，前文所展示的是鲁肃高瞻远瞩的政治家和折冲樽俎的外交家风采，那么，赤壁之战则又显现了鲁肃军事家的过人谋略。

赤壁之战是三国最著名的一次战役。不仅结局富有戏剧性——一位老谋深算、韬略过人的曹操，竟然被一群羽扇纶巾的青年打得落花流水，而且过程也富有戏剧性——三国精英几乎都在这一场战争中粉墨登场。重要的是，赤壁之战是形成三国鼎立政治格局的历史转折点，从此历史翻开了与汉代大一统王朝完全不同的一页。

在这场战役中，鲁肃所扮演的角色，在战役的不同阶段也各不相同。在战争前期，力排众议，主张迎击曹军，是一位战略家，表现出高瞻远瞩的胆略和气魄；在战争过程中，协助周瑜筹划战术方略，又是一位具体的战术家。

鲁肃离开长坂，返回东吴途中，曹操已经占领江陵，顺江东下，直抵樊口。当时孙权驻军柴桑，当鲁肃回到柴桑时，正巧曹操派遣使者来下战书："近者奉辞伐罪，旌麾南指，刘琮束手。今治水军八十万众，方与将军会猎于吴。"[①] 于是，孙权"大惧"，紧急召见谋臣，将战书传示左右，朝野上下，无不大惊失色，人心惶惶。长史张昭力主降操，劝吴主"不如迎之"。其他谋臣，也大多附和张昭。一时间，主和派占了上风。在这决定东吴生死存亡的关键时刻，又是鲁肃力挽狂澜，扭转时局，以战略家的眼光，力劝孙权北拒曹操。

在张昭高谈降操之时，独有鲁肃低头沉思。恰在此时，"权起更衣，肃追于宇下，权知其意，执肃手曰：'卿欲何言？'鲁肃从容答道：'向察众人之议，专欲误将军，不足与图大事。今肃可迎操耳，如将军，不可也。何以言之？今肃迎操，操当以肃还付乡党，品其名位……累官故不失州郡也。将军迎操，欲安所归？原早定大计，莫用众人之议

---

① 《三国志》卷四十七《吴主传》裴松之注引《江表传》，中华书局1982年版，第1118页。

也。'"鲁肃单刀直入:众人之论,专误将军,不能成大业。然后说,肃可降操,而将军不可。肃降操,仍不失高官厚禄;将军降操,则无处安身立命! 所以劝孙权"早定大计,莫用众人之议"。 鲁肃之语,句句珠玑,孙权茅塞顿开,喟然叹息说:"此诸人持议,甚失孤望;今卿廓开大计,正与孤同。"(《三国志·鲁肃传》)

为了确定破敌方略,进一步坚定孙权必胜信心,鲁肃劝孙权"追召瑜还"。当时周瑜任前部大都督,驻兵鄱阳。回到柴桑后,立即拜见孙权,力主拒曹:"将军以神武雄才,兼仗父兄之烈,割据江东,地方数千里,兵精足用,英雄乐业,尚当横行天下,为汉家除残去秽。况操自送死,而可迎之邪?"(《三国志·周瑜传》)接着,周瑜又具体分析了曹军的四个大隐患:韩遂、马超割据关西,是曹军的后顾之忧;中原之兵不习水战,是曹军的战术之短;正值隆冬,战马草料缺乏,影响曹军的战斗力;士兵生于中原,不习水土,必生疾病,影响曹军的士气。有此隐患,贸然进军,必败无疑。所以周瑜自信地说:"将军禽操,宜在今日。瑜请得精兵三万人,进住夏口,保为将军破之。"周瑜对双方军事态势的分析鞭辟入里,彻底打消了孙权顾虑,坚定了抗操决心。于是孙权慷慨激昂,拔刀斫其奏案,曰:"诸将吏敢复有言当迎操者,与此案同!"[1]旋即调兵遣将,拉开赤壁之战的序幕。

要正确理解鲁肃在赤壁之战中所起的战略家作用,还有两个历史事实必须澄清:第一,鲁肃与周瑜都力主北拒曹操,究竟谁先谁后?《鲁肃传》与《周瑜传》记载互有抵牾。从上文所述看,应该是鲁肃最早提出。然《周瑜传》载,张昭主和之时,周瑜当面予以驳斥,据此,又应是周瑜首先提出。为此,裴松之注《三国志》专门作了说明:"臣松之以为建计拒曹公,实始鲁肃。于时周瑜使鄱阳,肃劝权呼瑜。瑜使鄱阳还,但与肃闇同,故能共成大勋。"裴松之从事件发生的时间顺序,论述北拒曹操的战略必然是鲁肃首先提出,这是毋庸置疑的。第二,鲁肃主张北拒曹操,与诸葛亮到柴桑"智激孙权",主张北拒曹操,又是谁先谁后? 史书记载也有矛盾。《资治通鉴》说:"曹操自江陵将顺江东下,诸葛亮谓刘备曰:事急矣! 请奉命求救于孙将军。遂与鲁肃俱诣孙权。"[2]诸葛亮既与鲁肃同行,那么,就有可能是诸葛亮首先提出北拒

① 《三国志》卷五十四《周瑜传》裴松之注引《江表传》,中华书局1982年版,第1262页。
② 《资治通鉴》卷六十五,北岳文艺出版社1995年版,第424页。

曹操的战略。然据《鲁肃传》、《诸葛亮传》记载,诸葛与鲁肃既没有同行,出发地点也不相同。鲁肃从当阳长坂回吴,诸葛亮是从夏口使吴。而刘备屯兵夏口,是在与鲁肃长坂相见、孙刘结盟之后,所以是鲁肃首先提出北拒曹操的战略,诸葛亮智激孙权,只是坚定了孙权北拒曹操的决心而已。

赤壁之战过程中,鲁肃究竟起了什么样的作用?由于史料阙如,已无法得知其中详情。然而,从鲁肃所任的军职,以及战争结束后孙权对鲁肃的隆重礼遇,可以推知一二。

在赤壁之战中,孙权任命周瑜、程普为主帅,分任左右大都督(《三国志·吴主传》);"以肃为赞军校尉,助画方略。"(《三国志·鲁肃传》)据此可知,鲁肃任赞军校尉,主要任务协同制定作战计划。虽然位在都督之下,也属决策核心。可以想象,赤壁之战中,黄盖诈降、火烧曹军等一系列军事行动,其中必然融入鲁肃的战术思想。这一点,从赤壁之战后孙权对鲁肃的礼遇也可得到印证。赤壁之战后,鲁肃先回柴桑,孙权"大请诸将迎肃",自己也"持案下马相迎"。鲁肃入拜,孙权立即起身还礼,这是连周瑜、程普都没有享受到的最高礼遇啊!足见孙权对鲁肃在赤壁之战中的功勋是何等重视!

当然,与周瑜比,鲁肃是战略家,周瑜是战略实施者;与诸葛亮比,同是出色的外交家,鲁肃以理性见长,诸葛亮以风采动人。如果稽考史实,鲁肃对于赤壁之战的胜利,三国鼎立的形成,作用最为关键。

赤壁之战是在荆州拉开序幕,也是在荆州落幕;孙刘联盟始于荆州,而孙刘反目也始于荆州,纵观历史,有时真是一幕闹剧!

六

赤壁之战后,孙刘两大集团如何瓜分既得利益,成为双方斗智斗勇的焦点。赤壁之战后,曹操北还,留下曹仁镇守江陵,乐进镇守襄阳,荆州并没有完全为孙刘所据有。建安十五年,曹仁兵败,由江陵退回北方,曹操势力才完全退出荆州,而这时刘备势力迅速扩张,于是乘机向孙权求借荆州。在鲁肃斡旋之下,荆州暂借刘备。以后,孙刘联盟的分分合合,都是围绕着荆州而展开。所以人们一直认为借荆州是鲁肃一生最大的失误。就连对鲁肃尊崇备至的孙权也认为:"劝吾借玄德地,是其一短也。"(《三国志·吕蒙传》)其实,在当时,借荆州也是一个迫不得已的选择。

建安十五年十二月,刘备亲到东吴,求借荆州。周瑜得知后,立即上疏,建议让刘备定居东吴,为他修建华美壮丽的宫室,多置办美女、玩物,消磨他的意志。分开关、张二人,使之分领两地,各个击破,这样就可成就大事。吕范也附和周瑜,建议软禁刘备,孙刘联盟面临分裂的危险。在这关键时刻,又是鲁肃力排众议,劝说孙权:"不可。将军虽神武命世,然曹公威力实重,初临荆州,恩情未洽,宜以借备,使抚安之。多操之敌,而自为树党,计之上也。"(《鲁肃传》裴注引《汉晋春秋》)他认为:曹操虽兵败赤壁,依然实力雄厚,难以单独与之抗衡。必须多树操敌,多结我友。而将军初到荆州,恩信没有树立,可以暂借荆州,借刘备之手安抚荆州。鲁肃的话,一箭双雕。既稳定了战后荆州的局面,又结好刘备,增加北拒曹操的力量。所以,孙权听后,就以"曹操在北方,应当广揽英雄"为由,拒绝了周瑜等人建议,毅然将荆州借给刘备。

为什么鲁肃能够说服孙权呢?首先必须从刘备与荆州错综复杂的关系说起。建安六年,曹操率兵攻打屯兵汝南的刘备,刘备战败,投奔刘表。刘表亲自迎接,待以上宾,并资助兵马,使屯兵新野。虽然刘表对备又用又疑,但是总的说来,二人关系比较深厚。建安十三年,刘表病重,嘱托刘备统领荆州,众人也乘机劝之,然而刘备鉴于刘表的深情厚意,不忍乘人之危而夺取荆州。就在刘琮降操后,刘备逃离樊城,途经襄阳时,诸葛亮劝说乘机攻打刘琮、夺回荆州,刘备也不愿采纳。可见刘表待备不薄,刘备对表忠诚。有了这层关系,刘备在荆州集团内部的地位也可想而知。还有一个细节尤为值得注意。《先主传》说:"(先主)过襄阳……琮左右及荆州人多归备。比到当阳,众十余万。"刘备大军到达襄阳,刘琮亲信竟然大多投靠刘备,百姓亦有十余万人追随刘备,可见刘备在荆州是如何深得人心。所以说,借荆州,不是鲁肃和孙权选择了刘备,而是历史选择了刘备,对于东吴来说,实在有不得已的苦衷。

借荆州,对于北拒曹操也有深远的意义。《鲁肃传》载:"曹公闻权以土地业备,方作书,落笔于地。"为何曹操听说孙权将荆州借给刘备,竟然如此惊慌失措?老谋深算的曹操知道,荆州一旦落入刘备之手,刘备必然会迅速崛起,自己又树立了一个强大的对手,统一南中国的希望更是化为泡影。所以借荆州给刘备,深层上有利于东吴的安全。

借荆州,也与东吴对操用兵的两次失手有关。赤壁之战那年,孙权27岁。少年得志,迅速膨胀了他的政治理想。他已经不再抱守当年"立足江东"的政治蓝图了,而是希望迅速占领荆州全境,向北用兵,进而夺取中原。于是赤壁之战刚一结束,就派遣三路大军主动出击。一路是以周瑜、程普为统帅,进军南郡曹仁;一路以张昭为统帅,进军九江当涂;自己率领一路军马,进攻合肥。三路兵马,除了周瑜一路取得胜利外,张昭一路兵败而归,孙权一路无功而返。而周瑜战胜曹仁也只能算是赤壁之战的尾声。双方相持了一年多,才攻下江陵,而且周瑜还在这次战役中,为乱箭射伤,次年而亡。两次军事失手的事实提醒了孙权,曹军虽遭赤壁之败,并没有伤筋动骨。所以刘备来借荆州,鲁肃晓以利害,立即被孙权采纳,实在有切肤之痛啊。

借荆州,还有令孙权难以启齿的原因。发生于建安十四年的两件事,对刘备的现实人生和荆州的未来命运都产生了戏剧性的影响。第一,孙刘二人的政治游戏。这一年,先是"刘备表权行车骑将军,领徐州牧。"(《吴主传》)当时徐州在曹操统治之下,孙权领徐州牧也只是一个空衔。所以,刘备开的是空头支票,是典型的政治作秀。孙权也要作秀呀,于是在"群下推先主为荆州牧,治公安"(《先主传》)时,竟默许之。第二,这年十二月,已经升任荆州牧的刘备突然桃花运开,孙权将妹妹嫁刘备为妻,这一年刘备49岁。为何孙权要将花一般的妹妹嫁给年近半百的老翁?《先主传》曰:"权稍畏之,进妹固好。"原因恐怕不止于此。赤壁之战后,孙刘联盟处于蜜月期,孙权想借联姻,加固联盟,也在情理之中。推想另一深层原因是:孙权妹妹才思敏捷,刚毅勇猛,有兄长之风。孙权想借着妹妹之手牵制刘备,也有可能。

然而,孙权两次政治游戏都是老道失算,颇有点灰色的幽默。以后不久,刘备赴吴求借荆州,一下将孙权推入两难境地:从私情上说,妹婿如今兵马既多,公安无法安身,也得给一个安身之处吧。从法理上说,刘备既是荆州牧,请求治理荆州,也是名正言顺。如果扣留刘备,荆州必然大乱,正好给了曹操可乘之机,所以孙权只好忍痛割爱,将荆州借给刘备。鲁肃劝借荆州,也只是给了孙权的一个台阶。尽管后来,孙权批评鲁肃借荆州是他的失策,那是玩了古代统治者的老把戏——主人有错,打奴才屁股!

不过话说回来,借荆州,虽然对孙权来说,可能是"哑巴吃黄连",但是还不能算是一种失策。因为将荆州借予刘备,使刘备真正有了一块根据地,为后来西进益州,建立蜀国奠定了深厚的根基。而西蜀的建立,才使刘备真正成为牵制北方的重要力量。鲁肃和诸葛亮之所以一生坚持吴蜀结盟的外交政策,因为三分天下,曹得其二,无论是吴是蜀,要单独与曹操抗衡都不可能,所以壮大盟友,就是削弱敌人——历史也同样充满了辩证法。

七

赤壁之战后,东吴连年对北用兵,不是损兵折将,就是无功而返。因此,无论孙权还是谋臣,都清楚认识到:要越过长江,北进中原,成功的希望非常渺茫。于是,便将战略目光转向地处长江上游的益州。然而,对于孙权来说,进军益州,荆州是一条必经的战略走廊;对于刘备来说,扼守荆州,就阻止了东吴西进,益州也就成为自己的囊中之物。因此荆州之争后来一直成为孙刘的斗争焦点。

在荆州之争中,鲁肃恩威并施。一方面坚持孙刘联盟,以安抚关羽、稳定荆州局势为基本着眼点,另一方面在刘备背信弃义之时,又寸土必争,最大限度地维护东吴利益。《三国演义》中所描写的"关云长单刀赴会",在历史上,主角恰恰是鲁肃。在单刀赴会中,鲁肃以过人的胆略,终于折服了不可一世的关羽,夺回荆州三郡。

就在东吴试图向北拓展而一无所获之时,周瑜等人又劝说孙权西取益州。而西取益州,必然取道荆州,因此必须得到刘备的支持。于是孙权派遣使者,劝说刘备,联合进攻西蜀,不料遭到刘备一口拒绝。然而刘备却于建安十六年西进益州,十九年占领益州全境。孙权一怒之下,向刘备索还荆州,刘备不从。于是,双方刀兵相见,引发了长达数年的荆州之争。

鲁肃是如何卷到了荆州之争的风口浪尖上的?这又与周瑜有关。在孙权决定西取益州后,周瑜踌躇满志,返回江陵,准备率兵西进。然而天不遂人愿,在返回江陵途中,周瑜箭疮复发,生命垂危,自知一病不起,于是致信孙权,推荐鲁肃以代己。孙权采纳了周瑜建议,任命鲁肃为奋武校尉,代领周瑜兵马。从此以后,鲁肃就由一个运筹帷幄的谋臣成为镇守荆州前线的武将。鲁肃先是驻兵江陵,后来移师屯口,与镇守荆州的关羽做了邻居,因而卷入到了荆州之争的第一线。

鲁肃处理荆州之争的基本方针是:以和为本,安抚为上;据理力争,寸土必得。既有原则的坚定性,又有策略的灵活性。

鲁肃到达荆州前线,首先结好关羽。《鲁肃传》载:"及羽与肃邻界,数生狐疑,疆场纷错,肃常以欢好抚之。"关羽乃刘备一员虎将,才兼文武,雄烈过人,又骄横独断,不可一世。与关羽为邻,如同与狼共舞。而当时荆州边界犬牙交错,错综复杂,双方守将,各存疑心,稍有疏忽,就可能引起刀兵。鲁肃为了维护孙刘联盟,北拒曹操,而结好关羽,联络情感。所以两军和平共处,边境安宁。

鲁肃之所以实行以和为本、安抚为上的外交策略,主要与当时复杂的政治局面有关。赤壁之战后,刘备采取三大政治招数:一是建立傀儡政权。荆州收复后,刘备上表立刘琦为荆州刺史,琦是刘表长子,与刘备情同父子。立刘琦为刺史,既名正言顺,得乎民心,又堵住了孙权势力的渗透,使荆州政权操控于刘备之手。二是抢夺荆州地盘。刘备乘孙权派遣三路大军对曹操用兵之机,先发制人,分兵南征武陵、长沙、桂阳、零陵四郡。孙权回吴时,荆州大部分疆土已归刘备所有,生米煮成熟饭,孙权也奈何不得。三是谋求政治资源。刘备在南征荆州四郡的同时,又奏请朝廷任命孙权做徐州牧,以换取孙权默许自己任荆州牧。对刘备来说,上有朝廷封号,下有地盘人心,占据荆州也就合情合理了。面对如此复杂的政治局面,稍有不慎,就会瓦解孙刘联盟。而且鲁肃在荆州前线时,孙权又连年对曹操用兵。如果孙刘联盟破裂,后方刀兵纷起,两面夹击,东吴大事必败。所以,鲁肃以和为本,坚持孙刘结盟,为孙权稳定了后方。可见,这不仅是外交的策略,也是发展的战略。

在荆州之争中,鲁肃虽以安抚为上,却不作无原则的妥协。当刘备背信弃义时,便挺身而出,尽最大努力,维护江东利益。"单刀赴会",就是鲁肃的一次壮举,也展示了鲁肃的勇武与胆略。

上文说过,孙权索还荆州而不得,非常愤怒,立即任命长沙、零陵、桂阳三郡长吏,赴任各郡。骄横的关羽岂可容忍,毫不客气地将他们全部驱逐出境。这一回双方真撕破了脸皮。孙权立即调遣吕蒙进军长沙、零陵、桂阳;鲁肃驻扎巴丘,防御关羽;亲自屯兵陆口,统帅三军。吕蒙大军一到,尽得长沙、零陵、桂阳三郡。远在益州的刘备得知已失荆州三郡,益阳又危在旦夕,日夜兼程,赶回公安,命令关羽驰援益阳,孙权也命令吕蒙还军,与鲁肃一起进军益阳,迎击关羽。刀光剑影,一场恶战就在眼前。

又是鲁肃出色的外交,过人的胆略,化解了双方的矛盾。"单刀赴会"是化解这一矛盾的转折点。《鲁肃传》载:"肃邀羽相见,各驻兵马百步上,但请将军单刀俱会。肃因责数羽曰:'国家区区本以土地借卿家者,卿家军败远来,无以为资故也。今已得益州,既无奉还之意,但求三郡,又不从命。'语未究竟,坐有一人曰:'夫土地者,惟德所在耳,何常之有!'肃厉声呵之,辞色甚切。羽操刀起谓曰:'此自国家事,是人何知!'目使之去。"双方对阵,部队各后退百步,鲁肃手提单刀,邀请云长对话。见面以后,斥责关羽背信弃义,面对关羽随从的嚣张,鲁肃拍案而起,声色俱厉,痛斥对方。局面骤然紧张,关羽立刻起身,操刀在手,示意部下速速退下,又语调平和地劝说鲁肃:"这是国家大事,此人哪里知道!"

鲁肃善以谋略见长,只身赴会一位虎狼之将,是何等胆略! 双方见面,痛斥对方背信弃义,是何等勇武! 而且始终以东吴为国家,以关羽为臣下,其言外之意是:借荆州不还,于国不忠,于友不义。终于折服了不可一世的关羽,这是何等智慧! 与《三国演义》的描写真是大相径庭。"单刀赴会"后,刘备遣使求和,孙权令诸葛瑾回报,双方尽弃前嫌,重结盟好,遂分荆州长沙、江夏、桂阳以东属权,南郡、零陵、武陵以西属备。

荆州之争,以鲁肃出色的外交,过人的智慧,英雄的胆略,终于取得了圆满的结局。既最大限度地维护了东吴利益,又使孙刘联盟免于破裂。此后几年荆州相安无事,但鲁肃死后,吕蒙背弃鲁肃既定的孙刘联盟战略,袭荆州,杀关羽,使吴蜀双方反目成仇,成为吴蜀由鼎盛走向衰落的转折点。

八

然而,历史并没有提供给鲁肃足够的时间,鲁肃正在事业辉煌的顶峰,落下了人生的帷幕。建安二十二年,鲁肃不幸英年早逝,年仅46岁。如果说第一次荆州之争落下的是圆满的帷幕,而鲁肃之死留下的却是深深的历史遗憾。

生与死,本是人类的自然规律。为什么鲁肃之死却留下了那么深的历史遗憾?没有能够立功疆场,再展雄风,遗憾一也;死后荆州风云再起,吴蜀两败俱伤,遗憾二也。

毫无疑问,鲁肃是以战略家、外交家的风采闪耀于历史的星空,即使是赤壁之战,也主要还是显示他的谋略。然而,"初出临淮"时表现出盖世的武功,"单刀赴会"时更表现出过人的胆略,又证明鲁肃也同样具有驰骋疆场的将才。

周瑜死后,鲁肃继任,统领周瑜兵马。当时周瑜兵马仅四千多人,但是鲁肃领兵以后,部队迅速扩展。《鲁肃传》说:"肃初住江陵,后下屯陆口,威恩大行,众增万余人,拜汉昌太守、偏将军。"鲁肃治军,既广施恩信,又军纪严明,所以在很短的时间内就能迅速将部队发展到一万多人,并因军功而升任汉昌太守、副将军。后来孙权评价鲁肃治军特点是:令行即止,不废人才,军纪严明,所以路不拾遗,军营整肃。

建安十九年初,曹操遣庐江太守朱光屯兵寿春,大开稻田,解决军粮,以便与孙权进行持久战。孙权采纳了吕蒙的建议,发兵攻打寿春,结果大获全胜,生擒太守朱光。鲁肃也参加了这次战役,由于史料缺少,我们不清楚他在战役中发挥了什么样的作用,《鲁肃传》也仅仅说:"从权破皖城,转横江将军。"然而,这次战役后,只有两人获得升迁,一是吕蒙,升任庐江太守;另一是鲁肃,由原来的副将升任正将。从结果看,鲁肃在这次战役中肯定立了军功。

因为天不假年,鲁肃治军时间较短,而且大多数时间都在荆州防线,孙刘联盟,西线无战事,只是在"单刀赴会"中小试了一下武将的锋芒,就遽然而逝了。不然鲁肃的将才与胆略,就不会完全埋进了历史的尘封。所以说,鲁肃的英年早逝,没有能够充分展示他的将才,留下了一段历史的遗憾。

鲁肃镇守荆州防线,虽然在关键时刻,维护东吴利益,寸土必争,但是其基本战略,仍然是兵锋直指北方。维护荆州安宁,坚持孙刘结盟,是基本外交政策。然而,吕蒙代鲁肃镇守陆口后,设计袭击关羽,虽然攻城略地,战功显赫,却导致了孙刘联盟的破裂,削弱了吴蜀的国力,加速了吴蜀衰亡。

鲁肃死后,吕蒙代领其职,屯兵陆口,与关羽相邻。开始,他还能奉行鲁肃生前定下的以和为本、安抚为上的外交策略,《三国志·吕蒙传》说:"及蒙代肃,初至陆口,外倍修恩厚,与羽结好。"但是吕蒙始终认为,关羽是骁雄之将,有兼并东吴之心,又屯兵长江上游,这种平静的形势必然难以持久。所以在鲁肃镇守荆州前线时,就曾秘密向孙权陈述夺取荆州之策,孙权虽然赞许吕蒙之计,却并没有付诸实施。可能还是受鲁肃结盟刘备、北拒曹操的外交战略的影响。

建安二十四年,即鲁肃死后的第三年,关羽水淹七军,生擒于禁,斩杀庞德,因此而威震华夏。恰在这时,历史又发生了一个戏剧性的小插曲,使吴蜀联盟出现了一个逆转。这一年,孙权派遣使者去荆州做媒,请关羽将女儿嫁入孙家做儿媳。或许这也是孙权借机试探关羽对待东吴的态度,可是刚愎自用、不可一世的关羽,不仅不许,反而破口大骂说:"貉子敢尔,如使樊城拔,吾不能灭汝邪!"(《三国志·关羽传》)女儿不嫁孙家也罢,怎能如此骂人! 看到关羽如此轻视自己,孙权当然万分愤怒,不过政治家总是表现出绅士的翩翩风度,孙权一边去信向关羽谢罪,一便派遣兵马偷袭荆州,终在临沮擒杀关羽父子。一句骂人之语,导致孙刘联盟的破裂,结果身死人手,一世英名,毁于一言。孔子说:"不可与言而与言之,失言。"真是明哲之言!

吴蜀第二次荆州之争,以东吴大获全胜而告终。自此以后,荆州六郡尽属于东吴。然而第二次荆州之争,不仅毁坏了吴蜀联盟的根基,更重要的是,使正在处于鼎盛时期的西蜀,逐步转向衰落,而西蜀的衰落又使曹操失去了一个强有力的对手,曹氏雄居中原已经是高枕无忧了。建安二十五年,曹操去世,曹丕就毫无顾忌的废汉自立,建立了魏朝。次年四月,刘备称帝后所做的第一件事就是讨伐东吴,为关羽复仇,爆发了著名的"猇亭之战"。吴以镇西将军陆逊为大都督率领五万人马迎击蜀军,火烧连营,蜀军大败,死者万数,军资尽丧,刘备夜走白帝城,章武三年病逝永安宫。此次战役,使蜀元气大伤,其后三年,西蜀都没有对外用兵。东吴虽获大胜,也损兵折将,削弱了与北方抗衡的有生力量。所以说,第二次荆州之争是三国历史上的另一个巨大转折点,对历史的影响绝不在赤壁之战下。

明代王夫之《读通鉴论》卷十评价这一段历史说:"鲁肃希望联合

刘备,北图中原,诸葛亮希望联合东吴,北拒曹操。周瑜、吕蒙乱了子敬的谋略,关羽、张飞毁了诸葛的策略。鲁肃之死,关羽之败,是曹操的大幸,却使先主刘备孤立无援了。"所以,王夫之深深地叹息道:"悲哀呀!"

吴蜀唇齿相依,唇亡而齿寒,削弱了西蜀,在深层上削弱了东吴。以曹操的雄才大略还不能制服孙刘,而后来西晋先灭蜀,后灭吴,原因虽然很多,而祸根却在第二次荆州之争时就已经埋下了。所以说,鲁肃之后荆州风云再起,吴蜀两败俱伤,是鲁肃逝世留下的另一段历史遗憾。

从文学向历史还原时,我们可以看出:鲁肃一生,合榻对饮,纵论天下,表现出战略家的眼光;出使荆州,结盟刘备,表现出外交家的风采;北拒曹操,风云荆州,又表现出军事家的胆略。所以史书上说:"周瑜之后,鲁肃为冠。"陈寿《三国志》评价说:"周瑜、鲁肃建独断之明,出众人之表,实奇才也。"毫无疑问,鲁肃是激荡的三国历史中的风云人物,他的辉煌人生永远镌刻在历史的画卷之中,亦如公瑾,他的英年早逝也给历史留下了难以弥补的缺憾!

[此文乃据安徽电视台《新安大讲堂》原稿压缩而成,部分内容刊载于《人民政协报·学术家园》,2008年12月8日、12月22日,2009年4月13日]

中编　文学

"以意逆志"说再考释

一、"以意逆志"说解读之歧义

"以意逆志"说是孟子著名的文学批评理论,然而历代学者从不同视角对这一理论加以阐释,歧义纷纭。其争论的焦点主要集中在对"意"的解读上,概括前贤时哲之说,大致可分为三类。

第一,以"意"为读者之意。

此说以汉赵岐为始作俑者。《万章上》:"故说诗者不以文害辞,不以辞害志。以意逆志,是为得之。"赵注曰:"文,诗之文章所引以兴事也。辞,诗人所歌咏之辞。志,诗人志所欲之事。意,学者之心意也。……人情不远,以己之意逆诗人之志,是为得其实矣。"① 所谓"以意逆志"即"以己之意"推求诗人之志。其后,宋朱熹曰:"言说诗之法,不可以一字而害一句之意,不可以一句而害设辞之志,当以己意迎取作者之志,乃可得之。"② 清焦循曰:"正惟有世可论,有人可求,故吾之意有所措,而彼之志有所通。"③ 所谓"学者之心意"、"己之意"、"吾之意"等,均是指读诗者之意。

时贤亦有同此论者,如顾颉刚《〈诗经〉在春秋战国间的地位》曰:"虽说用自己的意去'逆'诗人的志,但看得这事太便当了,做的时候太卤莽了,到底只会用自己的意去'乱断'诗人的志。"④ 语虽批评,却也说明:他认为"意"即为"自己的意"。张少康说得最为详切:"所以读诗不能'以文害辞,以辞害志',亦即不能以个别文字影响对原诗本意的认识,应当'以意逆志',即用自己对诗意的准确理解,去推求作者的本

---

① 赵岐注、孙奭疏:《孟子注疏》,北京大学出版社1999年版,第252页。
② 朱熹:《四书章句集注》,中华书局1983年版,第306页。
③ 焦循:《孟子正义》,载《诸子集成》(第二册),岳麓书社1996年版,第428页。
④ 顾颉刚:《古史辨》(第三册),上海古籍出版社1982年版,第262页。

意。""从孟子的思想体系及他说诗的状况看,这个'意'乃是指读者之意。"他列举孟子引《公刘》"公刘好货",《绵》"大王好色",《灵台》"与民偕乐",《閟宫》写周公之事为例,然后说:"这些充分说明孟子对《诗经》的理解大都不是以诗篇客观实际出发,而是从主观臆测出发,去理解诗人之志的。所以,他所说的'以意逆志'之意,乃是读诗人之意,这是很清楚的。"① 其实,细究顾、张之说,与赵岐观点尚有细微差异。赵岐强调"人情不远"亦即人之情有内在相通之处,故可"以己之意逆诗人之志"。而顾、张将赵岐观点绝对化,突出其主观臆测的一面,使"以意逆志"说失去了其科学合理性。

其他立论类似者尚有:邹然"而'意'之为释,赵岐得之矣";王志明"指以'学者之心意'推求文本之'志'";陈桐生"读者要以己之意推测诗人之志";孔慧云"说《诗》者以己之意去探询作者之志";吴瑞霞"解诗人应以己之'意'去逆取、遇合作品之志";王硕民"从全诗出发,以己意推出诗的本旨"② 等等。

第二,以"意"为作品之意。

这一观点起源较迟,清姚际恒曰:"说者咸谓孟子之释《北山》必另有所本,余谓非也,此亦寻绎诗意而得之。不然,胡为有'以意逆志,是为得之'之训乎?"③ 清吴淇《六朝选诗定论缘起》曰:"诗有内有外。显于外者曰文曰辞,蕴乎内者曰志曰意。……故以古人之意求古人之志,乃就诗论诗,犹之以人治人也。"④ 姚之所谓"寻绎诗意"就是寻求诗的原意,而吴之所谓"古人之意"亦是指定格于诗中的作者之意,与姚说表述不同,本质则一。

今人赞同其说有,敏泽《中国文学理论批评史》说:"后一种(指吴淇、王国维)理解更切合实际,也更符合孟子的原意。因为'说诗者'评论任何作品虽然不能不表现自己的意志和观点,但总不应以己之

① 张少康:《中国文学理论批评发展史》,北京大学出版社1995年版,第43、46页。

② 分别见邹然:《孟荀〈诗〉说平议》,《江西师范大学学报》(哲学社会科学版)1998年第2期;王志明:《"诗言志"、"以意逆志"说和接受理论》,《文艺理论研究》1994年第2期;陈桐生:《孟子是西汉今文经学的先驱》,《汕头大学学报》(人文科学版)2000年第2期;孔慧云:《孟子"以意逆志"说〈诗〉方法之辨正》,《济南大学学报》(综合版)1996年第4期;吴瑞霞:《"以意逆志"与"知人论世"——孟子文学批评方法试析》,《湖北师范学院学报》(哲学社会科学版)1999年第2期;王硕民:《试析〈诗〉旨歧义现象产生的原因》,《安徽师范大学学报》(哲学社会科学版)1998年第4期。

③ 姚际恒:《诗经通论》,中华书局1958年版,第8页。

④ 郭绍虞主编:《中国历代文论选》(第一册),上海古籍出版社1979年版,第36—37页。

意,而应以作品的表现的实际为依据。"① 其后在其主编《中国文学思想史》则明确指出"意"为"作品的整体旨意"②。翟廷晋解释为:"意,指作者表达的心意;志,指作者表达心意的动机、意图。"③ 文少雄说:"'意'应该是作品的思想内容;'志'应该是作者的思想感情。"④

第三,以"意"为"作品之意"与"读者之意"的统一。

这一观点起源于清王国维《玉溪生诗年谱会笺序》,曰:"顾逆意在我,志在古人,果何修而能使我之所意,不失古人之志乎?此之术,孟子亦言之曰:'诵其诗,读其书,不知其人可乎?是以论其世也。'是故由其世以知其人由其人以逆其志,则古诗虽有不能解者寡矣。"⑤ "我之所意"即我所意会的作品之意。既包含读者的主观之意,也包含作品的客观之意。仅此而言,敏泽对王国维观点的理解并不准确。

最早接受这一观点的是郭绍虞。其《中国文学批评史》说:"以意逆志的方法,是由主观的体会,直探到了诗人的心志里。"⑥ 上世纪90年代后,赞成这一观点的学者颇多,如顾易生、蒋凡《先秦两汉文学批评史》说:"然而,评说诗歌,自应首先探索作家作品的志意,也总受到评说者本人立场观点方法的制约,因而往往是作家作品之意与评者自己之意的结合。"⑦ 又王以宪说:"用自己的切身体会去推测作者的本意。"陈志椿认为:"'以意逆志'的'意',只能是读者的欣赏意识与作品中相应的'内在意义'的统一的产物,也就是经过审美对象化的'意'。"蔡振雄说:"孟子的'以意逆志'按今天的理解指的应该是透过言辞从作品的言外之意去领悟作者在作品中所表达的心灵世界,以自己的心意去体会诗人的心,这包括对作品'神''味'的体会,而并非仅仅从作品的基本意思去体会作品的思想含意。"⑧ 上述引文只有蔡振雄的观点理解起来颇费周折。他以"自己的心意"解"意",然而这里所说"自

① 敏泽:《中国文学理论批评史》,人民文学出版社1981年版,第36页。

② 敏泽主编:《中国文学思想史》,湖南教育出版社2004年版,第63页。

③ 翟廷晋:《孟子思想评析与探源》,上海社会科学出版社1992年版,第278页。

④ 文少雄:《浅谈"以意逆志说"蕴含的现代文艺理论观》,《湖北广播电视大学学报》2003年第3期。

⑤ 郭绍虞主编:《中国历代文论选》(第一册),上海古籍出版社1979年版,第38页。

⑥ 郭绍虞:《中国文学批评史》,百花文艺出版社1993年版,第23页。

⑦ 顾易生、蒋凡:《先秦两汉文学批评史》,上海古籍出版社1990年版,第117页。

⑧ 分别见王以宪:《"诗言志"新论》,《江西师范大学学报》1995年第4期;陈志椿:《"以意逆志"辨》,《杭州大学学报》(哲学社会科学版)1996年第2期;蔡振雄《说"以意逆志"》:《韩山师范学院学报》1999年第4期。

己的心意"又是"透过言辞从作品的言外之意去领悟作者在作品中所表达的心灵世界",显然与本文所引的第一类观点有别。因为"作品的言外之意",既是语言意象的附加义,亦是诗的本义与读者阐释义的结合,其中必然是读者主观之意与作品客观之意的统一。

此外,还有学者认为"意"是动词。周裕锴说:"'以意逆志'之'意'字,似可据段玉裁的说法训为'测度'。……'逆'字,除了据《说文》训为'迎'外,还可从《玉篇》训为'度',或从《周礼》郑玄注训为'钩考'。"邓新华说:"'以意逆志'中的'意'不应该作为名词训为志意,而应该作为动词理解为意度、揣测和体悟,'以意逆志'就是指接受者和阐释者用推想、推理、玩味、体悟的方法来获取诗人的创作旨趣。"①

从上可见,"以意逆志"之"意"的解读,宋前基本认为是指"读者之意",清以降则认为是指"作品之意",自王国维始又多认为是"作品之意"与"读者之意"的融合。今人多袭旧说。其分歧之大,在古代文学批评理论的阐释上是不多见的。为何如此歧异纷呈?究竟应作何解释?下文依次论述。必须说明的是,周裕锴、邓新华解释虽然新颖,却不符合古代汉语的语法规则,故置之勿论。

二、《孟子》引诗:解诗与用诗的分化融合

孟子引《诗》凡31篇,39次。其中"风"6篇,6次;"小雅"8篇,10次;"大雅"15篇,20次;"颂"2篇,3次。仔细研究孟子引诗,既有解诗和用诗的分化,也有解诗与用诗的融合。解诗或曰说诗主要是探求文本的作者之意,用诗主要赋诗以言引诗者(读者)之志,而解诗与用诗融合其表层是以诗阐明引诗者之意,其深层又包含着对文本的心理解读过程。后人从孟子引诗的不同角度解读"以意逆志"说,因此造成阐释的歧异。

第一,探求本义——解诗。

《孟子》有少数引诗,是回答他人对诗意理解的疑惑,纠正他人对诗义的曲解,或是阐释诗的情感。这类解诗,有由阐释词义进而探求诗旨。有透过诗的艺术表达而探求诗旨,也有由诗旨阐释诗的情感成

---

① 分别见周裕锴:《"以意逆志"新释》,《文艺理论研究》2002年第4期;邓新华:《"以意逆志"论——中国传统文学释义方式的现代审视》,《北京大学学报》(哲学社会科学版)2002年第4期。

因。从这一角度解读"以意逆志"之"意"即为"作品之意"。

由阐释词义而直探诗义。如《离娄上》："《诗》曰：天之方蹶，无然泄泄。泄泄，犹沓沓也。事君无义，进退无礼，言则非先王之道者，犹沓沓也。"诗为《大雅·板》之篇。毛传："泄泄，犹沓沓也。"郑玄笺："王方欲艰难天下之民，又方变更先王之道，臣乎……无沓沓然为之制法度，达其意，以成其恶。"①《孟子注疏》："言天方动，汝无然沓沓，但为非义非礼，背先王之道而不相匡正也。"② 孟子先解"泄泄"之词，然后释其诗旨。

透过诗歌艺术表达而直探诗旨。如《万章上》："咸丘蒙曰：'舜之不臣尧，则吾既得闻命矣。《诗》云：普天之下，莫非王土；率土之滨，莫非王臣。而舜既为天子矣，敢问瞽瞍之非臣，如何？'曰：'是诗也，非是之谓也；劳于王事而不得养父母也。'曰：'此莫非王事，我独贤劳也'。……《云汉》之诗曰：周余黎民，靡有孑遗。信斯言也，是周无遗民也。"前诗出《小雅·北山》。孟子认为"普天"四句并非写实，而是因为诗人面对"大夫不均，我从事独贤"，而抱怨大夫分配徭役，苦劳不均，表达"劳于王事而不得养父母"的忧虑。孟子解释与后来《诗序》所云"大夫刺幽王也。役使不均，己劳于从事，而不养其父母焉"③ 是一致的。而他对诗句的解读，不局限于一辞一句，能够从诗整体意旨出发，并顾及诗的夸饰手法，探求作者寄寓在诗中的情志。所以他又引《云汉》"周余黎民，靡有孑遗"，说明"说诗者，不以文害辞，不以辞害志。以意逆志，是为得之"的重要性，如果以文害辞，以辞害志则会闹出"周无遗民"的笑话。

由诗旨阐释诗之情感成因。如《告子下》："公孙丑问曰：'高子问曰：《小弁》，小人之诗也。'孟子曰：'何以言之？曰：'怨。'曰：'……《小弁》之怨，亲亲也。亲亲，仁也。固矣夫，高叟之为诗也。'曰：'《凯风》何以不怨？'曰：'《凯风》，亲之过小也。《小弁》，亲之过大者也。亲之过大而不怨，是愈疏也。亲之过小而怨，是不可矶也。愈疏，不孝也。不可矶，亦不孝也。'"孟子批评高叟因《小弁》之怨而断为"小人之诗"的解诗之误。指出《邶风·凯风》所以无怨，是因为"亲之过小"，《小雅·小

---

① 孔颖达：《毛诗正义》，北京大学出版社1999年版，第1145页。

② 赵岐注、孙奭疏：《孟子注疏》，北京大学出版社1999年版，第186页。

③ 孔颖达：《毛诗正义》，北京大学出版社1999年版，第796页。

弁》所以怨,是因为"亲之过大"。"亲之过小而怨"是情绪偏激,为不孝;"亲之过大而不怨"是情感疏远,亦为不孝。可见,孟子论《小弁》、《凯风》所表达的情感特征,完全是由诗旨出发,而非主观臆断。

这类解诗,以探求诗的本义为旨归,从阐释的角度看,是从作者凝定在文本中的本义进而探求作者之情志,以此为例释"以意逆志"之"意",则可解为"作者之意"。

第二,赋诗言志——用诗。

春秋以降,赋诗言志成为时代风气,《左传》所记比比皆是。《孟子》引诗也常是赋诗言志。这类引诗,或取诗字面义,或取诗比喻义,或取诗引申义。所引之诗只是引诗者思想的语言载体,一般与诗的本义无关或关联不紧。以这一视角解读"以意逆志"之"意"是引诗者之意即"读者之意"。

取诗字面义。如《公孙丑上》:"以德服人者,中心悦而诚服也,如七十子之服孔子也。《诗》云:'自西自东,自南自北,无思不服。'此之谓也。……今国家闲暇,及是时,般乐怠敖,是自求祸也。祸福无不自己求者。《诗》云:'永言配命,自求多福。'"前诗出《大雅·文王有声》。原诗"言从四方来者,无思不服武王之德,此亦心服之谓也。"[1] 后诗为《大雅·文王》之篇。原诗谓"长我周家之命,配当善道,皆内自求责,故有多福也。"[2] 孟子所引,只是取诗的字面义,前者说明以德服人,天下皆服;后者说明尊贤贵德,国家多福。与原诗歌颂武王、文王之意基本无关。

取诗比喻义。如《滕文公上》:"今也南蛮𫙡舌之人非先王之道,子倍子之师而学之,亦异于曾子矣。吾闻'出于幽谷、迁于乔木'者,未闻下乔木而入于幽谷者。"原诗出《小雅·伐木》,以"出自幽谷,迁于乔木",比喻"君子虽迁于高位,不可以忘其朋友"[3]。而孟子则以此说明:"今此许行乃南楚蛮夷,其舌之恶如𫙡鸟耳。……托于大古,非先圣王尧舜之道,不务仁义,而欲使君臣并耕,伤害道德,恶如𫙡舌,与曾子之心亦异远也。人当出深谷,止乔木。今子反下乔木,入于深谷。"这是以诗为喻,批评许行倒退的社会历史观,与原诗"嘤其鸣矣,求其

---

① 赵岐注、孙奭疏:《孟子注疏》,北京大学出版社1999年版,第87—88页。
② 赵岐注、孙奭疏:《孟子注疏》,北京大学出版社1999年版,第88页。
③ 孔颖达:《毛诗正义》,北京大学出版社1999年版,第577页。

友声"毫无关联。

取诗引申义。孟子引诗也常从儒家思想出发,在诗本义的基础上加以引申。如《告子上》:"欲贵者,人之同心也。人人有贵于己者,弗思耳矣。人之所贵者,非良贵也。赵孟之所贵,赵孟能贱之。《诗》云:'既醉以酒,既饱以德。'言饱乎仁义也,所以不愿人之膏粱之味也;令闻广誉施于身,所以不愿人之文绣也。"引诗出《大雅·既醉》,原为祭祀之辞。毛传:"醉酒饱德,人有士君子之行焉。"孔颖达疏:"言成王既醉之酒矣,又未祭惠施先后归俎之事,差次二者之德,志意充满,又是既饱以德矣。"[1] 本是歌颂成王君子的德行,而孟子将其阐释为"饱仁义之身,身之贵者也"[2]。显然,孟子的阐释虽从诗意出发,却又打上自己思想的烙印。

这类用诗,其旨归并不在于阐释诗的意蕴,而是借引诗以阐述已意。若以此为例解读"以意逆志"之"意"即为读者之意。

第三,取诗的本义以说理——用诗与解诗的融合。

孔慧云说:"(孟子)'以诗为史'的用《诗》,首先要经过一个'以意逆志'的说《诗》过程,然后才是用《诗》。当然,这一过程并不体现在用《诗》的行文中。"[3] 孟子有大量的引诗或"以诗为史",或以诗证史。这类引诗既取诗的本义,又为自己的说理服务,因此既是一个用诗的过程,也隐含一个心理解诗的过程。这种"解诗"与"用诗"的融合,使"以意逆志"之"意"又可以理解为"作者之意"与"读者之意"的融合。

以诗为史。如《梁惠王下》:"王曰:'寡人有疾,寡人好货。'对曰:'昔者公刘好货,《诗》云:乃积乃仓,乃裹食粮,于橐于囊,思戢用光。弓矢斯张,干戈戚扬,爰方启行。故居者有积仓,行者有裹囊也,然后可以爰方启行。王如好货,与百姓同之,于王何有?'王曰:'寡人有疾,寡人好色。'对曰:'昔者大王好色,爰厥妃。《诗》云:古公亶父,来朝走马。率西水浒,至于岐下。爰及姜女,聿来胥宇。当是时也,内无怨女,外无旷夫。王如好色,与百姓同之,于王何有?'"上诗出《大雅·公刘》,下诗出自《大雅·绵》。孟子引其二诗为史证,说明历史上公刘好财物,古公亶父好女色,然均能与"百姓同之",故都是施行仁政的一代

---

① 孔颖达:《毛诗正义》,北京大学出版社1999年版,第1089—1090页。

② 赵岐注、孙奭疏:《孟子注疏》,北京大学出版社1999年版,第316页。

③ 孔慧云:《孟子"以意逆志"说〈诗〉方法之辨证》,《济南大学学报》(综合版)1996年第4期。

贤明君王。

以诗证史。如《梁惠王上》："《诗》云：'经始灵台，经之营之。庶民攻之，不日成之。经始勿亟，庶民子来。王在灵囿，麀鹿攸伏。麀鹿濯濯，白鸟翯翯。王在灵沼，于牣鱼跃。'文王以民力为台为沼，而民欢乐之，谓其台曰灵台，谓其沼曰灵沼，乐其有麋鹿鱼鳖。"孟子引《大雅·灵台》以证历史上"文王虽以民力筑台凿池，民由欢乐之，谓其台、沼若神灵之所为，欲使其多禽兽以养文王者也。"①

孟子引诗，无论是以诗为史，还是以诗史互证，都为其说理服务。而且这种引诗在《孟子》一书占有绝对多数，细察之，所用来说理的引诗基本与诗本义相合，所以引诗所包含的意义，既是作者之意，又是读者之意。只不过对作者之意的解读过程，隐含在引诗者的心理之中，而没有呈现于文本。

由此可见，孟子引诗的情况非常复杂，有解诗，有用诗，也有解诗与用诗的融合，因此而导致后人阐释"以意逆志"之"意"，或认为作者之意，或认为读者之意，或认为是作者之意与读者之意的融合，而且每一种阐释都可以从《孟子》一书中找到例证，从而造成聚讼纷纭的局面。

三、孟子文学思想：直觉与理性并存

由上论述可知，导致"以意逆志"说阐释上的歧，缘于孟子解诗与用诗的分化和融合，而这种分化与融合又和孟子文学思想的复杂性密切相关。

孟子时代，文、史、哲浑融一起，文学还没有进入一个理性自觉时代。然而孟子深刻的文学修养和丰富的文学实践，使其对文学具有敏锐的直觉穿透力；而其深厚的学术修养和较高的思辨水平，又使孟子文学理论包含着许多理性因素。直觉与理性并存是孟子文学思想的基本特征。这一点在上文所引的《万章上》中表现得十分明显。"故说诗者，不以文害辞，不以辞害志。以意逆志，是为得之。"一方面，敏锐的文学直觉使他意识到文与辞、辞与志两组关系之间存在着表达手段

---

① 赵岐注、孙奭疏：《孟子注疏》，北京大学出版社1999年版，第6页。

与表达意旨的空间距离,因此他强调"说诗"时"不以文害辞,不以辞害志",必须上升到理性的层面,努力探求文学修饰与语辞背后的作家思想情感,弥合这种空间距离;另一方面,他又并不清楚读者之"意"与文本之"意",文本已表达之"意"与作者欲表达之"志",同样存在着接受与表达的空间距离。因此,他的"以意逆志"说留下了一个模糊的理论空间,从而造成理解歧异。

综合考察,孟子的"知言"、"难言"说,"知人论世"说,既与"以意逆志"说构成理论体系上的内在逻辑联系,也同样表现了孟子文学思想直觉与理性并存的特点。

先论"知言"、"难言"说。《公孙丑上》:"问曰:'敢问夫子恶乎长?'曰:'我知言,我善养吾浩然之气。''敢问何谓浩然之气?'曰:'难言也。其为气也,至大至刚,以直养而无害,则塞于天地之间……。''何谓知言?'曰:'诐辞知其所蔽,淫辞知其所陷,邪辞知其所离,遁辞知其所穷。'"所谓"知言",即"我闻人言,能知其情所趋"①。朱熹曰:"知其言,尽心知性,于凡天下之言,无不以穷极其理,而识其是非得失之所以然也。"②亦即"我"以说者的"言"为物质中介,逆求其所要表达的思想情感。因为言生于心,又可穷极其理,故察言而知其心,而识其是非得失,因此孟子说由"诐辞知其所蔽"云云。可见孟子对"知言"的认识有一个内在的因果推理过程,已上升到理性的层面。所谓"难言",与庄子所言之"意有所随者,不可以言传也"(《庄子·天道》)意近。赵岐曰:"言此至大至刚正直之气也。然而贯洞纤微,洽于神明,故言之难也。"焦循疏:"'贯洞纤微,洽于神明。'谓其微而未著,虚而未彰,故难于言也。"③虽然孟子的"难言"说立论并不在文学批评,然而客观上却揭示了一个重要事实:文辞也难以表达"贯洞纤微,洽于神明"的内在思想意识。这说明孟子在语言运用中已直觉意识到文本语言与作者之志存在一定的空间距离。然而,孟子对"难言"的原因并无阐释,也缺乏如"知言"那样内在的因果推理,因此仅停留在直觉层面上。

再论"知人论世"说。《万章下》:"以友天下之善士为未足,又尚论古之人。颂其诗,读其书,不知其人可乎?是以论其世也。"赵岐注:

① 赵岐注、孙奭疏:《孟子注疏》,北京大学出版社1999年版,第75页。
② 朱熹:《四书章句集注》,中华书局1983年版,第231页。
③ 焦循:《孟子正义》,载《诸子集成》第二册,岳麓书社1996年版,第135页。

"读其书,犹恐未知古人高下,故论其世以别之也。"焦循疏曰:"故必颂其诗,读其书而论其世,乃可以今世而知古人之善也。……抽绎其义蕴,至于无穷,是之谓读。……古人各生一时,则其言各有所当。惟论其世,乃不执泥于言,亦不鄙弃其言,斯为能上友古人。"① 朱熹曰:"论其世,论其当世行事之迹也。言既观其言,而不可以不知其为人之实,是以又考其行也。"② 孟子立论也不在文学批评,但强调读其书,颂其诗,必须知其人,论其世,则揭示了一个深刻文学批评原则。要真正"以意逆志",必须"论其世"以明"当世行事之迹";"考起行"以"知其为人之实";"颂其诗"以"抽绎其意蕴";"不执泥于言,亦不鄙弃其言",才可以"知古人之善也"。由此可见,孟子已意识到文本所表达之意与作家所欲表达之志也存在着一定空间距离,虽未展开阐释,仍停留在直觉层面上,然而由颂其诗到知其人、再到论其世的接受上的逆向推理,实际上又是建立在由其世到其人、再到其诗的表达上的顺向推理基础之上,就这一点而言,孟子之论又有很强的理性思辨色彩。

概括言之,"知言"和"难言"构成一种对立互补的关系,"知言"揭示了辞与志的统一性,"难言"揭示了辞与志的差异性,而二者恰恰从不同角度打开了认识语言与情志复杂关系的完整视窗。"知人论世"与"以意逆志"也构成一种对立互补的关系,"知人论世"揭示了文本之意与作者之志的差异性,"以意逆志"揭示了读者意会的文本之意与文本表达的作者之志的一致性,二者融合则较全面地揭示了读者、文本、作者三者之间表达与接受的复杂关系。而"知言"、"难言"和"知人论世"又均是从不同角度对"以意逆志"说的补充。从思维品质看,因为"知言"、"知人论世"均有因果推理式的阐述,属于理性思维型;"难言"、"以意逆志"则均是点到即止而无因果推理,属于直觉思维型。也正是因为直觉思维型缺乏因果推理,留下了模糊的理论阐释空间,尤其是"以意逆志"之"意"的行为主体的不确定性,非常易于导致阐释上的歧异。

而直觉与理性并存也使孟子引诗既有超出时代的文学自觉的萌芽,也带有那个时代的文史哲混沌一体的特征。

---

① 焦循:《孟子正义》,《诸子集成》(第二册),岳麓书社1996年版,第484—485页。
② 朱熹:《四书章句集注》,中华书局1983年版,第324页。

四、"以意逆志"：阅读过程的抽象描述

通过以上分析,可以看出,孟子引诗既表现出解诗与用诗的分化,又更多地表现出解诗与用诗的融合。而以"以意逆志"说为核心的说诗原则,既包含着文学思想的理性自觉,也包含着文学思想的感性直觉。

如上所述,孟子并没有清晰地认识到"以意逆志"之"意"的具体主体指向,至少在他的文章中我们无法清晰地看出。而这一朦胧的理论表述,也表现在孟子用诗与解诗的分化与融合的引诗实践之中。因此,我们对这一文学理论的阐释也不能脱离孟子用诗与解诗的实践。如果偏执一隅,胶柱鼓瑟,将其解释为"读者之意","作品之意",或为"读者之意"与"作品之意"的融合,都可能有失偏颇。

如果综合考察孟子的文学思想与引诗实践,我们认为,"以意逆志"抽象描述的是一种文本阅读过程,而不是文本阅读结果,强调由读者意会的文本之"意"向文本表达的作者之"志"的回归。

从今天的眼光看,孟子所抽象描述的阅读过程可以简单表述为:读者→文本→作者。这个简单图式所包含的读者、文本、作者三大要素之间,并非一种简单的线型关系,而是一种三维互动的关系。

第一,从读者与文本的角度说,由于受主体审美修养、文化理念、理论预设等因素的影响,阅读的过程可能出现两种结果:一是在阅读中读者所追求理解的"意",可能是对作品之意的一种误读,此时的"意",仅仅是读者之意;二是在阅读中读者所追求理解的"意",可能与作品之意契合,此时的"意",也就是作品之意。但是,即使是读者的误读,也仍然由文本引发,必然与文本有某种形式的关联,否则,"赋诗"也无法"言志",用诗也无法说明引诗者要阐释的意旨。即使是读者之意与作品之意的契合,由于文本语境的缺失,附加义的增殖与细微变化,后人读诗,即使是知其人,论其世,无论如何也都无法回复到文本所表达的原生态意义中去,所谓的"契合"也只是后人所理解的"契合",而非绝对意义上的契合。因此,在这种情况下,"以意逆志"之"意",无论是解释为读者之意,或是解释为作品之意,都无法自圆其说。

第二,从文本与作者的角度说,固然文本是作者之志的载体与表现,但是从作者之志到文本之意的过程,必须借助语言来完成,而语言表达作者之志,既有耗散的功能,也有扩张的功能,这也可能出现两种结果:一是语言的耗散功能,决定了运用语言无法完整地表达作者之志。在具体创作过程中,作者之志蕴涵在运动着的具体事物表象之中,而语言不像绘画,没有具体的线条、色彩、构图等,语言是抽象的概念,表达具体事物表象时具有限定性,因此表达作者之志的过程,也是一个信息耗散的过程。正是在这个意义,陆机《文赋》才提出"文不逮意,意不称物"。二是语言的扩张功能,决定了语言又可能超越地表达作者之志。语言是构成文本的最本质的物质载体,而文本又是表现作者之志的载体,但是,文本一旦离开了作者之后,就成为一个独立的物质存在,文本语言的多义性,文本意象的复杂性,文本意蕴的多重性,文本文化的集体无意识性等等,它或可能彰显作者的潜意识,或可能扩展了作者的某一点意识,或可能产生语言意象在文化积淀中所带有的某种附加的思想意识等等,所以谭献在《复堂词话》中说:"作者之用心未必然,而读者之用心何必不然。"这也是以前常说的"形象大于思维"理论存在的基点。因此,在这一点上说,"以意逆志"之"意",无论解释为是作品之意,或是解释为作者之意,也不能自圆其说。

第三,从读者与作者的角度说,固然读者通过对文本"披文见情"的过程,扪及作者的心动,在共鸣的基础上,进入"知音"的境界,但是由于读者对作者之志的体验以文本为媒介,这就使得从读者之意到作者之志可能要经过两次偏离:一次是读者对文本接受的偏离——不同程度的文本误读的可能;一次是文本对作者表达的偏离——语言的耗散与扩张的存在。经过了两次偏离之后,可能出现两种结果:一是读者所意会之意与文本所表达之意存在着某种程度的距离。二是文本表达之意与作者欲表达之志存在着某种程度的距离。这两个方面在上文都有所论述。从读者之意到作者之志的两次偏离,说明读者之意与作者之志,从绝对意义上说,存在着永恒的极差。从这一点上说,"以意逆志"之"意",无论是解释为读者之意,或是解释为作者之意,也难以自圆其说。

从读者之意到作者之志的过程,用现代理论的术语说,是一个文学接受的过程。"具体言之,文学接受是一种以读者为主体,以文学本文为对象，以把握本文的深层意蕴为旨归的阅读和再创造活动。所谓再创造活动，是指读者在审美经验的基础上对作品的形象、意义、意蕴等所进行的复活、填空、理解与选择、接纳和扬弃。"① 因此，"以意逆志"的过程，可以用图示法简单描述如下：

过程 I   过程 II

读者意会之"意"———→文本呈现之"意"———→作者表达之"志"

"以意逆志"实际上包含两个过程：第一，以意逆意的过程，即由读者的情绪化体验到对文本意象的意义判断的过程。在这一过程中，读者所意会的"意"，既是主观的，即主体情绪化的体验；也有客观的，即文本意象化的意义。第二，以意逆志的过程，即由读者对文本意象的意义判断到对作者所表达之志的判断过程。在这一过程中，读者所判断的作者之志，也是既有主观的，主体的思维视角决定对作者之志判断的取向；也有客观的，文本的意义呈现决定主体对作者之志判断的内容。

因此，"以意逆志"，既是由读者之意向文本之意的回归，也是由读者之志向作者之志的回归。亦即"意"既包含读者之意，也包含文本之意；"志"既包含读者之志，也包含作者之志，只不过读者的"意"与"志"渐渐地隐蔽到文本阐释的背后。

以意逆志的过程，用现象学美学的术语，是经过了一个"具体化"与"重建"过程。因为"文学作品的有限词句不能再现真实客体的一切方面，不能表明所再现的客体的所以确定性质。作品总是图式化地呈现客体的某些方面，某些特质。而那些未呈现的方面就构成了再现客体的'不定点'或曰'空白'。作品的不定点必须依赖于读者具体的审美体验，在阅读过程中的'具体化'与'重建'。"② 只有读者在阅读中完成"具体化"与"重建"的过程，完成由读者意会的文本之"意"向文本表达的作者之"志"的回归，才达到以意逆志的境界。

[原载《古代文学理论研究》第 24 辑，与陈先涛合作]

---

① 陈文忠主编：《文学理论》，安徽大学出版社 2002 年版，第 223 页。
② 刘运好：《文学鉴赏与批评论》（第二版），安徽大学出版社 2004 年，第 301 页。

论魏晋士风与诗风的嬗变趋向

如果将魏晋士风作为一个整体来考察,那么它与汉唐士风所表现出的整体特征是大不相同的。本文在概括魏晋士风整体特征的基础上,着重论述魏晋士风对诗风影响的逻辑中介,以及魏晋诗风的基本特点及其发展嬗变。

———

士林的主体化是魏晋士风的整体特征。所谓士林的主体化有两个方面的内涵:就构成士林阶层的个人而言,必须摆脱强烈的、盲目的依附意识,以自我认同的思想与行为为准则,一切外在的思想与行为必须经过自我的过滤、扬弃,且同化于自我认知。就士林群体而言,必须从强大的王权吸引力中自觉地游离出来,使士林阶层作为独立的社会群体而活跃于社会舞台。其核心是士林的主体意识,以及由此而衍生的自由思想、人格精神与生命本体意识。

魏晋士林的主体化,从整体上考察,主要表现在三个方面:自由精神的追求,自我实现与人格独立,强烈的生命本体意识。

自由精神的追求在玄学层面表现得尤为明显。如果从影响士风的角度看,魏晋玄学虽然源于现实,却又表现了魏晋士人超越现实、追求自由的精神。玄学源于老庄对“道”探求的一种“行而上”(Meta-physics)的哲学。玄学的本质是一种超验的、抽象的思辨哲学;玄学的内容,一是与秦汉宇宙生成论相对的本体论哲学;二是关于自我与主体意识的哲学。玄学的这两点对魏晋文士产生了两方面的影响:一方面,超验的抽象的思辨使之超越喧嚣现实的困扰而进入思想自由;另一方面,自我与主体意识的产生,进一步打碎了秦汉以皇权为核心的帝国文化模式的桎梏,获得主体精神的自由。

魏晋玄学有一个生成、发展的过程,对士风的影响也有一个不断变化的过程。由曹操"循名责实,因材授任"的刑名学,到刘劭《人物志》对人物情性的论述,导致了玄学才性论的产生。由王粲"校练名理",到傅嘏、荀粲论虚胜、玄远,直接地导致了玄学哲学的诞生。可见,玄学的生成是以现实为起点,以超越现实为终点。玄学哲学产生之后也有一个自身的发展过程,因此对现实超越的本质与形态也有不同。正始王弼、何晏的"名教生于自然",认为精神的超越存在于现实之中;竹林阮籍、嵇康的"越名教而任自然",完全以追求精神自由超越现实;元康裴頠的"自生而必体有"(崇有论),郭象的"名教自然合一"(独化论),将精神的超越与现实的存在合而为一;东晋张湛"群有以至虚为宗",道安"无在万化之先",则又完全强调精神超越。其基本线索是:在精神超越中回归现实(王、何)—再超越现实(阮、嵇)—在精神超越中再回归现实(裴、郭)—再超越现实(张、道),呈现出二元交错式发展的特点。在这种二元交错式的发展中,正体现了一种魏晋士人挣脱现实羁缚的企望,对精神与思想自由的追求。魏晋士风的嬗变无疑与魏晋玄学发展有丝缕不断的联系。此外,魏晋士人行为上的潇洒通脱,任诞逍遥,越名任心,正是追求精神自由的外在表现。

魏晋士人追求自我实现与人格自由,主要表现在自我与社会的关系上。在人格方面,各个时期的人格理想并不相同。建安时期追求积极入世的儒法融合的人格,正始时期追求超越尘世的道家本体人格,太康时期追求儒道兼综的人格,元康时期追求虚无放诞的原始人格,江左以后追求闲适潇散的融合佛道的和谐人格。

建安士人适逢天下板荡,面对现实,他们以社会精英自视,以拯救天下为己任。时代的使命感,历史的责任感,使他们的身上透出浓厚的先秦式儒法融合的人格精神。正始以后,曹魏与司马氏集团倾轧激烈,血雨腥风的现实使文士产生惶恐颤栗的生存忧虑。他们既无法与强权政治抗衡,又不愿投靠司马氏集团,只有在越名任心的幌子下寻求一种心灵的自由与人格的独立。入晋后随中央集权政治的建立,文人的生存空间已无法选择,士人一方面以道家思想息心持性;另一方面统治者崇儒复古,又使他们不得不以儒入世。于是,以儒入世,以道立身,成为大部分文士的基本人格理想。但是,西晋文士的入世,缺乏建安文士的使命感和责任感,融入了世俗的实现自我的价值标准;出世,又消解了正始文士的社会反抗精神,表现出一种汉儒式的独善精神。元康时期王室内讧,儒道的人格理想都已完全崩溃。士人既不愿泯灭于芸芸众生之中,又无法摆脱世俗的诱惑而退归山林,只有以虚无放诞的极端方式,纵恣原始人性的野性。江左以后,一方面因西晋覆亡,引起有识之士沉重的历史反思,猛烈抨击虚无放诞之风;另一方面又因佛教鼎盛,玄学在佛理的浸染下已转化为心灵内省的形式。于是大多数名士在自然中寻求闲适潇散的和谐人格。以王、谢为代表的世族名士较为典型。

从总的趋向看,魏晋的人格理想是由儒法的入世向佛道的出世转变,由关注社会向关注自我蜕化。其心态也画出了充满激情——愤世嫉俗——俯仰尘世——纵性适意——闲淡内省的轨迹。在自我实现方面,由追求社会理想,到游离社会理想,再到寻求一己之利,最后退归染有佛理的自然而获得心灵宁静。追求自我实现与人格自由的过程恰恰是生命终极价值渐趋失落的过程。其中只有过江前期的士族有所例外。

魏晋士人强烈的生命本体意识主要表现在自我行为上。建安文士的生命意识表现在两个方面:一是以拯救天下为己任的时代意识;一是通脱潇洒的生活作风。虽然建安文士的时代感、责任感所显现的是对先秦士人之主体精神的回归,但是又注入了强烈的生命本体意识。他们面对"白骨露于野,千里无鸡鸣"的现实,那种源诸心底的生命意识,使之推己及人,渴望澄清天下,救民于倒悬。建安诗歌凄怆悲凉的风骨正是以强烈的生命意识为底蕴。而这种生命意识在文士的通脱潇洒的行为上表现得尤为鲜明。曹操才纬天地,却也享乐人生。生命苦短的悲叹,既有金石之功的渴望,也有对生活享乐的留恋。曹丕《大墙上蒿行》毫不掩饰追求人生的享乐,曹植初见邯郸淳时的行为所表现的对丰富生活内容的欣赏,陈琳、阮瑀、王粲、应场对情欲的首肯①,都流露出浓烈的生命意识。在生命(生活)情调、生命终极价值两个方面,建安文人显现出对生命本体的关注。正始时期由于时代的变化,士人由对生命终极价值的关注而转入对生命存在的思考。他们

---

① 罗宗强先生说:"陈琳和阮瑀都有《止欲赋》,王粲有《闲邪赋》,应场有《正情赋》,均写有美色动人情怀,欲见未能,于是求之梦境……从思想倾向中可清楚看出,时人并不讳言情欲,止欲之所以必要,盖在于思之而不可得,不在于情欲之有碍于伦理。"见《魏晋南北朝文学思想史》,中华书局1996年版,第11页。

一边唱着生命的挽歌,一边又希望养性、服药以延续生命。阮籍的《咏怀诗》、嵇康的《养生论》与向秀的《难养生论》正是那个时代的产物。他们也同样注重生命的情调,竹林七贤优游酣畅的忘言之契,嵇、向锻于树下的怡然自得之情,阮籍露顶荒放的纵情逍遥,是正始生命情调的生动写照。而"越名教而任自然"的玄学意识本身就包含着独特的生命情调。

太康诗人表面上与邺下文人相似,但是那种迫切依靠司马氏朝廷而提高政治地位的心态,使之不得不调整自我的思想与行为,以迎合司马氏以礼教为外、以道法为内的政治思想。于是外规规于儒,缺少通脱潇洒的生命情调;内拘执于私利,缺少对生命终极价值的追求。元康以降,国家机能瘫痪,政出多门,犹如正始,士人归依去就的选择相当艰难,于是产生了新一轮的精神危机,宏放任诞蔚成风气。他们误把生命的形式作为内容,把原始人性的放纵作为生命的情调,正始文人的生命内涵已完全被抽换了。西晋后期,在外患的刺激下,在朝的有识之士面临苦难现实,调整人生的价值取向,回归于建安对生命终极价值的关注,刘琨是其典型;在野的有识之士反思历史,怀抱用世之志而仕进无门,勃郁的生命意识无从发抒,慷慨悲愤中充满追求生命终极价值而不得的失落感,左思是其代表。但是张协的求隐、郭璞的求仙,仍然居于重要的地位。

东晋前期,一方面沿袭元康之风,清谈玄理,追求超脱自由;一方面又复兴儒教,裁抑浮虚,注重社会实践。中兴名臣以崇实的作风实践生命价值的追求,又以超脱自由的境界显现生命的情调。但是他们没有建安士人以天下为己任的宏博胸襟,而以治国图存的方式,维护世族的利益。世俗的利益始终沉重地挂在超脱自由的翅膀上,缺少真正的任情自然的生命情调。东晋中期以后,社会表面稳定,佛理浸染渐深,名教自然合一,玄学逐渐走向内省化,才真正出现任情自然的生命情调。但是此时士人"一丘一壑"的生命情调已掩盖了对生命终极价值的追求,强烈的生命悲歌亦已被淡化。部分文士又重蹈元康覆辙,放纵原始人性。

简言之,魏晋士人在追求生命价值、生命情调方面主要表现在以下几个方面:其一,建安积极入世,以天下为己任;又通脱简澹,以风流潇洒为美。其二,正始韬光养晦,清高避世,越名教而任自然。其三,太康浮沉世俗,理想失落,以求一己之利。其四,元康宅心玄远,任诞逍遥,以清言浮虚相高。其五,东晋初期雅咏玄言,流连园林,以儒雅风流为尚。其六,东晋中期以后,士林分化,或儒雅风流,或颓靡放诞。上述六个方面在同一时期可能互相交织,难以截然分开,然而作为每个时期的代表特征仍然十分明显。其嬗变基本沿两条线索:建安—太康—东晋初期;正始—元康—东晋中期以后。在趋向上,是追求生命终极价值一步步淡化,注重生命情调一步步浓烈。表面看,主体意识渐趋强烈。实质上,随先秦式主体精神的逐渐沉落,生命本体意识由附着于社会而逐渐退归于自身,主体意识也渐渐失去了社会意义。

二

魏晋士风对诗风的影响主要是通过影响魏晋士人的审美观念而实现的。其中重要的一点就是:魏晋士林的主体化带来了文学的自觉化。所谓文学的自觉化,其本质是士林主体化在文学创作中的实现;其标志是文学从政治、经论的桎梏中解放出来,而获得独立地位;其表现是理论的自觉与创作的自觉。

魏晋前,除汉末外,文学创作或是不自觉地发抒生命情志,或是自觉地附庸政治;文学本身或是生命情志的载体,或是教化的工具。其中所缺少的是自觉的文学精神。《诗经》中"心之忧矣,我歌且谣","维是褊心,是以为刺","王欲玉女,是用大谏","吉甫作诵,穆如清风"①,或抒情,或讽谏,或赞美盛德,均非将文学作为独立审美对象的一种有意识创作,而只是将文学作为人的本质对象化的存在形式。孔子以"思无邪","兴、观、群、怨",《诗大序》以"经夫妇,成孝敬,厚人伦,美教化,移风俗",概括《诗经》的内容与社会(教化)功能,亦是将诗歌作为人的本质对象化的存在形式。汉代乐府"感于哀乐,缘事而发",也仅仅是生命情感的自由发抒。汉赋"劝百而讽一"的功能追求,班固"依经立义"的理论,扬雄"原道"、"宗经"、"征圣"的主张,则又自觉地将文学作为政治的附庸。虽然汉人已将文章与文学分开,表现出文学观念

---

① 分别见《诗经》:《魏风·园有桃》《魏风·葛屦》《大雅·民劳》《大雅·丞民》。

的演进,然综观两汉,并未建立起自觉的文学精神。汉末名士由群体转向个体,由形质转向风神,表现出审美观念的转化,而且也深深地烙印在《古诗十九首》中,但其中自觉的文学精神并不显著。王充"疾虚妄"而强调美善,也基本是由孔子的伦理人格观念延伸而来,尚不能视为自觉的文学精神。真正自觉的文学精神诞生于魏晋时期。

所谓自觉的文学精神,前人简单地概括为"文学的自觉"。其代表人物有铃木虎雄、鲁迅、李泽厚①。概括诸家之说,要者有三点:其一,文学从经论道德的附庸中解放出来,而产生自身的独立存在的价值。其二,注意文学自身的创作规律与审美功能。其三,强调文学的个性化特征和主体意识。简言之即理论的自觉与创作的自觉。

理论的自觉始于曹丕。其《典论·论文》强调文章为"经国之大业,不朽之盛事",将文章(文学)提到经纶国事之根基的空前地位,这就确立了文学自身的独立价值。此外,"文以气为主"的个性美,"诗赋欲丽"的形式美(《典论·论文》),加之曹植所提出的"雅好慷慨"(《前录自序》)的感性(包括情感与风格)美,不仅成为建安诗歌理论的宣言,也成为建安诗歌创作的自觉行为。曹丕诗"美赡可玩",曹植诗"骨气奇高,词采华茂"(锺嵘《诗品》),正是建安诗歌理论的光辉实践。陆机对感物与直觉、情感与音色的阐述和实践,同建安诗歌的理论与创作有明显的传承关系。正始前期以"和"为美的美学理想,由谐调社会的人文环境而转变为谐调主体的心灵结构,进一步强化了文学的主体化特征。嵇康"目送归鸿,手挥五弦",正是在玄学浸染下的一种主体心灵的显现。江左闲适自然的心态,传神写照的风神,迁想妙得的玄悟,均为这种美学思想的延伸。总之,文学的自觉化在魏晋时期已走完了产

---

① 这一提法最早见于日人铃木虎雄1920年发表于《艺文》杂志《魏晋南北朝时代的文学论》,后将此文录入《中国诗论史》。文曰:"通观自孔子以来直至汉末,基本上没有离开道德论的文学观,并且在这一段时期内进而形成只以道德思想的鼓吹为手段来看文学的存在价值的思想。因此,我认为,魏的时代是中国文学的自觉时代。"见铃木虎雄:《中国诗论史》,许总译,广西人民出版社1989年版,第37页。鲁迅《魏晋风度及文章与药及酒之关系》说:"他(曹丕)说诗赋不必寓教训,反对当时那些寓训勉于诗赋的见解,用近代的文学眼光看来,曹丕的一个时代可说是'文学的自觉时代',或如近代所说是为艺术而艺术的一派。所以曹丕做的诗赋很好,更因他以气为主,故于华丽以外,加上壮大。"见《而已集》,人民文学出版社1980年版,第100页。李泽厚《美的历程》说:"从东汉末年到魏晋,这种意识形态领域内的新思想即所谓新的世界观人生观,和反映在文艺——美学上的同一思潮的基本特征,是什么呢? 简单地说来,这就是人的觉醒。""文的自觉(形式)和人的主题(内容)同是魏晋的产物。"见《美学三书》,安徽文艺出版社1999年版,第91、100页。

生—发展—完成的历程。

无论是诗歌外在的审美形式与功能,还是内在的个性化特征与主体意识,从理论到创作都取得了里程碑式的成就。

仔细考察,魏晋的人格理想由儒法的入世向佛道的出世转变,由关注社会向关注自我蜕化,这种士风在不同时期对诗风的影响也各不相同。从大致的方面说,建安诗歌经纶时世的激情,建功立业的热望;正始诗歌强烈的现实批判,超然的主体情性;太康诗歌庙堂之咏的复古,一己悲欢的咀嚼;元康诗歌乱离背影的消失,游仙归隐的流连;江左诗歌出世的情怀,追求人与自然的和谐,与魏晋士人充满激情—愤世嫉俗—俯仰尘世—纵性适意—闲淡内省的心态发展轨迹,构成内在的逻辑联系。建安—太康—东晋,所表现的是对现实关注;正始—元康—东晋中期以后,所表现的是对自我生命的关注,两条嬗变的基本线索,在诗歌中也打下了深深的烙印。追求生命终极价值一步步淡化,注重生命情调一步步浓烈,这种士风嬗变的整体趋向,在诗风的嬗变上表现得尤为明显。而魏晋诗风在整体上所表现出的形式美、主体化、玄理化,不仅与魏晋的审美观念相联系,而且与魏晋文人注重生命的情调、关注主体的存在、崇尚抽象的思辨,也是密切关联的。

三

如果就一代诗歌的时代风貌而言,魏晋诗风的发展嬗变,首先表现在由注重格式向形式美演进。魏晋诗歌的格式化,一是指诗歌体制的创新与定型,二是指诗歌句式的对偶与韵律。

在诗歌的体制上,五言诗渐趋定型,并向近体诗演进;成熟的七言诗开始出现;文人乐府歌行体长足发展,进入全盛时期。完整的五言诗虽可追溯到班固的《咏史诗》,应亨的《赠四王冠诗》,到《古诗十九首》已趋于成熟,但直至建安才出现鼎盛并完全成熟。建安前期还基本沿汉诗体制发展,曹操虽作五言,却更擅长四言。七子前期诗歌亦以乐府名世。到曹植才基本专攻五言。曹丕不惟五言擅长,而且还创作了完整的七言。此后四言、杂言,虽与五言并存,五言却成为笼罩诗坛的主流。乐府歌行是魏晋诗歌的又一主要形式。虽当时大多"依前曲作新歌",但由朴鄙而趋向高雅,由古质而趋向绮丽,从而奠定了乐府在文人诗苑中的地位。在诗歌的句式上,由于受经音梵声的影响,魏晋诗歌十分注重韵律,其理论研究亦已开始①。而韵律的出现则是诗歌由古体向近体演进的一个转折。曹植深爱音律,发明"转读"、"梵音",对偶、律句、律联亦时见诗中②。此种状况在其他诗中亦多有表现,只是曹植表现得尤为突出而已。太康时期此风尤盛,陆机不仅在理论上强调"音声之迭代",而且在创作上也身体力行,故许学夷评之"体皆敷叙,语皆构结,而更入俳偶雕刻矣"③。东晋玄言诗摆脱了陆机繁富之累而趋于简约,但是就其声律而言,却又沿陆机之路拓展而去。

如果笼统地说,形式美包括格式化,然而魏晋诗歌的形式美则主要是语言的色彩美和警策美。

先言色彩美。色彩美既包括感情色彩,又包括自然色彩。感情色彩有浓与淡、显与隐、阴柔与阳刚之分;自然色彩有明与暗、清淡与浓艳的设色之别。两者通常是水乳交融,相得益彰。陆机《文赋》所说的"藻思绮合,清丽芊眠,炳若缛绣,悽若繁弦",既概括了情感与色彩二者内在的区别,又阐述了二者之间的联系。建安诗歌不仅具有浓烈的感情色彩,而且辞藻华丽,情之所至,文亦随之。所谓"美赡可玩"、"词采华茂",是就语言的自然色彩而言;"以情为文"、"文质彬彬",则是将自然色彩与感情色彩合而言之。正始阮籍"厥旨渊放",其情阴柔而隐,自然色彩浓艳而暗;嵇康"过为峻切",其情阳刚而显,自然色彩清淡而明。晋诗总的倾向是"轻绮",具体情况亦有不同。太康张华常以淡笔写浓情;潘岳、陆机"缘情绮靡",踵事增华,情繁文繁,设色浓艳;陆云以"清省"为贵,其诗清丽。元康左思咏史、刘琨悲歌,慷慨激越,色彩浓烈,沿曹植后期诗歌而来;只有张协的归隐之诗,以淡笔写情思,与陆云近似。东晋以后,玄言风起。其前期孙、许诸公诗歌"平典",词淡情淡;后随山水成分的增多,语言色彩渐趋华丽,词理深致,刘程之、袁宏等是其例证,发展到谢灵运便登峰造极。魏晋诗歌的色

---

① 《隋书·经籍志》载:魏李登《声类》十卷,晋吕静《韵集》六卷,可见时人对声韵研究颇有成就。

② 罗宗强先生说:"曹植诗中不仅已出现律句,而且已出现律联。《高僧传》十三《经师论》记载他(曹植)'深爱声律,属意经音',从他的诗中可以找到证明。"见《魏晋南北朝文学思想史》,中华书局1996年版,第34页。又,叶嘉莹先生还详细分析了曹植《赠白马王彪》诗的特殊对仗形式。见《汉魏六朝诗讲录》,河北人民出版社1997年版,第222页。

③ 许学夷:《诗源辩体》卷五,人民文学出版社1987年版,第89页。

彩美对南北朝影响极大。萧统《文选》序："赞论之综缉辞采,序述之错比文华,事出于沉思,义归乎翰藻",既代表了当时的审美倾向,也是对魏晋诗文的总结。

再论警策美。警策美即诗歌警句的美感。严羽《沧浪诗话》认为汉魏古诗"气象浑沌,不可句摘",至"晋以还方有佳句"。严氏之说并非确论。汉诗分为两类,乐府浑融,确难句摘;文人《古诗十九首》"惊心动魄,一字千金",间有佳句。魏诗亦沿此两路加以发展。建安后期尤注意锤炼诗句,既有佳篇,亦有佳句。锺嵘《诗品序》所举佳句多为魏诗,即为明证。而正始嵇康"目送归鸿,手挥五弦"式的佳句,即在风流潇洒中蕴含深刻的人生境界的体悟。太康之后在《文赋》"立片言以居要,乃一篇之警策"理论的自觉诱导下,雕琢诗句蔚为风气。《世说新语·排调》第九则记载"云间陆士龙,日下荀鸣鹤"的佳句,令时人绝倒,正是西晋名士刻意用语精警的最好例证。江左名士以诗歌阐发玄理,更追求以思理深刻而炫耀才性,于是追求诗句警策之风尚矣。发展到晋末几乎走向极致,以至后人慨叹其"有佳句而无佳篇"。魏晋诗人追求用语精警,不仅表现了诗歌语言的发展,其深层是玄学思维方式影响的结果。诗语的警策能够使鉴赏者透过语言表象捕捉到深层的审美意蕴,从而获得惊心动魄的美感。从嬗变的趋势看,则又是从单纯地注重格式美,而过渡到格式美与形式美并重。

四

魏晋诗歌的风力美主要表现在后人企羡的建安风骨上。关于建安风骨,郁贤皓先生作过精辟论述:"'汉音'与'魏响',是指建安风骨的两个不同阶段。'汉音',慷慨悲歌,质朴浑厚;'魏响',以情动人,华美壮大。""由反映动乱的社会现实到抒写个人内心性情,是由'汉音'向'魏响'转变的重要一环。刘勰《文心雕龙·明诗》说建安诗人是'慷慨以任气,磊落以使才'。所谓'慷慨',即激荡着悲凉忧伤的感情;所谓'任气',即指文气盛畅,风骨遒劲。"① 郁先生从审美(表现)形式、美学内涵、发展演变三个层面上分析了建安风骨。正始时期,何晏、王弼

---

① 郁贤皓、张采民:《建安七子诗笺注》,巴蜀书社1988年版,第2页。

"篇体轻澹"，风骨不显。嵇康、阮籍，一是"响逸而调远"，一是"兴高而采烈"，伟词壮采，风骨端直。然二人区别也十分明显，嵇诗"真骨凌霜"，与刘桢同调；阮诗"情兼雅怨"，与曹植后期诗风近似。但是嵇康"峻切"，其言理则文采不足；阮籍"渊放"，其伤时则述情不显，与建安诗风有别。入晋以后，文士大多理想失落，人格萎缩，咀嚼一己之悲欢，总的倾向已是"儿女情多，风云气少"（锺嵘《诗品》评张华），其深也多风，其失也乏骨。虽然陆机部分诗歌炼辞铸骨，慷慨悲壮，但词采繁缛，与建安诗歌的风清骨峻已是不同。陆机既是建安风骨的重构者，亦为建安风骨的解构者。只是到西晋末年，外患严重，政治窳败，激活了少数诗人对生命终极价值的追求，风云之气满纸，表现了对建安风骨的回归。江左之后，玄理入诗，有骨却又无风。随着佛理浸染渐深，名士只以奇藻丽词写其超然玄悟，生命的情调虽美，风却渐趋沉落。

从趋向上看，由建安的遒劲风骨，到西晋的有风乏骨——"骨"的退化，再到东晋以理为骨——"风"的沉落，勾画出建安风骨的一步步蜕变的过程。其间以正始诗歌的出现为转折点。

魏晋诗歌的风力变化，与诗人主体意识的发展变化密切相关。建安风骨变化与退化的内因即是诗人的主体意识。上文所引郁先生所论"由反映动乱的社会现实到抒写个人内心性情"，是建安风骨发展的两个阶段。这实际上就是诗人的主体意识由向社会的辐射转为向本体的退归在诗歌中的表现。诗中同是激荡着悲凉忧伤的感情，前期是由社会的动乱现实而生，后期则由个人的价值失落而生；同是抒写理想抱负，前期富有激情，后期充满无奈。总之，前期多关注社会，后期更关注自我。曹植诗由前期的关注现实，情感激荡，到后期的收敛个性，情感迂回，特别富有代表性。正始之后，一方面社会对自我的扼杀反而更激起诗人的主体意识，另一方面诗人的主体意识又更进一步向心灵退归，阮籍诗"颇多感慨"是强烈主体意识的表现，"厥旨渊放"则又是退归心灵的表现。太康时期，诗人由建安关注社会而转变为依附中央集权，于是庙堂文学大兴。由建安追求理想抱负而转为追逐名利，于是自我价值失落的悲歌亦络绎间出。他们既不能直面现实，又无法保持独立人格。所谓的主体精神剥落得只剩下缘诸人性的生命本体意识。只是到元康后期，左思诗的批判锋芒，刘琨诗的忧患意识，张协诗的人格独立之出现，才表现出一种真正的诗歌主体化精神。但是过江以后,名士的行为与思想发生了部分的分离,以崇实的态度处理机务,以超然的人生对待生活。虽有张骏《薤露行》反思西晋覆亡的历史,卢谌《览古》以史鉴今,但更多的是兰亭诗之类,或炫耀潇洒的人生,或抒写面对自然的哲理玄思。至此建安主体意识的社会化已完全转向主体意识的自然化(玄学化)。这种诗风一直延续到东晋末年。

所以从趋向上看,魏晋诗歌所表现的主体意识有一个由向社会辐射转变为向生命本体收敛的过程;由表现现实的世界,转变为表现主体的感情世界,再转变为表现主体(与情感交织)的理性世界。其嬗变线索是建安—正始—元康,建安—太康—江左,正始—元康—江左的错综交织的关系。而文学发展的实际又远非一种简单的线条关系所能涵盖。

五

追求理趣是魏晋诗歌有别于前代的另一个重要标志。汉代文人诗不发达,而发达的乐府又是"感于哀乐,缘事而发",所注重的是现实的再现与情感的表现。《古诗十九首》在人与社会、人与自然的思考中勃发出强烈的生命意识,使之在抒发的情感中透出对生命终极价值的思考,从而浸染着浓厚的理趣。

建安诗歌的理趣表现在两个方面:第一,在生命激情——强烈的生命意识、对生命终极价值的思考中,透出理趣;第二,在理想境界——对仙人、游仙、升天的遐想中,充满理趣。曹操的《气出倡》感慨年寿有限,事业未成,幻想遨游仙山,寻求不死之药。既流露出强烈的生命情绪,又表现出理想的境界,而其中也浸透着浓厚的理趣。故陈祚明《采菽堂古诗选》卷五评曰:"'闭其口'、'常当专之'语,并有精理。""精理"就是一种理趣。由于特殊的生活境遇,曹植后期的诗歌对人生与现实、生命与自然的思考更加透辟,无论是描写人生境遇所勃发的生命意识,还是抒写游仙升天的遐想,都充满理趣。

正始玄学兴起,玄理浸入诗中,王、何"篇体轻澹",可能即是玄理入诗的结果,只是史料阙如,遽难定论。阮籍、嵇康却毫无疑问是表现玄理的作家。虽然阮诗沿曹植后期诗而来,并未消解建安诗歌所沉积的生命情绪,反而凸显出躁动的生命矛盾状态,然而那种弃世遁名的现实超越意识,却又充满了浓厚的玄思。嵇诗沿刘桢而来,但是他所创造的"含道独往,弃智遗身"(《赠兄秀才入军诗》其十八)的"至人"境界,更带有宁静玄思的特征。建安诗歌的生命激情已被嵇诗部分地消解了。这一诗风,以郭璞《游仙诗》为桥梁,直接影响了东晋玄言诗。太康诗歌以理入诗的现象较为普遍,在诗中的表现有三种:一是以天人学说为晋王朝寻找理论依据的庙堂文学;二是以宇宙本体论为内核,以玄学思维方式为外壳,对生命意识思考的说理诗歌;三是吸收新的玄学思想,对本体生命价值追寻的抒情诗歌。前一点是不争的事实,无须赘论。后两点可举陆机的佚题诗①、张华的《励志诗》为例证。元康时期,玄学极为发达,王衍的清谈、郭象的理论是两大代表,但诗歌并不繁荣。倒是元康后期(西晋末)诗坛中兴,然而左思、刘琨直写人生窘境,或愤激,或悲歌,非以玄理求胜。只有卢谌、郭璞标榜体道自然,煽炽诗歌的玄言化,正式拉开江左玄言诗风大盛局面的序幕。

江左玄言诗风大炽,颇受后人批评。檀道鸾即是最早的批评者之一,其《续晋阳秋》曰:"正始中,王弼、何晏,好庄老玄胜之谈,而世遂贵焉。至江左李充尤盛,故郭璞五言始会合道家之言而韵之,询及太原孙绰转相祖尚,又加以三世之辞,而诗、骚之体尽矣。"②如换一角度看,檀氏之语透出了四个方面的信息:玄言诗风始于正始玄学;郭璞是两晋诗风转变的枢纽性人物(其实还应包括卢谌);许询、孙绰的玄言诗创作标志玄言诗风的形成;玄言诗背离了诗骚传统,是别一种诗歌体制。这就将玄言诗的渊源、过渡、形成、特点简要地概括了出来。

但是有两点值得讨论:其一,就渊源而言,建安、正始的游仙类诗歌直接影响了西晋游仙诗——包括晋初与晋末,这就必然对东晋玄言诗产生间接影响。其二,玄言诗虽与诗骚有别,但并未截断诗骚传统。

前者不论自明。对后者申述如下:第一,"诗言志"是《诗经》一大特点。"志"既包括情感,也包括思想。玄理是一种升扬到哲学层次的

---

① 陆机佚题诗:"太素卜令宅,希微启奥基。玄冲纂懿文,虚无承先师。""澄神玄漠流,栖心太素域。弥节欣高视,俟我大梦觉。"钱志熙先生认为:"他所说的澄神于玄漠之流,栖心于太素之域,含有以宇宙精神为归宿的意味,但并不一定就是玄学家所说的那种玄同彼我、兀然与自然同体的境界。"见《唐前生命观和文学生命主题》,东方出版社1997年版,第304页。以下引据此书版本同。

② 《世说新语·文学》第八十三则刘孝标注引,余嘉锡:《世说新语笺疏》,上海古籍出版社1993年版,第262页。

思想,所以言理本质是言志的自然延伸。钱志熙先生所说"玄言文学的主流,正是雅颂文学"①,亦可以作如是解。第二,语言华美是《楚辞》的一大特点,玄言诗虽以理为胜,但是诗人通常将玄思点缀在山水的底色上,以奇藻丽词抒写性情,同样具有《楚辞》华美的特点。只是将《楚辞》的辞采繁缛化为简约,手法铺陈化为点染。即使被钟嵘批评为"平典似道德论"的许询,既有"亹亹玄思得,濯濯情累除",玄思与典雅共生,亦有"青松凝素髓,秋菊落芳英",简约与华美并存。第三,抒写情思是诗骚的共同特征,玄言诗虽写理,但并非完全拒斥情思。王羲之《兰亭诗序》既有"仰观宇宙"、"俯察品类"的娱乐之感,又有"俯仰之间,已为陈迹"的感慨兴怀,理与情水乳交融。玄言诗人往往既以情观照山水,又以玄体悟山水②,在人化的自然中完成深于情(将情感投射于自然)到超越于情(在自然中体悟玄理)的过程。所以优秀的玄言诗多透出活泼灵动的情思。宗白华先生感慨王羲之《兰亭诗》之"'群籁虽参差,适我无非新'两句尤能写出晋人以新鲜活泼自由自在的心灵领悟这世界,使触着的一切呈露新的灵魂,新的生命"③。第四,少数玄言诗吸收了诗骚传统中虚与实的表现手法,往往是理与物游,即色悟玄,在虚实交融处逸出神韵。如支道林《咏怀诗》:"闲邪托静室,寂寥虚且真。逸想流岩阿,朦胧望幽人。"闲邪、寂寥、逸想、朦胧,写心境,为虚;静室、岩阿、幽人,写景物,为实。佛门的特殊心态投射于自然之景,创造出亦实亦虚的诗境,产生一种特殊的韵味。这种对传统诗境的拓展,深刻地影响了近体诗的意境产生。由此可见,玄言诗不仅可从生命意识的角度加以解读,诗歌的本身亦具有美感,只是传统文化的惯性导致了艺术欣赏时的拒斥心理,致使人们对玄言诗美感认识不足。当然,有相当部分的玄言诗人泥身世俗,却又故作超然,既无真情,又乏思致,只是附庸风雅,空言佛玄,演绎名理,那已是玄言诗的

---

① 钱志熙先生说:"即使在两晋之际的动荡世局中,诗歌中仍不乏玄学意识的表现:一方面循名教,努力于救亡图存之事;另一方面不忘记标榜体道自然。这种意识很快转化为文学中的歌颂语言,被广泛地运用于赠答诗、碑诔、人物赞铭等各种作品中,共同煽炽着文学中的玄风。从这个意义上说,玄言文学的主流,正是雅颂文学。"他还列举卢谌、郭璞、孙绰诗为例证,论述较详尽。见《唐前生命观和文学生命主题》,东方出版社1997年版,第307—308页。

② 《世说新语·容止》第二十四则刘孝标注引孙绰《庾亮碑》:"公雅好所托,常在尘垢之外。虽柔心应世,蠖屈其迹,而方寸湛然,固以玄对山水。"余嘉锡:《世说新语笺疏》,上海古籍出版社1993年版,第616页。

③ 宗白华:《艺境》,北京大学出版社1989年版,第140页。

末流了。

但是,玄言诗毕竟与诗骚有别,除以上所涉及者外,尚有两点值得注意:第一,诗骚传统强调"感兴",而玄言诗重视"理感"。感兴是"应物斯感",即在外物的刺激下而"摇荡性情,形诸舞咏"。理感是"冥然玄会",或在审美对象的观照中而生玄悟①,或在心灵的内省中顿悟宇宙人生,借意象以抒发之②。第二,诗骚传统追求意象饱满,语言昭晰,玄言诗则注重意旨简隽,风格清拔。东晋品人颇重"卓朗"、"渊著"③,卓朗者,挺拔清隽;渊著者,体悟玄远。影响于诗,即通过凝练的语言创造玄远的境界,以简隽的意象构成清拔的风格。"理趣深长而又有所引发,精神之深沉自然流露于外表"。不惟与诗骚不同,"与邺下文风之驰骛才藻、纵横排宕,太康文风的缘情绮靡,都有明显的差别"④。

从正始到郭璞,再到江左,玄言诗正式产生之后,就形成其独特的内容与形式。就内容而言,玄言诗可划分为玄理体—佛理体—玄佛合一体;就形式而言,玄言诗又可划分为游仙体—山水体—抽象哲理体。从发展趋向看,是由玄理向玄佛合流演进,由游仙向山水演进。

概括言之,由魏至晋,诗歌是由追求格式化向追求形式美演进,由追求风力遒劲向展示生命主体演进,由在深层中含蕴理趣向追求玄理之境演进。风格上,由繁缛转向简约,由秾丽转向轻澹。正始是魏晋诗风转变的枢纽时期。

[原载台湾《中文学报》2000年第2期]

---

① 庚友《兰亭诗》:"驰心域表,寥寥远迈。理感则一,冥然玄会。"此诗描述了理感产生的三段心理过程:一是"驰心域表"——观照审美对象;二是"寥寥远迈"——产生精神超越;三是"冥然玄会"——进入哲学境界(玄理)。

② 慧远《游石门诗》:"超兴非本有,理感兴自生。忽闻石门游,奇唱发幽情。"此诗描述了理感抒发的三段心理过程:"理感兴自生"——内省中了悟人生;"忽闻石门游"——情感投射于审美对象;"奇唱发幽情"——在审美对象的描述中寄寓情理。

③《世说新语·赏誉》第四十八则:"时人欲题目高坐而未能,桓廷尉以问周侯,周侯曰:'可谓卓朗。'桓公曰:'精神渊箸。'"余嘉锡:《世说新语笺疏》,上海古籍出版社1993年版,第448页。

④ 钱志熙:《魏晋诗歌艺术原论》,北京大学出版社1993年版,第386页。

从超脱到超越
——建安激情的退潮

    从黄初到正始,诗风凡二变:由立足现实而寻求超脱,此一变;由否定现实而寻求超越,此二变。一变以曹植为代表。曹植希望"戮力上国,流惠下民,建永世之业,留金石之功"而不得,反而在政治上备受猜忌与压抑,故在立足现实的基础上,又寻求精神超脱。二变以阮籍、嵇康为代表。阮、嵇处"天下多故,名士少有全者"的政治黑暗时期,名教毁颓,济世之志失落,故否定现实,追求超越。细究之,阮籍与嵇康追求超越的方式又不尽相同。阮籍以追求超越现实而寻求心灵超越;嵇康则以追求心灵超越而寻求现实超越。从诗风嬗变的趋向上说,由"梗概多气"而逐步走向"篇体轻澹"。

———

    黄初以降,随七子谢世,部分文士被屠戮,不仅使诗坛失去了俊才云蒸、彬彬之盛的局面,而且在皇权强化、政治一元化的形势下,文士也失去了弘道济世、高扬理想的生存土壤。部分文士规规于皇权,潜心于经传,一方面为新皇权的存在寻找理论依据,另一方面亦为新的国家机制寻找治政手段。仍耕耘于诗坛者,除少数对新皇权或感恩戴德如吴质,或心存幻想如邯郸淳外,更多的人则由建安关注社会而转入关注自身的生存环境和生命状态,如曹植、杜挚、应璩等。以曹植最为典型。

    以黄初为界,曹植诗分为前后两个时期。后期又分为两个阶段:由执著现实功名到关注生存环境,是第一阶段。个性由"任性而动",变为"常自愤怨";诗风由任纵发扬,变为激愤勃郁。由关注生存方式到关注生命状态,是第二阶段。个性由愤怨而寻求解脱;诗风由激愤,再变为托意深婉。

曹丕即位,立即对曹植党羽祭起屠刀。曹植《野田黄雀行》抒写无法解救朋友危难的悲愤,拉开后期诗歌的帷幕。但纯情的曹植依然相信"本是同根生"的兄弟,不会相煎太急。因此对未来仍充满幻想,其《惟汉行》曰:"在昔怀帝京,日昃不敢宁。济济在公朝,万载驰其名。"固然有"既不能至京,惟望朝臣济济,能忠于国也"[1]之意,同时也包含诗人跻身朝政的幻想。他期待着建功立业,名留金石,实现生命的终极价值:"闲居非我志,甘心赴国忧"(《杂诗六首》其五),"愿得展功勤,输力于明君。怀此王佐才,慷慨独不群"(《薤露行》)。虽已失去昔日任性飞扬的神采,但对自己的王佐之才仍充满自信,其诗风仍保持前期雅好慷慨的特点。

然而太子之争的阴霾始终笼罩在曹植头上,曹丕对曹植名为封藩,实则流放,剥夺了他施展才能的空间。曹植诗中的弃妇之怨、自伤被弃的情感,正是其晚期生活情境的真实写照,"愿为西南风,长逝入君怀。君怀良不开,贱妾当何依"(《七哀诗》)。诗人的一厢情愿,已被无情的事实击得粉碎,"昔为同池鱼,今为商与参。往古皆欢遇,我独困于今"(《种葛篇》),空留下无端的悲愤与哀伤,"悲风来入帷,泪下如垂露"(《浮萍篇》)。他嘲笑"燕雀戏藩柴,安识鸿鹄游"(《鰕䱹篇》),可自己却是"神鸾失其俦,还从燕雀居"(《言志诗》)。生命在抑郁苦闷而又无可奈何中悄悄地流逝,于是时光易老、时不我待的焦虑又时时泛上心头,如《箜篌引》:"惊风飘白日,光景驰西流。盛年不再来,百年忽我遒。"生命价值无从实现,生命潜能油膏自煎,诗人的生命意识由前期向社会辐射而转向退归心灵,早期弘毅贞刚的济世精神逐渐退缩到关注自我的生存环境与生命状态。韶华易逝、壮志难酬的悲愤,自试不得、自伤被弃的幽怨,以及游仙升遐之作,都真实地折射出诗人对生存环境与生命状态的关注。

由关注现实转入关注生存环境,以《赠白马王彪》为代表。其序曰:

　　黄初四年五月,白马王、任城王与余俱朝京师,会节气。到洛

---

[1] 吴汝纶《古诗钞》卷一,民国十七年武强贺氏刊本。

阳,任城王薨。至七月,与白马王还国。后有司以二王归藩,道路
宜异宿止,意每恨之。盖以大别在数日,是用自剖,与王辞焉,愤
而成篇。

三王俱朝京师,任城王不明不白地死去,与白马王还国,欲同路东归,
竟又遭监国使者的拒绝。既有怀念逝者的友于之痛,又有难与生者叙
契阔之思的忧愤,难堪的人生情境引起诗人对自我生存环境的一系列
反视与观照。济川无梁,泛舟路长,霖雨泥途,流潦纵横,我马玄黄,是
恶劣的自然环境;"鸱枭鸣衡轭,豺狼当路衢,苍蝇间白黑,谗巧令亲
疏",是难堪的人生窘境。而在秋风萧瑟、寒蝉凄切、秋原日暮、归鸟赴
林的凄凉之景中,"孤兽走索群,衔草不遑食",既是自我形象的写照,
又浸透凄惶无依的感伤。这就将欲进无路、欲退不能、名为藩王、形同
囚徒的生存环境描绘得淋漓尽致。诗的后三章,天命之疑,同衾不归
之痛,人生朝露之悲,互相缠绕激荡,将全诗悲愤之情推向高潮。虽有
劝慰对方、自宽自慰的旷放之语,然而,故作旷达愈显得此恨绵绵。其
他如《矫志诗》《乐府》《当墙欲高行》中流言难辩、忧谗畏讥的心态,《鞞
舞歌》中辞京归藩、骨肉分离的苦痛,以及《失题诗》中"但恐天网张"的
生命颤栗,都是对自我生存环境的反视与观照。"愤而成篇"是这一时
期诗风的典型特征。

　　曹睿即位,天真的曹植误以为将走出生命的阴影,失望的心灵又
燃起希望之火,旋即上《求自试表》,请求"功勤济国,辅主惠民",以期
"功勋著于景钟,名称垂于竹帛"。然而明帝对曹植的猜忌与压抑一同
乃父,诗人的希望被彻底地掐灭了。随着生存环境的步步恶化,"十一
年中而三徙都,常汲汲无欢"[1],诗人的心理已经逐渐地萎缩,曾经勃
发出郁郁生机的生命力也处在颓唐萎顿的状态之中。于是诗人又由
对生存环境的关注而退归心灵,关注生命状态,转向道家,寻求解脱之
路(可参阅曹植《释愁文》),幻想一种虚无缥缈的新的生命形式,正是
诗人关注生命状态的体现。于是游仙升逻成为诗人最后生命历程中
的主旋律[2],如《升天行》之二:

----

　　[1]《三国志》卷十九《陈思王传》,中华书局1982年版,第576页。
　　[2] 曹植现存完整的十二首游仙诗,虽因资料阙如,难以系年,但从诗人的生活经历、性格逻辑、思想
演变轨迹看,大多作于后期,这是毋庸置疑的。

扶桑之所出,乃在朝阳溪。中心陵苍昊,布叶盖天涯。
日出登东干,既夕没西枝。愿得纤阳绻,回日使东驰。

现实令人心碎,在仙境之美中找到心灵的归宿。游仙并非追求"寿同金石,永世难老",意在忘却"人生不满百,戚戚少欢娱"(《游仙诗》)的现实烦恼,希望仙人"策杖从我游,教我要忘言"(《苦思行》)。然而缄默其口,安身免祸,仍是现实的反映。故郭茂倩说:"《乐府解题》曰:'曹植又有《上仙箓》与《神游》《五游》《龙欲升天》等篇,皆伤人世不永,俗情险艰,当求神仙,翱翔六合之外。'"① 诗人渴望超脱形体所役,世俗艰险,追求一种"去留随意欲所存"(《桂之树行》)的自由的生命状态,以获得现实精神的解脱。心境在庄老与仙境的调适下趋于超脱,诗风亦由愤激勃郁转向托意深婉。

从以上简略的论述中可以看出:期望—失望—绝望是曹植后期三段心路历程;执著现实功名—关注生存状态—回归生命本体是曹植后期主体意识的变化曲线。由愤激勃郁而转向托意深婉是曹植后期诗风嬗变的轨迹。这些方面,上承建安前期(黄初前),与早期诗风显现出统一性;下开正始,显现其诗风变化的过渡性。然而与正始诗人不同,曹植始终追求生命终极价值:生前功业与死后荣名。即使在生命的最后时刻仍然表现出浓烈的政治事功的热望。史载:"植每欲求(与明帝)别见独谈,论及时政,幸冀试用,终不能得。既还,怅然绝望。"② 追求心灵的超脱是生命终极价值失落的结果,其本质仍然植根于现实,故曹植的超脱没有也不可能走向超越。

二

由超脱走向超越是正始诗人。阮籍首先表现出一种超越现实的倾向。其《大人先生传》中的大人先生"以万里为一步,以千岁为一朝。行不赴而居不处,求乎大道而无所寓……故默探道德,不与世同",完全是一个超越凡俗的艺术形象③。超越现实也是阮籍五言《咏

---

① 《乐府诗集》卷六十三《杂曲歌辞》,中华书局1979年版,第916页。
② 《三国志》卷十九《陈思王传》,中华书局1982年版,第576页。
③ 刘伶《酒德颂》中所塑造的大人先生,与阮籍塑造的大人先生,具体内容不同,精神本质则一。

怀》永恒的情绪状态和哲学主题。组诗大部分篇章作于阮籍晚年①，此时魏室倾覆之势已成，司马氏推行高压强权政治，屠戮名士。阮籍既无力回天，又恐罹谤遇祸，故其诗亦如其文，否定现实，企望以超越现实的方式寻求精神自由与人格独立。从五言《咏怀》看，阮籍超越现实包含三段历程：留恋现实—逃避现实—超越现实。

　　无论从历史文献还是从阮籍诗文看，毋庸置疑，阮籍的确"有济世之志"。其《孔子诔》对孔子的崇敬之情，《乐论》强调儒家教化功能，均是以儒入世的见证。其诗对雄杰士、壮士建功立业同样充满钦敬与赞赏：

　　　　弯弓挂扶桑，长剑倚天外。……岂若雄杰士，功名从此大。——《咏怀》（其三十八）
　　　　壮士何慷慨，志欲威八荒。驱车远行役，受命念自忘。良弓挟乌号，明甲有精光。临难不顾生，身死魂飞扬。岂为全躯士，效命争战场。忠为百世荣，义使令名彰。垂声谢后世，气节故有常。——《咏怀》（其三十九）

诗风酷似曹植早期之作《白马篇》。恪守忠义，慷慨赴难，寄予了诗人对生命终极价值的体认与追求。正因为这种济世之志挂在诗人企望超越现实而获得人格独立与精神自由的翅膀上，所以他超越现实，又留恋现实。《咏怀》其四十二既高吟"圆绮遁南岳，伯阳隐西戎。保身念道真，宠耀焉足崇"，有高蹈避世之志；又歌颂"王业须良辅，建功俟英雄。元凯康哉美，多元颂声隆"，有建功立业之思。他想像王子晋得道成仙是不得已而弃世，所以带有"挥翼酸辛"的凄楚。即使"假乘汧渭间，鞍马去行游"（《咏怀诗》其六十六）时，仍然不赞成老子西出边塞隐身流放，孔子道不行乘桴浮于海的遁世之思，所以在同一首诗中，诗人

---

① 阮籍《咏怀诗》有两种：四言十三首，五言八十二首。后人所说的咏怀诗几乎全就五言而言。由于史料阙如，对五言《咏怀诗》的创作时间遽难论断，但说其大部分作于晚年是不错的。李善《文选》卷二十三注曰："嗣宗身仕乱朝，常恐罹谤遇祸，因兹发咏。"又引颜延年注曰："说者（云）阮籍在晋文代常虑祸，故发此咏耳。"颜延年距阮籍年代较近，注阮诗已是"怯言其志"，可见注释态度严谨。所引之说，自必有据。故由上述二论推之，此组诗必作于魏晋易代之际，具体时间当在正元二年晋文帝执政与景元四年阮籍逝世之间（255—263）。征之诗的内容，此说亦较可信。但我们同时认为，诗中有少数篇章格调较为高昂，风格较为明朗，且内容主张积极入世，可能作于晋文帝执政之前。

带着凄怆的心情低吟"塞门不可出,海水焉可浮?"这种济世情结,不惟使阮籍在寻求现实超越时产生荷戟彷徨、不知所之的迷惘:"逍遥九曲间,徘徊欲何之?"(《咏怀诗》其六十四)而且使其诗中躁动着由现实而生的强烈生命情绪,饱含勃郁与忧愤:"感此怀辛酸,怨毒常苦多"(《咏怀诗》其十三)。故或深悔少时光阴浪掷,感慨现实窘迫无路;或想以身报国又恐罹祸遇患;既崇儒道之正直笃行,又叹儒道之悖性廓落。这一点与杜挚、应璩诗表现出相同的风格,是正始与建安诗歌的联结点。阮籍的《咏怀》其十五完整地表现了自己由留恋现实,到逃避现实,再到超越现实所经历的一个痛苦心路历程:

> 昔年十四五,志尚好书诗。被褐怀珠玉,颜闵相与期。开轩临四野,登高望所思。丘墓蔽山冈,万代同一时! 千秋万岁后,荣名安所之? 乃悟羡门子,噭噭令自蚩。

早年尚儒,志怀入世;晚年悟仙,遁名弃世。此诗的转折乃在于"开轩临四野,登高望所思"。所望者何? 人事天道。人事纷纭,悟之于道;入世不能,求诸出世。故其诗既有世道多艰的嗟叹,又有遁世过程的无奈。

《咏怀》对魏晋易代之际的国家政治、世道人心以及个人生存状态作了立体的展示,其中浸透着极为复杂的情绪。诗人为"单帏蔽皎日,高榭隔微声"(《咏怀》其三十)的群小乱政,造成魏室如"朱晖西倾",而殷忧怵惕;为"三楚多秀士,朝云进荒淫"(《咏怀》其十一),辅弼之臣纵逸淫乐,魏鼎将移,而涕下难禁。他猛烈地抨击闲游子、夸毗子、佞邪子、缤纷子、明哲士的媚俗、趋利、附势的丑行。对"外厉贞素谈,户内灭芬芳。放口从衷出,复说道义方"(《咏怀》其六十七),士风浇薄,名教毁颓,而忧愁满肠;对"人知结交易,交友诚独难。险路多疑惑,明珠未可干"(《咏怀》其六十九),而咄咄无言。诗人面对四野天网、六翮难舒的高压政治,心灵中压抑着"一身自不保,何况恋妻子"(《咏怀》其三)的死亡阴影。恶劣的生存环境,使诗人入世而忧生,求名而畏谗。"终身履薄冰,谁知我心焦"(《咏怀》其三十三),生命在躁动悲愤的情绪中流逝,人格与自由在窒息沉重的现实中失落。现实无路可走,"北临太行道,失路将如何"(《咏怀》其五),使他要享受这有限的生命,保持独立的人格与自由的精神,就必须泯是非,齐荣辱,一死生,弃名遁世。

　　细究阮籍的弃名遁世,又分为隐于俗、隐于野、隐于仙三种状态。从其性格逻辑看,这也是诗人弃名求隐过程中的心理变化历程。面对"当路子"汲汲于虚名而谄附权势,诗人"宁与燕雀翔,不随黄鹄飞"(《咏怀》其八),甘心自处下位,屈曲存身,以求得"下集蓬艾间,上游园圃篱"(《咏怀》其四十六)的自由逍遥。然而所追求的这种逍遥空间太小,与世俗太近,使诗人无法从现实的凄苦中超越出来,于是诗人就由隐于俗而求隐于野,在《咏怀》其三中他高吟着"驱马舍之去,去上西山趾"。因为西山(首阳山)是伯夷、叔齐隐逸处,诗人对身处易代之际,采薇而食、不食周粟的高行充满赞美与向往,所以他渴望像伯夷、叔齐那样隐于首阳。但是采薇诸公的遁隐毕竟带有浓郁的政治色彩,诗人在对高士的景慕中又不免羼入对盛世的追慕:"巢由抗其节,从此适河滨"(《咏怀》其七十四),所以现实的种种忧愤难免泛上心头:"素质游商声,凄怆伤我心"(《咏怀》其九)。可见,即使是隐于野,也依然挂着沉重的现实,难以得到真正的逍遥自由,于是诗人不得不从庄子逍遥齐物的思想中,寻求真正的心灵自由。诗人认为,自其异者视之,万物始终处于不断变化之中,"不见日夕华,翩翩飞路旁"(《咏怀》其五十三)。自其同者视之,万物又处于相对静止的状态,"千载犹崇朝,一餐聊自已"(《咏怀》其五十二)。而二者合而视之,又无大小、生死之别:"鸣鸠嬉庭树,焦明游浮云……死生自然理,消散何缤纷"(《咏怀》其四十八);无得失、是非之辨:"是非得失间,焉足相讥理"(《咏怀》其五十二)。

　　从心理层次看,无论遁隐于俗,还是遁隐于野,仅仅是对现实的逃避。其背后都隐蔽着对理想社会的向往和浊乱现实的忧愤,只有遁隐于仙,才算是真正的超越现实,进入逍遥自由的境界。于是诗人将逍遥齐物的思想与一无挂碍的神仙境界紧密联系起来,《咏怀》其八十一曰:

　　　　昔有神仙者,羡门及松乔。噏习九阳间,升遐叽云霄。人生乐长久,百年自言辽。白日陨隅谷,一夕不再朝。岂若遗世物,登明遂飘飘。

诗人想像飘飞苍穹之中,可以餐云霞,乐久长,遗耳目之累,去名利之忧。在这个境界中,能够"一飞冲青天",临长风,逝万里,朝餐仙果,夕宿仙山。既无网罗之忧,亦无须混迹世俗,虚与委蛇,已完全超越现实,进入"独与天地往来"的身心舒展的逍遥境界。人格独立与精神自由在此得到充分显现。

由此可见,曹植与阮籍的游仙诗,虽然都建构在对主体生命关注的基础上,积淀道家文化的影响,但是,从与现实关系看,曹植立足现实,游仙是追求精神解脱;阮籍否定现实,游仙是追求现实超越;从文化心理背景看,曹植是将神仙文化的影响投射在儒家文化心理背景上,而阮籍则是将神仙文化的影响更多投射在道家文化心理背景上。因此曹植是追求现实生命价值而不得,才以追求超现实的生命价值,摆脱沉重的现实负荷;阮籍则是否定现实的生命价值,以追求超现实的生命价值,获得心灵的绝对自由。所以曹植最终复归于儒家生命价值观,而阮籍则复归于道家生命价值观。

当然,阮籍诗中存在着两种矛盾的精神世界:理性世界与情感世界。理性上,他并不相信神仙境界的存在;情感上,又竭力追求虚幻的神仙境界,正是这种矛盾的精神境界烛照了阮籍灵魂的痛苦和心理的困惑。

简言之,留恋现实—逃避现实—超越现实是阮籍建构在对生命价值思考上的心理变化曲线;和光同尘—韬晦隐逸—升遐游仙是阮籍建构在对生命形式思考上的心理变化曲线。两者是一个难以切割的整体。所以,超越现实的神仙境界,既包含现实的生命情绪,又联结诗化的哲学意识。

三

与阮籍比较,嵇康追求另一种超越形式:心灵的超越。其《释私论》曰:"夫称君子者,心无措乎是非,而行不违乎道者也。何以言之?夫气静神虚者,心不存乎矜尚;体亮心达者,情不系于所欲。"君子守道的关键,在于心性的气静神虚,超越心灵的欲望,泯灭执著的是非,以超越心灵而超越现实。

嵇康追求心灵超越,亦建立在否定现实的基础上。他认为,生逢

季世,大道不行,若如当路士那样奔竞权势,无疑是自入荆棘。其《赠兄秀才入军诗》曰:

> 何意世多艰,虞人来我疑。云网塞四区,高罗正参差。奋迅势不便,六翮无所施。隐姿就长缨,卒为时所羁。(其一)

所以,他告诫兄长"鸟尽良弓藏,谋极身必危",以"安得反初服,抱玉宝六奇,逍遥游太清,携手常相随",劝兄安贫守道,韬光养晦,逍遥太清。他以道家思想为基点,彻底地否定了世人趋之若鹜的富贵尊荣、贵盛、酒色(《秋胡行》七首)。而且认为智慧、令名、欲望、势位是生寇、害道、妨生、祸患之由(《六言诗》十首)。总之,传统认可的价值观,世俗从之的欲望,都被嵇康彻底地否定了。但嵇康并非要回到原始混沌的状态之中,他仍然苦苦地思考生命存在的价值:"苟必有终极,彭聃不足多","渊淡体至道,色化同消息"(《五言诗》其二)。他认为,生命存在的价值并非追求寿永,而是游心太玄,无色无欲,以澹泊之心性,悟无限之至道,万物齐一,与道消长。他很少如阮籍那样思考生命的存在形式,而更多思考生命的内容与价值;他非止于强调超越现实,而强调超越心灵——修养心性,升华自我。《养生论》、《答难养生论》的养性原则,《声无哀乐论》的情感超越原则,其共同的哲学主题就是归之于"道"的心灵超越。其诗亦充分表达了这一哲学主题,如《赠兄秀才入军诗》:

> 目送归鸿,手挥五弦。俯仰自得,游心太玄。嘉彼钓叟,得鱼忘筌。(其十五)
> 琴诗自乐,远游可珍。含道独往,弃智遗身。寂乎无累,何求于人?长寄灵岳,怡志养神。(其十八)
> 流俗难悟,逐物不还。至人远鉴,归之自然。万物为一,四海同宅。……贵得肆志,纵心无悔。(其十九)

惟因"万物同一,四海同宅",故生命存在的方式与生存环境的选择并不重要,重要的是纵情适意。或诗乐自娱,或远游灵岳,在目送归鸿的玄意与手挥五弦的潇洒中,"含道独往,弃智遗身",最终"寂乎无累",

而"归之自然",获得心灵的超越。

注重生命内容,强调心灵超越,使嵇康不像阮籍那样对避世隐士大加讴歌,认为只要秉性守真,顺乎自然,于朝可隐,于官可隐,于野亦可隐。称赞东方朔在朝"不为世累所撄",楚子文为官"不以爵禄为己",老莱妻隐耕"乐道闲居采萍"(《六言诗》十首)。出处不同,超越心系名物之累则一。故其笔下的日常生活,习见之景,都涂有浓厚的超脱尘俗的色彩。赠兄诗中写游高原、陟高冈、"容与清流"之乐;落惊鸿、引渊鱼、"盘于游畋"之娱,都具有纵心肆志的隐逸之风。其《四言诗》写泛舟、赏景、操琴、垂钓、赏荷、观兰、看云、望鸟、思友、遐思、访友,均具有高标尘世的美感。身居现实,却获得超越尘世一无挂碍的自由逍遥的境界,其原因是,操琴"操缦清角,游心大象";赏景"实惟龙化,荡志浩然";遐思"齐物养生,齐道逍遥";访友"流咏太素,俯赞玄虚"。心灵的超越,则无系乎世俗之累,日常生活与习见之景,不仅具有诗意化,而且沁入浓浓的玄思。这一点深刻影响了陶诗。

嵇康亦有大量的游仙诗,幻想登灵丘,游太华,"托好松乔"(《赠兄秀才入军诗》其十七);游八极,息层城,"受道王母"(《秋胡行》其七);餐琼霞,遗物累,"逍遥游太和"(《秋胡行》其二)。然而嵇康的游仙诗有三点与阮籍不同:

一是嵇康笔下的仙境与人境并无本质区别,而阮籍游仙诗仙凡殊异,构成鲜明的对比,二者不同。我们不妨再举《赠兄秀才入军诗》(十九首选二)为例:

> 息徒兰圃,秣马华山。流磻平皋,垂纶长川。(其十五)
> 乘风高游,远登灵丘。托好松乔,携手俱游。朝发太华,夕宿神州。弹琴咏诗,聊以忘忧。(其十七)

前诗写人境,兰圃、华山、平皋、长川,明丽恬谧,犹如仙境。后诗写仙境,弹琴、咏诗、忘忧,写心性情绪,一如人境。人境与仙境玄同彼我,合而为一。

二是嵇康游仙,或以自我为游仙主体,或自我成为众仙之一员,而阮籍则多将主体游离于仙境之外,其仙境带有明显的幻化超现实的生命存在形式,二者明显不同。上引的第二首诗,嵇康写其弹琴咏诗,俨然已成为仙境的主人。《游仙诗》则是将自我作为仙境中的一员：

> 王乔弃我去，乘云驾六龙。飘飖戏玄圃，黄老路相逢。……采药钟山隅，服食改姿容。蝉蜕弃秽累，结友家板桐。临觞奏九韶，雅歌何邕邕。

在仙境中，诗人驾龙乘云，游戏玄圃，受诲黄老，采药钟山，交友板桐，临觞奏乐，蝉蜕遗身。仙境之我与人境之我，亦玄同彼我，合而为一。

三是嵇康游仙，不惟描述对现实的超越，而且强调心灵超越，而阮籍则将仙凡不同的生命存在形式加以对照，渴望超越现实以改变现存的生命形式，二者也不同。其《述志诗》曰：

> 逝将离群侣，杖策追洪崖。焦明振六翮，罗者安所羁？浮游太清中，更求新相知。比翼翔云汉，饮露餐琼枝。多念世间人，凤驾咸驱驰。冲静得自然，荣华安足为？

诗人追踪上古仙人洪崖的遗迹，如仙鸟振翮，浮游太清，翔云汉，餐琼枝，完全超越了纷扰的世俗。然而诗人又强调去趣竞之心，冲虚宁静，道法自然，即超越现实而升仙。现实超越与心灵超越也是玄同彼我，合而为一。

总体而言，阮籍塑造的神仙形象处于仙真与玄思之间。其《达庄论》强调至人"恬于生而静于死"，广成子因为"潜身"，故可以"处崆峒之山，以入无穷之门"，超越现实的生命形式；而轩辕氏因为"离本"（丧失生命之本），抚世治人，故失去生命的"玄珠"（真谛）。可见阮籍游仙是幻化的现实超越的形式。嵇康所塑造的神仙形象处于人境与玄思之间。《难养生论》认为，只要守一，养和，同乎大顺，体妙心玄，"庶可与羡门比寿，王乔争年"。可见嵇康游仙是心灵的超越形式。现实的超越，是幻想，难以实现，故阮籍幻想的逍遥始终浸透着压抑的生命情绪；心灵的超越，则现实，容易实现，故嵇康现实的逍遥浸透着潇洒的生命情调。

当然，心灵超越的本质是对现实超越的一种形式，因为现实"轗轲丁悔吝，雅志不得施"（嵇康《述志诗》其一），故嵇康在否定了现实的富贵物欲后,强调游心玄默,思行八极,徘徊层城(嵇康:《秋胡行》其六、其七)。现实超越也是渴望心灵超越的结果,阮籍因为"咄嗟行至老,僶俛常苦忧",才"招彼玄通士,去来归羡游"(阮籍《咏怀诗》其七十七)。强调"忘我"、"味真"(阮籍:《咏怀诗》其七十、其七十四),本质即是强调心灵超越。但是从总的倾向看,阮籍强调超越现实,而嵇康强调超越心灵。

<h1 style="text-align:center">四</h1>

从曹植的超脱到阮籍、嵇康的超越,是建安激情一步步退潮的过程。这种退潮,一方面表现在由执著现实到否定现实,追求超越——济世激情的退潮;另一方面表现在由梗概多气到篇体轻澹——诗思激情的退潮。

建安风骨的激切动人处,首先在于弘毅贞刚的济世激情。无论是"中野何萧条,千里无人烟"(曹植《送应氏》其一)的满目疮痍的凄怆,还是"丁年难再遇,富贵不重来"(阮瑀《七哀诗》)的人生苦短的哀叹,都是缘诸建功立业的济世激情。黄初以后,由于政治形势的变化,诗人由追求生命的终极价值逐渐转向关注生命本体。曹植后期由执著现实功名到关注生存状态与生命本体状态,正是济世激情一步步消逝的明证。阮籍和嵇康分别从两方面继承了曹植后期的诗歌。阮籍关注的是生命存在状态,但已部分地淡化了曹植执著于现实的生命底色。嵇康关注的是生命本体状态,亦已抽换了曹植所追求的生命价值观。就阮籍、嵇康比较而言,二人都具有浪漫的风格。阮籍的浪漫尚浸透着现实压抑的生命情绪,嵇康的浪漫则在追求现实与心灵的双重超越中弥漫着通脱潇洒的生命情调。从曹植到阮、嵇,就文化背景看,是由儒家文化向道家文化迁移,由入世到出世;从生命意识看,是由关注生命的社会价值向关注生命的本体价值迁移,由超脱到超越。在寻求出世与超越过程中,生命的价值观转变了,济世的激情也一步步消解了。

建安风骨的激切动人处还在于梗概多气的诗思激情。反映现实,抒写人生,或慷慨悲凉,或任纵发扬;即便是"怜风月,狎池苑,述恩荣,叙酣宴",亦是"磊落使才""慷慨任气"(《文心雕龙·明诗》),情随意至。飞动的情感,深厚的意致,使建安诗歌以文被质,以质纬文,激荡着梗概多气的诗思激情。但是至曹植后期,由游仙而追求精神的超脱,勃郁愤懑之情逐渐隐蔽到平静的游仙境界的背后,跌宕超奇的风云之气,转向随感而发,触处生情。浓郁的诗思激情已呈蜕化的趋势。阮籍诗虽亦讥刺时世,充满忧生之嗟,然其诗境在超越现实的追求中充满玄思与哲理,诗思激情部分地消融在仙心之中。嵇康大部分诗,既缺少建安诗风厚重的时代感,亦缺少阮籍诗风躁动的生命情绪,追求心灵的超越,不惟在仙心中渗透玄思,亦且将玄理涂满现实的生活情境。甚至直接地阐发玄理,形成篇体轻澹的特色。所以从曹植到阮、嵇,是由感性到理性,由写情性到写玄理,在梗概多气向篇体轻澹的蜕变过程中,建安诗歌的诗思激情逐渐地退潮了。

[原载《安徽师范大学学报》(人文社会科学版)2001年第3期]

论正始诗风的统一与差异性

　　正始诗坛失去了建安云蒸霞蔚的繁荣局面,可考诗人仅杜挚、应璩、毋丘俭、何晏、阮籍、嵇康、嵇喜、郭遐叔、郭遐周、阮侃、刘伶等。但正始诗歌是魏晋诗风嬗变的枢纽,深入研究正始诗风,对研究魏晋诗风嬗变起提纲挈领的作用。如果把正始诗风作为一个整体进行考察,那么这一时期的诗风既有统一性,亦有差异性。其统一性在于"使气命诗"与"师心遣论",其差异性在于"清峻"与"遥深"。本节以阮、嵇诗为重点,并兼及其他诗人,探讨正始诗风的统一性与差异性。

一

　　刘勰《文心雕龙·才略》说:"嵇康师心以遣论,阮籍使气以命诗,殊声而合响,异翮而同飞。"明确地论述了正始代表诗人阮、嵇诗风的特点。但如何理解刘勰这段话的意旨,却又众说纷纭。其症结在两个方面:行文的句式结构与"师心"、"使气"的美学内涵。

　　先言句式结构。学术界普遍认为,刘勰是以论和诗区别阮籍与嵇康的文学成就,以师心、使气说明阮、嵇风格之不同。其实这完全是一种误解。两句在句式上是互文见意。刘师培引此文后按曰:"此节以论推嵇,以诗推阮。实则嵇亦工诗,阮亦工论,彦和特互文见意耳。"①按之"合响"、"同飞"二句,亦可见刘勰并非强调阮、嵇风格之别,而是论其风格之同,故当以互文见意之说为是。考嵇叔良《魏散骑常侍阮嗣宗碑》谓阮籍"得意忘言,寻妙于万物之始;穷理尽性,研几于幽明之极"。又《三国志》卷二十一《王粲传》谓嵇康"文辞壮丽,好言老庄,而尚气任侠"。可见,其一,以"穷理尽性,研几于幽明",总论阮籍诗文,说明阮诗

---

　　① 刘师培:《中国中古文学史》,人民文学出版社1998年版,第44页。

亦有"师心遣论"的特色。其二,以"文辞壮丽"、"尚气任侠",兼论嵇康诗文,说明嵇诗亦有"使气命诗"的特点。至于有的注家认为,此二句指阮、嵇以诗文并肩战斗,反对司马氏①,完全是穿凿史料,不足为据。然而刘师培先生认为,"论"指论文,后世注家如范文澜、陆侃如诸先生均袭此说,此又值得商榷。笔者认为,"论"是指议论、玄理。祖保泉先生释"遣论"为"发表议论"②,确是。刘勰行文对偶,导致后人误读。

再言"师心"。陆侃如先生《文心雕龙译注》释:"根据自己的独立思考而不拘成法",詹锳先生《文心雕龙义证》释:"自出心裁,谓心领神会,不拘泥成法",又引《论说》"叔夜之辨声……并师心独见,锋颖精密,盖人伦之英也"为证③。二说大同小异,其他诸家之说亦少创新,例繁不引。所谓"师心"原指师其成心。《文心雕龙·体性》曰:"各师成心,其异如面。"典出《左传》襄公三十一年:"人心之不同,如其面焉。"心,指心性、个性。又《庄子·齐物论》:"夫随其成心而师之,谁独且无师乎?"郭象注:"夫心之足以制一身之同者,谓之成心。"成玄英疏:"夫域情滞著,执一家之偏见,谓之成心。"考刘勰所论体性,实是论文学体制与作家才性的关系,故"成心"不可释为"执一家之偏见",而以郭象注为是。"心之足以制一身之用",即稳定的心理、气质、思想确定人的行为。故"师心遣论"应释为凭着个人气质、才性,按照自己的思想而纵言放辞。

三言"使气"。詹锳、陆侃如先生均释为"任其志气",且引刘禹锡《效阮公体》"昔贤多使气,忧国不谋身"为证。祖保泉先生释为:"任其意志,随意。"上述解释并未揭示"气"的美学内涵。详论其意,仍须稽之刘勰其他论述。仅《文心雕龙·体性》就数次言及"气":"才有庸俊,气有刚柔";"风趣刚柔,宁或改其气";"八体屡迁,功以学成,才力居中,肇自血气;气以实志,志以定言"。论建安诗人又言"慷慨以任气"(《文心雕龙·明诗》),"魏之三祖,气爽才丽"(《文心雕龙·乐府》),综合以上所论,"气"的基本含义是指作家的生理特征,气质个性(血气),与师心之"心"内涵相近。气有刚柔之别,决定作品的风格,是构成才性的基本质素;气能以学养之,养气可使情志饱满。养气说源于孟子"养

---

① 陆侃如、牟世金:《文心雕龙译注》,齐鲁书社1995年版,第571页。

② 祖保泉:《文心雕龙解说》,安徽教育出版社1993年版,第940页。

③ 詹锳:《文心雕龙义证》(下),上海古籍出版社1989年版,第1807页。

浩然之气"(《孟子·公孙丑上》)和荀子"治心养气"(《荀子·修身》)。气有刚柔说源于曹丕"气之清浊有体"(《典论·论文》)。曹丕、刘勰均推崇阳刚之气,以及由此而形成的具有风力的作品。曹丕称赞"孔融体气高妙",刘勰推崇"建安风骨"、"梗概多气"、"气爽"即为明证。故"气"是指豪纵的才性,饱满的情志,以及由此而表现出的浪漫风格。"使气命诗"即是指凭借这种才性与情志而抒写诗歌。与"师心"之说,在含义上互相补充,在表现形式上互为表里。

综上所论,"使气命诗"与"师心遣论"所揭示阮籍、嵇康诗风的美学内涵可以概括为:强烈的主体性;豪纵任气的浪漫风格;以诗歌抒写玄理的特征。

二

正始玄学追求一种"神"的境界。何晏曰:"唯神也,不疾而速,不行而至,吾闻其语,未见其人"①。"神"超越了质的规定性与形的有限性。从人生哲学看,只有超越现实乃至于超越心灵,才能进入"神"的境界。而诗人的超越就是要摆脱现实困扰和人生窘境,由现实人生走向理想人生,所以超越又导致了主体意识的强化。"师心"与"使气"正是主体意识强化的标志。

正始诗歌比建安诗歌表现出更为强烈的主体性。建安诗歌在内容题材上,多关注现实人生;在政治文化上,表现较浓厚的集团依附意识;在生命哲学上,更注重生命终极价值。总的倾向是趋同大于求异。正始诗歌更关注理想人生,表现浓厚的独立自由的人格意识,更注重生命的形式与生命的情调。总的倾向是求异大于趋同。

主体性表现一种强烈的个性化色彩。虽然在建安的趋同倾向中难以掩抑作家个性特征,任气使才亦成为建安以来一贯的风气,使建安与正始诗歌都表现出个性化色彩,但是在玄学本体哲学的浸染下,正始名士表现出更为浓厚的个性特点。正始诗歌通过对心性的夸张渲染,进一步突出主观色彩,强化个性风格,带有很浓的理性自觉特征,表现出更为强烈的个性化色彩。阮籍诗歌的强烈个性化色彩主要表现在由现实人

---

① 《三国志》卷九《何晏传》裴松之注《魏氏春秋》,中华书局1982年版,第293页。

生向理想人生转变过程中的躁动的生命情绪：矛盾、焦灼、忧虑与嗟叹。立体地展示了一个希望有所为而无能为,追求超越又欲去依依的诗人形象。诗人本有济世之志,向往"三后临朝,二八登庸"的太平盛世,追求"太上立德,其次立功"的人生理想(《四言咏怀诗》其八),而且自己亦有"君子克己,心絜冰霜"的高洁之志,可偏逢"泯泯乱昏,在昔二王"的浊乱之世(《四言咏怀诗》其十二),时时充满"终身履薄冰,谁知我心焦"的焦虑与嗟叹。岁月不居,人生易老,"一日复一夕,一夕复一朝。颜色改平常,精神自损消"(《咏怀诗》其三十三)。不得已才转入求隐、求仙。可是一旦求隐、求仙,又是"逼此良可惑,令我久踌躇"(《咏怀诗》其四十一),欲留不能,欲去不忍。生命的焦灼,去留的矛盾,使诗人在追求理想与超越的过程中充满了现实的忧伤。真实地展示了一个在高压恐怖政治下的知识分子渴望入世,而又不得不弃世;任性而又不得不至慎,欲言而又止的压抑的苦难灵魂。与生活中的阮籍,"率意独驾,不由径路,车迹所穷,辄恸哭而返"(《晋书·阮籍传》),所表现的强烈个性完全一致。

　　嵇康没有阮籍那样多的躁动的生命情绪。虽然他在《述志诗》中也勾勒了一条因入世而愤世,终至于出世的人生演变曲线,但是更多的则是一种自由逍遥的人生境界。在现实的世界中,他能够"微啸清风,鼓楫容裔。放棹投竿,优游卒岁";在幻想的世界中,也能"乘风高游,远登灵丘。托好松乔,携手俱游。朝登太华,夕宿神州"(《四言诗》其十一)。空间的自由与心灵的自由交融契合,仙境与人境交融契合。这种通脱潇洒、自由逍遥的理想人生,同诗人率意独为,与向秀锻于树下的怡然自得的心境也完全一致。故许学夷《诗源辩体》卷四曰:"叔夜四言,虽稍入繁衍,而实得风人之致,以其出于性情故也。"[1]"出于性情"正是诗歌强烈个性化的表现。

　　主体性表现一种强烈的独立自由的人格意识。建安诗歌从孔融、王粲、刘桢开始即透出较浓的集团依附意识[2],曹丕禅汉后,这种集团

意识部分地转化为皇权意识。高堂隆临终时的奏疏,曹植的《陈审举表》,透露出当时士人已建立起较浓厚的皇权依附意识。然而,明帝死后,幼主临朝,曹魏政权迅速分化为以曹爽和司马懿为代表的两大政治集团。曹爽集团尸禄耽宠,政治上无所作为;司马氏集团内崇权诈,外饰名教,倾魏之势已成。于是识见卓荦之士既从皇权中游离出来,又不愿依附司马氏集团,从而表现出强烈的独立自由的人格意识。阮籍的《达庄论》《通老论》,嵇康的《释私论》《养生论》《与山巨源绝交书》,都渗透着浓厚的人格意识。嵇康的绝世之想,阮籍的纵酒任诞,其行为背后正是维护人格独立与自由。在诗中,他们一方面"抚心悼季世"(嵇康《五言诗》其二),以繁华憔悴、堂生荆棘、朱晖西倾为喻,无可奈何地为倾颓的皇室唱着挽歌(阮籍《咏怀诗》其三、其二十四),对工言子、当路士、佞邪子之流的趋炎附势耻与为伍;另一方面又以否定现实为起点,或超越现实,"岂与乡曲士,携手共誓言"(阮籍《咏怀诗》其四十三),幻想做翱翔九霄的云间鹤、云中鸟;或超越心灵,在"朝游高原,夕宿兰渚"中,"俯仰慷慨,优游容与"(嵇康《四言诗》其十一),以保持独立自由的人格。而求仙则是追求生命的超越和自由不羁人格的极端形式。

主体性还表现在对生命本体的关注。何晏、王弼援道释儒的哲学倾向与司马氏集团的伪饰名教,从本质上掏空了儒家的生命价值观。加之网罗四野的高压政治,归依去就的艰难抉择,使正始诗人将建安诗人关注现实、积极用世的目光收回到自我的生命本体,关注生命的终极价值(功业荣名)转化为关注生命的形式与生命的情调①。阮籍企慕伯夷、叔齐、许由那样的隐士,嵇康优游容与的现实生活,与仙为友的主体化神仙境界,虽然其骨子里包含有对现实激愤沉痛的关注,但是诗人在超越现实的渴望中,幻化出自由长生的神仙境界,却又表现出对生命存在形式的关注,展示了一种落落潇洒的生命情调。同是求仙,叹息人生苦短,建安诗人的着眼点或是功业未就的焦虑,或是追求人生终极价值失落后的精神解脱,而阮、嵇则更多的是强调对生命

---

① 建安诗人亦注重生命的形式与生命的情调,曹操的对酒当歌,分香卖履,曹丕《大墙上蒿行》所展示的文士生活,以及曹植初见邯郸淳时所表现的通脱潇洒,都是注重生活情调的表现。曹操与曹植的游仙诗也都表现了对生命存在形式的关注。只是建安诗人的主要着眼点是生命的终极价值——生前的功业与死后的荣名。

的现实行为与现实价值的超越。前者执著于现实,后者超越于现实;前者注重生命终极价值的实现,后者注重越名任心的生命情调。当然,对于竹林诗人来说,并不是一开始就放弃传统的生命价值观。尤其是阮籍,"昔年十四五,志尚好诗书。被褐怀珠玉,颜闵相与期"(《咏怀诗》其十五)。然而残酷的现实最终击碎了诗人的人生理想,只有在无可选择的选择中,走向了超越现实、关注生命本体的心灵之路。所以阮籍的超越现实始终挂着现实生命的沉重,嵇康的潇洒人生则拖着现实生命悲剧的尾巴。嵇康狱中的《幽愤诗》格调低沉,在人生的反省中浸透着失败的忧伤,当初的激扬与潇洒几乎荡然无存,正是这悲剧尾巴的最后一笔。二人始终关注生命的本体,然而现实的黑暗却给生命本体涂上浓厚的阴影。

阮籍、嵇康诗歌的强烈主体性,强化了诗学的人文精神,对诗歌风格的多元化产生了深远影响。

三

对于阮籍、嵇康来说,一方面,玄学沾溉其心灵,涵养了"远迈不群"、"志气宏放"的人格,使之或"倜傥放荡",或"尚气任侠";另一方面,玄学追求"神"的境界,进入诗学领域又转化为一种浪漫的美学原则。两方面结合,使阮、嵇诗歌在"师心"、"遣论"中形成豪纵任气的浪漫风格。而冲决罗网的飞动意象以及极端自由的神仙境界,又是构成阮、嵇浪漫诗风的主要特质。

阮籍《咏怀诗》所创造的冲决罗网的飞动意象,一类是冲决罗网的飞鸟意象。他经常把飞鸟放在辽阔云霄、千里长空或荒裔边陲,加以描绘:"鸿鹄相随飞,飞飞适荒裔。双翮临长风,须臾逝万里……抗身青云中,网罗孰能制?"(其四十三)而且这种飞鸟不飞则已,一飞冲天;不鸣则已,一鸣惊人:"云间有玄鹤,抗志扬哀声。一飞冲青天,旷世不再鸣。"(其二十一)虽然玄鹤、鸿鹄为摆脱世俗罗网而抗身青云,是诗人在幻化的长空逍遥中实现自由独立的人格理想的象征,但是意象的飞动使全诗透出浓烈的浪漫气息。另一类是超世绝俗的奇士意象。他常以弯弓、长剑作佩饰,突出奇士的英武之气:"弯弓挂扶桑,长剑倚天外。泰山成砥砺,黄河为裳带。"(其二十八)顶天立地的形象,志吞山河的气魄,雄杰士的英武之气充溢宇宙之间。有时以高冠、骏马突出其伟岸、刚健:"危冠切浮云,长剑出天外"(其五十八);"横术有奇士,黄骏服其箱"(其七十三);"英风截云霓,超世发奇声。挥剑临沙漠,饮马九野垌"(其六十一),佩高冠,带长剑,跨骏马,挟雄风,干云霓,或雄视四海,横空出世;或驰骋边陲,以身报国。极度夸张的语言,超绝飞动的奇士意象,显现了壮浪恣肆的浪漫风格。

有人认为,嵇康诗多是描写现实人生,充满宁静玄思。其实,嵇诗特别善于化宁静为飞动。写飞鸟:双鸾抗首,鸳鸯于飞,黄鸟弄音,焦明振翮,常在寥廓的空间以轻缓的动作描写飞动的意象,在语言之外显现出流走飞动。如其《四言诗》以"舒翼太清"写凤鸾,用"舒翼"这一节奏轻缓的动词描写动作,似乎缺少飞动之势,但由于诗人采取想像中的远视点的描写角度,将这种动作映衬在寥廓深邃的太空中,举重若轻,故在宁静中也显得奇警遒劲;写俊士,"左揽繁弱,右接忘归。风驰电逝,蹑景追飞。凌厉中原,顾眄生姿","南凌长阜,北厉清渠。仰落惊鸿,俯引渊鱼"(《赠兄秀才入军诗》其十、其十一),以动作的对举:左揽、右接、南凌、北厉、仰落、俯引,描述动作空间之大;以动作的变化:风驰、蹑景、凌厉、顾眄,突出瞬时动作空间。在语言夸张与时空错位中,突出人物飞动的神采,在豪纵任气中,同样创造出冲决罗网的意象。即使是写现实生活情境亦多充满一种浪漫的玄理诗思。观鸟是"抄抄翔鸾,舒翼太清。俯眺紫辰,仰看素庭。凌蹑玄虚,浮沉无形。将游区外,啸侣长鸣"(《四言诗》其八)。想像俯视星辰,仰观苍穹,腾身浮沉,无形无影,翱翔尘外,呼朋唤侣,是何等自由!访友是"鸾觞酌醴,神鼎烹鱼。弦超子野,叹过绵驹。流咏太素,俯赞玄虚"(《四言诗》其十一)。品尝美味佳肴,欣赏优雅琴声,遥望长空,清谈玄理,犹如仙境。弹琴是"目送归鸿,手挥五弦。俯仰自得,游心太玄"(《赠兄秀才入军诗》其十六)。悠然自得,无待于外,独与天地精神相往来。

在嵇康笔下,无论是写景,还是平淡的现实生活,有两点特别突出:其一,不是再现现实真实,而是描写理想人生;其二,无论写飞鸟抑或自我意象,最终都没入自然、苍穹之中,带有浓厚的与天地往来、与万物齐一的庄学精神。由于人与自然玄同彼我,而且将自然描写得生机勃勃,充满神奇的力量,故其笔下的自然世界与超自然世界有机地结合了起来,从而使人与自然之物的描绘充满浪漫气息。与阮籍相比,他几乎完全消解了阮籍在飞鸟与人的行为中所悬挂的矛盾、痛苦与焦灼。阮籍的浪漫是在幻化的逍遥自由境界中显现出来,而嵇康的浪漫则更多是在现实的逍遥自由境界中显现出来。这也是追求现实超越与心灵超越的区别点。当然阮籍也追求现实的逍遥,任诞荒放是追求现实的逍遥;诗中所描述的"栖迟衡门,唯志所从"(《四言咏怀诗》其八),向往河上丈人的纬萧藜藿的生活,追求"巢由抗高节,从此适河滨"(《咏怀诗》其七十四),也是一种现实的逍遥。同样也透出豪纵任气的浪漫风格。

　　阮、嵇在描写飞动意象时创造了一种自由逍遥的境界,而这种境界在二人的游仙诗中表现得尤为明显。刘勰《文心雕龙·明诗》说"正始明道,诗杂仙心",显然与此有关。但是认为"诗杂仙心"是"明道"的产物并不确切。建安即有大量的游仙诗,并非是明道的结果。而且阮、嵇的游仙诗与建安有明显的承传关系。这将在下文再论。

　　阮、嵇游仙诗所创造的神仙境界是一个极端自由和谐的境界。仙人以六龙为驾,以云霓为车,可以"逍遥晏兰房","沐浴丹渊中"(阮籍《咏怀诗》其二十三、其二十二)。那里有凤鸣参差,伶伦之音,王子之箫。当诗人进入神仙境界时,"凌阳赞路,王子奉辂。婉娈名山,真人是要。齐物养生,与道逍遥"(嵇康《四言诗》其十)。这种和谐的境界,一无挂碍的自由逍遥,与四野天网的恐怖现实、途穷恸哭的人生窘境,构成鲜明对比。

　　神仙境界又是一个极为高洁的境界。仙人息兰房,采秋兰,飞九阳,餐云霄(阮籍《咏怀诗》其三十五、其八十一)。诗人在仙境中"左佩椒桂,右缀兰苕"(嵇康《四言诗》其十),以扶桑之津洗涤翅膀,沧浪之水澡瀹五脏,与"何为秽浊间,动摇增垢尘"(嵇康《五言诗》其三)的现实亦形成鲜明对比。神仙境界还是一个无限和永恒的世界。"思与王乔,乘云游八极。凌厉五岳,忽行万亿","受道王母,遂升紫庭。逍遥天衢,千载长生"(嵇康《秋胡行》其六、其七),与现实中"蟋蟀在户牖,蟪蛄号中庭"(阮籍《咏怀诗》其二十四)的狭隘空间,"人生乐长久,自言百年辽"(阮籍《咏怀诗》其八十一)的短暂人生,也形成鲜明对比。诗人充满激情地描写一种超验的世界,希望在现实与心灵的双重超越中,保持旷迈不群、高洁任性的独立人格,从有限的生命中获得精神的永恒。这种超验的神仙境界,饱满的生命激情,虚拟的精神永恒,无疑使阮、嵇诗歌充满理想的浪漫情调。

但阮籍与嵇康的游仙境界并不完全相同。嵇康的游仙诗,虽也渴望摆脱污浊的现实,但更多却是追求心灵的通脱与潇洒。这既是节欲养生意识的幻化,又是享乐现实思想的蜕变,与曹操的游仙诗有直接的渊源联系。阮籍游仙诗,虽也追求心灵的超越与自由,但更多却是追求超越现实的生命存在形式。故其游仙,始终渗透现实的生命情绪。诗中追求超越的飞翔的意象正是现实苦痛的逆向折射。与曹植的游仙诗有密切的联系。在游仙诗中,嵇康的诗人自我形象跳动于诗境之中,阮籍的诗人自我形象大多则隐蔽在诗境背后。

四

正始是一个极端痛苦而又极富理性沉思的时期,玄学鼎盛正是理性沉思的结果。而玄学又直接影响阮、嵇诗歌"师心遣论"风格的形成。如果说"师心"主要是指个性化的话,那么"遣论"则是指议论化、玄理化。但是正始玄言诗并非如东晋孙绰、许询之诗"平典似道德论",其主要原因是阮、嵇将玄理有机地融入诗思之中。

在丰富的诗歌意象中蕴涵玄理。虽然正始玄言诗歌有一部分直接说理,即不借助任何外界事物的引发,直接将自己对宇宙、社会、历史、人生的思考,以玄理的形式表达出来,如嵇康《秋胡行》:"富贵忧患多"、"贵盛难为工"、"忠信可久安"、"酒色令人枯"、"游心于玄默"五首,《六言诗》:"智慧用有为"、"名与身孰亲"、"生生厚相招"、"名行显患滋"四首,全为说理,类似于人生哲学箴言。但是,大部分作品的玄思还是寓于丰富的诗歌意象中。大致分来约有两类:

其一,托物写景以寓理。这类诗或写景寓理。如阮籍《咏怀》其八十二:"墓前荧荧者,木槿耀朱华。荣好未终朝,连飙陨其葩。"先以草木盛衰年年,亘古如斯,与人生生命有限,逝去不再相对比,表达人生短暂;后以骤风落英,草木生命之陨折,与天地永恒对比,表达自然界生命的短暂。通过翻进一层的手法,强调人生如白驹过隙的生命哲思。故以"宁微少年子,日夕叹咨嗟"的感叹收束全诗。或托物启理。如阮籍《咏怀》其六:"昔闻东陵瓜,近在青门外。连畛距阡陌,子母相钩带。五色曜朝日,嘉宾四面会。膏火自煎熬,多才为患害。布衣可终身,宠禄岂足赖?"以东陵瓜美招致四方宾客的瓜分啖食,说明人之多才实是膏火自煎,如美味之瓜终招致毁身之祸,以此阐发老庄韬智保身的人生哲学。

其二,叙事写人以明理。诗人由社会人事的观察思考而阐发带有普遍意义的人生哲理或玄学思想。这类诗,或感时言理。如嵇康《五言诗》其二:"抚心悼季世,遥念大道逼。飘飘当路士,悠悠进自棘。得失自己求,荣辱相蚕食。朱紫虽玄黄,太素贵无色。渊淡体至道,色化同消息。"由身处衰世,大道逼仄,趣竞之士无异于自投罗网,而感悟人生应无诱于名利荣辱,无色无欲,以淡泊之心性,求至道之无限,方可与道消长,守一全真。此类诗歌阮籍尤多,例繁不赘。或以史鉴理。如嵇康《六言诗》后四首以东方朔之隐于朝,楚子文之隐于官,老莱妻、原宪之隐于野,强调只有超越心灵的名利之累,方可心灵逍遥,全性保身。以历史人物为鉴,自然引申,使玄理寓于人物的褒贬之中。

概括地说,他们写玄思,或托之自然景物,如鸳鸯、惊鸿、山鸟、黄鸟、玄鹄、凤凰、玄鹤、云间鸟、高鸟、奇鸟、海鸟等自然之物;旷野、山丘、川流、高原、洲渚、九霄、长风、明月、林木、花草等自然之景。或寓之历史、现实,如闲游子、夸毗子、佞邪子、缤纷子、当路士、明哲士等现实之士;东方朔、楚子文、原宪、老莱妻等历史人物。此外,阮、嵇游仙诗亦颇多张扬玄理之作,上文已有涉及,故此不赘。丰富的诗歌意象,一方面使诗言理而灵动,无枯燥嚼蜡之感;另一方面又使言理而出于自然引申,无生涩玄奥之弊。

在诗人的饱满激情中蕴涵玄理。阮、嵇诗的玄理通常都是由现实(事或物)引发的对宇宙、社会、历史、人生的理性沉思,一般都经历现实—忧愤—在玄思中超越的心理过程,所以,其诗或在玄思中挂着现实的忧愤,或在玄思的背后隐蔽着现实的忧愤。前者以阮籍为代表,后者以嵇康为代表。阮诗,如上文所引的"昔闻东陵瓜",在老庄韬智保身的玄理中涂满"多才为患害"的现实悲愤,从而使玄思具有惊心动魄的艺术魅力。嵇康亦有在玄思中悬挂着现实悲愤的诗作。如《赠兄秀才入军诗》之一,劝兄"安得反初服,抱玉宝六奇。逍遥游太清,携手长相随",充满玄思,但这种玄思正是对"云网塞四区,高罗正参差"的现实沉思的结果,故其背后亦隐蔽着现实的忧愤。

但是诗人常常借理性的沉思,将现实的忧愤消解在哲学境界的升华中,从而完成在玄思中超越的心路历程。如阮籍《咏怀诗》其五十四:"夸谈快愤懑,情慵发烦心。西北登不周,东南望邓林。旷野弥九州,崇山抗高岑。一餐度万世,千岁再浮沉。谁云玉石同,泪下不可禁。"愤懑与烦心本由现实而生。诗人骋思自己登上共工怒触之不周山,望夸父弃杖之邓林,在宇宙自然之中了悟庄周齐物之理,从而消解(或部分地消解)了现实的忧愤。与阮籍相比,嵇康善于将现实生活玄理化,故其现实之情感通常就包含深刻的玄理。其《赠兄秀才入军诗》:"琴诗自乐,远游可珍。含道独往,弃智遗身。寂乎无累,何求于人?长寄灵岳,怡志养神。"面对网罗四野的现实,诗人琴诗自娱,远游逍遥,在"外物累心不存,神心以醇白独著;旷然无忧虑,寂然无思虑。又守之于一,养之以和,和理日济,同乎大顺"的玄理境界中,完成心理的超越。

在有限中表达无限的玄学境界。玄学以无为本,得象忘言,得意忘象,强调超越有限而达无限。转化为美学思想就是以小见大,由瞬时而悟永恒,在有限中领略无限。阮、嵇部分玄言诗正是创造了一种以有限表达无限的玄学境界。如阮籍《咏怀》其四:"清露被皋兰,凝霜沾野草。朝为媚少年,夕暮成丑老。自非王子晋,谁能常美好?"由眼前的自然现象,联想到人类的过去、现在、未来,抒写盛衰无常、转瞬即变的哲理。而其"一餐度万世,千岁再浮沉","千载犹崇朝,一餐聊自已"则是以相对主义观点审视瞬时与永恒的关系———由瞬时而悟永恒,悟永恒寄之瞬时。嵇康的有些说理诗,也部分地对现实人生加以哲学抽象,表现出一种追求超越有限而进入无限的精神境界,例繁不赘。其实上文所论的在玄思中追求心理超越也正是追求超越有限而进入无限的玄学境界。

以诗言理,渊源有自。《古诗十九首》即浸润深厚的生命意识,建安诗歌除具有汉末文人浓烈的生命意识之外,还特别强化生命终极价值。但是汉末建安诗人只是一种知性的感悟。对宇宙、人生多方面的理性沉思是在玄风大炽以后,正始诗人不仅运用玄理对人生的终极价值进行了重新定位,即便在诗中亦往往加以玄学抽象,使诗歌充满哲学气息。《文心雕龙·时序》谓东晋玄言诗"微言精理,函满玄席,澹思浓采,时洒文囿",亦部分地概括了正始诗歌的特色。将玄理与诗思有机融合,不仅增强了诗歌的内在意蕴,使之具有独特的魅力,而且在"遣论"中也表现了诗人"师心"的个性。但是,在极端理性化的诗歌中无形淡化了诗歌的情感,形成有骨无风的创作倾向,对东晋玄言诗风产生了直接影响。

五

《文心雕龙·明诗》曰:"及正始明道,诗杂仙心,何晏之徒,率多浮浅,唯嵇志清峻,阮旨遥深,故能标焉。"阮、嵇标出正始其他诗人之上者即是其所形成的"清峻""遥深"的诗风。"清峻""遥深"与"师心""使气",构成一种互相补充、互为表里的关系。前者以作品的客体风格为视角,由论诗及人;后者以作家的主体个性为视角,由论人及诗。当然若仅仅以"遥深"概括阮籍诗歌风格并不完全,这将在下文详论。

关于"清峻"与"遥深"的美学内涵,学界很少有人专门论及,一些《文心雕龙》的注本也往往语焉不详。其实考察清楚这两个范畴的美学内涵,不仅可以看出刘勰对阮、嵇诗歌风格的认识,亦有助于我们对阮、嵇诗歌风格的研究。

先言"清峻"。代表性的解释有两家。陆侃如先生释:"峻,高而严",清峻译为"清高严肃"①。傅刚先生释:"清者,清远;峻者,峻洁,崇高"②。其余解释大同小异。都只涉及"清峻"的部分内涵,而未及实质。解释这一范畴的内涵必须回到《文心雕龙》中寻找义证,并兼顾阮、嵇诗歌的风格。考《文心雕龙·风骨》:"结言端直,则文骨成焉;意气骏爽,则文风清焉。"又曰:"昔潘勖锡魏,思摹经典,群才韬笔,乃其骨髓峻也。"可知,"清"是就风言,"峻"是就骨言。再由"怊怅述情,必始乎风;沉吟铺辞,莫先于骨"看,风与情、骨与格紧密相联。格即诗歌的气势,它首先决定于遣辞布局的结构,故刘勰曰"沉吟铺辞,莫先乎骨"。由此推论,"清"即是指诗歌的情感,"峻"则指诗歌的气势。然而刘勰还认为"意气骏爽"方为"风清";"思摹经典"才为"骨峻",可见"清"又包含胸襟气质,"峻"亦含有诗歌内容——即超迈不群、骏健爽朗为"清",典雅而有气势为"峻"。又锺嵘《诗品》评嵇康"过为峻切,讦直露才,伤渊雅之致。然托喻清远,良有鉴裁"。推原锺嵘之意是,激

---

① 陆侃如、牟世金:《文心雕龙译注》,齐鲁书社1995年版,第144页。
② 傅刚:《魏晋南北朝诗歌史论》,吉林教育出版社1995年版,第59页。

切直露为"峻",托意深远为"清"。又陈祚明《采菽堂古诗选》卷八曰："嵇中散诗,如独流之泉,临高赴下,其势一往必达,不能曲折潆洄,然固澄澈可鉴。"① 在陈氏看来,临高赴下,一往必达的气势为"峻";独流之泉,清澈可鉴的意境为"清"。

综合诸家所论,"清峻"的美学内涵可切分为四个层次:一是狷介超越的情感;二是典雅激切的语言;三是飞动流走的气势;四是空灵清幽的意境。四个方面不惟与"师心"、"使气"有内在联系,与"叔夜隽侠,故兴高而采烈"(《文心雕龙·体性》)亦有内涵上的一致。

再言"遥深"。论阮诗风格者多以"遥深"概括之,且将"遥深"解作隐晦曲折之意。究其原因,一是由阮籍口不臧否人物的至慎的性格推断而来,一是源于颜延年、锺嵘之说。《文选》卷二三阮籍《咏怀》李善注:"颜延年曰:说者阮籍在晋文代,常虑祸患,故发此咏耳。"又曰:"嗣宗身仕乱朝,常恐罹谤遇祸,因兹发咏,故每有忧生之嗟。虽志在刺讥,而文多隐避。百代之下,难以情测。"锺嵘《诗品》亦曰:阮籍《咏怀》"颇多感慨之词,厥旨渊放,归趣难求"。可见隐晦曲折确是阮诗特点。然而,隐晦曲折绝不是阮籍诗风的全部特点。《文心雕龙·体性》曰:"嗣宗倜傥,故响逸而调远","响逸"、"调远",意义相近,均有声音清越之意。考嵇康《琴赋》"论其体势,详其风声,器和故响逸,张急故声清"的"响逸"、"声清",对举成文,其意亦近。故刘勰之"响逸而调远"亦有"托喻清远"之意。而响逸、调远并不包含隐晦曲折之意。《竹林诗评》谓阮诗"如剡溪雪夜,孤楫沿流,乘兴而来,兴尽而已",不惟揭示阮诗兴随意至的特点,亦揭示其诗境之"清"的特点,可为佐证。锺嵘除论其"厥旨渊放,归趣难求"之外,又曰:"其源出于小雅,无雕虫之巧。而《咏怀》之作,可以陶性灵,发幽思。言在耳目之内,情寄八荒之表。洋洋乎会于风雅,使人忘其鄙近,自致远大。"

综上所论,阮诗的风格有以下几点:一是直抒怀抱,意至兴随,无雕虫之巧。《采菽堂古诗选》卷八又曰:"阮公《咏怀》,神至之笔,观其抒写,直取自然。""直取自然"是对"无雕虫之巧"的另一注释。二是诗境清远,立意卓异,可陶性灵,发幽思。王夫之《古诗评选》卷四曰:"且其记体之妙,或以自安,或以自悼,或标物外之旨,或寄疾邪之思。"

---

① 陈祚明:《采菽堂古诗选》,上海古籍出版社2008年版,第218页。

上文所引的《竹林诗评》是就诗境言，《古诗评选》是就立意言，二者从不同角度阐释同一问题。三是言近旨远，语近情遥，即"言在耳目之内，情寄八荒之表"。《古诗评选》卷四评《咏怀》其一曰："字后言前，眉端吻外，有无尽藏之怀，令人寻声测影得之。"即为例证。标物外之旨，寄疾邪之思，亦为此意。四是格调高古，风骨凛然。锺嵘所言"洋洋乎会于风雅"；严羽《沧浪诗话·诗评》又曰："黄初之后，唯阮籍《咏怀》之作，极为高古，有建安风骨。"均为此意。以上四个方面，比较全面地揭示了阮籍诗歌的风格，既包含"遥深"，又非止于"遥深"。

六

透过嵇康诗歌可以看出，嵇诗中熔铸有三种理想的人格意象：一是"凌厉中原，顾眄生姿"，散发着昂扬生气的意象；另一是"目送归鸿，手挥五弦"，弥漫着超逸潇洒的意象；又一是"托好松乔，携手俱游"，浸透仙风道骨的意象。三种意象表现出诗人不同侧面的个性与性格。嵇康追求心灵超越，身处于世，又冰雪肝胆，纵情肆志。蹈厉风发是现实之嵇康，超逸潇洒是诗人之嵇康，游仙隐逸是心灵之嵇康。现实之嵇康涂满世俗的忧愤，心灵之嵇康充满宁静的玄思，诗人之嵇康则是联结现实与心灵的思想载体。这种复杂的个性，多层面的性格主体，形成了嵇康诗风独特的个性。既有典雅激切的语言，又有狷介超迈的情思；既有飞动流走的气势，亦有空灵清幽的意境，从而在整体上显现出"清峻"的风格。

嵇诗的语言在不同的诗体中差别较大，总的倾向是四言诗典雅，五言、杂言诗激切。

激切主要表现在：写现实充满愤激，如《赠兄秀才入军诗》之一、《述志诗》、《幽愤诗》揭露现实黑暗，激愤勃郁；思古人则充满理想的社会人生的激情，如《六言诗》中对唐虞盛世的追慕，对安贫乐道历史人物的激赏；发玄理亦有对现实的猛烈抨击，如《秋胡行》的前五首，语言刻露无余，情志质直激切，典型地体现了嵇诗讦直露才的风格。

与激切相对的是典雅。嵇诗的典雅，一是"思慕经典"，或用《诗经》成句，或袭老庄之意，如"鸳鸯于飞"，"谁谓河广，一苇可航"，"习习谷风"，"驾言出游，日夕忘归"，"泛泛柏舟，绋纚是维"等，取《诗经》成句,加以点化。至于用老庄之意而入诗,已是共识,恕不枚举。另一是以四言体制,雅咏玄思。嵇康有两组著名的四言诗《赠兄秀才入军诗》(十九首)、《四言诗》(十一首)。其共同点,除思摹经典以外,便是一扫《国风》以口语入诗的特点,语言华美典雅,又染以玄思,在明丽的诗境中,包含深厚的意蕴。嵇诗以四言为主,其本身就显现了雅化的审美倾向。"四言正体,则雅润为本"(《文心雕龙·明诗》),自魏至晋,虽五言腾跃,然四言仍被目为雅诗。曹操四言自不待言,后世庄严肃穆的题材如庙颂、应制之类,亦多以四言出之。太康初年,诗风复古,四言鼎盛,实乃渊源有自。而四言作者又多"思摹经典",或取其词,或袭其意,推衍繁复。处于正始文化转型时期的嵇康在诗歌体制上带有过渡痕迹亦属自然。然嵇诗虽取小雅之意,思摹经典,使诗歌语言走向文人雅化,但又得风人之致,直抒胸臆,情随意至,与庙堂、应制、敷衍赠答之诗不可同日而语矣。

嵇康"旷迈超群,高亮任性"的胸襟气质投射于诗中,形成了嵇诗抒情狷介超迈的特点。嵇康不赞成老子柔弱退让的处世原则,而奉行庄子"法天贵真,不拘于俗"的超然洒脱:"留弱丧自然,天真难可和"(《五言诗》其一)身处于世而不为世所拘的心灵超越,使其诗涂满超然尘世之思。因为雅琴"体清心和",故常借琴心以发幽思:或"弹琴咏诗"(《赠兄秀才入军诗》其十七),或"弹琴登清歌"(《答二郭诗》其二),或"弹琴咏太真"(《五言诗》其二)。即使在生命的最后时刻仍然索琴而歌,在"《广陵散》从此绝矣"的叹息声中留下了悲壮而又风流的一页。

因为真人、至人体道味玄,至大至美,故常常幻想与真人、至人作伴结友:"婉娈名山,真人是要"(《四言诗》其十),"至人存诸己,隐璞乐玄虚"(《答二郭诗》其三)。真人、至人既是其理想的人格,又是其心灵的化身。他不仅在"舒翼太清"的幻想中追求理想人格,而且在泛舟、弹琴、赏景、远游的现实行为中实践人格理想。故无论描绘仙境或人境,大多充满超越尘世的情思。但是诗人留给后人的不是心如止水的世外高人,而是一个活泼灵动的理想书生。诗中有"凌厉中原,顾盼生姿"的风采,亦有"佳人不存,能不咏叹"(《赠兄秀才入军诗》其十六)的惆怅;有"昔惭柳惠,今愧孙登"的追悔,亦有"采薇山阿,散发岩岫"(《幽愤诗》)的退思;有"坎壈去世教,常恐婴罗网"(《答二郭诗》其一)的愤懑,亦有"多念世间人,夙驾咸驱驰"(《述志诗》其一)的怜悯。而这一切最终又在狷介任侠的意气中浸透超迈不群的情感。这种诗风同《与山巨源绝交书》那种激扬纵恣的文风是一致的。与阮籍始终带着一份现实的矛盾焦灼迥不相同。

这种狷介超迈的情感也构成了嵇诗飞动流走的气势。飞动的意象,蹈厉风发的人物风采,想像中的远视点的描写角度,是构成飞动流走的气势的主要审美质素。此点在上文已经论述。

一方面,狷介超迈的情感形成嵇诗飞动的气势;另一方面,追求心灵超越的玄学境界又形成嵇诗空灵清幽的意境。这种意境就是在超凡脱俗不染尘滓之境中所透出的意趣情调与宁静玄思。既包含境中之象活泼灵动的情思,又包含象外之象的意致。嵇诗善于以雅洁清幽的香草,如幽兰、灵芝、若英、椒桂等,譬高洁出世的君子;以清泠明澈的景物,如白云绿水、清原江湄、苓风丹坻、绿藻素濑、微风朗月等,写宁静雅淡的境象;以雅琴清声、微啸清风、游心大象、流咏太素、俯赞玄虚等,写体清心和的心境。通过清幽芳草、清泠景物、清和心境的有机组合,使诗境洁静而富有灵气,清空超脱而充满玄思。

此外,尚有三点值得注意:其一,以清、真、和描述理想的人生境界。"清"除上所举外,还有太清、清渠、肃清等;"真"有全真、泰真、天真等;"和"有太和、和声、可和等。以清写境,在清幽中见空灵;以真写性,以和写心,在空灵中见清幽。其二,选择富有包孕的动作,通过在时间流逝的过程中化实境为空灵。如"目送归鸿,手挥五弦。俯仰自得,游心太玄"。目送、手挥为实;俯仰、游心为虚。以眼望归鸿,精神升于广袤苍穹,与天地融为一体,在时间流逝中化实境为空灵。其三,其描写飞鸟、仙人时,想像中的远视点描写角度,不仅化飞动为轻缓,而且以寥廓的苍穹,与飞鸟、仙人的"点"的对比,突出一无挂碍的"空"的境界。上述三点亦同样显现了嵇诗空灵清幽的风格。这种"独流清泉"式的空灵清幽,不仅使嵇诗表现出与阮诗不同的风格,而且亦是与建安诗风区别的最重要特点。它典型地显现了玄学超越自我,超越心灵,以有限而追求无限的美学思想。如果说阮籍诗的生命矛盾与焦灼是正始苦难现实的折射,那么嵇康诗在空灵清幽境界中所透出的宁静玄思,则是正始玄学滋润的结果。东晋玄言诗更为直接地接受了嵇诗的影响。从这一点说,嵇康是正始诗风转变的枢纽人物。

直抒怀抱,意至兴随,是阮籍早期诗的特点。《咏怀》分为四言、五言两组。虽史料阙如,难以系年,然而推其诗意,四言作于正始之前或正始前期,五言亦有少部分作于这一时期。这部分诗歌,内容多主张入世,直抒怀抱,意至兴随,风格较为明朗。

　　四言诗十三首,在思想内容上,虽有道家出世之思,但儒家入世思想却居于主流。如"今我不乐,岁月其晏。姜叟毗周,子房翼汉。应期左命,庸勋静乱。身用功显,德以名赞。世无曩事,器非时干。委命有□,承天无怨"(《四言咏怀诗》其七)。虽有岁月不居、世无用武之地的叹息,却是建立在积极入世的精神之上。即便拖有委命于天、顺应自然的道家思想尾巴,然全诗基调却昂扬向上。企慕盛世、重视事功、思纯养德、贵重声名成为这一组诗的重要内容。与后期否定儒学,以道家思想为立足点,追求超越现实,是大相径庭的。在人生态度上,虽亦批判现实,但并不否定现实。如其十二,写女色之妖冶清扬,迷人情性,揭示曹魏皇室崇奢耽色、不思图治之风。但诗人以史为鉴,告诫世人:"君子克己,心洁冰霜。泯泯乱昏,在昔二王。瑶台璇室,长夜金梁。殷氏放夏,周剪纣商。于戏后昆,可为悲伤。"(《四言咏怀诗》其十二)其殷殷之情,溢于言表。说明诗人对现实虽心存不满,然并未绝望,仍希望世人克己约性,以国为重。这与后期否定现实亦多不同。在美学风格上,虽亦抒写怨愤之情,然以中和之美约己束情。如"感往悼来,怀古伤今……处哀不伤,在乐不淫。恭承明训,以慰我心"(《四言咏怀诗》其四)。虽感叹古今,充满忧虑哀伤,却又以"哀而不伤"的中和之美约束情感,使情感表达十分克制,同《乐论》的美学思想基本一致,与后期情感之勃郁怨毒迥不相同。以上三个方面亦存在于部分五言《咏怀》中,在此不赘。这类诗歌多直抒胸臆,比兴意显,语言华美亦不失自然,风格明朗,与建安诗风近似。几无后期"厥旨渊放"之风。

　　诗境清远,立意卓异,是阮诗的另一特点。阮籍亦有部分诗歌诗境清远。"清"包括景之清、情之清、境之清。景之清者,取景明丽雅洁。早期诗,如其《四言咏怀》多以明丽雅洁之景入诗。清阳、明月、甘露、清风、晨风、朝雨者,明丽之景也;素冰、白雪、瑶干、素景、素纶,雅洁之景也。与"观其抒写,直取自然"的明朗风格,相得益彰。后期诗,虽抒情隐晦曲折,然亦间有取景之明丽雅洁者。如五言《咏怀》以皋兰之清露、野草之凝霜、雨洒尘埃之清澄等明丽之景反衬现实忧伤之沉重,更倍增其哀。以仙人晏兰房、餐琅玕、宿丹山等雅洁之景与追求超凡脱俗的情怀互相映衬。情之清者，情怀明朗、高洁。阮籍早期诗无履薄之感、忧生之嗟，情随意至，如《四言咏怀》其一，虽有怀才不遇之怨，企盼隐逸之思，然其渴望用世之情清晰可见。风格明朗，情怀高洁。后期韬晦隐身，厥旨渊放，明朗之风消失，而高洁之怀依然。其先求隐于俗、再求隐于野、终求隐于仙的三段心路历程，均意在超越现实的污浊，保持心性的纯洁，其情之清，历历寓目。境之清者，不染尘滓，一无挂碍。由于诗人取雅洁之景、高洁之情入诗，使其诗不染尘滓，境界清幽。如《四言咏怀》其二："月明星稀，天高气寒。桂旗翠旌，佩玉鸣鸾。濯缨醴泉，被服惠兰。思从二女，适彼湘沅。灵幽听微，谁观玉颜。"先写雅洁之景，再从外（装饰）与内（情怀）两方面写人之高洁。景清、人清、思清与"灵幽听微"构成清幽的境界。后期诗人幻想超越现实的游仙诗，如玄鹤的"一飞冲青天"，云间鸟的"千里一哀鸣"，雄杰士的"长剑倚天外"，都是以寥廓的苍穹为背景，突出其一无挂碍的境界。其境由清幽转向清空。

由于其诗立意高卓，故其境不惟"清"亦且"远"。或感时伤时，寄疾邪之思。如五言《咏怀》其十一以"三楚多秀士，朝云进荒淫"，借古喻今，写魏室辅弼荒淫误国。其二十四以朱辉西倾，喻皇室衰微；以蟋蟀、螳蛄噪鸣，喻群小乱政。既有疾邪之"殷忧"，又有忧生之"怵惕"。或幻想超越以自安，标物外之旨。其游仙诗，对一无挂碍的世外之境的幻想，既是以幻化超越现实而获得心灵的宁静，又是其心志高洁的象征。前文已论，不赘。《竹林诗评》所谓"剡溪雪夜"即为清，"孤楫沿流"即为远。清者可以陶性灵，远者可以发幽思。故能令人"忘其鄙近，自致远大"。

格调高古，风骨凛然，是阮诗的第三个特点。严羽评其格调高古，有建安风骨。高即高远，与"标物外之旨"同意。古即古雅，与"洋洋乎会于风雅"义近。前者上文已经涉及。后者主要表现在对风骚传统的继承与诗歌的进一步雅化上。在诗歌内容上，阮籍的五言《咏怀》继承小雅讽喻时政忧国伤时的传统。或是借古伤时。如其三十一，以梁王吹台"歌舞曲未竟，秦兵已复来"，喻皇室权贵荒淫误国，危机四起。或是写景喻时。如其十六，由"是时鹑火中，日月正相望"之景，联想古代施暴逼君的故事，写自己对时世的"俯仰哀伤"。或是言理讥时。如其五十三，以自然之理，大要不易，讥刺"如何夸毗子，作色怀骄肠"的谄谀卑屈,取媚权贵。或是托物譬时。如其十二,以安陵、龙阳对君王忠贞不渝讽刺外道貌岸然、内权谋机诈的鹰扬之臣。其二十七,以妖冶女子"盛衰在须臾,离别将何如",暗示自己对世事多变的深深忧虑。此外直抒情怀,言志明理,游仙升遐之作,亦是或讥刺时世,或对比现实。在表现手法上,阮籍发展了比兴喻譬的诗骚传统,使建安诗风进一步走向文人化。阮诗"依诗取兴,引类譬喻",虽源于诗骚传统,却又拓展了诗骚传统。《诗经》比兴譬喻只是一种修辞手法,主要体现在遣词造句上。《离骚》将它渗透于全篇的意象中,但《离骚》的比兴譬喻也只是系列意象的组合,而不是以整体意象寄寓情感。阮诗则通常以一个整体意象完整表达一段情感历程,这一点受曹植后期诗影响更为显著。例如其二:

> 二妃游江滨,逍遥顺风翔。交甫怀环佩,婉娈有芬芳。猗靡情欢爱,千载不相忘。倾城迷下蔡,容好结中肠。感激生忧思,萱草树兰房。膏沐为谁施,其雨怨朝阳。如何金石交,一旦更离伤。

全诗以神女意象通贯全篇,神女薄情,交甫痴情,形成鲜明对照,寄寓诗人的现实感慨。与曹植《杂诗》所写之美女十分近似。二者与乐府不同,均具有空灵恍惚、神思超逸的特点,但曹诗风格明朗,托意清晰,尚印有乐府诗风的过渡痕迹;阮诗托意遥深,情志难测,已完全文人雅化了。风骚传统的继承与诗歌的进一步文人雅化,使阮诗格调高古。阮诗对建安风骨的继承与发展可分为两个时期。前期以现实为起点,以入世为基本人生态度,在建功立业的愿望与人生朝露的感慨中,浸透一种慷慨悲凉的感情格调,风格明朗清刚。后期以否定现实为起点,以出世为基本人生态度,在生命颤栗与幻化超越的愿望中,创造一种冲绝罗网的飞动形象,风格刚健凝重。虽然阮诗风格从前期至后期由明朗转向凝重,由现实转向浪漫,但是其悲凉、慷慨、刚健的诗风则又使前后期获得了统一。其实,阮诗的凛然风骨也是其诗格高古的重要构成要素。

言近旨远,语近情遥,是阮诗第四个特点。亦即"厥旨渊放,归趣难求",这一特点,首先表现在内容含义的不确定性上。由于环境的恐怖,诗人抒情往往只揭示情感特征,不表明情感内容。如五言《咏怀》

其一,以明月、清风寂寞之景,孤鸿、翔鸟伤心之物,不寐、弹琴、徘徊忧思之状,写"忧思独伤心"。但所忧者何事?伤心者何因?不甚了了。诗人仅仅揭示痛苦的心灵过程,而将痛苦的具体内容隐蔽到诗境背后,因此归趣难求。其次表现在意象托寓的多向性上。阮诗写景喻时和譬物明时的作品,意象所积淀的美学内涵丰富,所寓托的意义可作多向联想,从而具有渊放遥深的特点。如上文所引交甫与神女的恋爱故事,是以"交甫见欺"讥刺世人交道不终?还是以金石之交喻臣主关系?是理想追求失落的哀伤?还是对真挚爱情的赞美与追慕?从诗歌意象看,作者的寓意可作多方面联想。这也就使诗歌的寓意具有不确定性。阮诗中的香草、美人、景物所寓含的情志多难以指实,亦为此故。再次,表现在情感转折的跳跃性上。由于诗人忧思深重,人与社会的矛盾、人与自然的冲突,以及缘诸内心的焦灼层叠交织,因此,《咏怀》言志抒情,往往是忧端无绪,反复零乱。如其四十四:"儴物终始殊,修短各异方。琅玕生高山,芝英耀朱堂。荧荧桃李花,成蹊将夭伤。焉敢希千术,三春表微光。自非凌风树,憔悴乌有常。"从意象看,琅玕、芝英为仙境草木,自有超凡脱俗的品质;桃李不言下自成蹊含有"德之休明,没能弥彰"之意,均可视为其人格象征。然而诗人却又将琅玕、芝英、桃李,居于不同位置,具有不同命运,加以对照,从而使诗意歧生。从句意看,一二句言物类各殊,修短异方,阐明物生自然、顺乎本性之意。五六句则又赞美桃李倔强的性格,同情其夭伤的命运,似寄寓不避险艰、抗争现实之意。而最后两句叹息生命无常,似又否定了桃李与世抗争、自伤本性的做法。这就使全诗抒情缺少连贯意脉,反复零乱,让人情志难测。

诗情直抒怀抱(早期),诗境托意清远,诗格风骨高古,诗意情志难测,是阮诗的突出特点。岂止是一个"阮旨遥深"所能概括得了!

从总体倾向看,阮籍和嵇康诗歌有以下几点差异:其一,二人都对现实充满愤激,对理想人生充满激情,但嵇诗表现得激切直露,而阮诗则表现得含蓄隐晦。其二,二人在描绘理想人生时都创造了一飞冲天、冲决罗网的浪漫艺术形象,然嵇诗善于以静写动,充满宁静玄思,而阮诗则突出冲绝的动势,融有现实的焦灼。其三,二人的诗境都具有清远的特色,嵇诗在清远中透出超逸潇洒的意趣情调,风格以空灵为主;阮诗则始终带着挣脱现实羁绊的沉重,风格以质实为多。阮诗上承曹植后期诗风,嵇诗下开东晋玄言诗风。就正始诗人群体而言,杜挚、毋丘俭、应璩、何晏、刘伶与阮籍诗风近似;郭遐周、郭遐叔、阮侃与嵇康诗风基本相同。

[原载台湾《中山人文学报》2000年第10期]

哲理与诗性
——论竹林玄学影响下阮籍《咏怀诗》的悖论

竹林玄学与阮籍《咏怀诗》的关系,学界已有论述,一般研究者主要研究竹林玄学的政治背景、人生态度和认识方法对《咏怀诗》曲折隐讳的风格特点、越名教而不得的矛盾心态以及意象手法的影响。本文则着力于探讨竹林玄学对《咏怀诗》的交融渗透。竹林玄学逐渐否定了正始时期由何晏、王弼等玄学家通过即体即用的双向训释所建立的契合自然的名教理想,并代之以纯粹的不可能实现"越名教而任自然"的精神逍遥,从而使其理论陷入追求精神超越而又泥身现实世界的二难选择。在竹林玄学二难选择的渗透和影响下,阮籍《咏怀诗》在诗歌主旨、表达方式、抒情特点等方面也呈现出不可调和的选择的悖论,从而使《咏怀诗》呈现出强烈的主体色调。

一、精神与现实:竹林玄学的二难选择

中国哲学至何晏、王弼而一变。何、王将汉代宇宙生成论发展成为哲学本体论,其理论虽然仍带有老子式"无中生有"的色彩,但是由于以"探究物生之所由"为哲学起点,故构建了完整的囊括宇宙、贯通天人的整体观。王弼注《老子》与《周易》,既标举"以无为本",以抽象的本体概括纷繁的现象;又贯注"举本统末",由纷繁的现象归之于本体的抽象。而且,"体用如一"、"本末不二"是王弼的基本哲学观照方法,因此王弼之"自然"偏重天道而兼有人道;"名教"偏重人道且兼有天道。这种即体即用的双向训释也决定了王弼名教因于自然的社会伦理观念。道家认为,道常无名,朴散为器。王弼解释曰:"圣人因其分散,故为之立官长,以善为师,以不善为资,移风易俗,复使归于一也。"(《老子》第八十章注)于是,"内圣外王"之道成为其哲学的终极目的。从某种意义上说,"王弼贵无论的本质是一种探求内圣外王之道

的政治哲学,并不是专门研究抽象的有无关系的思辨哲学。在他的体系中,名教与自然的关系问题是真正的主题。"①

但社会现实并不按照一纸哲学蓝图所规划的那样发展,恰恰相反,矫情假誉排斥了中正良实,奸宄乖戾践踏了谦善忠诚,王弼理想的名教永远只是停留于理想之中。他苦心经营以求臻于完美的哲学探索,也只能是一个理想的蓝图而已。于是,以阮籍、嵇康为代表的竹林玄学应运而生。玄学的这种变化,既有学理上的因革演变,也有现实的外在影响。

从整体上看,以嵇、阮为代表的竹林玄学是对以何、王为代表的正始玄学的一次反拨。然而,竹林玄学自身也存在一个发展演变的过程。正始前期,司马氏集团政治野心并没有膨胀到"路人皆知"地步,对名士的摧折也没有达到白热化,所以名教与自然的对立并没有完全彰显。因此,在这一时期,阮籍虽然对现实有不满,有批判,但并没有淹没对理想社会的一份憧憬,所以亦力主名教与自然的结合,在学理上表现出比较明显的与正始玄学的承继关系,如《通易论》:

> 先王既殁,德法乖易,上陵下替,君臣不制,刚柔不和,天地不交。是以君子一类求同,过恶扬善,以致其大。谦而光之,衰多益寡,崇圣善以命,雷出于地,于是大人得位,明圣又兴……是以先王以省方、观民、设教,仪之以度也。②

他认为,即使先王之后,天地之道失谐,名教毁隳,但是因为君子顺天休命,止恶扬善,崇天道而求人道,又可使"大人得位,明圣又兴",儒家的名教与自然仍然呈现出一种和谐状态。诗人所守望者,乃是"先王以省方、观民、设教,仪之以度"的理想社会。

然而,到了正始后期,司马氏专政,名教的伪饰化日益显著,自然与名教的尖锐对立也日益炽烈,这就打碎了阮籍对理想社会的一份憧憬,从而转向对社会现实的猛烈抨击。所以《达庄论》一面说明"自然

---

① 余敦康:《魏晋玄学史》,北京大学出版社2004年版,第293页。
② 《通易论》具体创作时间无考,然此文与《乐论》,虽也受道家思想的浸染,但其立论的基点是儒家思想,与阮籍早期的济世之志是统一的,故当为前期所作。引文见陈伯君:《阮籍集校注》,中华书局1987年版,第110—111页。

一体"、"万物一体",从名教、自然之关系,论证"君子之实"应该遵循
"自然之道";一面又痛斥所谓名教行而"自然之理不得作",导致社会
"出媚君上,入欺父兄,矫厉才智,竞逐纵横,家以慧子残,国以才臣亡"
的天道隐、名教踬的混乱局面。虽然并没有完全消解阮籍对理想社会
的一份守望,但早期那种憧憬所透出的激情已经荡然无存了,更多的
是一种社会批判;而残酷的社会现实也消解了阮籍早期的济世激情。
故在《大人先生传》中,阮籍不仅表现出更为猛烈的社会批判,甚至提
出"无君而庶物定,无臣而万事理"的振聋发聩之声。随着对理想社会
守望的逐渐消逝,转而追求一种在谬悠世界中的自我封闭式的精神超
越。故其文曰:

> 大人先生被发飞鬟,衣方离之衣,绕绂阳之带,含奇芝,嚼甘
> 华,噏浮雾,飡霄霞,兴朝云,扬春风,奋乎太极之东,游乎昆仑之
> 西……是故不与尧舜齐德,不与汤武并功。①

"大人先生"是阮籍理想中的超越世俗、与道并存的心造幻影。"不与尧
舜齐德,不与汤武并功",儒家立德立功的人生境界在这里被彻底地摒
弃了。至此,以整个宇宙为研究对象并积极关怀现世的王弼之政治哲
学,一变为回归自身并追求超越世俗之人生哲学,这种哲学更多是以
否定现实而一味追求精神逍遥为基本旨归。至嵇康提出"越名教而任
自然"(《释私论》),则完全打破了王弼所构建的崇本息末、引天济人的
互训互释式的哲学体系。故钱志熙说:"王、何用否定现实达到肯定现
实,而阮籍、嵇康否定现实之后,肯定的实际上是不存在于现实世界中
的东西,是理想化的世界,实际上是肯定了只存在于心灵中的真善
美。"②

但是,这种自我超越式的精神自由,只能与现实形成暂时性的隔
绝,"自然是不可能脱离名教而单独存在,现实的苦难也不可能靠思维
上的否定来克服,所以阮籍、嵇康'越名教而任自然'的玄学思想不仅
使他们在理论上陷入了一系列的矛盾,同时也使他们的精神境界像漂

---

① 陈伯君:《阮籍集校注》,中华书局1987年版,第185页。下所引阮籍诗歌版本同,不另注。
② 钱志熙:《魏晋诗歌艺术原论》,北京大学出版社2005年版,第130页。

浮于现实生活浪涛中的一叶扁舟，永远也找不到一个安息之地。"① 精神世界的自由与现实秩序的桎梏，是无法调和的矛盾对立的二极。这不仅使竹林玄学无法寻找到自然与名教的平衡点，始终摇摆于精神世界与名教秩序的悖论二极之中，也深刻地影响并反映在阮籍《咏怀诗》中。

二、超越与执著：《咏怀》主旨之悖论

哲学和诗歌，虽然一个偏重抽象的理性思辨，一个偏重形象的感性表达，然而哲学"具有诗的本性"，诗是"心理本体的哲学"②。当哲学思想与诗学观念共存于同一主体时，二者的互渗、交融、影响就更加彰显。从某种意义上说，阮籍《咏怀诗》是典型的心理本体的哲学。而《咏怀诗》在主旨上所表现出的超越现实的庄学之境与执著现实的矛盾心理，从一个侧面形象地反映了竹林玄学影响下的诗学悖论。一方面，他沉浸在理想的玄远世界中，欣然自足；另一方面，却又泥身既定的现实社会，无法自拔。其诗兼具幻想的大胆与认识的清醒，既体现其心灵超越的努力，又显示出现实桎梏的痛苦。

（一）追求超越之境源于对现实之执著

《咏怀诗》具有的强烈生命意识。而渴望超越现实人生，表现对生命长存的向往与对仙道逍遥的企慕，是这种生命意识的典型再现。

追寻延年长生，生命永驻，反抗受自然运化支配的命运，以彰显生命主体的存在，既是当时文人的一种普遍思想行为，也是阮籍《咏怀诗》常见的主旨。"焉见王子乔，乘云翔邓林。独有延年术，可以慰我心"（其十），传说中驾鹤登云、乘风远去的王子乔虽不可见，然而道家的长生之术，仍然成为慰藉诗人心灵的一帖良药。"三芝延瀛洲，远游可长生"（其二十四），超越尘世，采药仙山，则是心造的实现长生之可行途径。

在阮籍看来，飞升于逍遥的神仙境界，是生命永恒与自由的最为完美的存在形式。在《大人先生传》中，阮籍通过塑造挣脱一切礼法束

① 余敦康：《魏晋玄学史》，北京大学出版社2004年版，第311页。
② 李泽厚：《李泽厚十年集》，安徽文艺出版社1994年版，第498页。

缚、自由翱翔的得道真人的形象,创造出逍遥浮世、与天地并生的精神境界。"夫大人者,乃与造物同体,天地并生,逍遥浮世,与道俱成,变化聚散,不常其形。"这种庄学的精神境界也投映阮籍《咏怀诗》中:

> 愿登太华山,上与松子游。渔父知世患,乘流泛轻舟。(其三十二)
> 非子为我御,逍遥游荒裔。顾谢西王母,吾将从此逝。(其五十八)
> 鸿鹄相随飞,飞飞适荒裔。双翮凌长风,须臾万里逝。(其四十三)
> 昔有神仙者,羡门及松乔。噏息九阳间,升遐叽云霄。(其八十一)

浮舟江上、随水而逝的渔父,长啸山间、安步当车的隐者,一飞冲天、出没云间的玄鹤,以及吸风饮露、不谙世事的众仙,无一不是追求绝对自由的心灵幻化。现实生活中的名教秩序、是非烦扰在超越现实的神仙境界中都已荡然无存了,自在徜徉、逍遥放诞成为精神世界的全部。

然而,阮籍对生命长存的向往与对仙道逍遥的企慕,首先是建立在对生命短暂的理性认识和对现实桎梏的生命感受上。所以,《咏怀诗》的生命意识,更为显著地表现在对生命微贱、人生朝露的感叹上。诗中常常勾画出宇宙化生、天地运行的壮阔之景,反衬因受天地运化支配的人类自身的渺小和短暂:

> 混元生两仪,四象运衡玑。暾日布炎精,素月垂景辉。晷度有昭回,哀哉人命微!(其四十)
> 自然有成理,生死道无常。(其五十三)

在玄元混沌中诞生的天地日月星辰周旋运转,有条不紊,瑰玮壮丽,阔大无际。而处于玄元运化中的人类则微不足道,虽然亦遵循昭回运转的规律,但较之这些日月星辰的茫茫无际与永恒无尽,更显出其生命在既定的空间和时间中的微渺。因此,慨叹生命短暂、盛年不再,在《咏怀诗》中比比皆是。或是亲朋零落,孤独无依,"彷徨思亲友,倐忽复至冥"（其三十六）；或是坟茔成堆,四处荒凉,"丘墓蔽山冈,万代同一时"（其十五）；或是年老无为,事业不成,"嗟哉尼父志！何为居九夷"（其四十）；或是惶惑不安,焦虑无着,"生命无期度,朝夕有不虞"（其四十一）。这些对于生命深重的思考和无奈的慨叹才可能催生出超越现实、获得生命永恒的企盼。所以超越的背后仍是一份现实的执著。

（二）强烈的社会批判凸显现实之执著

阮籍《咏怀诗》中表现出对生命长存的向往与对仙道逍遥的企慕,也是建立在对现实的清醒认识和对社会的强烈批判上。

虽然《咏怀诗》中歌咏高蹈尘世的隐者、翔云餐琼的众仙以及飘然青云的仙境,但是这种超然始终建立在对于荣枯无定、社会纷乱的清醒认识上,这就使得超然背后恰恰隐蔽着一份对现实的执著。"势路有穷达,咨嗟安可长"（其二十五）,"系累名利场,驽骏同一辀。岂若遗耳目,升遐去殷忧"（其二十八）,所以他始终无法安然地沉湎在心造的幻影中,反而转毂于仙道逍遥与现实险恶的两极对立之中,这就使他不可能真正达到无功无名、自由逍遥的庄子式的理想境界。

他对人生的荣枯无定有明确的体认,这种体认恰恰是一位恋世者企图把握当下心态的真实反映。他留恋功名,"岂若雄杰士,功名从此大"（其三十八）；希望美好永存,"愿睹卒欢好,不见悲别离"（其七）；期冀富贵长存,"春秋非有托,富贵焉常保"（其四）。然而,人生多艰,宦海沉浮,又有几人能永承惠泽,富贵长在。反观自身,保己尤难,何以功为！于是便产生种种不安和焦灼：

> 嘉树下成蹊,东园桃与李。秋风吹飞藿,零落从此始。（其三）
> 朝为媚少年,夕暮成丑老。自非王子晋,谁能常美好。（其四）
> 丹心失恩泽,重德丧所宜。善言焉可长,慈惠未易施。不见
> 南飞燕,羽翼正差池。高子怨新诗,三闾悼乖离。（其五十一）

诗人慨叹美好事物在风雨中衰飒和凋零,人生在岁月中倏然衰颓和消逝。多才为患,忠而见谤,养德失势,昔日宠禄优渥,转眼竟成为逐臣,戴妫归陈,屈原流放,《小弁》怨刺,都是明证。且诗人认为这是自然人

事的必然规律,故在《咏怀诗》中,诗人很少有对美好、青春和得志的自信,更多的是失落者的慨叹与焦虑,这恰从一个侧面说明他始终难以达到宠辱不惊的自由超越的人生境界。

其实,阮籍对颠倒黑白的纷乱社会现实的强烈批判,愈发显现出自己实际上深陷世事泥淖而无法自拔的矛盾:

> 洪生资制度,被服正有常。尊卑设次序,事物齐纪纲。容饰整颜色,磬折执圭璋。堂上置玄酒,室中盛稻粱。外厉贞素谈,户内灭芬芳。放口从衷出,复说道义方。委曲周旋仪,姿态愁我肠。(其六十七)

礼法之士表面上冠冕堂皇,实际上只是一些追名逐利的假名士而已。"荧荧桃李花,成蹊将夭伤"(其四十四),"幽兰不可佩,朱草为谁荣"(其四十五),秉持才华的忠贞之士的命运犹如桃李和幽兰——花盛果熟便会招致灾难,香味宜人却遭遗弃,而那些"如何夸毗子,作色怀骄肠"(其五十三),"婉娈佞邪子,随利来相欺"(其五十六),矫揉作态的奸佞小人却备受恩宠,骄横欺世。诗人之"愁我肠",正是对现实目注神驰的必然结果,何其有半点的超越!

(三)主旨:人生价值取向的悖论

追求超越人生与执著现实人生,不仅表现了《咏怀诗》主旨的悖论,也表现了阮籍人生价值取向的悖论。

阮籍"本有济世志"(《晋书·阮籍传》),"昔年十四五,志尚好书诗。被褐怀珠玉,颜闵相与期"(其十五),愿秉持壮年,成就一番事业,"愿揽羲和辔,白日不移光"(其三十五)。他不仅充满积极入世、建功立业的热情,而且笃信自己具有治国安邦、造福百姓的才能,并常骄傲地以超凡脱俗的大鸟自喻,身边的众人只不过是一些燕雀之辈,"鸒鸠飞桑榆,海鸟运天池。岂不识宏大,羽翼不相宜"(其四十六)。正如方东树《昭昧詹言》所评,阮籍实际上是"言己本欲建功业,非无意于世者。今之所以望首阳、登太华,愿从仙人、渔父以避世患者,不得已耳,岂庄生枯槁者哉!"①

阮籍本无意于归隐与求仙,曾想叱咤风云,一飞冲天,但是现实无情,济世理想破灭,不得已而退归玄学,以心造的幻影,或避世,或超然,企图摒弃名教,纯任心性。所以他始终徘徊于超然与现实的两极之中。

任何哲学所构建的形而上的理论体系,最终仍然复归于现实的土壤。魏晋玄学的本与末、体与用,二者本是圆融贯通,一个问题的两面。任何试图切断自然与名教的联系,追寻完全自我封闭式的自由超越,因背离了存在与意识的基本精神而不切实际,终究仍然不免坠落在社会现实之中。竹林玄学也不例外,既是立足于本就虚幻的庄子哲学基点上,却又没有真正进入一生死、齐荣辱的庄学境界。而且,这种追求现实的超越,又深深陷入欲超越而不得、愈不得而愈追求超越的精神循环之中,往往在生命的内耗中折磨得身心俱疲。阮籍也是如此,对宠辱更迭、社会纷乱的深刻体认,必然使他追求精神的超越;而生命本体的现实存在,又使他精神超越的追求始终挂着沉重的现实生命的翅膀,在咏怀的诗性中不正浸透着竹林玄学二重悖论的哲理玄思么!

三、出意与忘言:《咏怀》表达之悖论

竹林玄学直承庄学,强调超越现实,进入物我两忘、与万物齐一的自然境界,这不仅浸润诗学主旨的表达,也渗透诗歌语言的表达。玄学的言意之辨也直接影响了阮籍诗歌语言的表达。王弼《周易略例·明象》曰:"夫象者,出意者也。言者,明象者也。尽意莫若象,尽象莫若言。……故言者所以明象,得象而忘言;象者所以存意,得意而忘象。"② 从诗学的层面上看,就阐明了语言能指和所指的辩证关系。虽然竹林玄学并没有直接论述言意之辨,然而汤用彤《言意之辨》认为,"嵇康声无哀乐论本引及得意,论中曾谓圣人鉴识不借言语。盖心不系于所言,言或不足以证心。……嵇氏盖托始于名学而终归于道家,

① 引文见陈伯君:《阮籍集校注》,中华书局1987年版,第320页。
② 楼宇烈:《王弼集校释》,中华书局1980年版,第609页。

其论证本亦用忘言得意之义也。"①

玄学的"寄言出意"和"得意忘言"的言意二元悖论的特征,深刻影响了阮籍,形成《咏怀诗》语言表达上的独特风貌。《咏怀诗》历来被认为旨意缥缈、寄托遥深。如沈德潜曰:"阮公咏怀,反复零乱,兴寄无端,和愉哀怨,杂集于中,令读者莫求归趣。此其为阮公之诗也。必求时事以实之,则凿矣。"② 所以,在语言表达上,既显现了"寄言出意"的语言表达功能,又显现了"得意忘言"的语言超越功能。

就创作动机来说,诗人显然是要抒发内心的悲凄情怀。《咏怀诗》其一中的孤独不安、寂寞无依、终夜无眠、起坐弹琴的忧者,其十四中的感物怀悲、多言无告、烦扰不定、悄然旋归的伤者,无不是在现实世界感怀含悲、希望一吐衷肠而又不得不有所顾忌的诗人自我形象。虽然这种伤痛缘何而起,表达的曲折隐晦,但诗人企图通过诗歌出脱内心的情感则是毋庸置疑的。如果联系当时魏晋易代、政权更迭、互相倾轧、人人自危的社会现实,作为忧生忧世的诗人,必然将现实中有所不言的点滴心迹诉诸诗中。然而,阮籍咏怀,其措意却极其深微,往往在并不深奥的文字背后却深藏奥府,充分体现了基于言辞而又不拘于言表的语言表达功能与超越功能的并存。

表现方法之一,以意象隐喻象征。如《咏怀诗》中频繁出现鸟的意象,这些意象又明显分属赞美褒扬与痛斥贬抑的两端。前者如孤鸿翔鸟、黄鹄鸣雁、玄鹤海鸟等;后者如燕雀鹍鸠、莺鸠鹑鷃、乌鸢驰骛等。这些意象大大发展了《诗经》的比兴传统,汲取《楚辞》的抒情因子,构成完整丰富的象征体系,并曲折圆满地完成了出脱自我评价、倾诉世间遭际、构建人生理想、设想应然社会等心灵诉求。如:

> 鸿鹄相随飞,飞飞适荒裔。双翮凌长风,须臾万里逝。朝餐琅玕实,夕宿丹山际。抗身青云中,网罗孰能制? 岂与乡曲士,携手共言誓。(其四十三)
>
> 周周尚衔羽,蛩蛩亦念饥。如何当路子,磬折忘所归!……宁与燕雀翔,不随黄鹄飞。黄鹄游四海,中路将安归。(其八)

---

① 汤用彤:《魏晋玄学论稿》,人民出版社1957年版,第32—33页。

② 沈德潜:《古诗源》,中华书局2006年版,第118页。

鸿鹄凌长风,飞万里,餐琼玉,宿仙山,冲决罗网,举身青云,何其逍遥自由! 这实际上正是诗人渴望一种理想的人生境界。现实中的"当路子",连"周周"之鸟、"蛩蛩"之兽也不如,鸟兽尚知相因相依,而当路者只知蝇营狗苟,随波逐流。然而荒谬的现实却又催生了诗人无可奈何的明哲保身之想——宁与燕雀为伴。《咏怀》其八突出代表了在出世与入世、超越与妥协之间痛苦挣扎的特殊心态,这正演绎了空负才华的诗人的苦难遭遇。鸿鹄因难容于世而渴望冲决罗网的束缚,寻找的自由自在的世界,何尝不是诗人历经风雨之后对无拘无束、自由人生的理想化象征? 不也同时表达了他对和谐自然的应然社会的理想吗? 此外,白日西匿、夕阳晚景,寒风四野、旷野孤坟,蟋蟀哀号、孤兽走索,桃李凋零、幽兰被弃等自然景象,无不在客观景物中融入了诗人自身独特的感受,成为内心的痛苦、挣扎、矛盾等种种纷繁细微的感怀之象征。

　　表现方法之二,以典故委婉达旨。《咏怀诗》于历史典故的运用中也融入了诗人对社会人生的独特情思,因而包蕴了极为丰富的多方面的内涵。如:

　　　　昔日繁华子,安陵与龙阳。夭夭桃李花,灼灼有辉光。悦怿若九春,磬折似秋霜。流盼发姿媚,言笑吐芬芳。携手等欢爱,宿昔同衾裳。愿为双飞鸟,比翼共翱翔。丹青着明誓,永世不相忘。(其十二)

安陵与龙阳是古代以色事人而得宠者。阮籍借古讽今,痛斥那些无耻荒淫的名利之徒,无视千秋道义,结党营私,排挤忠贞。此诗措意深微,诗旨隐讳。吕延济认为"而晋文王蒙厚恩于魏,不能竭其股肱而将行篡夺,籍恨之甚,故以刺也";闵齐华认为"以刺君之不择人也";张畸认为"似为依附司马氏而言"。① 因为深微隐讳,而引出后人多种不同的解读,也从鉴赏的角度比较典型地表现了阮籍诗歌"寄言出意""得意忘言"的言意二元悖论的特征。再如:

――――――――――
① 引文见陈伯君:《阮籍集校注》,中华书局1987年版,第259页。

夸谈快愤懑,情慷发烦心。西北登不周,东南望邓林。旷野弥九州岛,崇山抗高岑。一餐度万世,千岁再浮沉。谁云玉石同? 泪下不可禁。(其五十四)

诗人的思绪穿越古今,在对共工头触不周山、夸父追日的神话悬想中,而生玉石俱焚、是非不辨的现实之悲,在言语之表与言语之外表达了自己深微的心迹。

以象尽意,又得意于象外,如道家之美学"超以象外,得其环中",从而形成语言的表达功能与超越功能的二元悖论。而典故之事典因为包含着一个完整的事件——或历史,或寓言,或传说,构成一种特殊诗歌意象,其表层义与深层义的一致性与差异性并存,也同样形成语言的表达功能与超越功能的二元悖论。这种二元悖论是诗歌语言基本特征之一,只是因为《咏怀诗》的诗歌意象潜隐着诗人更为复杂的纠结错综的情思意绪而旨意遥深,使诗旨解读趋于多元,这种诗思都或隐或显地显现了玄学的言意之辨所揭示的二元悖论的特征。

四、理性与感性:《咏怀》情性之悖论

竹林玄学的说理方式不同于正始玄学。正始玄学以训释经典而阐明理论,因此更多的是对形而上的哲理沉思;而竹林玄学采用诗、文、传、论等丰富多样的文学方式阐发玄思,故兼具活泼灵动的抒情感性和澡瀹覃思的哲学理性。更重要的是,正始玄学的理论基点是"名教出于自然",强调名教与自然的一致性;而竹林玄学的理论基点是"越名教而任自然",突出名教与自然的对立性。所以,竹林玄学家当沉溺于道家"自然"之时,热烈地礼赞理想的应然社会和心造的玄远境界;当回归于儒家"名教"之时,则又冷静地思考苦难的现实世界和伪饰的名教秩序。而由于苦难的现实世界既背离了儒家的名教之实,亦背离了道家的自然之性,与竹林玄学家理想的应然社会相距甚远,所以竹林玄学家最终又转入对现实社会的强烈批判,其主体情感极其显豁。竹林玄学的这种思维特点表现在诗歌中,就形成了阮籍《咏怀诗》冷静叙事与强烈抒情二重性特征。

（一）理性：客观冷静地叙事

《咏怀诗》常描写那些既美且善之事物在岁月的流逝中走上无可挽回的衰飒和凋零，或曾经不可一世的门阀士族在人事的变更中遭到重创而衰落。这样横贯今昔的前后比照就明显地具有叙事性质，而且这种叙事因为沉积着哲学的理性而使诗歌的表层显得波澜不惊。如前文所引《咏怀》之十五、三十六对自己人生追求的叙述，再如：

> 天马出西北，由来从东道。春秋非有讬，富贵焉常保？清露被皋兰，凝霜沾野草。朝为媚少年，夕暮成丑老。自非王子晋，谁能常美好！（其四）

> 周郑天下交，街术当三河。妖冶闲都子，焕耀何芬葩。玄发发朱颜，睇眄有光华。倾城思一顾，遗视来相夸。愿为三春游，朝阳忽蹉跎。盛衰在须臾，离别将如何。（其二十七）

天马西来，乃诛宛王之所得，美骏的本身就是一幕悲剧。人事沧桑，富贵难在；韶华易逝，朝阳倏忽，诗人在冷静地叙述人事万物盛衰更迭的背后，隐含着触目惊心的对比。所用之典故也因对比今昔、跨越阔大的历史时空而凸显出强大的审美张力。正如钱志熙所说："它的创作宗旨，显然受到子书体例和著述原则的影响，也具有'究天人之际，通古今之变，成一家之言'的特点。这是它与一般的抒情诗的区别所在。"①

诗人借助咏怀以阐述玄理，所以他对宇宙人生的思考，在由表象到规律的总结中，实际上也贯穿着由"末"趋"本"的哲理深思，使诗思的感性部分地消融在哲理的沉思之中，故《咏怀诗》之叙事客观冷静。

（二）感性：主观强烈地抒情

阮籍诗歌具有强烈主体色彩。这"主要表现在由现实人生向理想人生转变过程中的躁动的生命情绪：矛盾、焦灼、忧虑与嗟叹。立体地展示了一个希望有所为而无能为，追求超越又欲去依依的诗人形

---

① 钱志熙：《魏晋诗歌艺术原论》，北京大学出版社2005年版，第145页。

象"。① 从抒情方式的角度看,阮籍或直抒胸臆,或托物言志,主要是以主观咏叹的方式强烈地抒情。

一方面,阮籍对于悬想的自在之境充满了极大的热情,创造出飞扬恣肆的大鸟、明净灵动的仙道和逍遥自得的隐者,热烈的赞美之情,毫不掩饰的钦羡向往,使诗歌充满强烈的主体色彩。如:

> 云间有玄鹤,抗志扬哀声。一飞冲青天,旷世不再鸣。岂与鹌鹑游,连翩戏中庭。(其二十一)
>
> 愿登太华山,上与松子游。渔父知世患,乘流泛轻舟。(其三十二)

诗人热情地赞美玄鹤抗志扬声,一飞云天;赤松子遨游太华,超然尘世;渔父蔑弃功名,泛舟清流。在对鹌鹑翩翩戏中庭的不屑之中,表现出自己深情的向往。另一方面,阮籍对于他企图超越的现实世界又有挥之不去的留恋情结,始终无法真正达到生死齐一、宠辱不惊的庄学境界,而现实人生与他理想的应然世界又何其相悖,所以诗中充满了凄婉的哀叹和强烈的批判。如:

> 孤鸿号外野,翔鸟鸣北林。徘徊将何见,忧思独伤心。(其一)
> 朱华振芬芳,高蔡相追寻。一为黄雀哀,涕下谁能禁!(其十一)
> 感物怀殷忧,悄悄令心悲。多言焉所告,繁辞将诉谁!(其十四)

"忧思"、"涕下"、"心悲"、"伤心"等沉痛哀伤的词语时时出现在诗中。不但如此,或是感怀不遇,或是痛斥世人,这些情感表现得都异常怆怀激烈。即使是无言的缄默,我们也能明显感受到于文字中奔突跳跃的情感,以及时时突破了客观冷静的叙事和议论而彰显出的诗人独特的情感世界。

值得注意的是,《咏怀诗》并无单独叙事之作,作品叙事也常作为

---

① 刘运好:《魏晋哲学与诗学》,安徽大学出版社2003版,第260页。

抒情要素而出现,因此,《咏怀诗》叙事与抒情在一篇之中有机交融。如"一日复一夕,一夕复一朝。颜色改平常,精神自损消。胸中怀汤火,变化故相招。万事无穷极,知谋苦不饶。但恐须臾间,魂气随风飘。终身履薄冰,谁知我心焦。"(其三十三)前四句叙事,"胸中怀汤火,变化故相招"转折,转入后六句抒情,既有客观与理性,又有主观与感性。《咏怀诗》性情呈现的二重性与竹林玄学思维的二重性密不可分,是竹林玄学悖论式思维模式的典型投映。

综上所述,竹林玄学打破了正始玄学通过建立和谐的自然与名教的关系而企图探求的"内圣外王"之道,逐步走向偏离名教,偏执自然的人生哲学,由此产生的系列矛盾渗入并影响了阮籍《咏怀诗》,使其在思想主旨上、表达方式上和抒情特点上均具有一系列的二元悖论的特点,因而也使《咏怀诗》具有独特审美魅力。

[原载《安徽师范大学学报》(人文社会科学版)2011年第5期,与史晶晶合作]

论漠北文学区的"本土"文学

北朝文学研究,主要集中于主要作家作品或由南入北的作家个案研究上,而对于北朝本土作家群的研究则相对薄弱。本文以作家籍贯的静态分布为基础,以北朝漠北文学区作为研究对象,通过对文献资料的系统梳理,以本土文学为基本观照点,探讨漠北文学区的创作主体、创作风格,以及漠北文学区的形成与消亡的过程及其影响因素。

北朝漠北文学区位于我国北部狭长的高原地带,由东北向西南斜伸,北与西伯利亚毗连,南至阴山山脉与中原的农耕民族相连,西起阿尔泰山麓,与古老的青藏高原相通,东以苍茫的大兴安岭为界,是我国北方牧人生息繁衍的地方。

漠北独特的地域环境孕育出了独特的地域文化,从而也形成了独特的地域文学特征。需要指出的是,文中的"本土"作家是指其籍贯在漠北所属的疆域内。由于北朝不同朝代所辖范围处于不停的变动状态,故本文论述的范围依照历史地图册以公元449年(宋元嘉二十六年,魏太平真君十年)的实际疆域为准。

一、漠北文学区的创作主体

漠北文学区以本土文学家为创作主体。据笔者统计,漠北文学区共有本土文学家49人,均为少数民族,其中鲜卑46人,匈奴3人。他们以文学家族为基本分布形态,在心态特征上叠合着与汉族文化融合与排斥的双重属性,在文化特征上又呈现出高度汉化的混合型态势。

(一)分布形态:以文学家族为主体

漠北文学家并非仅以个人的出类拔萃而为翰林中翘楚,而是以文学家族的分布形态驰誉于文坛。就个人创作而言,其成就尚不足以代表汉语文学的最高水平;就文学家族而言,则以整体文学实力的提升而雄视前代。

在漠北文学区,形成了以元氏和宇文氏为主体的文学家族——尤其是元氏家族,人才辈出,涌现出了如元熙、元延明、元彧、元子攸、元诩、元丕等17位在当时颇有影响的作家,他们都有文集或诗集传世,从而形成了庞大的文学家族。元氏家族的前身是著名的拓跋氏,后改姓为元。宇文氏家族共有创作者7人,其中4人史书载有别集传世,3人以文学成就而列儒林传中。但由于流传过程中的史料散佚,我们现在能见到的诗歌仅存有6首,赋作1篇。北朝以前,少数民族虽也有不同程度的汉化,但很少汉语文学作品传世。而这一时期出现这样一支较为庞大的少数民族创作队伍,同时又以文学家族的形式出现,本身就是值得关注的文学现象。这种以文学家族为基本分布形态文学现象的形成,究其原因,有以下几个方面:

首先,文化背景上,北朝时期北方经济文化的发展以及少数民族与汉族之间文化交流的加强起了决定性作用。如后魏孝文帝:"雅好读书,手不释卷,五经之义,览之便讲。学不师受,探其精奥。史传百家,无不该涉。善谈老庄,尤精释义。才藻富赡,好为文章,诗赋铭颂,任兴而作。有大文笔,马上口授,及其成也,不改一字。"① 有《后魏孝文帝集》三十九卷。一代少数民族的帝王竟能博览五经、史传、百家,"善谈老庄,尤精释义",必然是建立在汉文化与北方少数民族文化高度融合的基础之上。如果没有这样一个民族文化高度融合的大背景,就不可能出现孝文帝"诗赋铭颂,任兴而作"的汉文学的创作才华与创作激情,也不可能有如此厚重的三十九卷之《文集》传世;而在漠北地区的本土作家中出现这么多用汉语进行创作并取得杰出成就的文学家族更是不可想象的。

其次,家族背景上,漠北少数民族的文学家族都具有较深厚的文化积累,世代子孙以能文为自豪,如任城王元澄,"音韵遒雅,风仪秀逸",博通今古,极富文藻。高祖设宗宴,"特令元澄为七言连韵,与高祖往复赌赛"②。其子元顺,"九岁师事乐安陈丰,初书王羲之小学篇数千言,昼夜诵之,旬有五日,一皆通彻……十六,通杜氏春秋,恒集门

---

① 《魏书》卷七下《高祖孝文帝纪》,中华书局1974年版,第187页。
② 《魏书》卷十九中《任城王云传》,中华书局1974年版,第464页。

生讨论同异",其遇害之时,"止有书数千卷已"①。彭城王元勰"博综经史,雅好属文",与孝文帝行而赋诗,"时去帝十余步,遂且行且作,未至帝所而就","物余之暇,披览不辍"②,撰《要略》三十卷。元延明"博极群书,兼有文藻,鸠集书图籍万有余卷"③。帝王贵胄之家,文化积累深厚,子孙都受到良好的汉文化教育与熏陶,而且"雅好属文",流风播荡,必然催生文学家族的诞生。

最后,社会地位上,这种家族创作盛况的出现与创作主体的特殊社会地位有着极大的关系。这些出身于文学家族的少数民族作家,有着文学家与高层统治者叠合的双重身份,这些显赫的身份使得他们能够相对于一般民众更早的接触到中原文化,因为在少数民族汉化过程中,统治者与先进的汉族文化接触较多,学习汉文化的条件较优越,所以汉化最早最深的往往是上层贵族。他们的地位决定了他们必然承担起文化先驱的重任。

(二)心理特征:以双重心态为表征

少数民族文化在与汉文化的融合过程中,本土文学家往往又呈现出文化融合与文化排斥相叠合的双重心态为基本心理表征。

一方面,他们积极地汲取汉文化精髓,以主动融入汉文化圈的方式提高本民族的文明进度。北魏统治者鲜卑拓跋部马上得天下,入主中原后为了树立华夏正统形象,大力推行汉化政策,如拓跋珪及以后诸帝屡次祭黄帝、孔子、颜回,道武帝"诏尚书吏部郎中邓渊典官制、立爵品、定律吕、协音乐",推行儒家礼仪,搜集天下经籍图书,在平城建立读书楼。重用汉族士大夫成为一项重要的国策,道武"留心慰纳,诸大夫诣军门者,无少长,皆引入见,存问周悉,人得自尽,苟有微能,成蒙叙用"④。明元帝"礼爱儒生,好览史传"⑤,曾派人到各地寻求俊逸之士。大量汉族士大夫在北魏政坛上占有一席之地,其中一些有家学渊源的名门大族尤为突出,如赵郡李氏、荥阳郑氏、勃海高氏、范阳卢氏、清河崔氏、陇西李氏等。迁都洛阳后,除继续任用汉族士大夫外,

---

① 《魏书》卷十九中《任城王云传》,中华书局1974年版,第481、486页。
② 《魏书》卷二十一下《彭城王勰传》,中华书局1974年版,第571、572页。
③ 《魏书》卷二十《安丰王猛传》,中华书局1974年版,第530页。
④ 《魏书》卷二《太祖道武帝纪》,中华书局1974年版,第27—33页。
⑤ 《魏书》卷三《太宗明元帝纪》,中华书局1974年版,第64页。

北魏政权还实行了一系列如语言、姓氏、民族服饰等汉化政策。这种汉化的结果就形成了以鲜卑皇族为核心、以汉族士大夫为主力的文学创作集团。

另一方面,他们对汉文化的强大同化力又有一种本能的排斥,企图维护本民族文化的纯正性。崔浩的"国史案"正是北朝前期少数民族统治的文化剪影。《魏书·崔浩传》载:"真君十一年六月诛浩,清河崔氏无远近,范阳卢氏、太原郭氏、河东柳氏,皆浩之姻亲,尽夷其族。初,郗标等立石铭刊《国记》,浩尽述国事,备而不典。而石铭显在衢路,往来行者咸以为言,事遂闻发。有司按验浩,取秘书郎吏及长历生数百人意状浩伏受赇,其秘书郎吏以下尽死。"[①] 这就是北魏历史上著名的崔浩"国史案"。从表面上看,崔浩被诛是由于崔浩编史暴露了拓跋氏先族的野蛮落后,实际上太武帝如此残酷地大面积杀戮,不仅是少数民族统治者对中原文化的根本性扼杀与对抗,更流露出了他们试图把握在文化斗争中的主动权的心理。而代表当时文化水平的文学大家族惨遭灭门之祸,直接导致了北魏前期文化几近真空的状况。

(三)文化态势:以混合型文化为特质

漠北本土文学家的文化融合与文化排斥相叠合的双重心态,使漠北文学既植根于本民族所固有的强大的文化根系,又呈现出与汉文化的高度融合,这就决定了漠北文学混合型的文化特质。

北朝少数民族文学家汉化程度较高,高度汉化是在和汉族文人创作切磋的过程中逐步达到的。从空间分布上看,漠北的王权中心最早集中于北方狭小的区域内,这是由统治者在当时拓殖疆土能力的有限性所造成的必然结果。随着拓殖疆土能力的加强,统治机构日趋庞大,中原有文化体系的稳定性,使王权的统治纽带在社会基层出现了功能性的裂痕,传统意义上的王权统治能力却以反比式受到了限制,因而统治阶级需要强化有以血缘为基础的具有宗法制意义的基层组织功能,如家庭结构、宗族人伦等,从而建立起自上而下的行之有效的政治功能链。而以血缘为基础的宗法制社会,则以中原国家的政治结构为表现形式,以中原文化的意识形态为思想支点,因此,这就需要广

---

① 《魏书》卷三十五《崔浩传》,中华书局1974年版,第826页。

泛吸纳汉民族知识分子，以他们的参与来维持其在思想意识形态领域内的优势，这样，广大具备较高文学素养的儒士就参与了社会总体性权力的分配过程，少数民族的统治者在和儒士们的不断交流中逐渐完成了高度汉化的过程。

随着高度汉化过程的完成，少数民族的帝王贵族阶层既具备从事难度较高的汉语文学创作能力和文化素养，而少数民族自身所具有的强大的文化根系，又使这些帝王贵族阶层的心理积淀着与生俱来的强烈本土意识——既亲切又熟悉的自然环境与文化环境，成为这些本土作家抵御其他文化冲击，维护本民族纯正传统的坚强尺度。如前文论及的崔浩的"国史案"就是民族文化之间对撞的典型案例。因而在这种对撞观念下所进行的文学创作，就使创作主体和文本都呈现出混合型的文化态势。

这种文化态势体现在少数民族文人的创造上，就显现出以汉语言的形式表达北方文人疏放的情感。由于统治者疏慢和狐疑的心理，致使同一时期寓居北朝的汉族文人，难以无拘无束地抒情言志，非本土的汉族作家的创作，或以谀颂的文字粉饰太平，或以婉转的笔调抒写乡关之思。而少数民族的作家既没有政治强权的严苛控制，也没有中原传统文化的束缚，新兴民族充沛的文化活力以及对汉文化的新鲜感及浓厚兴趣，使他们的创作常常藉汉语言的形式表达北方文人特有的疏放情感。如斛律丰乐《歌》："朝亦饮酒醉，暮亦饮酒醉。日日饮酒醉，国计无取次。"①语言平白如话，情感真诚坦率而无伪饰，这相对于汉族作家委婉的抒情式，繁多的艺术规矩，实在有很大的差别。这种混合型的文化态势为诗歌的发展注入了新鲜血液，也给北渐的南风之阴柔充入了一些阳刚之气。

二、漠北文学区的创作风格

漠北文学家的政治地位很高，他们皆属于皇室或贵族集团，由于是马上得天下，因而创作以政治文章和军事文翰为主。现存的作品虽不能展示漠北文学的全貌，但也在一定程度上可以窥见漠北文学创作

---

① 逯钦立：《先秦汉魏晋南北朝诗》，中华书局1983年版，第2257页。下引诗版本同。

的基本特色,即以中原文学体式为表现形式,以直抒胸臆为基本抒情方式,其作品勃发出苍莽雄壮、劲直梗慨的游牧民族精神。

(一)游牧民族精神的折射

漠北的这些少数民族作家,或为创业帝王,或为统兵元帅,或为朝廷显贵,虽然身份不同,遭际有别,但是由于他们多出身游牧民族,长期生活在北方,使他们的作品大都散发着浓郁的北方地域与北方民族的气息。游牧民族的粗犷豪放,北方地域的苍莽壮阔,折射于诗歌之中,就形成了苍莽雄壮、劲直梗慨的壮美风格。

漠北诗歌流传下来的有16首(1首残),其中绝命诗5首,赠答诗2首,联句诗2首,奉和应制诗3首,行旅诗2首,从军诗2首。不难看出,这些诗歌在取材上远离南方的香艳绵软,这是因为漠北作家在接受汉文化的同时,又保留了游牧民族勇武强悍的文化特征,诗歌整体风格苍凉悲壮,如元勰《应制赋铜鞮山松诗》:"问松林,松林经几冬?山川如何昔,风云与古同。"诗中借郁郁葱葱的松林,写出了山川风物的浑厚感与历史的苍莽感。"山川如何昔,风云与古同",在山川沧桑迁变、风云古今变幻中,又捕捉到亘古如斯的历史连贯性,在"变"与"同"中凸显了时间与空间同步的审美取向,在一瞥千年、尺千里幅的时空对举中形成了一种壮阔的气势。绝命诗在现存诗歌中数量最多,艺术价值也最高,当生命走到尽头时诗歌中仍然闪动着激情。如元熙《绝命诗》二首:"义实动君子,主辱死忠臣。何以明是节,将解七尺身。""平生方寸心,殷勤属知己。从今一销化,悲伤无极已。"一方面是生命即将逝去的悲哀,一方面是士为知己者死的豪迈,悲与壮交融,没有丝毫造作,体现了"言为心声"的观点。

随着南方文人入北,南方文学的表达技巧也渐次浸润于北方文人的创作之中。漠北作家的诗歌创作在写作技巧,如对仗、对比、音韵、节拍的运用上,也时见南风北渐影响下的圆熟之作,如宇文毓《和王褒咏摘花》:"玉碗承花落,花落碗中芳。酒浮花不没,花合酒更香。"整首诗韵律和谐,顶真手法的运用将意象层层叠加,意境层层递推,将深层的生命意识都融入了花香酒气中,审美倾向趋于雅致。这也是漠北诗歌中唯一一首类似齐梁之作的诗歌,形式上与汉族作家的创作并无二致。但是,漠北文人毕竟是混血型的少数民族,带有马上民族的剽悍的生命活力,其诗歌创作更多的还是镌刻着北方民族雄壮的特质,如同样是宇文毓创作的诗歌,其《过旧宫诗》就高唱出"举杯延故老,今闻歌大风"的霸主情怀,他将历史与现实融为一体,体现出了深邃的精神和博大的意念,可以说,漠北诗歌更多是反映马上民族苍劲气质的诗歌。

(二)历史转型期渐变式的创作风格

漠北文学区的本土文学创作,深刻记录了漠北地区在社会转型期的生活、文化、心理等方面的渐变过程,也凸显出时代转型期所特有的渐变式的创作风格。

赋文方面,孝文帝的骚体赋《吊比干文》,体制宏丽,情调感伤;元苌的大赋《振兴温泉颂》,工整华丽,气韵高艳;元顺的抒情小赋《蝇赋》,比喻犀利,语调激烈;宇文护的《报母阎姬书》更是被钱基博称为"北朝第一篇文","足与李密《陈情表》并重千古"①,阎氏的信由人代笔,将家中的琐事娓娓道出,俚俗细碎,不假修饰,逼肖老妪口吻,宇文护的回信字句齐整,基本是四言句,间有俪偶,以单行散句为主,出之自然,笔到伤心之处又吞吐呜咽,可谓一味情真,字字滴泪,笔力遒健而辞意优缓,此文可以说是书信文中的精品。从他们的创作中可看出,这一时期的漠北少数民族文学家已经高度汉化,对赋文的各种体式如骚体赋、抒情小赋等都能熟练把握。虽然他们的作品也存在着明显的模仿痕迹,如《吊比干文》,但模仿中透露出的是一种从朴质走向成熟的气息。

漠北文学风格经历了一个逐步转型的过程。初期的漠北文学,如前文所引的《吊比干文》、元勰《应制赋铜鞮山松诗》等,具有勇武剽悍的清刚寒劲之气,风格更为朴质;后期的漠北文学,受由南入北的士人如庾信、王褒等人影响较大,文学风格也渐次发生了变化,在北方民族文学的底色上,汲取了南方文学圆熟的表现手法,呈现出南北文学交融的审美特质,如宇文招《从军行》:"辽东烽火照甘泉,蓟北亭障接燕然。水冻菖蒲未生节。关寒榆荚不成钱。"前两句从远处、大处落笔,把战争场面写得开阔壮观,使人读后顿然产生硝烟弥漫、刀枪铿然的印象。接下

---

① 钱基博:《中国文学史》,中华书局1993年版,第247页。

来的两句从近处、小处着笔,通过细节描写,生动地再现了气候之寒冷,士兵之凄苦。全诗风骨独著,清冽劲拔,洋溢着悲凉慷慨之气,使人如临其境,文字老练,用笔纯熟。庾信《上益州上柱国赵王诗》二首之一曾盛赞宇文招"风流盛儒雅,泉涌富文词";又在《谢赵王新诗启》中说他"新诗八体六文,足惊豪翰。四始之义,实动性灵。落落词高,飘飘意远;文异水而涌泉,笔非秋而垂露;藏之山崖,可使文雾郁起;济之江浦,必当游龙绕船",足见评价之高。所以说,漠北文学风格的转型,一方面在于文学的艺术形式上进一步汲取了汉族文学的审美属性,另一方面漠北作家又充分发挥了属于自己民族文学的特色。虽然大量南朝士人的北入,把中原诗歌传统与诗艺移植于漠北土壤中,使之成为漠北诗歌发展的重要基础,使文学风格产生了渐变式的转化,但是漠北文学的文化底蕴、气象却仍然保留着北方民族与北方地域的本色。

这样一种文学风格的转型,正是那个时代转型期所特有的表征。这种转型,也昭示着一种盛大的新时代浪潮的到来,南北合融的文风以及大唐雄壮开阔的气势在这里已经是潜流涌动了。

三、漠北文学区的形成与消亡

北朝漠北文学区从形成至消亡是一个渐进的过程。就其形成而言,由于受地域的影响,独特的文化因子会慢慢地渗透到文学创作过程中,但这过程是缓慢的,真正促成该地区大规模的文学创作、改变该地区文学进程的事件是公元386年北魏的建立。鲜卑贵族拓跋珪的建朝为文学创作提供了政治保障,呼唤着少数民族创作高峰的到来,标志着漠北文学区的形成。就其消亡而言,公元534年的北魏分裂,极大地冲击了少数民族创作队伍,导致了北方文学版图的支离破碎,也在某种程度上暗示了漠北文学创作的消歇,文学区域的逐渐消解。

(一)漠北文学区的形成

1. 地理环境的影响

文化根源于一定的地域,地理环境与文化息息相关。"首先,某些地貌类型,如山脉、河川、沙漠、盆地等,控制着文化区域的分布状况,并可能成为文化区域间的自然边界。其次,各地区自然环境的不同,会深刻影响到区域文化的特征。第三,自然地理区域的基本格局,对文化区域的分布状况,具有深刻的制约作用。"①

存在决定意识,自然环境、生活方式、生产方式都是铸造人文品格与气质的大熔炉。漠北地域广阔,各少数民族逐水草而居,流动性较大,较少安土重迁的观念,勇于开拓进取,极富进攻性。同时,这里气候干燥,雨量稀少,冬季漫长而寒冷,春季短而夏季干热,民族间的征战亦此伏彼起,这就造就了漠北诸民族粗犷剽悍、质朴豪爽的民族性格,并且积淀为一种特殊的文化心理结构。这种民族性格与文化心理结构,折射于文学之中,就形成了苍莽雄健、劲直梗概的壮美风格。

2. 人口迁徙推动了文化区域的形成

东晋末期以来,我国境内人口迁徙的浪潮一浪高过一浪②,人口迁徙的轨迹是由中原地区向东、南、西、北四周辐射,其结果是汉魏以来形成的统一、共同的文化格局骤然崩溃,中原地区的文学创作走向衰落,而北方的周边地区如河西、漠北等地,因创作群体的迁入而文学格局渐次形成。如十六国时期,中原人口避难河西,将中原优秀的文化成果输入了该地区。其中江琼的文字学、书法学家卫凯的"古篆八体之法"等在中原后来竟成为绝学,而河西文化却因中原文士的迁入而大放异彩。文学发展也极为迅速,直至北魏统一北方时,将河西著名学者全部迁往平城,盛极一时的河西文学才沉寂下去。就漠北文学区而言,中原人士因战乱而迁到该地的人数也非常多,这些人中就有著名诗人高允、游肇、崔挺。鲜卑贵族起用流民中的大批汉族文士,或为谋主,或为股肱,或位居枢要,或引为宾友,这在鲜卑贵族儒学化过程中起了关键作用。作家群的流转迁徙,客观上加速中原文化的传播,促进了民族文化的融合。

漠北文学正是鲜卑文化与汉文化相互融合的产物。北朝社会的封建化进程正是鲜卑民族逐步接受汉文化的进程。虽然鲜卑民族在接受汉文化的进程中始终羼杂着对外来文化的排斥心理,而且这种对外来文化的接受与融合,也并不全部是指汉文化,但从主体上说,对汉文化的接受与融合则是鲜卑民族文化转型的一个基本趋势,这也形成

---

① 胡阿祥:《魏晋本土文学地理研究》,南京大学出版社2001年版,第71页。
② 据谭其骧先生考证:人口迁徙的高潮有汉末三国时期、永嘉南渡、东晋成帝时期、东晋穆帝时期、肥水之战后五次。见《长水集续编》,人民出版社1994年版,第171—189页。

了漠北文学的复杂性与丰富内涵。

(二)漠北文学区的消亡

漠北文学区的消亡过程,其实也正是漠北文学区与其他各区域以及南朝的文学互动交融的过程。

1. 政治因素

北魏前期,随着北魏统一北方,与漠北文学区紧邻的河西文学区结束了它作为地域文化独立发展的历史,汇入了中华文化的长河。大批河西士人进入北魏统治机构,大量文化典籍、学术著作转移到了平城、洛阳,河西文化的精髓,带着河西士人务实的精神,融入了整个漠北文化系统,漠北文学区域扩大的同时也正逐渐消减着自身的风格特征。后来随着公元534年的北魏分裂,原先以皇族为主体的少数民族创作队伍支离破碎,他们或死于非命,或隐姓埋名,而仅剩的宇文创作者又成了关陇文学首领,昔日盛极一时的漠北文学区域也不复存在。

至隋统一之后,各民族、各地区之间联系紧密,交往频繁,南北文化如百川汇海,形成了以传统中原文化为核心的高度融合,不仅从政治上淡化了文学的区域分野,而且统一的文化形态也逐渐为士人所认同。虽然在这以后,不同地域可能仍然保留着鲜明的地域文化特色,但是从宏观上看,统一的文化形态则成为文化的主流。文学的发展进程,更是鲜明地折射了文化发展进程。

2. 文化心理因素

文化心理结构和文化本土意识一经形成,就使民族文化和区域文化个性具有相对的稳定性。但是文化心理结构和文化本土意识毕竟不是一种纯粹的静态的连续,而是一种面对着各种关系而不断自我调整的动态的延续。文化心理结构和文化本土意识的动态延续,主要受时间与空间两个重要变化参数的影响。随着时间的变化,外来文化的介入,或者作为文化承载者的主体移入新的环境,都会使固有的文化心理结构和文化本土意识与外来文化处于一种碰撞 — 融合、融合 — 碰撞的运动状态,如鲜卑统治集团一方面仰慕汉文化先进、成熟的礼乐文明,另一方面又在潜意识中牢固的维护本土文化。而非常有趣的是,正是在这种碰撞 — 融合、融合 — 碰撞的螺旋式递升的过程中,提升了他们的文化品位,使其审美趣味也在不自觉的日趋高华。

　　一般说来,在特定的历史 —— 环境条件下,一种文化就是一种自然界和其他文化发生相互关系的开放系统。文化的地域特征会影响文化构成的技术成分,并最终影响到文化构成的社会成分和观念成分。另外,为了适应外部世界的变化,作为文化构成的观念系统又反过来开辟文化构成的技术成分的发展方向。因而一种文化的生命力正是在于它不断地适应新的历史环境,当一种文化受到外来文化的影响后,那种固有的文化心理结构和文化本土意识也就发生潜在的微妙的变化。尽管漠北文学区的地理条件、文化传统、种族特征先天地构成了特定的文化心理结构和文化本土意识,但是外来文化的介入必将由外而内地参与本土文化的重构,在鲜卑文化在与汉文化的碰撞 —— 融合、融合 —— 碰撞的螺旋式递升的过程中,逐渐游离了本土文化的生存土壤,并逐渐解构了固有的文化心理结构和文化本土意识,并最终改变本土文化区域的划定,这正是漠北文学区逐渐消失的深层的文化心理原因。

　　概括言之,漠北文学区的本土文学的发展是与整个时代的发展联结在一起的。由于地域与创作者身份的特殊性,使漠北文学成为游牧文化与中原文化高度融合的典范,在我国文学史上堪称奇葩,而漠北文学的发展史从某种意义上也可以称之为北朝少数民族文学的流变史。

　　　　　　　　[原载《民族文学研究》2011 年第 6 期,与陈玲合作]

论《诗品》溯源析流的美学原则与内涵

  《诗品》论诗溯源析流,分品归类,不仅对所选的122位作家分上、中、下三品进行归类品评,而且对其中36位重点作家追源溯流。此外,尚有少数作家虽未明示源流,却在具体品评之中揭示其师承关系。从现代的观点看,钟嵘既是以史家的视角,在文学发展的时间序列中寻求文学递嬗传承的规律,又是从批评家的审美视角观照作家作品的美学世界。在整体的构架上,它是以文学递嬗传承的规律为经,以具体作家作品的审美批评为纬,从而构成"思深意远"的诗学体系。

  后人不仅对《诗品》的定品第,别高下,议论不已,褒贬参半,即使对溯源流、明师承,也是聚论纷纭,毁誉并存。笔者认为要讨论《诗品》溯源归类的得失,就应该透过《诗品》溯源析流的基本美学原则,及其作家作品品评所显现的美学内涵,使之回归到钟嵘所依托的审美标准中去,才能作出理性的评价。本文正试图凸显钟嵘溯源析流的基本美学原则及其内涵,并简要论述《诗品》源流追溯的得失,而对品第高下的是否恰当则不予涉及。

———

  钟嵘著述《诗品》,一是针对"庸音杂体,人各为容"的创作现实;二是针对"随其嗜欲,商榷不同。淄渑并泛,朱紫相夺,喧议竞起,准的无依"的批评现实。希望通过"网罗古今,词义殆集"的方式,达到"辨彰清浊,掎摭利病"的目的,以期建立一条诗歌批评的美学原则。(凡引《诗品》不另标出处,下同。)

  钟氏所期望建立起的美学原则主要是体现在对重要作家溯源析流、归类师承上。虽然钟氏仅对36位作家溯源流、明师承,但是就在这些作家的溯源析流中,仍可窥见其所建立起的基本美学原则。

　　锺氏把所品评的36位作家的源流师承关系划为三类:楚辞类22人,以李陵为首,分为曹丕、王粲、班姬三系;小雅类仅阮籍1人;国风类14人,分为曹植、古诗两系。概括言之,即归源于《诗经》与《楚辞》两类。而《诗经》类的,则主要归源于国风。源于国风的作家,只有曹植"情兼雅怨",谢超宗等6人"得士大夫之雅致",似乎受了雅诗的一点影响,其他作家几乎都与国风有一脉相承的关系。而对颂诗的影响只字未提。

　　虽然《诗品》明确指出李陵诸人源于《楚辞》,但他的视点又恰是落在《离骚》上。《诗品序》以楚臣去境作为"离群托诗以怨"的典型,显然系指屈原。在评价《楚辞》一脉的作家中,锺嵘特别注重"凄怆"(评李陵)、"怨深"(评班姬)的审美标准。屈原作品符合这一审美标准的只有《离骚》。其他作品,如《天问》为问天质疑之作,《九歌》为信鬼好祠、鼓舞乐神之歌,均与"凄怆"无涉。《九章》虽为屈原放逐,"思君念国,忧心罔极"(王逸《楚辞章句》)的作品,但其怨未出于《骚》。所以锺嵘在品评《楚辞》一脉作家时所言的"凄怆"、"愀怆"(评王粲)、"怨深"、"凄戾"(评刘琨)等,都是仅就《离骚》而言的。因此《诗品》的溯源析流主要限于国风与《离骚》。风骚并举是锺氏溯源析流的基本美学原则。

　　锺嵘已经朦胧地意识到,作家的源流师承不是一种简单的线型因果关系,而是一种网状的交叉渗透关系。不仅同出一源的作家互相影响,如魏文帝"其源出于李陵,颇有仲宣之体",而且不同源流的作家也互相影响,如陶潜"其源出于应璩,又协左思风力"。应璩、左思已分属《离骚》、国风两个源头。甚至源头的本身也存在着交叉叠合的地方。源于雅诗的阮籍,其作品多为怨刺忧愤之作,原是源于"变雅",而变雅与抒写诗人"志与遇"的《离骚》又恰恰是相通的。但是无论如何,在锺嵘看来,这些作家都是包含在风骚两派之中。

　　锺嵘正是以风骚并举的美学原则考察汉魏至齐梁的五言诗发展源流。本来从汉魏至齐梁的几百年间,五言诗的发展断不会仅仅受风骚的影响,而没有受到《诗经》《楚辞》中其他类型诗体的影响(即使不考虑乐府的直接影响)。仅就《昭明文选》所选的五言诗而言,应诏侍宴的应制之作,歌功颂德的廊庙之体,满眼皆是,招隐之诗也时有所见。为何锺嵘对此视而不见? 这就涉及锺嵘建立在风骚两系之上的主体诗学标准的问题。

  锺嵘认为，真正优美动人的诗歌，一种是"气之动物，物之感人，故摇荡性情，形诸舞咏"的心物相感、写景抒情之诗；另一种是"嘉会寄诗以亲，离群托诗以怨"，"感荡性灵"的叙写遭际、抒怀言志之诗。只有这两类诗歌，才是众作之有"滋味"者。而且锺嵘对这两类诗歌在艺术上提出了具体的美学要求：

   岂不以指事造形，穷情写物，最为详切者耶！故诗有三义焉：一曰兴，二曰比，三曰赋。文已尽而意有余，兴也；因物喻志，比也；直书其事，寓言写物，赋也。宏斯三义，酌而用之，干之以风力，润之以丹采，使味之者无极，闻之者动心，是诗之至也。

物气感人而形诸歌咏和抒写遭际以咏志抒怀的作品，在艺术上都必须达到"指事造形，穷情写物"的美学境界，必须比兴赋体兼用，风力丹采并重。锺嵘之所以把风骚并举作为五言诗溯源析流的基本美学原则，是因为风骚两系的作品正符合这一美学标准。在内容主旨上，《离骚》是楚臣去境的产物，其中也间有"瞻万物而思纷"（陆机《文赋》）的心物相感的内容，风诗既有物气感人之作，也有抒写身世遭际之篇。在表现形式上，两者都是赋比兴兼用的一浪漫、一现实的中国诗学源头。在抒情言志上，风骚不仅能够"穷情写物"，"因物喻志"，而且具有感动人心的"风力"，华赡富丽的"丹采"。

  概言之，内容上心物相感，抒写遭际；艺术上指事造形，穷情写物；手法上比兴赋体兼用；风格上风力丹青并重，又是锺嵘风骚并举的美学原则所包含的具体诗学标准。

  锺氏对应制之作、廊庙之体、招隐之诗之所以视而不见，就是因为这些诗歌从溯源上说是上承《诗经》的雅颂、《楚辞》的《招魂》。而雅诗是"言天下之事，形四方之风"，"言王政之所由废兴也"；颂诗是"美盛德之形容，以其成功告其神明者也"（《诗大序》）；《招魂》是"怜哀屈原忠而斥弃，愁懑山泽，魂魄放佚，厥命将落"（王逸《楚辞章句》），在内容、艺术、手法、风格上，与锺氏的主体美学标准有不尽相合之处，故摒落而不置一辞。可见《诗品》论诗完全是以风骚并举的基本美学原则为审美视角而进行取舍的。

顺便提出的是,锺嵘论诗虽为风骚并举,似乎更重凄怆怨深的骚体。不仅品诗析源所直接点明的渊源师承关系是以楚辞一派为多,而且即使是"其源出于小雅"的阮籍也特重其"幽思"的特点,这种幽思的本质正是沈德潜所言"反复零乱,杂写哀怨"①之类,与《离骚》有难以割舍的联系。《诗品序》不惜篇幅列举"离群托诗以怨"的例证:

> 至于楚臣去境,汉妾辞宫。或骨横朔野,或魂逐飞蓬。……塞客衣单,孀闺泪尽。又士有解佩出朝,一去忘返;女有扬蛾入宠,再盼倾国。

真如一幅哀怨凄婉的别赋!虽然《诗品序》也强调心物相感的写景抒情,对"嘉会寄诗以亲"也比较重视,但是"托诗以怨"似乎占有更大的比重。

二

风骚并举只是锺嵘作为观照作家作品的基本美学原则,在具体的作家品评中又表现出丰富的美学内涵。至少可以概括为以下几点。

(一)温厚平和的中和美

汉魏之诗源于国风者为两系:古诗与曹植。锺嵘论古诗特别标示其温厚平和之美,强调"文温以丽,意悲而远"的美学特征。"文温"即"畜神奇于温厚","意悲"即"寓感怆于和平"②,其本质就是"推人心之至情,写感慨之微意,悲欢含蓄而不伤,美刺婉曲而不露"③的温厚平和的中和美。锺氏提出的"情兼雅怨"(评曹植),"文典以怨"(评左思),"雅意深笃"(评应璩),也都是构成温厚平和的中和美的质素。

基于这种温厚平和的中和美,在文与质的关系上,主张"文质彬彬",批评王粲"文秀而质赢"与谢混轻华浮艳的诗风;在气与文的关系

① 沈德潜:《古诗源》,中华书局1963年版,第118页。
② 胡应麟:《诗薮·内编》卷二,《全明诗话》(第三册),齐鲁书社2005年版,第2503页。
③ 杨载:《诗法家数·五言古诗》,载何文焕:《历代诗话》,中华书局1981年版,第731页。

上，主张气文相符，不赞成刘桢"气过其文"，即气质才性过露，缺乏迂徐含蓄；在调与情的关系上，主张"口吻调利"，反对文急以怨的鲍照"不避危仄，颇伤清雅之调"；在语与格的关系上，主张"矜重"、"规矩"，批评"逸荡过之"（评谢灵运），欣赏"尚规矩，不贵绮错"（评陆机）。在钟嵘看来，文质彬彬，气文相符，口吻调利，矜重规矩，是温厚平和的中和美的几种具体表现，过与不及他都反对。这种诗学理论上承"乐而不淫，哀而不伤"（《论语·八佾》）与"小雅怨诽而不乱，国风好色而不淫"[1]的观点，与"直而不野"，"夸而有节"（《文心雕龙·夸饰》）构成横向联系。

（二）风骨奇卓的诗格美

中和之美并不排斥风骨奇卓的诗格美。在《诗品序》中钟嵘感慨："孙绰、许询、桓、庾诸公诗皆平典似《道德论》，建安风力尽矣。"风力就是风骨。风是作家气质才性涵蕴在作品之中所形成的感动人心的精神力量，骨是借助语言的"选义按步，考辞就班"（陆机《文赋》）而形成的文章内在结构，所以"结言端直，则文骨成焉"。（《文心雕龙·风骨》）钟嵘十分称赏曹植"骨气奇高"，刘桢"仗气爱奇，动多振绝，真骨凌霜，高风跨俗。"认为曹刘才性气质超凡脱俗，奇绝一世，表现在作品中就形成一种气韵沉厚、风格卓荦的诗格美，尤其是子建"情兼雅怨，体被文质"，乐府、赠别、杂诗篇什，颇多忧生之嗟，气格情调兼具，别有一种诗格美。在其他诗人的评价中也贯穿同样的诗学观点。评陶潜"又协左思风力"，刘琨、卢谌"自有清拔之气"，虞羲"奇句清拔"。的确，左思《咏史》"壮而不悲"[2]，"刘琨雅壮而多风，卢谌情发而理昭"（《文心雕龙·明诗》），"虞子阳《北伐》，大有建安风骨"[3]。四人诗歌风格上都具有慷慨豪放、雄壮清刚的特色。可见，钟嵘不仅主温厚平和、风格趋于阴柔的中和之美，同时也重骨气超奇、风格趋于阳刚的壮美诗格。他批评张华"儿女情多，风云气少"，赞扬陆厥"具识丈夫之情状"，正是由此而发。

---

① 《史记》卷八十四《屈原贾生列传》，中华书局1984年版，第2482页。
② 刘熙载：《艺概》卷二《诗概》，上海古籍出版社1978年版，第54页。
③ 胡应麟：《诗薮·外编》卷二，《全明诗话》（第三册），齐鲁书社2005年版，第2591页。

（三）凄怆怨深的含蓄美

与温厚平和的中和美相联系的，是凄怆怨深的含蓄美。《诗品》论诗殊重凄怨，在评论诸家之作中，屡用"凄怆"、"怨深"等词。但是钟嵘并不主张直抒怨情，而要求比兴寄托，情兼雅怨，具有含蓄美。即以他所举的作家而言，李陵的赠别之诗"但叙别意，无一语及于事实，而言外无穷，使人黯然不可为怀"①；班姬《团扇》"用意深婉，音韵和平。"② 即使悲壮如刘琨、卢谌，其诗随笔倾吐，"英雄失路，万绪悲凉"，其内涵也不可"于语句间求之"③，都具有含蓄美。正是对含蓄美的重视，钟嵘批评"兴托不奇"（评张华），赞成"情喻渊深"（评颜延之），"雅意深笃"（评应璩），反对"过为峻切，讦直露才，伤渊雅之致"（评嵇康）。总之，写怨情应不迫不露，优游宛曲，与温厚平和的中和美相得益彰。当然含蓄并非是意深词踬。故钟嵘又强调自然之美。他同意"谢诗如出水芙蓉"的评价，欣赏鲍行卿"擅风谣之美"，讥讽陆机伤"直致之奇"。一方面肯定阮籍"言在耳目之内，情寄八荒之表"是"洋洋乎会于风雅"，另一方面对阮诗"厥旨渊放，归趣难求"，似乎又有微辞。他诘难用典，注重直寻，均是与此相关联的。

（四）讽喻激刺的诗意美

钟嵘特别留心风骚之作婉而多讽、美刺比兴的美学特点。评左思"得讽喻之致"，评应璩"得诗人激刺之旨"。左思《咏史》借咏史以抒怀抱，托讽以喻，怨刺上政，而又磊落不平，壮怀激烈，的确具有讽喻激刺的诗意美。应璩诗，李充《翰林论》谓"以风规治道，盖有诗人之旨焉。"其"《百一》诗，讥切时事"④，考其本事，实为规讽曹爽。"殷切指喻，忧患存焉"⑤。这种注重诗意的讽喻激刺，使钟嵘论诗颇重言外之意，他注意到郭璞《游仙》非止是"列仙之趣"，"乃是坎壈咏怀"之作；"齐高帝诗，词藻意深，无所云少"。郭诗已成定论。齐高

---

① 刘熙载：《艺概》卷二《诗概》，上海古籍出版社1978年版，第52页。
② 沈德潜：《古诗源》卷二，中华书局1963年版，第47页。
③ 沈德潜：《古诗源》卷八，中华书局1963年版，第148页。
④ 《文选》卷二十一李善注引《楚国先贤传》，中华书局1977年版，第305页。
⑤ 张溥：《汉魏六朝百三家集题辞》，《续修四库全书》第1584册，上海古籍出版社2003年版，第291页。

帝今仅传《群鹤咏》,史载是其镇淮阴时见疑于宋明帝,乃以群鹤比兴,别有寄托①。按之本诗"一推云间志,为君苑中禽",此说较为可信。钟嵘谈诗,往往由诗而推及人格,如评陶潜"每观其文,想其人德",也正是以比兴寄托,讽喻怨刺的诗意美为着眼点的。注重讽喻怨刺,不仅是风骚之作美学特点,也是传统诗学的一条美学标准。《诗大序》说:"上以风化下,下以风刺上,主文而谲谏。"王逸谓骚是"善鸟香草,以配忠贞;恶禽臭物,以比谗佞;灵修美人,以媲于君"(王逸《楚辞章句》),正是钟嵘诗论的源头。

(五)美赡葱菁的词采美

与诗意美相对应的是诗的词采美。钟嵘对曹植、曹丕、班姬、应璩、张协等人赏其"词采华茂"、"美赡可玩"、"文绮"、"华靡"、"葱菁",对陆机、谢灵运等人的词采之美更是击节称赏。认为陆诗"咀嚼英华,厌饫膏泽"是"文章之渊泉",对左思"野于陆机"十分不满。把谢灵运诗的"名章秀句……丽则新声","譬犹青松之拔灌木,白玉之映尘沙",把谢朓诗中的"奇章秀句"比作篇中的"玉石"。由于他注重美刺比兴的诗意美,使他在强调词采美的同时,并没有滑向唯美主义的泥坑。他对文虽艳冶轻巧,而兴托不奇的诗作是十分鄙薄的。他同意《翰林论》对潘岳"其翩翩然如翔禽之有羽毛,衣服之有绡毂"的评论,然而又批评潘诗"意浅于陆机"。指责张华"其体华艳,兴托不奇"。对宋武帝诗"雕文织采,过为精密",造成"天下悉以文采相尚",也深为不满。纵观《诗品》,钟氏固然反对平典似《道德论》与殆同书抄的文章,提倡美赡葱菁的词采,但是他所主张的是以情为文,体被文质,赋体比兴兼用,风力丹采并俱。

(六)文体省净的情趣美

钟嵘提倡"文体省净"、"辞兴婉惬",反对文体"繁富为累",内容"理过其辞"。他赞扬张协"文体华净,少病累",王巾、王卞"虽不宏绰,而文体剿净",王融、刘绘"词美英净"。推崇陶潜"文体省净,殆无长语。笃意真古,辞兴婉惬"。在钟嵘看来,文体省净应包涵两方面的含

① 参见《南史》卷四十七《荀伯玉传》,中华书局1975年版,第1167页。

义：一是文辞省净——文约意广，殆无长语；二是体制省净——无繁富芜漫之累。只有做到文与体的省净，才能克服文繁意少之弊，显现出语意深厚，抒情喻志婉转惬当的意趣美。文体省净，即便是"清浅之作"，也可达到"风流媚趣"之境。但是锺嵘也认为，如果作家才性高卓，思致深厚，即使是文体繁富也不为病累，所以他评价谢灵运"兴多才高，寓目辄书，内无乏思，外无遗物，其繁富，宜哉！"所谓"内无乏思"，就如《古诗源》所说："谢诗经营惨淡，钩深索隐，而一归自然，山水闲适，时通理趣。"可见锺嵘强调文体省净，以情趣为宗。情趣则又包含意趣、媚趣、理趣，与温厚平和的中和美互相包融含纳。而"雅致""雅宗""渊雅之致"，也是构成这种情趣美的重要质素。简言之，只有表达婉曲，旨丰辞约，"组织风骚，钩平文质，得心情之正，合和平之旨，义理声歌，两用其极"（张庚《古诗解》），才能显现出文体省净的情趣美。

上述六个方面，从诗歌构成的美学质素看，分别讨论了诗调、诗格、诗情、诗旨、诗言、诗体等诗学上的重要问题，对诗歌风格、缘情言志、语言文体均作了精湛的论述。从作家作品的析源辨流看，诗调温厚平和、诗格风骨奇卓的作家多系源于国风一脉；诗情凄怆忧怨、诗言美赡葱菁的作家多系源于楚骚一脉；而诗旨讽喻激刺、诗体文体省净则是两派作家所显现出的共同美学特征。

锺嵘对作家作品的品评，既是观照作家作品所得出的审美判断，也是对风骚美学内涵的归纳与抽象。从上面论述可以看出，锺嵘对风骚美学内涵的考察，既着眼于"异"——风之温厚平和、风骨奇卓与骚之凄怆忧怨、美赡葱菁，也着眼于"同"——风骚两系所共同显现出的讽喻激刺、文体省净的美学特征。

三

《诗品》问世后，历代诗学家对其有关溯源析流与作家品评方面有种种论争，予以归纳评述，对于深入认识锺嵘诗学理论的得失，是大有裨益的。

《诗品》的溯源归类，就整体而言，赞同者认为："论诗论文而知溯流别，则可以探源经籍，而进窥天地之纯，古人之大体矣。此意非后世诗话家所能喻也。"① 反对者则云："然梁代迄今，邈逾千祀，遗篇旧制，什九不存，未可以掇拾残文，定当日全集之优劣。惟其论某人源于某人，若一一亲见其师承者，则不免附会耳。"② 就个别作家而言，情况尤为复杂。有赞成《诗品》之说，如评曹植，何焯《义门读书记》谓有"风人之旨"，"小雅嗣音"③，与锺评"源出于国风""情兼雅怨"形异而质同。也有异于《诗品》之说，谢榛《四溟诗话》云："锺氏《诗品》，专论源流，若陶潜出于应璩，应璩出于魏文，魏文出于李陵，何其一脉不同邪？"④ 锺氏认为阮籍源于小雅，《艺概·诗概》谓其"诗出于庄"，《义门读书记》谓"虚无恬淡类庄、列"，又说"《咏怀诗》其源本诸《离骚》"，与锺说相去甚远。还有与《诗品》之说同异互见。王世贞《艺苑卮言》："子建《杂诗》六首，可入《十九首》，不能辨也。"⑤ 刘熙载《艺概·诗概》曰："曹子建《赠丁仪、王粲》……此意足推风雅正宗。"又曰："曹子建、王仲宣诗出于骚。"⑥ 王氏认为曹诗出于古诗，而古诗出于国风。刘熙载认为植诗既有风雅之意，又有骚人之怨。与锺嵘把古诗与曹诗并列源于风是同中有异的。有的作家《诗品》未置源流，后人重加溯源。《古诗源》说："孟德诗犹是汉音，子桓以下，纯乎魏响。"⑦ 曹操诗情兴所至，有天成之妙，得风之遗旨，与汉乐府同调。如《诗源辩体》卷四云："汉魏同者，情兴所至，以情为诗，故于古为近。……同者乃风人之遗响。"⑧

溯源析流主要是建立在对诗人美学风格的认识上，所以后人对《诗品》关于诗人美学风格的品评也颇多见仁见智之言。如王粲，锺评"发愀怆之词，文秀而质羸"，《诗概》谓，"仲宣情胜"，与锺说近似；何焯《读书记》云："仲宣诗极沉郁顿挫，锺记室以为文秀而质羸，殆所未喻矣。"明确反对锺说。对鲍照，何焯一方面赞叹"锺记室谓其'含景阳之俶傥，兼茂先之靡嫚'，知之最深"，另一方面又说"然亦具太冲之瑰

① 叶瑛：《文史通义校注》卷一《诗教》，中华书局1994年版，第559页。
② 纪昀等：《四库全书总目提要》卷一百九十五《诗文品类》，海南出版社1999年版，第1067页。
③ 何焯：《义门读书记》卷四十六，中华书局1987年版，第906页。
④ 谢榛：《四溟诗话》卷二，载丁福保：《历代诗话续编》，中华书局1983年版，第1162页。
⑤ 王世贞：《艺苑卮言》卷三，载丁福保：《历代诗话续编》，中华书局1983年版，第989页。
⑥ 刘熙载：《艺概》卷二《诗概》，上海古籍出版社1978年版第52、54页。
⑦ 沈德潜：《古诗源》卷五，中华书局1963年版，第90页。
⑧ 许学夷：《诗源辩体》卷四，人民文学出版社1987年版，第71页。

奇",与锺说同中有异。至于鲍诗的格调,锺评为"危仄""险俗",《南齐书·文学传论》说其"发唱警挺,操调险急",与钟说近似,但杜甫赏其"俊逸"(杜甫《春日忆李白》),与锺说就相去甚远了。这种观点的对立在对嵇康的评论上表现得尤显。锺评"过于峻切,讦直露才,伤渊雅之致。"张溥却谓之"'嵇词清峻,阮旨遥深',两家诗文之定论也。……然视建安诸子,篇章凋落,斯又岿然大部矣。"① 虽然一评"峻切",一评"清峻",审美意蕴有相通之处,但是一认为讦直露才,有伤蕴藉雅致,另一认为岿然独立,深得建安风骨,两评却又截然不同。

对诗人美学风格评价的差异有时也因缘于对诗人之作内容主旨见解的差异。如《艺概·诗概》说:"刘越石诗,定乱扶衰之志,郭景纯诗,除残去秽之情,第以'清刚''隽上'目之,犹未觇厥蕴。"正是从诗的内容出发批评锺嵘对二人诗歌风格的评价。推原刘熙载的本意是,刘琨、郭璞之诗,为英雄失路而慷慨悲歌的壮怀激烈之作,岂止是"清刚""隽上"? 对诗人之作内容见解的分歧莫过于陶渊明。锺嵘把陶渊明列为"隐逸诗人之宗",所重的显然是陶诗"田园风光"和"以酒寄迹"② 的作品。后来不仅论陶者或赏其"高情远韵",或赏其"北窗高卧",就连唐人所著的《晋书》《南史》也并置陶于《隐逸传》中。直至颜真卿才注意到陶诗与社会的关系③。而真正对陶诗作出较为全面阐释的是陈祚明。其《采菽堂古诗选》曰:"千秋以陶诗为闲适,乃不知其用意处。朱子亦仅谓《咏荆轲》一篇露本旨。自今观之《饮酒》、《拟古》、《贫士》、《读山海经》,何非此旨? 但稍隐耳! ……千秋之诗,谓惟陶与杜,可也。"④ 这就力辩了陶公非止是闲适静穆的田园诗人,也有寄言悲愤、金刚怒目式的作品。如龚自珍《舟中读陶》所说"莫信诗人竟平淡,二分梁甫一分骚",黄文焕《陶诗析义自序》、陈衍《诗品平议》均有与此类似的论述。

对诗人美学风格认识的差异直接影响到诗人源流师承的归属。

---

① 张溥:《汉魏六朝百三家集题辞》,《续修四库全书》(第1584册),上海古籍出版社2003年版,第291页。

② 萧统:《陶渊明集序》,载逯钦立校注:《陶渊明集》,中华书局1979年版,第10页。

③ 颜真卿《陶公栗里》诗曰:"呜呼陶渊明,奕叶为晋臣。自从公相后,每怀宗国屯。题诗庚子岁,自谓羲皇人。手持山海经,头戴漉酒巾。兴与孤云远,辨随过鸟泯。"可参阅。

④ 陈祚明:《采薇堂古诗选》卷十三,上海古籍出版社2008年版,第388页此注乃后补。

例如陈衍《诗品平议》批评锺嵘谓陶为"古今隐逸诗人之宗"是"皮相"之见,说:"元亮以仲宣之笔力,写嗣宗之怀抱。"按陈衍说法,陶潜与王粲、阮籍有剪不断的渊源关系。何焯谓鲍照"具太冲之瑰奇",说明鲍与左思又构成渊源关系。《艺概·诗概》云:"刘公干、左太冲诗壮而不悲,王仲宣、潘安仁悲而不壮,兼悲壮者,其推刘越石乎?"越石悲壮的诗风,既受源于风的刘桢、左思的影响,又受源于骚的王粲、潘岳的影响,并非像锺嵘那样简单地归源于王粲。

对诗人作品内容理解的差异也同样影响诗人源流的归属。锺嵘评:郭璞"《游仙》之作,词多慷慨,乖远玄宗,⋯⋯乃是坎壈咏怀,非列仙之趣也。"何焯《读书记》谓:"景纯《游仙》,当与屈子《远游》同旨。⋯⋯《诗品》讥其无列仙之趣,此以辞害意也。"甚至说景纯的《游仙》就是屈原的《远游》,陈沆《诗比兴笺》竟赞其"知音"。以此论之,《游仙》应源于《远游》,与锺评"宪章潘岳"大相径庭。

上述诸家之论,各持一端,如果以现代的眼光考察,所争论的问题症结主要缘于三个方面:

第一,文学递嬗的复杂性。

文学的传承递嬗是各种文化合力的结果,作家所受前代文学传统的影响,不是单一的线型关系,而是一种复杂的网状联系。简单地断言某人源于某人,的确有主观武断、牵强附会之嫌。后人对锺嵘提出诘难,是有道理的,而对有些作家如曹植、阮籍等诗歌渊源的复杂性研究,也确实比锺嵘进了一步。但是作家创作必然以一种文学影响为主,这就为文学的溯源析流提供了可能性。而追溯文学的源流往往能够揭示文学在时间序列中传承递嬗的规律,它是文学的影响研究,也是构筑文学史框架的一种基本思维模式。《诗品》筚路蓝缕,功不可没。再说《诗品》对多数作家的溯源析流,从整体上说,还是基本可信的。特别值得注意的是,从他在具体作家的品评中所提出的"情兼雅怨""又协左思风力"看,他对文学递嬗传承的复杂性已有朦胧的认识。

当然,他这种朦胧的认识毕竟没有上升到理性,所以在溯源析流的过程中也常常遇到难以逾越的障碍。比如源于风骚两系的作家都有词采华茂、巧构形似的作品,二者如何别源归类?"得讽喻之致"(评左思)的作品与"得诗人激刺之旨"(评应璩)的作品,都借助于比兴寄托,锺嵘把前者归源于风,后者归源于骚,其理论依据何在? 凡斯种种,都是锺嵘难以解决的棘手问题。至于个别作家的溯源析流值得商榷的地方可能更多。

第二,美学标准的主体性。

批评,总是有意或无意地按照一定的美学标准进行的。批评家的才性气质及其所依托的文化背景、审美视角诸方面的差异,使之所持的批评标准染有很浓的主体色彩,锺嵘品诗自然是以个人的审美视角为依托点。就溯源析流而言,他大多只取某一方面的相似点。比如,他认为骚诗,一是凄怆怨深,一是文采美赡。说李陵、班姬、王粲源于骚是就意言;说曹丕源于骚是就辞言。风诗,一是意悲而远,一是诗格奇高。说古诗源于风是就意言,说曹植源于风是就格言。因古诗"兼有豪放旷达之意",所以又将刘桢、左思列于古诗一脉。刘熙载《艺概·诗概》的审美标准显然与锺嵘不同:"变风始《柏舟》,《柏舟》与《离骚》同旨,读之当兼得其人之志与遇焉。"[1] 他由此推衍开来,说曹植"足推风雅正宗",又谓"出于《离骚》",持论必然有别。就作家风格而言,锺嵘注重温厚平和的中和美,批评嵇康"峻切""讦直",鲍照"危仄""险俗"。而《艺概·诗概》以"知人论世"的标准考查嵇康,称嵇为"亮节之上",其诗"激烈悲愤,自在言外",结论必有差异。至于鲍诗在形式上五言七言无规则地交错组织,篇中用韵多骤然更换,形成一种拗折雄壮的风格,与杜诗风格颇多近似,故杜甫赏其"俊逸"。

审美标准的主体性是一种客观存在,见仁见智是批评家的自由。但是锺嵘的批评有两点值得研究:一是溯源所依托的审美标准不十分统一,以致出现他所划分的风骚两源的作家在风格上颇多交叉类似,如左思与鲍照、陆机与二张、大谢与小谢,析源的归类不同而风格近似。二是由于时代审美标准的褊狭,一叶障目之论也时有所见,对鲍照、嵇康的批评是突出的例证。

第三,审美对象的多面性。

任何一个作家都不是一个简单的平面,而是一个多棱复杂的立体。批评家观照审美对象时,由于主体因素的影响,即便是同一作

---

① 刘熙载:《艺概》卷二《诗概》,上海古籍出版社1978年版,第49页。

家也可能是"横看成岭侧成峰"。《诗品》所涉及的作家作品的品评表现得较为明显。先就内容说。批评家着眼的具体作品不同,得出的审美判断必然不同。以谢朓为例,锺嵘评之"微伤细密","感激顿挫过其文"。《义门读书记》举《赠西府同僚》为例,证其"沉郁顿挫";《诗薮·内编》举《游敬亭山》等作,证其"篇中绮绘间作"(即微伤细密之意)。而李白说"清发",《艺概·诗概》说"语皆自然流出",可能又是就其奇章秀句而言。再就风格说。作家的美学风格大多是一致性与多样性的统一,而批评家对一个作家美学风格的认识,也是一个不断的渐进深化的过程。对陶诗风格的认识是典型的例证。陶诗之美,虽然直超建安而上之,但在齐梁并未引起重视。锺嵘也只是把他视为隐逸诗人之宗而贬入中品。论其诗"笃意真古""风清华靡",也是从隐逸诗人这个视角出发的。后人无论是苏轼评其"质而实绮,癯而实腴",还是杨龟山评其"冲淡深邃,出于自然"①。元好问《论诗绝句》所谓之"一语天然万古新,豪华落尽见真淳",均未突破锺嵘的陶诗风格论的藩篱。直至沈德潜、陈沆才真正抓住陶诗风格的多样性。《说诗晬语》云:"陶诗胸次浩然,其中有一段渊深朴茂不可到处。唐人祖述者,王右丞有其清腴,孟山人有其闲远,储太祝有其朴实,韦左司有其冲和,柳仪曹有其峻洁,皆学陶焉而得其性之所近。"②虽是就陶诗的影响而言,但也透出了陶诗美学风格的多样性。至于陈沆所论,前文已论,不赘。

审美对象的多面性,使批评家在观照审美对象时往往难以穷尽对象的全部。加之审美批评的主体性,使批评家的审美观照已经进行了无意识的取舍和重构,这必然使作家作品的评论众说纷纭。而每一种合理的阐释都是对审美对象的一种美的"发现"。文学正是在一代一代不断"发现"中薪火相传。由此而论,《诗品》对审美对象的美的发现,自有其难以取代的价值。

纵观《诗品》,它以洞察作家的审美世界,品鉴作品的美学特征为珠,以文学在时间序列中的传承递嬗为线,即不仅把文学放在历史的长河中作连贯的系统研究,揭示出五言诗发展的流动过程,而且对所论的作家作品的审美质素作了不同程度的或深或浅的分析。在今天

---

① 马端临:《文献通考》卷二百三十《经籍》,中华书局1986年版,第1839、1840页。
② 沈德潜:《说诗晬语》,载王夫之等:《清诗话》,上海古籍出版社1999年版,第535页。

看来,它既有纵向的影响研究(溯源析流),也有横向的平行研究(作家比较)。锺嵘的研究真正从汉儒依经立论的文学研究方式走出,而进入纯美学的领域,并初步具有文学史的雏形。虽然锺嵘的诗学体系并不完善,所持的美学标准也难免有褊狭之处,牵强附会,时有所见,但他毕竟为诗歌研究拓展了一片新的天地!

[原载《安徽师范大学学报》(哲学社会科学版)1997年第2期]

下编　文献

《弹歌》杂考

　　《弹歌》是一首非常著名的原始歌谣,历来为文史学家所注意,各个时期编撰的文学史几乎均有引录。然而,诸本文学史对《弹歌》的解读几乎都偏离了文本的原义。造成这种现象的主要原因,是因为这首歌谣有三个方面的问题尚未引起人们充分的注意:一是歌谣的异文;二是"弹"的本义;三是"弹歌"的起源。现分别考辨如下:

　　《弹歌》最早见载于《吴越春秋》卷九:"(陈)音曰:'臣闻弩生于弓,弓生于弹,弹起古之孝子。'越王曰:'孝子弹者奈何?'音曰:'古者人民朴质,饥食鸟兽,渴饮雾露,死则裹以白茅,投于中野。孝子不忍见父母为禽兽所食,故作弹以守之,绝鸟兽之害。故歌曰:'断竹续竹,飞土逐害'之谓也。于是神农、皇(黄)帝弦木为弧,剡木为矢。弧矢之利,以威四方。"① 今诸本文学史均引作"断竹续竹,飞土逐肉(或作宍)"。

　　考《弹歌》的异文有二:第一,"续竹",一作"属木"。《古诗纪》卷一、《古乐苑》卷首、《格致镜原》卷六十、《御定子史精华》卷四十三与卷一百二、《广博物志》卷三十二、《海录碎事》卷二十二、《义府》卷下、《通雅》卷十八、《绎史》卷九十六、《春秋战国异辞》卷五十二均引作"续竹";后代的古诗选本,如陆时雍《古诗镜》卷三十、陈祚明《采菽堂古诗选》卷三十七、沈德潜《古诗源》卷一、张玉谷《古诗赏析》卷一亦引作"续竹"。而《北堂书钞》卷一百二十四、《艺文类聚》卷六十、《白孔六帖》卷十四、《太平御览》卷三百五十与卷七百五十五,均引作"属木"。第二,"害",一作"肉"(或作"宍")。《艺文类聚》卷六十、《御定子史精华》卷四十三与卷一百二、《绎史》卷九十六上、《春秋战国异辞》卷五十二均引作"害";而《北堂书钞》卷一百二十四、《太平御览》卷三百五十与卷七百五十五、《古诗纪》卷一、《古乐苑》卷首、《格致镜原》卷六十、

---

　　① 周生春:《吴越春秋辑校汇考》,上海古籍出版社1997年版,第152页。

《广博物志》卷三十二、《海录碎事》卷二十二、《义府》卷下、《通雅》卷十八,均引作"肉",或作"宍"。后代的古诗选本,如陆时雍《古诗镜》卷三十、陈祚明《采菽堂古诗选》卷三十七、沈德潜《古诗源》卷一、张玉谷《古诗赏析》卷一亦引作"肉",或作"宍"。

对于上述异文究竟应该如何取舍?笔者认为,虽然古代歌谣在口耳相传中可能出现不同的记载,今人难以直接证其真伪,但是今天对古代歌谣文字异同的取舍,在没有地下文物可资佐证的情况下,必须遵循两条基本原则:一是必须以现存的最早而又可靠的纸质文献为依据;二是必须符合所记之事的基本事理与古人的思维习惯。依据这样的原则整理上古文献,就可能得出令人信服的结论。

先谈"续竹"和"属木"。今人逯钦立《先秦汉魏晋南北朝诗》所从"续竹",诸本文学史概作"续竹",笔者以为不妥。

第一,从现存的最早而又可靠的文献看,当以"属木"为是。从以上所列举的有关《弹歌》异文的文献看,作"属木"最早见于隋虞世南《北堂书钞》(《续修四库全书》本),再见于成书于唐初欧阳询《艺文类聚》(上海古籍出版社影印汪绍楹校本),三见于成书于中唐白居易、宋孔传《白孔六帖》(文渊阁《四库全书》本),四见于成书于北宋初李昉等《太平御览》(《四部丛刊》本)。特别值得注意的是,《太平御览》卷帙浩繁,成书于众人之手,各家所引之文献来源可能有所不同,而又时有删削,故该书引述同一种文献前后多有不尽统一之处,然该书在不同卷次中两处引《弹歌》均作"属木",足见在《太平御览》成书之前,《弹歌》尚无"续竹"之异文。故作"属木",其文献之可靠是不言而喻的。而作"续竹"则见于元代以后的文献记载,成书时间均晚于上述四书。尤为应该一提的是,今本《北堂书钞》是清孙星衍、严可均等以影宋抄本,校明陈禹谟刻本;《艺文类聚》是汪绍楹以影宋刊本,校明华氏活字本、胡缵宗刻本;《白孔六帖》有民国二十二年(1933)吴兴张氏影印傅增湘藏宋绍兴刻本;四部丛刊本的《太平御览》则是上海涵芬楼影印日本静嘉堂文库藏宋刊本。以上诸本,均是宋版善本。虽然,四库全书本《艺文类聚》《太平御览》亦引作"续竹",然乃四库馆臣篡改翻刻所致,不足为凭。今存本《吴越春秋》则以国家图书馆所藏元大德刻本、明邝璠弘治刻本、明吴琯古今逸史本为最早版本。就其文献而言,元明刻本自然不及宋本可靠,这是校勘学上的共识。故从文献角度看,当以"属木"

为是。

第二,从"弹"的制造上看,也当以"属木"为是。如上所引《吴越春秋》卷九:"弩生于弓,弓生于弹……于是神农、皇帝弦木为弧,剡木为矢。"又《太平御览》卷七百五十五引《谈薮》:"惠子曰:'今有人不识弹,问弹状如何'……曰:'弹状如弓,以竹为弦。'"①综合以上两则文献可知:其一,"弹"即原始的弓,是后来弓弩的前身,其形状即如后来的弓。其二,"弹"的制造材料是竹与木,制造方法是以竹为弦,弯木为弧。弧,即弓背。《说文》曰:"弧,木弓也。""断竹续竹",张玉谷解释曰:"断竹为弓背,续竹为弓弦。"②其实,竹可以为弓弦,却无法为弓背。如果仅以竹为材料,就无法制成弓箭。今本《吴越春秋》所引歌谣作"断竹续竹",与下文"弦木为弧"在内容上也互相抵牾。而"弦木为弧"之语亦见于《周易·系辞下》:"弦木为弧,剡木为矢。弧矢之利,以威天下,盖取诸睽。"宋胡瑗《周易口义》曰:"以弦系于木上以为弧。弧者,即弓也。"这是目前所能见到的关于弓箭制造的最早记载,应该也是最为可靠的文献记载。故从弹的制造上说,也应当以"断竹属木"为是。《说文》曰:"属,连也。""断竹属木",意谓断竹为弦,连接木之弓背,这样就造成原始之弓。汉李尤《弹铭》曰:"昔之造弹,起意弦木。以丸为矢,合竹为朴。"也是汉代文献记载的一条佐证。

再谈"害"与"肉"(即"宾")。逯钦立《先秦汉魏晋南北朝诗》所从"肉",诸本文学史亦作"肉",笔者以为是正确的。

第一,从文献看,应作"肉"。作"害",除见于今本《吴越春秋》外,现存的宋前文献仅见于成书于唐初的《艺文类聚》;不仅成书早于《艺文类聚》的《北堂书钞》作"肉",而且成书于中唐至宋的《白孔六帖》、北宋初的《太平御览》也均引作"肉",可见就文献可靠性而言,则以"肉"为是。若稽之后代文献,除《御定子史精华》《绎史》《春秋战国异辞》三书作"害",其他典籍几乎均作"肉",以上所引的几种古诗选本也一并作"肉"(或作"宾")。

第二,从原始思维特点看,也应作"肉"。原始思维以形象思维为基本特点。文字源于图画,中外的原始文字均以象形为基本特点,则是原始思维的直接反映。从文字特征看,"害"为抽象名词,"肉"

① 夏剑钦等校点:《太平御览》(第七册),河北教育出版社1994年版,第89页。
② 许逸民校点:《古诗赏析》,上海古籍出版社2000年版,第4页。

（"宊"）为形象名词,故作"肉"（"宊"）则符合原始思维特点。张玉谷《古诗赏析》卷一曰:"宊,宊物,指禽兽也。"所言极是。

第三,从用韵看,"竹"、"肉"（"宊"）古属屋部,若作"害"字,则出韵。"宊"乃"肉"之俗字。顾炎武《金石文字记》卷三曰:"《广韵》:肉,俗作宊。《越绝书》……作此宊字,乃俗书也。而今人以为古字,误矣。"据笔者推测,俗字之"宊",其行书与"害"形近,从而造成后人传抄之讹。所以,无论从现存文献,或从古人思维特点,还是从古人的自然用韵看,均应作"肉"（"宊"）。

从以上的考辨还可以看出,古今对"弹"的语义与《弹歌》内容的解释也有误。"弹",《说文》《玉篇》《广雅》等字书均解作"行丸也",最早的语证当出自《左传》卷十:"晋灵公不君,厚敛以彫墙,从台上弹人,而观其辟丸也。"实际上这是后起义。从上文所引的《吴越春秋》《谈薮》等文献看,"弹"均为原始之弓,后代的弹弓或是其遗存之缩影,而绝非"行丸"。今人徐中舒主编《汉语大字典》亦袭此误。

由此也可见,"弹歌"的内容是叙述原始弓箭之制造及其运用。"断竹属木",是叙述弓箭的制造过程,而"飞土逐肉",则是叙述原始弓箭的运用。"弹"的产生实是起源于古代孝子制"弹"以驱赶野兽,从而保护置之野外的父母遗体,并非诸本文学史所说的原始狩猎之歌。而《吴越春秋》卷九谓:"于是神农、皇帝弦木为弧,剡木为矢。弧矢之利,以威四方。"则是后人利用弓箭之利而征伐天下,与原始弓箭"飞土逐肉"在运用的目的与范围上已经大不相同了。

《弹歌》之辞与《淮南子·道应训》"今夫举大木者,前呼邪许,后亦应之,此举重劝力之歌也",表现劳动情景,以及《吕氏春秋·古乐》"昔葛天氏之乐,三人操牛尾,投足以歌八阕",以歌舞反映劳动场景,在本质上是不同的。从民俗的角度上说,《弹歌》则为后人筑庐守陵的萌芽。

［原载《文学遗产》2010年第6期］

七言诗起源于歌谣考辨

一、问题的提起

关于七言诗的起源,明代以前,萧子显认为形成于张衡[1];胡应麟、许学夷认为形成于《柏梁诗》(联句)[2]。今人有承袭旧说,亦有提出新解,其影响较著者:一认为蜕变于骚体,初具于西汉之末,成熟于东汉中后期[3];二认为形成于《柏梁诗》[4];三认为形成于张衡[5],或曰形成于戴良,成熟于张衡[6];四认为形成于曹丕《燕歌行》[7];五认为成熟于《太平经》[8];六认为文人七言诗早期附属于汉赋,而汉代楚声的流行又对七言诗句的大量出现起了催化作用[9]。无论是明代以前或今人观点,虽不尽相同,但在时间断限上,基本上都认为七言诗起源于汉代以后。现在看来,这些观点还有深入研究的必要。

其实今人研究大多忽略了清代考据学派的观点。清代考据大家

---

[1] 萧子显:《南齐书》卷五十二《文学传论》曰:"桂林湘水,平子之华篇;飞馆玉池,魏文之丽篆。七言之作,非此谁先。"中华书局1972年版,第908页。

[2] 胡应麟《诗薮·内编》卷三曰:"纯用七字而无杂言,全取平声而无仄韵,则《柏梁》始之。"上海古籍出版社1979年版,第41页;许学夷《诗源辨体》卷三曰:"七言歌谣,其来虽远,而真伪莫辨。诗则始于汉武帝'柏梁台联句'。"人民文学出版社1987年版,第60页。

[3] 参见罗根泽:《七言诗之起源及其成熟》,载《罗根泽古典文学论文集》,上海古籍出版社1985年版。

[4] 参见逯钦立:《先秦汉魏晋南北朝诗》(上)案语,中华书局1983年版,第97页。

[5] 参见中国社科院文学研究所编:《中国文学史》(上),人民文学出版社1962年版,第153页;刘岸挺:《我国第一首完整的七言诗》,《齐鲁学刊》1987年第1期。

[6] 参见梅大圣:《汉代七言诗形成之我见》,《华东师范大学学报》(哲学社会科学版)1993年第5期。

[7] 参见游国恩等主编:《中国文学史》,人民文学出版社1963年版,第211页;刘大杰:《中国文学发展史》,上海古籍出版社1982年版,第255页;刘文忠:《建安文学对六朝文学之影响》,《文学遗产》1985年第2期。

[8] 参见张松辉:《干吉诗是现存最早最完整的七言诗》,《湖南师范大学学报》(社会科学版)1994年第2期;跃进:《七言诗渊源辑考》,《河北大学学报》(哲学社会科学版)1996年第3期。

[9] 参见袁行霈主编:《中国文学史》,高等教育出版社1999年版,第167、235页。

顾炎武、钱大昕等人均认为七言诗起源于汉前。顾炎武《日知录》卷二十一考七言诗之起源曰:"昔人谓《招魂》、《大招》去其'些'、'只',即是七言诗。余考七言之兴,自汉以前,固多有之。如《灵枢经·刺节真邪篇》:'凡刺小邪日以大,补其不足乃无害,视其所在迎之界。凡刺寒邪日以温,徐往徐来致其神,门户已闭气不分,虚实得调其气存。'宋玉《神女赋》:'罗纨绮缋盛文章,极服妙采照万方。'此皆七言之祖。"又丁晏《日知录校正》曰:"晏案:汉史游《急就篇》亦是七言之祖。"① 上述材料有两点值得注意:第一,一般学者均认为七言诗产生于汉代之后,而顾炎武认为七言诗产生于汉代之前。《灵枢经》十二卷,旧题唐王冰注,隋、唐志均未载,但此书约产生于春秋战国之际,则为学界基本共识,故顾氏引书将《灵枢经》至于前,而《神女赋》至于后。若然,七言诗起源则在春秋战国之际。第二,丁晏案语所言《急就篇》为七言诗之祖,暂不论其结论是否可靠,有一点需要特别说明:《急就篇》作者史游,汉元帝黄门令。此书乃童蒙小学之通俗读物,句式以七言、三言为主,开头是整饬的七言。这给我们提供了一个重要信息:七言句式乃是汉初流行的一种通俗语言形式,否则就不可能在童蒙读物中出现这种语言形式。也就是说,七言句式在进入文人诗歌创作视野之前,已经成为一种习见的语言表达形式。七言产生在五言之前,似乎是清代学者的共识。钱大昕《十驾斋养心录》卷十六单独列一条"七言在五言之前",曰:"《楚词·招魂》、《大招》多四言,去'些'、'只'助词,合两句而读之,即成七言。荀子《成相》、荆轲《送别》(按:即《易水歌》),其七言之始乎?"② 钱氏怀疑七言诗起源于《成相》、《送别》。钱大昕所举例证没有顾炎武有说服力。《日知录》的材料,为我们考察七言诗的起源提供了一个新的视角。

二、先秦七言歌谣辑考

据笔者考察,七言句式首先流行于先秦歌谣之中,也就是说,七言诗起源于先秦歌谣。

---

① 顾炎武著、黄汝成集释:《日知录集释》,栾保群、吕宗力校点,上海古籍出版社2006年版,第1187—1188页。

② 钱大昕:《十驾斋养心录》,江苏古籍出版社2000年版,第339页。

特别值得我们注意,《吴越春秋》收录了三首完整的七言歌谣:《采葛妇歌》(亦名《苦之诗》)、《河梁诗》、《穷劫曲》。而这三首七言歌谣似乎一直未被文学史家所重视。笔者认为,这三首歌谣对于研究七言诗的起源具有十分重要意义。

《吴越春秋》收录的三首完整的七言歌谣,逯钦立辑《先秦汉魏晋六朝诗》已完整收录,为节约篇幅,不另征引。《采葛妇歌》共十四句,只有五句句中带语气词"兮",其余九句是完整的七言句。《河梁歌》共十句,只有两句句中带语气词"兮",其余八句是完整的七言句,后者比前者是更趋于成熟的七言歌谣。而《穷劫曲》十八句,则全是标准的七言句,是一首十分成熟的七言歌谣。这三首歌谣有一个共同特点:在结构上,基本是每两句一组;在韵脚上,句句押韵,一韵到底。与魏晋以后成熟的文人七言诗比较,除在押韵方式上有所不同外,其他形式已基本一致。

然而,这三首歌谣是否出自吴越时期,遽难定论。逯钦立在《弹歌》下案曰:"《吴越春秋》所载越歌,率类汉篇,惟此歌质朴。"又在先秦诗卷二"歌下"曰:"附《孔丛子》等书传闻依托之作。"[①] 并且将《吴越春秋》所载的三首七言歌谣均附在"传闻依托"的作品内。也就是说,逯钦立认为,《吴越春秋》所载的越歌,除《弹歌》外,均是传闻依托之作,其体制、风格与汉诗类似。逯氏此说,也值得商榷。

从现存的材料看,《吴越春秋》所载的七言歌谣是否为吴越时代歌谣的原貌,目前尚难找到直接的文献证据,但是秦汉之后文献所记载的春秋战国时期的歌谣较多,系统地考察这些春秋战国歌谣,对正确认识《吴越春秋》所载之七言歌谣的可靠性以及七言诗的起源问题,可能大有裨益。

(1)《文选》卷十八《啸赋》李善注引宁戚歌二首:第一,"《淮南子》曰:(宁)戚饭牛车下,望桓公而悲,击牛角而疾商歌曲。……歌曰:出东门兮厉石班,上有松柏兮青且兰。粗布衣兮缊缕,时不遇兮尧舜。牛兮努力食细草,大臣在尔侧,吾当与尔适楚国。"这是一首句中带"兮"以七言为主的杂言歌谣。第二,"应劭曰:齐桓夜迎客,宁戚疾击其角,商歌曰:'南山嵯峨白石烂,生不遭尧与舜禅,短布单衣适至骭。从昏饭牛薄夜

---

① 逯钦立:《先秦汉魏晋南北朝诗》(上),中华书局1983年版,第1、15页。

半,长夜暝暝何时旦。'"① 这则是一首完整的七言歌谣。此歌谣裴骃《史记集解》注引应劭语;《太平御览》卷五百七十二则注引《淮南子》,文字略有差异②,今本《淮南子》失载;《后汉书》李贤注、洪兴祖《楚辞补注》注引《三齐记》;朱熹《楚辞集注》引此歌未标出处,然后三书所引歌谣文字完全相同,与《淮南子》近似,有异文③。又《北堂书钞》卷一○六引《三齐略记》曰:"康浪水在齐城西南,宁戚饭牛而歌曰:'康浪之水白石粲,中有鲤鱼长尺半。縠(縠)布单衣裁至骭,清朝饭牛至夜半。黄犊上坂且休息,吾将舍汝相齐国。'"④《艺文类聚》卷四十三"康浪"作"沧浪",误。此歌谣似不应是上文所引商歌的异文,而应当是另外一首歌谣,或为组歌之一首。不详《三齐记》引自何书,推测可能亦出自汉人典籍。虽然以上三首歌谣各典籍所载,异文较多,但形式上基本均为七言歌谣。

关于宁戚之歌的真伪,冯惟讷《诗纪》卷一考曰:"《蜎笑外稿》云:'此歌不类春秋时人语,盖后世所拟者。'高诱注《吕氏春秋》,谓戚所歌乃《诗·硕鼠》之辞。虽未见所据,亦可验'南山白石'之歌,诱初未之见也。"《蜎笑外稿》认为此歌乃后人伪托。冯惟讷认为,高诱谓戚所歌乃《诗·硕鼠》之辞,显然与歌谣原意不合,说明高诱确未见此诗。然冯氏又认为验之文献"南山白山"之歌,此歌谣仍是真实可信的。其实,宁戚之歌除汉代典籍反复征引外,后代典籍亦频频征引。梁玉绳曰:"白石三歌,《后汉书·蔡邕传》注、孟子'舜发畎亩'章疏、洪兴祖《离骚补注》、郭茂倩《乐府》亦有之。"⑤ 可见,将上歌谣确定为宁戚所作,有充足的文献依据。

(2)枚乘《七发》曰:"师堂操畅,伯子牙为之歌:'麦秀蕲兮雉朝飞,向虚壑兮背槁槐,依绝区兮临回溪。'"师堂即师襄,卫国人,据说孔子曾向他学琴。这是一首完整的句中带"兮"的卫国七言歌谣。

(3)《诗纪》卷三《灵宝谣》:"吴王出游观震湖,龙威丈人名隐居。北上包山入灵墟,乃造洞庭窃禹书。天帝大文不可舒,此文长传六百

① 李善:《文选注》,中华书局1997年影印本,第264页。
② 《太平御览》卷五百七十二:"《淮南子》曰:宁戚饭牛车下,望见桓公而悲击牛角,而疾商歌,歌曰:'南山粲,白石烂,短褐单衣长止胻。生不逢尧与舜禅,终日饲牛至夜半,长夜漫漫何时旦。'"见夏剑钦等校点:《太平御览》(第五册),河北教育出版社1994年版,第517页。
③ 《三齐记》载宁戚歌曰:"南山矸,白石烂,生不逢尧与舜禅,短布单衣适至骭。从昏饭牛薄夜半,长夜漫漫何时旦。"参见《后汉书·蔡邕传》李贤注引,中华书局1965年版,第1981页;洪兴祖:《楚辞补注》,中华书局1983年版,第39页;朱熹:《楚辞集注》,上海古籍出版社1979年版,第22页。
④ 《续修四库全书》(第1212册),上海古籍出版社2002年版,第106页。
⑤ 陈奇猷:《吕氏春秋校释》(下),学苑出版社1984年版,第1318页。

初,今强取出丧国庐。"《诗纪》引《灵宝要略》曰:"吴王阖闾出游包山,见一人,自言姓山名隐,居阖闾。扣之,乃入洞庭取素书一卷,呈阖闾。其文不可识,令人赍之问孔子。孔子曰:丘闻童谣云云。阖闾乃尊事之。"这首吴国童谣七句,每句七字,句句押韵,风格与《吴越春秋》所载之越歌《穷劫曲》近似。

(4)刘向《说苑·辨物》:"小儿谣曰:楚王渡江得萍实,大如拳,赤如日,剖而食之美如蜜。"① 这首楚国歌谣,除中间两句为三言外,其他均是七言句,是七言歌谣的雏形。

(5)《礼记·檀弓下》:"成人有其兄弟而不为衰者,闻子皋将为成宰,遂为衰。成人曰:'蚕则绩而蟹有匡,范则冠而蝉有矮,兄则死而子皋为衰。'"② "成"是鲁地名,子皋为孔子弟子,故知此歌为鲁国歌谣。全歌谣三句,有两句为七言,具有七言歌谣雏形。

(6)《乐府诗集》卷八十三辑刘向《列女传》所载《河激歌》曰:"升彼阿兮而观清,水扬波兮杳冥冥。祈求福兮醉不醒,诛将加兮妾心惊。罚既释兮渎乃清。妾持楫兮操其维,蛟龙助兮主将归,浮来棹兮行勿疑。"③《河激歌》为赵河津吏之女所歌,此女名娟,后为赵简子之妻。这是一首句中带语气词"兮"完整的七言赵国歌谣。

(7)《水经注》卷二十六:"《列女传》曰:齐人杞梁殖袭莒,战死。……如殖诸室,妻乃哭于城下,七日而城崩。故《琴操》云:殖死妻援琴作歌曰:'乐莫乐兮新相知,悲莫悲兮生别离。'"杞梁妻所歌乃是一首带语气词"兮"的七言齐国歌谣。此二句又见于《楚辞·大司命》。从时间次序看,乃是屈原取当时流行歌谣入诗。

(8)《艺文类聚》卷十九:"《吕氏春秋》曰:魏襄王使史起为邺令,引漳水灌田,民大得利,相与歌曰:'邺有圣令为史公,决漳水,灌邺旁,终古斥卤生稻粱。'"此歌谣今传本《吕氏春秋》所引为四言,疑有误④。

---

① 向宗鲁:《说苑校证》,中华书局1987年版,第456页。按:《孔子家语》引文字稍异,不另具引。

② 孔颖达:《礼记正义》(上),北京大学出版社1999年版,第327页。

③ 郭茂倩:《乐府诗集》(第四册),中华书局1979年版,第1169页。

④ 此诗今本《吕氏春秋》引作:"邺有圣令,时为史公,决漳水,灌邺旁,终古斥卤,生之稻粱。"与《汉书》大异。然据孙蜀丞考之曰:"疑《吕氏春秋》与《汉志》同,唯无兮字耳。"见《吕氏春秋校释》,学苑出版社1984年版,第1000页。而《汉书》卷二十九《沟洫志》:"魏文侯时,西门豹为邺令,有令名。至文侯曾孙襄王时……以史起为邺令,遂引漳水溉邺,以富魏之河内。民歌之曰:'邺有贤令兮为史公,决漳水兮灌邺旁,终古舄卤兮生稻粱。'"

《北堂书钞》卷三十五、一百五十六,《太平御览》卷六十四、四百六十五、八百二十一等均引有该歌谣,不具引。而各书所引此歌谣,虽然异文较多,但其形式均为雏形的七言歌谣。

(9)《史记·荆轲列传》载《易水歌》曰:"风萧萧兮易水寒,壮士一去兮不复还。"也是一首初具雏形的燕国七言歌谣。

(10)《北堂书钞》卷一〇六引《周书》曰:"师旷见子晋歌无射曰:'国城宁兮远人来观,修义经兮好乐无荒。'"① 师旷,春秋晋国乐师。这首晋国歌谣若去"兮"字则为七言。

通过以上辑考,可以看出,除《吴越春秋》所载三首七言歌谣以外,在前人典籍中还记载有齐、卫、晋、吴、鲁、赵、楚、魏、燕等诸侯国的七言歌谣,或是以七言为主的杂言歌谣。只是各个地区的发展并不均衡,或为成熟之七言,或为句中带语助词的七言之雏形。综观先秦歌谣可以得出以下结论:第一,先秦歌谣形式自由,以杂言为多。而且在口耳相传中,产生了大量异文。然而,以七言句式为主体的歌谣已经是较为习见的一种抒情形式。第二,先秦七言歌谣虽有成熟的形式出现,但尚未完全定型,仍然带有较大的自由性。第三,在先秦七言歌谣中,吴越歌谣形式相对较为整饬,除上文所论述的《吴越春秋》中的三首歌谣以外,《古乐苑》卷四十一《越谣歌》:"《风土记》曰:越俗性率朴,初与人交,有礼,封土坛,祭以犬鸡。祝曰:'君乘车,我带笠,他日相逢下车揖。君檐簦,我跨马,他日相逢为君下。'"上四句祝词又作:"卿雖乘车我戴笠,后日相逢下车揖。我步行,卿乘马,后日相逢君当下。"异文差异较大,句式却相对较为稳定,虽为祝词,形式近于成熟的七言歌谣。所以,在这种文学体制发展的大背景下,产生像《吴越春秋》那样成熟的七言越歌是完全可能的。

以上所引歌谣多出自汉人典籍。汉人对整理前代的文献态度极为审慎,汉代的经今古文之争,虽然后来争论双方都挟带政治意气,然最初却是由文献的版本之争所引起,双方对历史文献的态度都表现得相当严谨。在这种学风下出现的记载于不同典籍的如此众多的七言歌谣,不可能都是汉人依据"传闻"、假托古人的伪作,必然有其文献依据,只是时代久远,文献散佚,今天难以确证而已。笔者认为,对于前

---

① 《续修四库全书》(第1212册),上海古籍出版社2002年版,第493页。

人文献所载,既然无法证伪,就不能以"传闻依托"的主观臆断加以简单否定。

此外,还必须补充说明两点:

(1)现存的一些古逸谐语以四言与七言较多,七言如《古诗源》卷一引《韩非子》一则:"奔车之上无仲尼,覆车之下无伯夷。"《列女传》一则:"力田不如遇丰年,力桑不如见国卿。刺绣文不如倚市门。"除后句外,均为非常成熟的七言韵语,与春秋战国的七言歌谣有文化上的同源关系。

(2)一些后人考定为托古伪作之歌,所记载的古歌谣相当多的都是七言,例如《孔丛子》所载《楚聘歌》:"大道隐兮礼为基,贤人窜兮将待时,天下如一兮欲何之。"《获麟歌》:"唐虞世兮麟凤游,今非其时来何求,麟兮麟兮我心忧。"《水经注》卷五引《临河歌》:"狄水衍兮风扬波,舟楫颠倒更相加,归来归来胡为斯。"《琴苑要录》所记的《水仙操》:"繄洞渭兮流渐渐,舟楫逝兮仙不还。移形素兮蓬莱山,欹钦伤宫仙不还。"前三首托名孔子,后一首托名伯牙,后代学者考证为伪作。但是,在考定这些伪作时,我们忽略了作伪心理的背后所隐藏着的一个基本文化事实:即作伪要能够流传,就必须迎合人们普遍的文化心理,作得愈古朴就愈能够以假乱真。也就是说,当时人们有一个基本的文化认同心理:七言歌谣是一种古朴的古代歌谣,是古人习见的一种抒情方式。而这种文化认同心理的产生,又必然是以前代的文献存在为依据,只是因为这些文献的散失,导致了今天理解上偏差。而这些伪作的存在,恰恰从一个侧面证明了七言歌谣产生的时代比较遥远。

再反回来说,同是出自《吴越春秋》的歌谣,为什么逯钦立先生不怀疑《弹歌》的真实性,而怀疑七言歌谣的真实性呢?原其所以,主要是因为《弹歌》八字,可断为四言二句,其体制、风格与《诗经》近似;而在吴越时期出现如此成熟的七言歌谣,则缺少文学体制的演变发展的过渡,这也是学界的一个基本共识。然而笔者认为,这恰恰是认识上的一个盲点。

三、"楚辞"七言诗考索

其实,文人仿作的七言歌谣或创作的七言诗也相当早。"楚辞"存在大量的七言句,这是人所共知的事实。而其中较为典型的则是句中带"兮"的七言诗,除顾炎武《日知录》卷二十一所引之外,其他如屈原《国殇》、宋玉《讽赋歌》均属此类。前诗常见,不具引。后歌共六句:"岁将暮兮日已寒,中心乱兮勿多言。""内怵惕兮徂玉床,横自陈兮君之傍。君不御兮妾谁怨?日将至兮下黄泉。"这是汉代楚歌的直接源头。逯钦立辑《先秦汉魏晋南北朝诗》漏辑后两句,现补辑如上。对"楚辞"的七言句型有两种情况必须注意:

(1)有些"楚辞"诗句仅在句末带"些"或"兮",若去掉"些"或"兮"则又是完整的七言诗句。《日知录》所举之《招魂》,这类诗句比比皆是,如:"陈钟案鼓造新歌些,涉江采菱发扬荷些。美人既醉朱颜酡些,娭光眇视目曾波些。"最为典型的是宋玉《笛赋》之"乱"曰:"芳林皓干有奇宝兮,博人通明乐斯道兮。般衍澜漫终不老兮,双枝间丽貌甚好兮。八音和调成禀受兮,善善不衰为世宝兮。绝郑之遗离南楚兮,美风洋洋而畅茂兮。嘉乐悠长俟贤士兮,鹿鸣萋萋思我友兮。安心隐志可长久兮。"① 上述诗句有两个明显的特点:第一,"些"或"兮"均在句末,只表示煞尾,甚至连虚化的语气意味都已消失,这与句中带"兮"的诗句句型结构有明显不同。第二,每句"些"或"兮"前的字,不仅有实在意义,而且是每句的韵脚所在,表示每句诗实质上的结束。《艺文类聚》卷四十一、四十三在引用《招魂》的这些诗句均删去句末"些"②,说明唐人已将其视为完整的七言诗。这当然也表现了楚国文人对创作整饬的七言诗的努力。

(2)宋玉《登徒子好色赋》和《大言赋》均引有文人诗。《登徒子好色赋》曰:"臣观其丽者,因称诗曰:'遵大路兮揽子袪,赠以芳华辞甚妙。'……复称诗曰:'寤春风兮发鲜荣,絜斋俟兮惠音声,赠我如此兮不如无生。'"③"称诗"即为引诗,诗的作者虽不可考,但可以肯定与宋玉同时,或稍前,甚至就是宋玉所作而假托引诗。值得注意的是,此五句诗中有四句是完整的七言句,而且还有一句未带"兮"的成熟的七言句。又《大言赋》曰:"楚襄王与唐勒、景差、宋玉游于阳云之台。王曰:'能为寡人大言者上座。'……至唐勒,曰:'壮士愤兮绝天维,北斗戾兮

---

① 吴广平注:《宋玉集》,岳麓书社2001年版,第32、102页。
② 参见《艺文类聚》(上),上海古籍出版社1982年影印本,第737、767页。
③ 吴广平注:《宋玉集》,岳麓书社2001年版,第82页。

太山夷。'至景差曰:'校士猛毅皋陶嘻,大笑至兮摧覆思。锯牙云,晞甚大,吐舌万里唾一世。'"① 既有带"兮"的七言句,也有成熟的七言句。说明当时的文人创作使用七言句已相当普遍。先秦七言句式以吴和楚越最为整饬,可能与吴和楚越地域相连有关。

楚辞的七言诗和七言句,既与春秋七言歌谣有密切的联系,又具有楚地的风格。特别重要的是,由七言歌谣的产生到文人有意识的创作,直接影响了汉代文人楚歌的发展,在文人七言诗的发展史上地位十分重要。因此,七言诗的源头应该追溯到春秋战国时期的七言歌谣。从这一点上说,《吴越春秋》的三首七言歌谣在诗歌史上有重要的意义。刘跃进先生说:"是否还可以进一步说,七言诗与五言诗一样,主要也源于声词?"② 作为本文的结论也是合适的。

[原载《中国典籍与文化》2008年第2期]

① 吴广平注:《宋玉集》,岳麓书社2001年版,第106页。
② 跃进:《七言诗渊源辑考》,《河北大学学报》(哲学社会科学版)1996年第3期。

简析《文馆词林》的文献价值及其校勘

　　《文馆词林》是唐高宗时中书令许敬宗奉敕编撰的一部总集。将先秦至唐初的诗文分类纂辑，汇为一编，共一千卷。新旧《唐书》许敬宗本传、《志》以及《唐会要》等史书均已著录，证明此书文献材料极为可靠。

　　此书在北宋就已散佚，只是流传至日本存有残卷，清咸丰三年（公元1853），伍崇曜刊刻《粤雅堂丛书》，根据日本宽政十二年（公元1800）所刊之《佚存丛书》，收录《文馆词林》四卷，是为中国第一个刊本。后经中日学者多方搜求辑考，规模渐大。其中光绪十年（公元1884）杨守敬刊刻之《古逸丛书》收录《文馆词林》十四卷（后刊刻者另又搜求得五卷，其中有一残卷）；1916年张均衡刊刻之《适园丛书》收录《文馆词林》二十五卷，另收残卷四卷；1927年董康影印日本高野山正智院所藏弘仁抄本《文馆词林》，为收录最为宏富的一个善本。

　　今四川大学罗国威先生据日藏弘仁本加以整理、校证，著《文馆词林校证》（中华书局2001年版），是研究该书最为完善的一个版本。由于《文馆词林》（残卷）至清末才由日本重新传回中国，许多文献材料未被前代学者所注重，如严可均所辑《全上古三代秦汉三国六朝文》即未见此书。因此，本书有非常高的文献价值，加之罗国威先生的校证又特别注重同其他文献覆校，一一指明其与其他文献的关系，更增加此书的文献价值。因为《文馆词林》多为今治文史者所忽略，故笔者现据罗国威先生的校证，并仔细地进行了复校，简要叙述《文馆词林》的辑佚价值、校补价值与考证价值，同时也对罗国威先生校本的白璧之瑕提出一点不成熟的看法。

一、辑佚价值

凡严可均辑录之《全上古三代秦汉三国六朝文》、董诰等辑录之《全唐文》、陆心源辑录之《唐文拾遗》及《唐文续拾遗》所未录而见诸《文馆词林》者,共229篇,现将详细篇目抄录如下:

(一)后汉文(6篇)

(1)章帝:《郊庙大赦诏》。(2)刘珍:《东巡颂》。(3)马融:《上林颂》(存目)。(4)李固:《恤奉高令丧事教》《祀胡母先生教》。(5)佚名:《阙题》①。

(二)三国文(1篇)

魏武帝:《举士令》②。

(三)西晋文(13篇)

(1)武帝:《立皇后大赦诏》《三辰谪见大赦诏》《改元大赦诏》《诫州牧刺史敕》《诫牙门敕》《诫计吏敕》《诫郡国上计掾史还各告守相敕》。(2)惠帝:《玄象失度大赦诏》。(3)愍帝:《地震大赦诏》。(4)张华:《魏高贵乡公大赦诏》《西晋武帝赦诏》。(5)曹毗:《伐蜀颂》③。(6)佚名:《阙题》(颂)④。

---

① 罗国威校注:"此乃一篇题及作者皆不明之残篇,首尾皆佚,惟文中有'然后光武乘天机……复太祖之弘基,至于永平','建初郁郁,增修前绪,班固司籍,贾逵述古,崔骃颂征,傅毅巡狩'等语。永平、建初皆后汉年号,则此文当系后汉文,可补入《后汉文》中。"见《文馆词林校证》,中华书局2001年版,第486页。

② 《文馆词林》卷六九五收录《武帝举士令二首》,其第一篇严可均据《三国志》及《粤雅堂丛书》本所载,辑入《全三国文》中,而第二篇则失收,但是《魏武帝集》二篇均收录,前者题为《求贤令》,后者题为《求士令》。

③ 《文馆词林》载为"东晋曹毗",误。下文有考证。

④ 罗国威校注:"此篇作者及前半部分已佚,又不见载于其他文献,故无从考稽。此卷中该篇排于东晋曹毗《伐蜀颂》之前,则可确定该文作者系晋或晋以前之人。"见《文馆词林校证》,中华书局2001年版,第119页。此姑系之西晋文。

（四）东晋文（33篇）

（1）元帝：《诞皇孙大赦诏》《即位改元大赦诏》。（2）明帝：《立皇太子大赦诏》。（3）成帝：《郊祀大赦诏》《立皇后大赦诏》《加元服改元大赦诏》《大赦诏》。（4）康帝：《大赦诏》。（5）穆帝：《立皇后大赦诏》《日月薄蚀大赦诏》《诛路永等大赦诏》。（6）孝武帝：《立皇后大赦诏》《立皇太子大赦诏》《霆震大赦诏》《大旱恩宥诏》《阴阳衍度大赦诏》《玄象告谴大赦诏》《大赦诏》。（7）安帝：《玄象告谴大赦诏》、《平桓玄改元大赦诏》《平洛阳大赦诏》《平姚泓大赦诏》《平贼大赦诏》《诛司马元显大赦诏》。（8）海西公（废帝）：《灾眚大赦诏》。（9）孔宁子：《平洛颂》（存目）。（10）张望：《江州都督庾翼碑铭》（并序）。（11）伏滔：《徐州都督王坦之碑铭》（并序）。（12）庾亮：《黜故江州刺史王敦像赞教》。（13）刘瑾：《废袁真像教》。（14）庾翼：《北征教》《褒荆州主者王谦教》。（15）王洽：《修太伯庙教》。

（五）宋文（25篇）

（1）文帝：《南郊大赦诏》《亲祠庙大赦诏》《拜谒山陵赦诏》（二首）《藉田大赦诏》《嘉禾秀京师大赦诏》《大赦诏》《与彭城王义康敕》。（2）孝武帝：《改元大赦诏》《躬耕千亩大赦诏》《藉田大赦诏》《明堂成大赦诏》《立皇太子恩诏》《讲武原降诏》《春蒐大赦诏》《巡幸历阳郡大赦诏》《巡幸曲赦南徐州诏》《大赦诏》《诫严教》。（3）顺帝：《西讨诏》《诛崔惠景大赦诏》。（4）傅亮：《为宋公诫严教》《为宋公收葬荆雍二州文武教》。（5）范泰：《为大司马作北征教》。（6）刘义季：《藏枯骨教》。

（六）后魏文（9篇）

（1）孝文帝：《戒师诏》《出师诏》《与高勾丽王云诏》《祭圆丘大赦诏》《迁都洛阳大赦诏》《诞皇孙大赦诏》。（2）孝靖帝：《纳皇后大赦诏》。（3）孝静帝：《膏雨大赦诏》。（4）高允：《南巡颂》（并序）。

（七）南齐文（10篇）

（1）武帝：《原逋负诏》。（2）东昏侯：《诛始安王遥光等大赦诏》。（3）王俭：《南齐武帝郊祀大赦诏》《南齐武帝禴祭大赦诏》《南齐武帝殷祭恩降诏》《南齐武帝幸青溪宫恩降诏》《南齐高帝水旱乖度大赦诏》。(4)徐孝嗣:《南齐明帝大赦诏》《南齐明帝原逋负及罢省诏》《南齐明帝改元大赦诏》。

(八)北齐文(25篇)

(1)文宣帝:《征长安诏》。(2)孝昭帝:《即位大赦诏》。(3)武成帝:《除崔士顺散骑侍郎敕》《命韦道孙兼正员迎陈使敕》《除潘子义持书裴谒之殿中侍御史敕》《除源那延持书房照太守敕》《除奚琼等太守敕》《除卢景开太守等敕》《举士敕》。(4)后主:《除崔孝绪等太守长史敕》《诫郡国上计掾史还各告守相敕》《除并州沙门统寺敕》。(5)魏收:《后魏节闵帝伐尔朱文畅等诏》《征南将军和安碑铭》(并序)《北齐孝昭帝郊祀恩降诏》《兖州都督胡延碑铭》(并序)《后魏孝静帝立皇太子大赦诏》《北齐废帝即位改元大赦诏》《北齐武成帝即位改元大赦诏》《北齐文宣帝大赦诏》(二首)《北齐武成帝大赦诏》《北齐后主大赦诏》。(6)阳休之:《北齐文宣帝西伐诏》。(7)刘逖:《北齐后主幸大明宫大赦诏》。

(九)全后周文(6篇)

(1)武帝:《立皇太子大赦诏》。(2)明帝:《诞皇太子恩降诏》《灵乌降大赦诏》《灵乌等瑞大赦诏》《又灵乌等瑞大赦诏》《即位改元大赦诏》。

(十)全梁文(53篇)

(1)武帝:《南郊恩降诏》《重立皇太子赦诏》《诞皇子恩降诏》《藉田劝农大赦诏》《皇太子冠赦诏》《皇太子婚降大辟以下罪诏》《与刘孝绰敕》《命百官听采敕》。(2)孝元帝:《郢州都督萧子昭碑铭》(并序)《议移都令》《祠房庙令》《劝农令》《策勋令》《封刘毂宗懔令》《射书雍州令》《与诸藩令》《责南军令》《遣上封令》。(3)简文帝:《祠司徒安陆王教》《祭北行战亡将客教》《赠赙扈玄达教》《监护杜嵩丧教》《赡恤部曲丧枢教》《修理羊太傅萧司徒碑教》《祠司徒安陆王教》《三日赋诗教》《北略教》。(4)沈约:《梁武帝北伐诏》《南齐东昏侯改元大赦诏》《梁武帝改元大赦诏》《南齐废帝改元大赦诏》《梁武帝恩赦诏》(三首)《梁孝武帝除东昏制令》《祭故徐崔文教》《赠留真人祖父教》。(5)徐勉:《梁武帝新移南郊亲祠赦诏》《梁武帝冬至郊禋赦诏》《梁武帝藉田诏》①《梁武帝开恩诏》《梁武帝降宽大诏》。(6)任昉:《梁武帝设榜达枉令》《梁武帝检尚书众曹昏朝滞事令》②《梁武帝葬战亡者令》《转送亡军士教》。(7)王僧儒:《在县祭杜西曹教》。(8)王筠:《造立腾霄观教》《习战备教》。(9)萧子晖:《为武陵王府州上礼迴为法会教》。(10)萧侁:《让侍中表》;(11)沈君攸:《为王湜让再为侍中表》《为安成王让加侍中表》(残篇)。

(十一)全陈文(3篇)

(1)武帝:《即位改元大赦诏》。(2)宣帝:《改元大赦诏》。(3)沈炯:《为王公修相国德政碑教》。

(十二)全隋文(27篇)

(1)文帝:《登祚改元大赦诏》(存目)、《改元大赦诏》(存目)、《令山东卅四州刺史举人敕》。(2)炀帝:《巡幸北岳大赦诏》《幸江都赦江淮以南诏》《营东都成大赦诏》《平辽东大赦诏》《即位改元大赦诏》(存目)。(3)江总:《陈后主幸长干寺大赦诏》。(4)薛道衡:《后周大将军杨绍碑铭》(并序)、《大将军赵芬碑铭》(并序);《隋文帝拜东岳大赦诏》、《隋文帝大赦诏》。(5)褚亮:《隋车骑将军庄元始碑铭》(并序)③、《隋右骁卫将军上官政碑铭》(并序)④。(6)李德林:《秦州都督陆杳碑铭》(并序)、《隋文帝安边诏》⑤、《隋文帝获宝龟大赦诏》、《隋文帝平陈大赦诏》、《隋文帝免三道逆人家口诏》、《北齐后主起复邢恕屯田郎敕》、《北齐后主除李遵等官敕》、《北齐后主除僧惠肇冀州沙门都维那敕》、《隋文帝解石孝义等官敕》、《隋文帝免常明官爵敕》、《隋文帝免马仲任官爵

---

① 《文馆词林》卷六六五收录徐勉《梁武帝藉田诏》(二首),前篇严可均辑入《全梁文》卷三"武帝文"中,后一篇漏辑。

② 罗国威校注:"此篇又见《梁书》卷一《武帝纪》,严可均据之辑入《全梁文》武帝文中。"见《文馆词林校证》,中华书局2001年版,第431页。笔者按:覆校《全梁文》"武帝文"并无此诏,系著者误记。

③ 罗国威校注:"此篇其他文献无载。碑主为隋人,作者系由隋入唐之人,严辑《全文》及《全唐文》均未收。陆心源辑入《唐文拾遗》卷一五。然碑主卒于仁寿元年,碑文撰于仁寿二年三月,此篇当补入严辑《全文》之《全隋文》中。此篇中又还夹载有隋文帝仁寿元年诏书一通,则诏书当补入《全隋文》隋文帝文中。"见《文馆词林校证》,中华书局2001年版,第168页。

④ 罗国威校注曰:"此篇……陆心源辑入《唐文拾遗》卷一五。碑主卒于隋大业中,葬于大业十一年,则此碑文当撰于大业十一年,故此篇当补入《全隋文》。"见《文馆词林校证》,中华书局2001年版,第172页。

⑤ 《文馆词林》载《隋文帝安边诏》二首,严可均辑《全隋文》据《粤雅堂丛书》仅辑得一首,第二首漏收。

敕》。(7)佚名:《阙题》(碑铭)①。

(十三)全唐文(18篇)

(1)高祖:《武德年中镇抚四夷诏》《武德年中平蒲州城曲赦河东吏人诏》《武德年中平北狄大赦诏》②《高祖太武皇帝作相正定文案令》。(2)太宗:《贞观年中安抚岭南诏》《贞观年中慰抚高昌文武诏》《贞观年中巡抚高昌诏》《贞观年中抚慰处月处蜜诏》《贞观年中抚慰百济王诏》《贞观年中抚慰新罗王诏》《贞观年中拜谒山陵赦诏》《贞观年中幸通义宫曲赦京城内诏》《贞观年中幸国学曲恩诏》《贞观年中幸魏王泰宅曲赦诏》《贞观年中平高昌曲赦高昌部内诏》《贞观年中与李玄明敕》(残篇)。(3)佚名:《敕》(阙题)③。(4)佚名:《敕》(阙题,敕高州都督耿国公冯盎)④。

二、校补价值

另外还有一种情况是,《全上古三代秦汉三国六朝文》《全唐文》辑录的有一部分文章,是从类书如《艺文类聚》《北堂书钞》《初学记》《太平御览》等,或史书及其他文献中辑出,而这些类书、史书或其他文献又恰是节录,并非完篇,然《文馆词林》则收录全文。对这类文献,则可据《文馆词林》校补《全上古三代秦汉三国六朝文》《全唐文》,统计这类文章共有28篇,其详细篇目如下:

(一)后汉文(4篇)

(1)崔骃:《东巡颂》《南巡颂》《西巡颂》《北巡颂》。(2)马融:《东巡颂》(并序)。

---

① 此虽作者不详,并为残篇,但从内容看,其碑主为隋人,故其碑铭当为隋人所作。

② 罗国威校注:"可补入《全唐文》太宗文中",见《文馆词林校证》,中华书局2001年版,第363页,误。下文有考证。

③ 罗国威校注:"此篇前半部分亡佚,作者、题皆不明。文中有'去岁遣刘弘基等纂集'语,检新旧《唐书》,知弘基为太宗朝人,此敕当为太宗时所草,可补入《全唐文》太宗文中。"见《文馆词林校证》,中华书局2001年版,第478页。

④ 罗国威校注:"此篇阙题,作者亦不明,检《旧唐书》卷一○九《冯盎传》,盎高州良德人,累代为本部大首领。盎封耿国公在武德五年,此敕当为武德年末贞观初所草,可补入《全唐文》中。"见《文馆词林校证》,中华书局2001年版,第479页。

（二）三国文（3篇）

（1）王粲：《七释》（八首）。（2）曹植：《七启》（八首）。（3）傅巽：《七诲》（八首）。

（三）西晋文（2篇）

（1）武帝：《藉田大赦诏》。（2）张载：《平吴颂》①。

（四）东晋文（2篇）

（1）孝武帝：《地震大赦诏》。（2）孙绰：《江州都督庾冰碑铭》（并序）。

（五）全宋文（4篇）

（1）孝武帝：《巡幸旧宫颂》。（2）文帝：《诛徐羡之傅亮谢晦大赦诏》。（3）傅亮：《为宋公修复前汉诸陵教》《宋武帝即位改元大赦诏》。

（六）后魏文（3篇）

（1）孝庄帝：《诞皇太子大赦诏》《杀尔朱荣天穆等大赦诏》。（2）温子升：《后魏孝庄帝诞皇太子大赦诏》。

（七）梁文（3篇）

（1）武帝：《掩骼埋胔令》。（2）简文帝：《图雍州贤能刺史教》《甄张景愿复仇教》。

（八）后周文（2篇）

武帝：《伐北齐诏》②《诛宇文护大赦诏》。

（九）隋文（2篇）

文帝：《颁下突厥称臣诏》《答蜀王敕书》。

---

① 《文馆词林》所载亦为残篇，但其"序"与前半部分完整，仍可校补《全晋文》。
② 严可均《全后周文》所载此篇为残篇，中华书局校点本《周书》据《册府元龟》卷一六四所载，补为完篇。《文馆词林》所载亦为完篇，可与《册府元龟》本对校。

（十）唐文（3篇）

唐高祖：《武德年中平王充窦建德大赦诏》《武德年中平窦建德曲赦山东诏》《武德年中平辅公祐及新定律令大赦诏》。

三、考证价值

还有一种情况是，在其他文献或记作者、或记作品出处等，有争议甚至有误的，可以据《文馆词林》考辨正伪。现将《文馆词林》中涉及这类的文献抄录如下：

（1）《古文苑》（四部丛刊初编）卷二十一节录《东巡颂》一篇，作"傅毅"，并注云："一本作崔骃"。《艺文类聚》卷三十九收录此篇《东巡颂》，作"崔骃"；《文馆词林》卷三四六分别收录崔骃的《东巡颂》《南巡颂》《西巡颂》《北巡颂》全篇，均作"崔骃"，可证《艺文类聚》作"崔骃"是，《古文苑》作"傅毅"误。

（2）《东晋安帝征刘毅诏》一文，见诸《晋书》卷八十五《刘毅传》。罗国威考证曰："严可均据《晋书》及《粤雅堂丛书》本所载，辑入《全晋文》卷一二晋安帝文中。"（第135页）《晋书》只载明诏书，未署作者，而《文馆词林》卷六六二则明确记载为"宋傅亮"，可知此诏为傅亮为安帝所撰，应辑入"傅亮文"中。

又，《全宋文》卷一载《宋武帝即位改元大赦诏》，严可均据《宋书》卷三《武帝纪下》及《粤雅堂丛书》本所载，作"武帝文"，而《文馆词林》卷六六八则署为"傅亮"，据此可知，此诏系傅亮为宋武帝所草，是"傅亮文"而不是"武帝文"。

（3）《全齐文》卷五"齐明帝文"中收录有《遣陈显达北讨诏》，覆校《文馆词林》卷六六二收录的徐孝嗣《齐明帝北伐纂严诏》则可知，《遣陈显达北讨诏》就是《齐明帝北伐纂严诏》，作者应为徐孝嗣，而不是齐明帝，故应辑入"徐孝嗣文"中。

（4）《全梁文》卷三"武帝文"中收录有《收养孤独诏》，严可均据《梁书》卷三《武帝纪下》辑入，然覆校《文馆词林》卷六六五收录的徐勉《梁武帝南郊恩诏》则可知，《收养孤独诏》就是《梁武帝南郊恩诏》，作者应为徐勉，而不是梁武帝。

另《文馆词林》卷六六五收录徐勉《梁武帝藉田恩诏》(二首),前一首又载《梁书》卷三《武帝下》,严可均据之辑入《全梁文》卷三"武帝文"中,后一首漏收。据《文馆词林》可知,此二篇诏书出自徐勉,而不是梁武帝。

(5)《全齐文》卷三"武帝文"中收录有《耕藉恩诏》,文载《南齐书》卷三《武帝纪》。《文馆词林》卷六六五收录其诏书作《南齐武帝藉田恩诏》,作者为"王俭",可知此诏为王俭所撰,而不是齐武帝。

又《全齐文》卷一"高帝文"中收录有《高帝即位改元大赦诏》,文载《南齐书》卷二《高帝纪下》。《文馆词林》卷六六八,收录其诏书署曰"王俭",可知此诏系王俭为高帝所草,应辑入"王俭文"中,而不应辑入"高帝文"中。

(6)《全晋文》卷二收录《西晋武帝即位改元大赦诏》,因为此诏《晋书》卷三《武帝纪》有记载(有删节),严可均据此辑入"武帝文"中。《文馆词林》卷六六八收录此文,作者为"张华",可知此诏乃张华为晋武帝所拟,非武帝自拟。

(7)《全齐文》卷五"海陵王文"中辑录有《南齐海陵王即位改元大赦诏》,严可均据《南齐书》卷五《海陵王纪》辑入。而《文馆词林》卷六六八载其诏,作者"徐孝嗣",据此可知此诏系徐孝嗣为海陵王所草,应辑入"徐孝嗣文"中。

又《全齐文》卷五"明帝文"中收录有《南齐明帝即位改元大赦诏》,严可均据《南齐书》卷六《明帝纪》辑入《全齐文》卷五"明帝文"中,而《文馆词林》卷六六八载此诏,作者也为"徐孝嗣",据此可知此诏系徐孝嗣为明帝所草,应辑入"徐孝嗣文"中。

(8)《全梁文》卷五"武帝文"中辑录有《梁武帝除东昏制令》,严可均据《梁书》卷一《武帝纪》所载辑入。而《文馆词林》卷六九五载其诏,作者"沈约",据此可知此诏令系沈约为梁武帝所草,应辑入"沈约文"中。

(9)《全梁文》卷五"武帝文"中辑录有《梁武帝掩骼埋胔令》,严可均据《梁书》卷一《武帝纪》所载辑入。而《文馆词林》卷六九五载其诏,作者"任昉",据此可知此诏令系任昉为梁武帝所草,应辑入"任昉文"中。

四、《文馆词林校证》微瑕举隅

罗国威先生的文献整理卓有建树，《文馆词林校证》也是一本校勘精严的版本。尤其是作者将所存之《文馆词林》与现存的历史文献进行对照，更凸显了《文馆词林》的文献价值，颇便读者检阅。但是，如果仔细探究，此书尚有不尽精审之处。其中最为突出的一点是，著者特别注意以《文馆词林》校勘现存文献，突出其文献价值。但是，运用现存文献与《文馆词林》对校，以纠正其脱文、衍文、错简，以及校勘异文等方面，却明显不足，著者本人的标点断句亦时有疏失。略举例如下：

（1）有脱、衍而失校例。《文馆词林》散失较早，今所搜求辑佚者，仍然远非全貌。就所辑录文献而言，脱文、残缺相当严重，有些语句意颇费解。有现存文献可征者，则应据现存文献加以校补。如卷六六四《汉文帝与匈奴和亲诏》曰："今朕宿兴夜寐，勤劳天下，忧苦百姓之恻怛不安。"其末句意不可通，查《汉书》卷四《文帝纪》，"忧苦百姓"后脱一"为"字，应据以校补。

又卷六六五《西晋武帝藉田大赦诏》曰："又律令既班之天下，奖以简法务本，惠育四海，宜宽见罪，使得自新，大赦天下。""又律令既"意费解，后脱一"就"字；"大赦天下"后脱"长吏、郡丞、长史各赐马一匹"等句，应据《汉书》卷三《武帝纪》补。

又卷六六七《汉宣帝凤皇集泰山赦诏》曰："赐勤事吏二千石以下爵。"其"以下"后脱"至六百石"；其"爵"后脱"加赐鳏寡孤独、三老、孝弟、力田帛。所振贷勿收"。

此外，亦有衍文而失校。如卷三四六《东巡颂》（马融）曰："允迪在昔，绍烈陶唐，殷天衷，充摇光，若时则，运琼衡，敷六典。经纬八成，变和万殊，总领神明。"按照如此断句，文气不畅，也不押韵。《艺文类聚》卷三十九《巡守》作"……敷六典，经八成，变和万殊，总领神明。"可知此段衍一"纬"字，本是二句一组，前四句押一韵，后六句转另一韵。应据《艺文类聚》校正。当然这也涉及断句问题。

（2）有异文而失校例。古代文献或口耳相传，或手自抄录，必导致异文繁多。在整理文献时，对于不同版本的异文，均应出校。对因异文而语义捍挌难通者，尤应校正。如卷三四七《北伐颂》（后魏高允）

曰："皇矣上天,降鉴惟德。眷命有伐,照临万国……翼翼圣明,有兼斯美。释彼京观,垂此仁旨。""眷命有伐""释彼京观"义不可解。检《魏书》卷四《高允传》,"有伐"作"有魏";"释彼"作"泽被",则义通,应据以校正。

又卷六六五《南齐武帝藉田恩诏》(王俭)曰:"千畛咸事,六仞可期……甘露类晖于坰收,神爵骞翥于兰圃……并加给贷,矜在优厚。""六仞可期"、"甘露类晖于坰收"、"矜在优厚"三句义殊难解,检《南齐书》卷三《武帝纪》,"六仞"作"六秭","坰收"作"坰牧","矜在优厚"作"务在优厚",则义通。前一字音近而误,后二字皆形近而讹,应据以校正。

又卷六六七《后汉章帝麟凤等瑞改元赦诏》曰:"朕闻明君之德,启通鸿化,缉熙康人,光照六幽。"其"启通鸿化,缉熙康人"亦义不可解,检《后汉书》卷三《章帝纪》,"启通"作"启迪";"康人"作"康乂",则义通,亦皆形近而讹。

(3)有"序"与正文混淆例。如卷三四六载崔駰的"四巡颂",其他"三巡颂"前均有"序",惟独《东巡颂》无序,而东巡是皇帝最为重要的一次巡狩,不可能仅此"颂"无"序"。检《艺文类聚》卷三十九《巡守》:"伊汉中兴……遒尔而造曰:盛乎大汉……"可知"曰"前原为《东巡颂》的"序",然《文馆词林》"遒"作"俨","曰"误为"日",而著者又断句为"伊汉中兴……俨尔而造,日盛乎大汉",遂将正文与序混淆了,应据《艺文类聚》校正。

(4)有误题作者时代或名称而失校例。卷三四七载:"《伐蜀颂》一首,东晋曹毗",误。曹毗,西晋人。伐蜀事在魏景元四年(公元263),是年蜀亡。其《伐蜀颂》亦当在此年。

另外也有一种情况,著者误注原文作者。如《文馆词林校证》第337页《南齐高帝即位改元大赦诏》注曰:"此篇又见《南齐书》卷二《高帝纪下》,严可均据之辑入《全齐文》卷一武帝文中。……据此,知此诏乃王俭为武帝所草,当辑入《全齐文》王俭文中。"检《南齐书》与《全齐文》,均记为"高帝",应据以改正。

又该书第363页《武德年中平北狄大赦诏》注曰:"此篇其他文献无载,《全唐文》无收,可补入太宗文中。""武德"是高祖年号(公元618—626),此诏当为高祖所草,应补入高祖文中。作"太宗",误。

(5)有断句而失误例。著者断句,有时失之详察,偶有疏失者。如卷四一四《七启八首》(魏曹植)曰:"佩则结绿悬黎宝之妙微,符采焕烂,流景扬晖。黼黻之服,罗縠之裳,金华之舄,动趾遗光。"观察上述文句即可看出,此文实际上是四字一句,二句一组,四句一韵。故上文应断为"佩则结绿悬黎,宝之妙微,符采焕烂,流景扬晖。黼黻之服,罗縠之裳,金华之舄,动趾遗光"。惟此行文对称,合乎用韵要求,以"佩则"总领下文。

又卷六六七《后汉章帝麟凤等瑞改元赦诏》:"讫惟人面,靡不率俾仁风,翔于海表。威霆行乎鬼区,然后敬恭明祀,膺五福之庆,获来仪之贶。"此诏除连接句外,二句一组,而著者点破文句,义滞难解。应断句为:"讫惟人面,靡不率俾。仁风翔于海表,威霆行乎鬼区。然后敬恭明祀,膺五福之庆,获来仪之贶。"除"然后敬恭明祀"为连接句外,其余均为对偶。

以上所举,仅其一隅。在《文馆词林校证》一书中,其脱、衍、异文校勘不精,以及断句失误这两点尤为突出。但白玉之瑕,不夺其美。所指出的目的,只是提醒读者诸君,在使用此书时,对于有其他文献可以校考者,应详加校证,以免隅照之失。

[原载《中华文史论丛》第78辑]

郭象《庄子注》非窃自向秀再考辨

郭象《庄子注》(下称郭注)是否窃自向秀《庄子注》(下称向注),一直成为学人争论焦点,而且持剽窃说者居多。虽然近年来,争论已经消歇,然而问题并未真正澄清。本文在吸取前贤研究成果的基础上,通过现存史料的详尽的钩稽考辨,认为:(1)《晋书》向、郭二传,并《世说新语》有关郭注窃自向注的史料并不可靠,必须重加考订。(2)向、郭《庄子注》是两种不同著述,分属两种版本,并行于两晋至北宋之间。向注大约亡佚于北宋后期。(3)向注先出,郭象吸取了向注的某些成果,并在此基础上"述而广之"。但向、郭的哲学观不同,郭在吸取向成果时,按照自己的思想体系加以取舍与改造,并建构一个完整的哲学体系。因此郭象《庄子注》非窃自向秀。试考辨如下。

一、郭注窃自向注说所依据的史料质疑

学术界认为郭注窃自向注,几乎成为共识,其中论证最力者是侯外庐先生。他所依据的史料主要是《晋书》卷五十七《郭象传》。而《郭象传》史料则抄录于《世说新语·文学》第十七则:

> 初,注《庄子》者数十家,莫能究其旨要。向秀于旧注外为解义,妙析奇致,大畅玄风。唯《秋水》、《至乐》二篇未竟而秀卒。秀子幼,义遂零落,然犹有别本。郭象为人薄行,有俊才。见秀义不传于世,遂窃以为己注。乃自注《秋水》、《至乐》二篇,又易《马蹄》一篇,其余众篇,或定点文句而已。后秀义别本出,故今有向、郭二《庄》,其义一也。①

---

① 余嘉锡:《世说新语笺疏》,上海古籍出版社1993年版,第205—206页。

《晋书》郭传唯删去了"有易《马蹄》一篇"之句。于是郭注窃自向注一说由此铸成。但此则材料疑误颇多，辨正如下：

其一，向秀注本完成于景元四年前，而《世说新语》《晋书》均谓向秀注未竟而卒，误。《世说新语·文学》第十七则刘孝标注引《秀别传》曰：

> 后秀将注《庄子》，先以告康、安，康、安咸曰："此书讵复须注？徒弃人作乐事耳！"及成，以示二子。康曰："尔故复胜不？"安乃惊曰："庄周不死矣。"后注《周易》，大义可观，而与汉世诸儒互有彼此，未若隐《庄》之绝伦也。（亦见《晋书·向秀传》）

由"后注《周易》"句看，秀是先注《庄》，后注《易》。注《易》之前，《庄》注已经完成。"及成，以示二人"，说明向秀完成《庄》注时，嵇康、吕安还在世上。嵇、吕于景元四年（263）被杀。嵇康被杀，向秀失图，而后"应本郡计入洛"为官，可证向秀完成庄注至迟在景元四年之前，距向秀去世约有七、八年时间，根本不存在"未竟而卒"问题。而且向注《庄》后又再注《易》，更不可能注《庄》未竟。

其二，向秀注本既为完整注本，《世说新语》、《晋书》本传谓向注唯《秋水》《至乐》二篇未竟而卒，误。今考郭注陆德明音义本，其《秋水》注中共引向秀注文六处，此亦可证陆德明所见可能即是向秀的完整注本。不存在二篇未竟而卒的问题。

其三，比较《世说新语》、《郭象传》和《向秀传》所叙基本史实也多抵牾之处。（1）向秀本传谓郭注是对向注"述而广之"，郭象本传则谓"窃以为己注"，两者有本质差异。"述而广之"是指郭注在向注基础上，加以扩展阐发，融入己意，当然与剽窃有别。（2）向秀本传谓向秀注庄"振起玄风"，经郭象"述而广之"，才"道家之言遂盛"，而道家之言遂盛，则是玄风大炽的标志，因玄学虽融有儒却又以道为核心。而郭象本传则谓向秀注庄后"大畅玄风"，显然与向秀本传不合。（3）假定向注未竟而卒，此后又"义遂零落"、"不传于世"之说成立，那么向注流传范围必然不广，不可能影响一代风气。与秀注庄后"大畅玄风"的说法也是互相抵牾。《世说新语》《郭象传》与《向秀传》所录资料，必有一误，或二说皆误。若联系前两点考释，综合考察，《世说新语》《郭象传》所载必误无疑。

其四,《向秀传》谓郭注成于惠帝时期,此时向秀二子已经成人,并入朝为官,不可能出现向注"义遂零落"而郭"窃以为己注"的问题。《世说新语·赏誉》第二十九则:"秀子纯、悌,并令淑有清流。"刘孝标注引《竹林七贤论》:"纯字长悌,位至侍中。悌字叔逊,位至御史中丞。"又引《晋诸公赞》:"洛阳败,纯、悌出奔,为贼所害。"洛阳之败在永嘉五年(311),向秀二子卒于是年。惠帝之世,郭象先辟司徒椽,后至黄门侍郎,与向秀子同朝为官。而恰在此时郭窃向注,向秀二子竟默许郭象在父亲的著作中公然作贼,于道理上说不通。自然向秀二子"令淑清流",颇有名士之风,也不可能任父亲著作"义遂零落"。

由上考辨可见,《世说新语》有关郭注窃自向注的说法是错误的。而《晋书》撰者未见向注(按:《隋书·经籍志》明白记载向注今阙,可证史臣未见向注),未审《世说新语》的相关材料是否可靠,即录入正史,更是以讹传讹。《世说新语》本未引起反响,然《晋书》一出,后人迷信正史信而有征,失之详考,自唐末直至当代,谓郭注窃自向注说者蜂起,几成定论。实是《世说新语》误导于前,《晋书》误传于后。

二、从向、郭两注版本的流传证郭注非窃自向秀

在东晋至南北朝时期,向、郭之名时被并称。侯外庐先生在《中国思想通史》中认为:"连称郭、向乃权变之辞,不得以合注目之。"[1] 说向、郭并称"乃权变之辞"是错的,而"不得以合注目之"则是对的。因向、郭二注原来即是两种注本,岂可目之合注?然而,二注在相当长时间内并行于世,向、郭并称乃自然之理。而向、郭二注并世流传,又可证郭注并非窃自向注。

向、郭二人《庄子注》并行于东晋,且均受到时人的高度赞赏。《世说新语·文学》第十七则刘孝标注引《竹林七贤论》云:

> 秀为此义,读之者无不超然,若已出尘埃而窥绝冥,始了视听之表。有神德玄哲,能遗天下,外万物。虽复使动竞之人顾视所

---

[1] 侯外庐主编:《中国思想通史》第三卷,人民出版社2011年版,第188页。

徇,皆怅然自有振拔之情矣。

又引《文士传》:

> 象字子玄,河南人。少有才理,慕道好学,托志老庄,时人咸
> 以为王弼之亚。
> 象作《庄子注》,最有清辞遒旨。

《文士传》作者张隐,《竹林七贤论》作者戴逵,都是东晋人,一为史家,
一为名士,二人去向、郭时代不远,记载应相当可信。据此可知,向、郭
二人《庄子注》是两种不同的著述,在东晋同时风靡于世。时人读向注
顿生超然物表、蹈世振拔之情。而郭注文辞清丽,意旨遒深,与向注比
较,别有一番意味。值得注意的是,"时人咸以为"郭象为"王弼之亚",
而不言为向秀之亚,说明郭象理论造诣在向秀之上;"咸以为",又说明
对郭象的这种评价已是当时人们的定评。可证晋人绝不认为郭注窃
自向注。

因为向、郭二人同以注庄而驰名,故晋人常将向、郭并称。《世说新
语·文学》第三十二则:

> 《庄子·逍遥游》篇,旧是难处,诸名贤所可钻味,而不能拔理
> 于郭、向之外。支道林在白马寺中,将冯太常共语,因及《逍遥》。
> 支卓然标新理于二家之表,立异议于众贤之外,皆是诸名贤寻味
> 之所不得。后遂用支理。

侯外庐先生《中国思想通史》引用此则材料断章取义,说向、郭并称乃
权变之辞。其实晋人不仅郭、向并提,而且又称"二家",这就包含两条
重要信息:一是二家之注并行于世;二是二注各成一家之言。既否定
了剽窃说,又证非为"权变之辞"。今考《支遁传》与《高僧传》,支道林
约卒于东晋太和元年(366),说明至东晋中叶向注与郭注亦同为时人
所瞩目。值得注意的是,郭象年龄小于向秀约十五岁,郭注又较向注
后出,人称郭、向,而不称向、郭,可见在当时人心目中郭注已是高于向
注了。向注地位的下降在后人记载中也偶有提及,《世说新语·文学》

第十七则刘孝标注曰：

> 秀本传或言，秀游托数贤，萧屑卒岁，都无注述。唯好《庄子》，聊应崔譔所注，以备遗忘云。

刘孝标所引之《秀本传》应是东晋以后所著的史书，这说明东晋以后，人们对向注的评价已远不及产生于东晋时的《竹林七贤论》。说向注仅是在崔譔注的基础上发展而来，"以备遗忘"而已，与《晋书》所言向注出而"大畅玄风"也相去甚远。又《文心雕龙·论说》："至如李康《运命》，同《论衡》而过之；陆机《辨亡》，效《过秦》而不及，然亦其美矣。次及宋岱、郭象，锐思于几神之区；夷甫、裴頠，交辨于有无之域，并独步当时，流声后代。"刘勰只提郭象而不及向秀，足见在刘的时代郭象地位之隆，而向秀地位之降了。但郭注毕竟吸取了向注的成果，这一问题已引起人们的注意。《世说新语·文学》第三十二则刘孝标注：

> 向子期、郭子玄《逍遥义》曰："夫大鹏之上九万里，尺鷃之起榆枋，大小虽差，各任其性，苟当其分，逍遥一也。……"支氏《逍遥论》曰："夫逍遥者，明至人之心也。……"此向、郭之注所未尽。

这段注文今本郭注不存，难以确考。然而郭象注文在此点上取向秀之论却无疑问。但这不能确证郭注窃自向注，刘孝标也同时注意到郭注的创造性，如《世说新语·文学》第四十六则注：

> 《庄子》曰："天籁者，吹万不同，而使其自己也。"郭子玄注曰："无自无矣，则不能生有……天然非为也，故一天言之，所以明其自然之故也。"

比较上两则材料可见，刘孝标的确读过向、郭二人的著作，并注意到两者同与异，故向、郭注文义同者，两注并取，标二人之名。由此可以推知，郭象对"天籁"一段注文必为向注本所无。

除上文所引材料外，据汤一介先生《郭象与魏晋玄学》统计，东晋张湛《列子注》引向注四十余条，郭注二十余条（统计有误，下文再考），梁陶弘景《养生延命录》引向注四条、郭注一条，东晋罗含《更生论》引向注一条。这均证明隋唐之前二本并行。向本究竟亡佚于何时，史料阙如，难以定考。但稽考后代史料，大致可以推定其亡佚时间。《隋书·经籍志三》：

> 《庄子》二十卷，梁漆园吏庄周撰，晋散骑常侍向秀注。本二十卷，今阙。梁有《庄子》十卷，东晋议郎崔譔注，亡。
>
> 《庄子》三十卷、目一卷，晋太傅主薄郭象注。梁《七录》三十三卷。
>
> 《庄子音》三卷，郭象撰。梁有向秀《庄子音》一卷。①

《旧唐书·经籍志一》：

> 庄子注十卷，崔譔注。又十卷，郭象注。又二十卷，向秀注。（《新唐书同》）②

《宋史·艺文志四》：

> 郭象注《庄子》十卷。③（向秀注不载）

《隋书》为唐修八史之一，与《晋书》同为唐初馆臣所修。《隋书》载秀注今阙，证明当时馆臣未见向注。但向注此时并未亡佚，《经典释文》主要依据郭象注本，亦引用了大量向秀注文。比《隋书》晚出的李善《文选注》虽引郭注较多，亦间有向注出现。说明中唐之前向、郭二注并行，是毫无疑问的。只是向注流传范围渐小，影响渐弱。直至唐末向注还见诸文献记载。唐末新罗学士崔致远《法藏和尚传》在说法藏《新经音义》时云：

---

① 《隋书》卷三十四《经籍志三》，中华书局1973年版，第1001页。
② 按：《隋书》载郭象注三十卷，而新、旧《唐书》载十卷。因郭象注至唐陆德明为之音义时，将郭象注重新厘定为十卷，新、旧《唐书》撰者所见必是陆德明音义本，故云郭象注《庄子》十卷。
③ 《宋史》卷二百五《艺文志四》，中华书局1985年版，第5180页。

《新经音义》不见东流，唯有弟子慧苑《音义》两卷，或者向秀之注《南华》，后传郭象之名乎。①

撰者可能未见郭注《庄子》，疑向秀之注《南华》（即《庄子》）就是世传的郭注《庄子》。但无论如何，崔氏见过向秀注本。所以宋人撰《新唐书》谓向秀注二十卷殆非无据。一般学者认为《新唐书·艺文志》多系抄于《隋书》。然《隋书》明确记向注今阙，而《新唐书》却显载向秀注二十卷，有理由认为向注在北宋仍然存世。至南宋《郡斋读书志》《直斋书录解题》均未录向注，《宋史》亦失载。推断向注至南宋才真正亡佚了。

以上论述可知，向、郭二注在问世之后，自东晋至北宋，一直并行于世，分属两种版本。但在流传过程中，郭注流传渐广，向注流传渐少，直至消亡。这证明：郭注绝非是盗窃向注之作，郭注之所以没有亡佚，其原因如陆德明《经典释文·叙录》所说："唯子玄所注，特会庄生之旨，故为世所贵。"② 否则，亡佚的该为郭注而非向注。

三、从《列子注》所引向、郭注文比勘证郭注非窃自向注

《四库全书总目提要》的《庄子注》提要（下称《提要》），取《列子》张湛注所引向秀注文以校郭注，认为："是所谓窃据向书，点定文句者，殆非无据。"③ 后来侯外庐先生《中国思想通史》在《提要》基础上，另列一张"郭象窃向秀注比照表"（下称比照表）。无论是《提要》，还是"比照表"，都忽略了一个重要问题：张湛《列子注》④亦同时征引大量郭象注文。张湛为东晋人，当时郭注与向注两个版本并存。张湛《列子注》涉及《庄子注》部分的内容，或取向注，或取郭注，或二注并取，择善而从。《提要》和"比照表"均割弃了郭象注文，仅引向注以校郭注，造成郭注窃自向注的假象。为彻底澄清事实，必须将《列子注》所引向、郭注文，全部排列比勘。为节约篇幅，本文仅将《提要》与"比照表"同时舍

---

① 崔致远：《法藏和尚传》，参见方立天《华严金师子章校释》附录，中华书局1983年版。
② 陆德明：《经典释文》，中华书局1983年版，第17页。
③ 纪昀等：《四库全书总目提要》，海南出版社1999年版，第752页。
④ 本文所引张湛：《列子注》，《诸子集成》（第四册），岳麓书社1996年版。

弃的部分列表如下,读者可将本表与"比照表"对读。

《列子》原文与篇目	《列子注》引向、郭注文
(《黄帝篇》)	(《黄帝篇》)
1. 列子问关尹曰:"至人潜行不空。"	1. 郭注:其心虚故能御群实也
2. 圣人藏于天,故物莫之能伤也。	2. 郭注:不窥性分之外,故曰藏也。
3. 措杯水于肘上,发之镝矢复沓。	3. 郭注:矢去也,箭镝去复沓。
4. 方矢复寓。	4. 郭注:箭方去,未至的以复。寄杯于肘,言敏捷之妙也。
5. 时其饥饱,达其怒心。	5. 向注:达其心,之所以怒而顺也。
6. 以钩抠者惮,以黄金抠者惛。	6. 郭注:所要愈重,则其心愈矜也。
7. 长乎性,成乎命,与贵俱入于汩。	7. 郭注:泗伏而涌出者汩也。
8. 不以万物易蜩之翼,何为而不得?	8. 郭注:遗彼故得此也。
9. 始吾以为夫子之道为至矣,则又有至焉者矣。	9. 郭注:为季咸之至又过于夫子也。
10. 而机发于踵。	10. 郭注:常在极上起。
11. 肥水之潘为渊,是为九渊焉。	11. 向注:夫水流之于止鲵,旋之以龙跃,常渊然自若,未始失其静默也。 郭注:夫至人,用之则行,舍之则止。虽波流九变,乱治纷纭,若居其极者,常澹然自得,泊乎无为者也。
12. 列子自以为未始学而归,三年不出。	12. 向注:弃人事之近务也。
13. 其妻爨。	13. 向注:遗耻辱。
14. 是则汝何为惊已,曰:"夫内诚不解。"	14. 郭注:外自矜饰,内不释然也。
15. 形谍成光。	15. 郭注:举动便辟成光仪。
16. 使人轻乎贵老,而整其所患。	16. 郭注:以美形动物,则所患乱至矣。
17. 其为利也薄,其为权也轻,而犹若是。	17. 郭注:权轻利薄,可无求于人,而皆敬己,是高下大小无所失者。
18. 而汝不能使人无汝保也。	18. 郭注:任乎而化,则无感无求,无感无求,乃不相保。
19. 而焉用之感也,感豫出异。	19. 郭注:先物施惠,惠不因彼豫而异者。
20. 异鸡无感应者及走耳。	20. 郭注:养之以至于全者,犹无敌于外,况自全乎。
(《力命篇》)	(《力命篇》)
21. 勿已则隙明可。	21. 郭注:若有闻见则钟于已,而群下无所措其手足,故遗之可也;未能尽其道,故谨之可也。

　　侯外庐所列的"郭象向秀注比照表"引向秀注文二十七条,上表另列出"郭象向秀注比照表"漏辑的向秀注文四条。说明张湛《列子注》

所引向秀注文共三十一条。而上表所列出的郭象注十九条①,侯外庐"比照表"未收。

张湛《列子注》对所引材料态度十分严谨。因向秀注先出,向、郭注文同者,注名向秀。故可以肯定上表所引郭象注文十八条(其中一条并引两人注文)是向秀注本所无。即使将上表所辑与"比照表"合计所收向秀的三十一条注文与郭象《庄子注》比勘,完全相同者仅六条,基本相同者九条,两项合计约占《列子注》所引向、郭注文的30%,也就是说,照此比例推算,郭象注文也有70%左右的内容属于自己的创造。

如果进一步研究向、郭基本相同的注文,就可以发现:郭注在吸取向注成果时是按照自己的思想体系加以改造,同者不避其同,异者不得不异。如《列子·黄帝》"夫奚足以至乎先,是色而已"句,张湛引向注:"同是形色之物耳,未足以相先也,以相先者唯自然也。"郭象《庄子注》:"同是形色之物耳,未足以相先也。"乍一看郭注仅删去向注最后一句,余者皆同。其实保留最后一句是向秀思想,而删去最后一句是郭象思想。向秀在哲学倾向上"贵无",认为"自然"先于万物而产生万物,故曰"相先者唯自然也"。郭象在哲学倾向上"崇有",认为万物独化于玄冥之境,"自然"并不先于万物而产生万物,而是"造物无物","物之自造",与向秀哲学观不相同,故删去向秀此句。另一种情况是,向秀的某些注文是对原文的阐释,而郭象则上升到哲学的高度。如《列子·黄帝》"善游者数能"句,张湛注引向秀文曰:"其数自能也,言其道,数必能不惧舟也。"郭象《庄子注》:"言物虽有性,亦须数习而后能耳。"其文虽近,但向注是形而下的语言描述,而郭注则是形而上的哲学抽象,所反映的思辨水平不可同日而语。此类例证比比皆是,不一一列举。这也说明,仅以某些文句形式上的相同或近似,即断定郭窃向注,也非为公允之见。

四、从郭象玄学修养及其他著述证郭注非窃自向秀

郭象是魏晋玄学划时代人物。如果我们详细地考察郭象自身的玄学修养以及除《庄子注》以外的玄学著作,亦可从一个侧面说明郭象

---

① 补注:当时查考张湛《列子注》所引郭象《庄子注》乃一条一条地抄录统计,今通过电子版检索,《列子注》计引郭象注二十四条,其中漏辑《天瑞注》引郭象注三条。

是不可能剽窃向注的。

上文已引《文士传》谓象"少有才理，慕道好学，托志老庄。时人咸以为王弼之亚"。《晋书·郭象传》亦云："少有才理，好老庄，能清言……常闲居，以文论自娱。"①《世说新语·赏誉》第二十六则："郭象有俊才，能言老庄。庾敳尝称之，每曰：'郭子玄何必减庾子嵩！'"刘注引《文士传》：

> 敳谓象曰："卿自是当世大才，我畴昔之意都已尽矣！"其伏理推心，皆此类也。

又《北堂书钞》卷九八引《语林》：

> 王太尉问孙兴公曰："郭象何如人也？"答曰："其辞清雅，奕奕有余。吐章陈文，如悬河泻水，注而不竭。"②（按：后两句《世说新语·赏誉》记为王太尉语）

综合上述材料，我们可对郭象作以下几点概括：一是才思敏捷，思理深刻，且以大才显名于世，为名士所推重。二是慕道好学，玄学修养深厚，是王弼之后玄学发展的里程碑式人物。三是不唯能清谈，言辞清雅，亦爱论文与著述，所以东晋袁宏将他收入《名士传》中。

郭象清谈不似乐广之流以言约取胜，而是以析理见长。《世说新语·文学》第十九则：

> 裴散骑娶王太尉女。婚后三日，诸婿大会，当时名士，王、裴子弟悉集。郭子玄在坐，挑与裴谈。子玄才甚丰赡，始数交未快。郭陈张甚盛，裴徐理前语，理致甚微。四坐咨嗟称快，王亦以为奇。

裴楷以善析理著称。郭象主动挑与谈，表现对自己玄学修养的极度自信。在清谈中，郭才甚丰赡，语言陈张甚盛，而且一如裴楷，理致甚微，

---

① 《晋书》卷五十《郭象传》，中华书局1974年版，第1396页。
② 虞世南等：《北堂书钞》，《续修四库全书》（第1212册），上海古籍出版社2002年版，第459页。

足见其思辨水平之高。

郭象的玄学修养、思辨水平使他具备注庄的基本素质,加之慕道好学的精神,以文论自娱的读书著述态度与心境,都成为注庄的必要条件。

郭象著作除《庄子注》外,另有《老子注》、《论语体略》、《论语隐》三部。清文廷式《补晋书艺文志》著录有郭象《老子注》并说:"见唐张君相三十家《老子注》有郭(象)、刘(仁会)两家。"①唐末杜光庭《道德真经广圣义》列注疏《老子》者六十余家,其中第七家即为郭象。又宋李霖《道德真经取善集》引郭象注文2条。这证明郭象《老子注》唐末至宋仍然流行于世。

另《隋书·经籍志》《新唐书·艺文志》都著录有郭象《论语体略》,《隋书》还著录郭象《论语隐》。证明郭象对《论语》也颇有研究。江熙《论语集解》叙《论语》十三家则有郭象一家。而且《论语体略》在东晋颇为人所重,皇侃《义疏》引郭象注9条,可见此疏亦成一家之言。

王弼注《周易》《老子》,撰《论语释疑》,郭象注《庄子》《老子》,撰《论语体略》《论语隐》,"时人咸以为王弼之亚",可能与他俩所建构的哲学体系所依据的逻辑起点近似有关。

郭象文章,见诸史料记载的有《庄子序》、《碑论十二篇》(《晋书·郭象传》)《致命由己论》(《文选·辨命论》李善注引)。

以上材料说明,郭象对儒道思想均有精湛的研究,他深厚的玄学修养,口若悬河的名理辨析,以及名教与自然合一的哲学观建构,都得力于对儒道的深刻研究。这样一位对儒道思想有深刻研究,具有独立见解,建立有完整哲学体系的思想家,注一部《庄子》却又剽窃他人著述,此说于理难通。

综上所考,笔者的结论是郭象的《庄子注》不可能窃自向秀。

[原载《皖西学院学报》2001年第1期]

---

① 《二十五史补编》(第三册),中华书局1955年版,第3750页。

台湾藏吴氏丛书堂抄本《陆士龙文集》叙录

　　台湾"国家"图书馆所藏明长洲吴氏丛书堂抄本《陆士龙文集》（下称丛书堂钞本），为大陆图书馆所未见，亦未见考索"二陆"版本之著述所论及。此抄本十卷，共2册。版式行款：每页10行，行20字，左右双栏，版心白口，边署"丛书堂"三字，匡17.7×12.7公分。前有总目录，除首卷外，每卷先全目，后篇目，既保持宋本旧式，又具有明抄本的特征，墨光黝润，字迹隽美。此抄本以宋本为底本，然与明代项元汴重装之宋本《陆士龙文集》和陆元大翻刻之宋本《晋二俊文集》，皆有差异，故其版本、校勘价值颇高。

　　从抄录者印铨看，丛书堂钞本渊源有自。目录首页钤有"中吴吴宽"印铨，可知此本确系明吴宽（1435—1504）抄录。《明史·吴宽传》载："吴宽，字原博，长洲人。以文行有声诸生间。成化八年，会试、廷试皆第一，授修撰。……年七十，数引疾，辄慰留，竟卒于官。赠太子太保，谥文定。"宽号匏庵，室名"丛书堂"，因是长洲（今苏州）人，故所抄之《陆士龙文集》称之曰"明长洲吴氏丛书堂抄本"。宽藏书甚富，且于公务之遐，以抄书为乐。《苏州府志·艺文类》载"吴宽《丛书堂书目》一卷"①。《千顷堂书目》卷十亦载"吴匏庵《丛书堂书目》一卷"②。所抄之书，皆为精品。朱彝尊《书〈尊前集〉后》曰："康熙辛酉冬，予留吴下，有持吴文定公手抄本告售。书法精楷，卷首识以私印，书肆索直三十金。"③其《静志居诗话》又曰："余尝见公家遗书偶有流传者，悉公手录，以私印记之。前辈风流，不可及也。"④可知，宽藏书多为手抄，其书法精美，且所抄内容、版式行款悉依善本原貌，故其抄本有极高的版

---

① 冯桂芬：《苏州府志》卷一百三十七，江苏古籍出版社1991年版。
② 黄虞稷：《千顷堂书目》，上海古籍出版社2001年版，第294页。
③ 朱彝尊：《曝书亭集》卷四十三，四部丛刊本。
④ 朱彝尊：《静志居诗话》卷八，人民文学出版社1990年版，第219页。

本价值和艺术观赏价值,成为清代以降藏书家竞相收藏之精品。

从收藏家印铨看,丛书堂钞本流传有绪。目录首页另铨有"尧圃考藏"、"广圻之印"、"汪士钟藏"、"席氏玉照"之印铨。"尧圃考藏"乃黄丕烈印铨。丕烈(1763—1825)字绍武,又字尧圃、尧翁等,号有抱守老人、尧圃主人、士礼居主人等,亦长洲人。一生嗜学好古,精于版本,长于校勘。素好藏书,尤重宋版。其藏书之富,为当时东南之巨擘。"广圻之印"是顾广圻印铨。广圻(1766—1835)字千里,号涧萍,别号思适居士,元和(今属苏州)人,清著名的校勘学家、目录学家。"汪士钟藏"是汪士钟印铨。士钟(约1786—?)字春霆,号朗园,一作阆源,原籍徽州,是长洲著名藏书家。"席氏玉照"是席鉴印铨。鉴(生卒不详)字玉照,号茱萸山人,常熟人,亦清代著名藏书家。由此可见,此本所藏者皆为明清藏书大家,且流传有绪可寻,故足以据为校勘之资。

如果将丛书堂钞本与现存《陆士龙文集》最早版本比较,则又可见丛书堂钞本版本价值之高。《陆士龙文集》宋本已佚,现存两种明代刻本尚保留宋本面貌:一是项元汴重装之宋本《陆士龙文集》(下称项本),中华书局"古逸丛书"三编即据此影印;二是陆元大翻刻之宋本《晋二俊文集》,四部丛刊据此影印。考察上二种版本题跋,则可知其源流。项本元汴跋曰:"宋板晋陆云文集五册。墨林项元汴跋于明万历二年秋八月。重装于天籁阁中。"又陆本都穆跋曰:"《士衡集》十卷,宋庆元中尝刻华亭县学。岁久,其书不传。予家旧有藏本,吴士陆元大为重刻之。……讫工,复取斯集(指《士龙集》),以予家本校而刻之。"据此可知,项本乃宋本之重装本,陆本是宋本之翻刻本。薛殿玺曰:"陆本行款虽与此宋本(即项本)不同,但二本相较,卷中墨钉除三处外均相同;陆本卷八有错简,其误处又适当宋本分叶处,可证陆本实据此宋本付刊而改易行款。"[①] 因此,项本是目前所见《陆士龙文集》的最早版本,其版本价值比陆本为善。

然而,比勘丛书堂钞本与项本,二本错讹悉同;凡项本之墨钉,或因脱字而留下之空白,丛书堂钞本均以空白置之;且宋本因避讳而阙笔者如"桓"、"构",或因避讳而改字者如"惇"改为"悖",二本亦同。则可知二书所据之底本属于同一版本系统。值得注意的是,项本与丛书

---

① 薛殿玺:《影印宋本〈陆士龙文集〉说明》,中华书局1986年影印本("古逸丛书"三编之十九)。

堂钞本均无徐民瞻《晋二俊文集序》以及都穆跋，可见二本所据之底本与陆本不同，或即徐民瞻"序"所言："因访其遗文于乡曲，得士衡集十卷于新淮西抚干林君。……士龙集十卷则无之。明年，移书故人秘书郎锺君得之于册府。"若丛书堂钞本与项本所据之底本同出于徐民瞻所言"得之于册府"所藏的宋本系统，那么丛书堂钞本在时间上也早于陆本，其版本价值亦高于陆本。

　　但仔细比照，丛书堂钞本与项本亦有不同。在版式行款上，丛书堂钞本每页10行，行20字；项本每页11行，行20字。然项本偶有行21字，如《逸民赋》之第五行；而丛书堂钞本行20字，则绝无例外。在避讳上，丛书堂钞本不如项本严格，如"贞"、"慎"，项本缺笔，乃避"赵祯"、"赵眘"之讳（按："眘"乃"慎"之古字，故宋本亦避讳之），而丛书堂钞本则不阙笔，可能是吴宽抄录时有所改正所致。在内容上，除丛书堂钞本偶因抄录之脱讹外，二本亦有多处异文。如项本《逸民赋》"栖迟乎于一丘"，衍"乎"，丛书堂钞本则无此衍字。项本《南征赋》"地灵夙挺"之"挺"，丛书堂钞本作"振"；"致天属于王畿"之"王"，丛书堂钞本作"玉"。项本《征东大将军京陵王公会射堂皇太子见命作此诗》"大钧造物"之"物"，丛书堂钞本作"化"。项本《大将军宴会被命作此诗》其二"巍巍明圣"，丛书堂钞本作"□□□圣"。项本《赠郑曼季往返八首·南衡》"和璧在山"之"璧"，丛书堂钞本作"璧"；项本《西园第既成有司启》"叉何以能国"之"叉"，丛书堂钞本作"又"等。由此可证，项本与丛书堂钞本所据之底本，虽属同一版本系统，则源自不同的宋刻本，这在下文所引的韩应陛题记中也可以得到旁证。由此可见丛书堂钞本的版本价值。

　　从校勘上看，以丛书堂钞本对校，不仅可勘项本之误，而且为更正《陆士龙文集》之错简提供了重要的版本依据。除丛书堂钞本与项本外，陆云《与平原书》诸本皆有错简，且后人亦淆乱莫辨。如黄葵先生《陆云集》校曰："此信宋刻本有错简：'游仙诗故自能'至'诸应作传及作'，误置'歌亦平平'后、'彼见人赞叙'前；而'引甚单常欲更之'至'歌亦平平'误置'信以白兄作'后、'游仙诗故自能'前。今据影宋本、丛刊本、汪本、张本等订正。"① 据黄葵先生点校《陆云集·前言》可知，其所

_____

① 黄葵：《陆云集》，中华书局1988年版，第147页。

言之宋本即为项本。或黄葵先生感觉孤证难以采信,故以后出诸本而校改宋本。其实,这是很大误解。《汉魏六朝诸家文集》之《陆士龙文集》傅增湘校曰:"征观文义,照宋版似亦无不可。故以目宋本为号码,误者因之。中有'二颂',字意其指《二祖颂》及《刘氏颂》也。晋人尺牍难通,校不可确定,□□宋本页码标出,顺其次可见宋本之真面。"又校曰:"'引'字为宋本第三页起,汪刻误接。当从宋本接此本第十三页第九行'彼见'云云,以甲乙等字识之。"又校曰:"'彼见'以下接汪刻第八页第一行'作'字下。宋版为第十一页起头。"另外,台湾故宫博物院藏《四部丛刊》本《陆士龙文集》后也附朱笔"订正"曰:"卷八四四页下七行'以白兄作',下应接四五页下十六行'引甚单常欲引之',至四九页下四行'歌亦平平'止。四九页下四行'歌亦平平',下应接四四页下七行'《游仙诗》故自能',至四五页下十六行'诸应作传及作'止。四五页下十六行'诸应作传及作'下应接四九页下五行'彼见人赞叙者',至卷终。"可惜此朱笔订正未署姓名。比勘丛书堂钞本与项本,稽考文意,则可证宋本并无错简,后来诸本所误,恰在宋本分页处,错简之产生乃因误置宋本页码所致。所以丛书堂钞本的校勘意义也不容忽视。

今存丛书堂钞本尚有清韩应陛手校题记。丛书堂钞本目录首页亦钤有韩应陛藏书印铨一枚,可证手校题记确系出自韩氏之手。应陛(?—1860)字对虞,又号绿卿,松江人。居官之暇,手不释卷,收藏图籍甚富,先后得宋元古本、旧抄四百余部。所藏之书多为藏书名家黄丕烈、顾广圻、汪阆源诸家散出之善本。从丛书堂钞本所钤之印铨看,《陆士龙文集》即出自上述三人所藏之善本。

韩应陛手校题记,以陆贻典校宋本为比勘的主要版本,均用朱笔标出。贻典(1617—?)字敕先,号觌庵,是清代著名的藏书家与校雠学家。韩氏取敕先校勘成果,增加了丛书堂钞本的校勘价值。韩氏题记主要考其版本,其《岁暮赋》题记曰:"以陆敕先校宋本,略勘数处,不仅佳与宋本相同,且有胜于宋本者,如'丰颜晔而朝瘁'之(或陆本漏补,或异补)[①]"瘁"字,'兮荷'、'长叹息而'之作双行,足见其所本者乃又

---

① "或陆本漏补,或异补"原本以小字补于两行之间,括号乃笔者所加。后"兮荷"、"长叹息而"原本分别以双行排列。另,原本在"又一宋本也"后另有两小字"殷泉",或指依据"殷泉"藏本校录。殷泉即王荫嘉(1892—1937),原名大森,字殷泉,号苍虬,近代版本目录学家王大隆之兄。原籍浙江秀水,迁江苏苏州。喜藏书,以所藏端砚一方,有二十八眼,名其书斋曰"二十八宿砚斋"。

一宋本也。"通过比勘,韩应陛发现:丛书堂抄本与陆贻典校宋本所使用的版本不同,而且丛书堂抄本所据之宋本比陆贻典所据之宋本版本价值更高。韩氏校勘主要集中于三点:第一,补其缺漏。如丛书堂钞本目录缺漏"从事中郎张彦明为中护军",韩则补之;《兄平原赠》"骙骙戎马,有□有翰",韩补"服"字。所校正者以补脱字最多,仅《与平原书》就多达三处。第二,纠正错讹。如丛书堂钞本目录"国启西园第表启"之前一"启"字,韩校改为"起";《逸民赋》序"栖迟于一立"之"立"字,韩校改为"丘"。第三,移录陆校。如丛书堂钞本《愁霖赋》韩校曰:"'愁情深疾',陆本'沉'。"《南征赋》韩校曰:"'地灵凤振',作'挺'。""'玉畿',作'王'。"凡韩校改或补正之内容均随文标出,而移录陆贻典之校勘,则置于书的天头,以示区别。必须说明的是,陆氏校勘悉依宋本,意在恢复宋本的本来面貌,而韩氏所取陆氏校勘则依据文意,选择甚严,故所取陆氏校勘,均可采信。

非常可惜的是,吴氏丛书堂抄本之第二卷残缺比较严重,未免有遗珠之叹。虽然,此书在版本与校勘上仍有很高价值。

[《南京师范大学文学院学报》2014 年第 3 期]

白 璧 微 瑕

——《辞源》求源中的一个失误

1979年修订本《辞源》对所收的古代词语与典故,溯流寻源,探骊得珠,从而成为学习和古代典籍必备的案头工具书。其影响之大,使用价值之高,是其他同类工具书无与伦比的。

惟其如此,《辞源》的失误之处——纵是白璧微瑕,也必须引起充分注意。本文试将笔者在通读《东观汉记》和《后汉书》过程中,发现的《辞源》对典源应出自《东观汉记》而误出《后汉书》的条目加以具体剖析。

为了有助于问题的说明,这里拟将笔者认为处理典源应该遵循的一般原则申述如下:

第一,典源,顾名思义,是典故的最早出处。问题的棘手在于:发生于同一时代的同一历史事件的典故,在不同的典籍中均有记载,应以孰者为是? 由于正史流传广,影响大,加上某些其他因素的影响,相当部分的工具书在处理这类典源时多取正史,忽视了其他典籍。我们认为:研究典源不同于研究历史,它追求的是语言之"信",而并非追求史实之"信"。也就是说,典源应该以现存的最早的典籍为唯一依据。如"书空"一词,《世说新语·容止》、《晋书·殷浩传》均有记载,但在取典源时,《辞源》弃正史而取小说家言。因为《世说新语》是南朝宋刘义庆所撰,而《晋书》是唐修八史之一,房玄龄等馆臣所撰,前者成书大大早于后者,故是记载这一典故的现存的最早典籍。也就是说,在取典源时应取《世说新语》,而不是《晋书》。

第二,记载事典的典源,如果现存的最早典籍记述的人物事件的叙事要件不够完备,而后来的典籍记载的叙事要件比较完备时,应两源并引,或两源合并叙述。若是两源合并叙述,注明出处时,应两书同出,并按成书时间的先后排列,显现其源流。《辞源》对这一类典故的处理也是基本遵循这一原则的。如"龙漦"一条，并见于《国语·郑语》、《史记·周纪》。《辞源》在叙述了这一典源的基本事件之后，先出《国语》，后出《史记》。

第三，对于出自史书的已经成型的语典（成语或俗语），从语言发展的角度考察，似应另有语源，但因古籍散佚严重，语言成型也有一个时间过程，现已无法确定其真正的语源，只得以现存的最早典籍的用例权为典源。《辞源》对这类典籍的处理也基本采用这一原则，先释义，而后引证最早的典籍用例。如"守节"一条，《辞源》首先引《左传·成公十五年》："前志有之曰；'圣达节，次守节，下失节。'"显然，"守节"一词在《左传》中已经定型，从"前志有之"看，在《左传》前似应另有语源，但是现已无法确考，只得以现存的最早典籍用例权为语源。

但是，笔者也发现《辞源》对有些典源出自《东观汉记》，同时又见于《后汉书》的条目处理却违背了以上原则。典源本应出自《东观汉记》，却误出于《后汉书》。

根据"四部备要"本《东观汉记》，笔者作了复查，典源应出《东观汉记》而误出《后汉书》者，共32条。为便于查考，现将条目所在《辞源》页数、《辞源》误出的《后汉书》卷数、典源应出的《东观汉记》（"四部备要"本）卷数与页数，列表如下：

条 目	《辞源》页	《辞源》误出《后汉书》卷	典源应出《东观汉记》卷、页
麦饭	第3561页	卷17《冯异传》	卷1，第4页
绛帐	第3428页	卷60《马融传》	卷12，第3页
推心置腹	第1283页	卷1《光武帝上》	卷1，第5页
滹沱饭	第1877页	卷17《冯异传》	卷9，第3页
绝席	第2430页	卷15《王常传》	卷10，第4页
玺铢	第2224页	卷24《马援传》	卷12，第3页
聚米	第2532页	卷24《马援传》	卷12，第2页
铜马	第3185页	卷1《光武帝传》	卷1，第3页
高髻	第3482页	卷24《马廖传》	卷12，第3页
糟糠	第2392页	卷26《宋弘传》	卷13，第2页
竹马	第2345页	卷31《郭伋传》	卷15，第4页
夺席	第726页	卷79《戴凭传》	卷16，第7页
猪肝	第2939页	卷52《闵仲叔传》	卷16，第12页

续表：

条　目	《辞源》页	《辞源》误出《后汉书》卷	典源应出《东观汉记》卷、页
不入虎穴，焉得虎子	第77页	卷47《班超传》	卷16，第17页
方领矩步	第1384页	卷79《儒林传序》	卷16，第9页
挂冠	第1251页	卷83《逢萌传》	卷16，第11页
攀辕卧辙	第1326页	卷26《侯霸传》	卷18，第1页
五袴（绔）	第137页	卷31《廉范传》	卷18，第4页
流麦	第1788页	卷83《高凤传》	卷18，第9页
任棠（置水）	第184页	卷51《庞参传》	卷20，第2页
薏苡明珠	第2719页	卷24《马援传》	卷20，第3页
蒲鞭	第2691页	卷25《刘宽传》	卷21，第2页
甑尘釜鱼	第2090页	卷81《范冉传》	卷23，第4页
灶下养	第2335页	卷11《刘玄传》	卷23，第2页
积甲山齐	第2317页	卷11《刘盆子传》	卷23，第3页
失之东隅，收之桑榆	第713页	卷17《冯异传》	卷9，第4页
雄飞	第3305页	卷27《赵典传》	卷21，第4页
雌伏	第3311页	卷27《赵典传》	卷20，第4页
芜蒌亭	第2715页	卷17《冯异传》	卷9，第3页
烂羊头	第1964页	卷11《刘玄传》	卷23，第2页
马革裹尸	第3449页	卷24《马援传》	卷12，第3页
疾风知劲草	第2136页	卷20《王霸传》	卷10，第5页

　　有一点必须加以说明：上表中的名词有三种情况，第一，只作为事物名称的一般名词。对这类名词我们必须追溯现存的最早记载这一名词的语源，如"铜马"，农民起义军名称，其记载最早见诸《东观汉记》。取其典源时，必须以最早的文献为出典的依据。第二，名词因为与某一历史事件相联系，有特定的比喻义或引申义，作为典故出现，如"麦饭""绛帐""滹沱饭""芜蒌亭"等。出典时也必须以记载这一典故的最早文献为依据。第三，名词原只作为事物名称的一般名词，后因与某一历史事件相联系，有特定的比喻义或引申义，如"糟糠"，原指谷皮、酒糟，一般名词。后因光武帝希望宋弘停妻再娶湖阳公主，弘曰"贫贱之知不可忘，糟糠之妻不下堂"而带有特定的比喻义。同类的还有"猪肝""竹马""灶下养"等。出典时也必须以记载最早的文献为依

据。后两类条目追溯典源的意义尤为重要。尚不留心,则可能出现所追溯的辞源并非"源",而是"流"。

或许有人会产生这样的疑问:《辞源》的编者可能认为《后汉书》一书就史学和典源意义而言比《东观汉记》更可靠,所以作此处理。这种疑问不能说毫无道理。《辞源》对个别条目的处理确有这种倾向,如"燕颔虎颈"条,《辞源》先引《后汉书·马援传》:"相者指曰:'燕颔虎颈,飞而食肉,此万里侯相也。'"然后指出:《东观汉记》十六《班超》作"燕颔虎头"(1979年修订本,第1958页)。显然,撰写此条目的编者已经发现"燕颔虎颈"的语源。撰写者可能就认为《东观汉记》可能不是像《后汉书》那样属于"信史",所以就以《后汉书》为语源,《东观汉记》只作异文出示。但是这种处理方式有几点值得讨论:

第一,这种处理方式不能代表《辞源》对典源处理的总体原则。从上文所引的《辞源》对"书空""龙漦""守节"等词的语源处理即可证明:《辞源》对典源的处理基本上是遵循上述三条原则的。而且据笔者所查,《辞源》对典源出自《东观汉记》又见于《后汉书》的条目处理,采取这种方式的仅此一例。

第二,这种处理方式的本身就不够妥善。因为,即使退一步说,从追求信史的角度考察,《东观汉记》所记载的历史事实也是非常可靠的。众所周知,我国第一部官修的史书就是《东观汉记》。况且当时在东观阁修史的人不同于前代的太史令一身数任,而是专门修史的专家。参加《东观汉记》的编撰者班固、陈宗、尹敏、孟异……等都是汉代人,当代人修当代的史书,其历史事实的准确性是不言而喻的。所以此书一出,就成为一部权威性的历史著作,魏晋时期将其与《史记》《汉书》并称"三史"。惟其记载史实的准确,加之成书时间远在《后汉书》之前——《东观汉记》比《后汉书》成书早二百二十多年,其典源价值自不待言。非常可惜的是原书散佚,今本《东观汉记》系清人从《永乐大典》中辑出。就从现存的《东观汉记》与《后汉书》比较看,《东观汉记》所记载的历史材料,基本上全为范晔编撰《后汉书》所采用。清人王先谦在《后汉书集解述略》说得十分清楚:"范氏以《东观汉记》为本书。"由此可以看出,对于典源出自《东观汉记》又见于《后汉书》的条目,毫无疑问应该以《东观汉记》为源。

第三,有些典源出自《东观汉记》又见于《后汉书》的条目,《辞源》

的处理有两种方式：(1)直接确定《东观汉记》为典源，如"麦秀两岐"条，《辞源》曰："也作'麦穗两岐。'汉班固《东观汉记》十五《张堪》：'为渔阳太守，有惠政，开治稻田八千余顷，教民种作，百姓殷富。童谣歌曰：桑无附枝，麦穗两岐，张君为政，乐不可支。'"（第3562页）又"杵臼交"条，《辞源》曰："《东观汉记·吴祐传》：'公沙穆游太学，无资粮，乃变服客佣，为祐赁春。祐与语，大惊。遂共订交与杵臼之间。'"（第1541页）(2)采用先引《东观汉记》又见《后汉书》的形式，如"含饴弄孙"条，《辞源》曰："《东观汉记》六《明德马皇后》：'穰岁之后，惟子之志，吾但当含饴弄孙，不能复知政事。'又见《后汉书·明德马皇后传》"。（第496页）又"守钱虏"条，《辞源》曰："《东观汉记》十二《马援传》：'（马援）尝叹曰：凡殖货财产，贵其能施政也，否则守钱虏耳。'又见《后汉书》二四《马援传》。"（第802页）。仅此四条就足以说明，《辞源》的有些编撰者也认为典源出自《东观汉记》而又见于《后汉书》的条目，应以《东观汉记》为是。因为《辞源》出自众人之手，也有编撰者囿于闻见所限，故出现这类瑕疵。

《辞源》对上表所列的这些条目典源处理的失误，在其他工具书中也不同程度的存在。上海辞书出版社出版的《辞海》，虽不以追寻语源为主要宗旨，但是其语词排列顺序也是按照先源后流的原则，惟独涉及《东观汉记》与《后汉书》的语源部分，其中有22条与《辞源》错误类似，《中国成语大辞典》几乎全部因袭了《辞源》的错误。甚至连《辞源》已经纠正的"麦穗两岐"条，也仍然误出典源为《后汉书》。

所以这个问题有指出的必要，以引起方家的注意。

[原载《辞书研究》1994年第5期]

站在传统与时代的交接点上

——曹道衡先生古代文学研究述评

　　站在 21 世纪开端,盘点新中国成立以来在古代文学研究领域作出重要贡献的大家,总结他们的学术思想与治学方法,对于深化学术研究,促进学术发展无疑是紧迫而必要的。在古代文学研究界,曹道衡先生以其完整的学术思想,鲜明的学术特点,卓越的学术贡献,卓然而成为一大家。

　　曹先生学术活动起始于 20 世纪 50 年代。略去政治原因造成的损失不计,在五十年漫长艰辛的学术生涯里,先生凭着严谨与勤奋,终于在贫瘠的中古文学研究领域开拓了一片崭新天地,创造了辉煌成就,从而成为学界的泰斗。先生学术成果大致可分为三类:一是历年发表的论文,据不完全统计有 238 篇;二是论文集与专著,计 13 种,有《中古文学史论文集》《中古文学史论文集续编》《汉魏六朝文学论文集》《中古文史丛稿》《南朝文学与北朝文学研究》《魏晋文学》《中国文史经典讲堂:先秦散文》以及与沈玉成先生合著《中国文学家大辞典》(先秦汉魏晋南北朝卷)、《中古文学史料丛考》、《南北朝文学史》,与刘跃进先生合著《先秦两汉文学史料学》《南北朝文学编年史》,与傅刚先生合著《萧统评传》;三是个人编撰或主持编撰的诗文选注与古籍整理,计 12 种,有《〈文选〉李注义疏》《汉魏六朝辞赋》《汉魏六朝文精选》《先秦六子散文选》《乐府诗选》《两汉诗选》《魏晋南北朝辞赋与骈文》《文选名篇:南朝文学双璧之一——〈文选〉精华》《汉魏六朝辞赋与骈文精品》、《新编古文观止》《古文观止:译注白话赏析》《魏晋南北朝诗选评》,另有合著《古典文学要集简介》1 种。此外,先生所著《困学纪程》则是了解他不平凡学术历程的一个窗口。

　　本文拟从学术思想、特点、贡献与启示四方面对曹先生的古代文学研究进行简要评述。

一、曹先生的学术思想

强烈的学术自觉和深刻的理性反思,使先生在学术研究过程中逐步形成自己完整的学术思想。他的学术思想既积淀深厚的传统理念,又具有鲜明的时代特色。建构在传统与时代的交接点上,是先生学术思想的基本特点。

先生的传统学术理念主要表现在两个方面:一是继承清代朴学治学方法,强调材料与考证;二是在文学研究中坚持马克思主义唯物史观。

继承清代朴学治学方法,强调材料与考证,是先生最为鲜明的学术思想。先生出生于学问世家,曾祖曹元弼是清末的礼学大家,舅父潘景郑是版本目录学家,其治学方法与乾嘉学派一脉相承。从考证入手,以语音、字义、版本等为着眼点,钩稽考辨,不避繁琐,力求结论准确。在这样家庭氛围的熏陶下,先生很自然地继承了乾嘉派的治学方法,并成为日后治学的一个基本理念。所以,先生始终强调阅读与掌握第一手材料,他说:"我又有一个习惯,就是不敢随便去采用别人已有的成果,总想在自己已经阅读了较多的第一手材料之后,才敢作出判断。"(《南朝文学和北朝文学研究·后记》)材料的使用往往又离不开考证,注重原典材料的对读与比勘,是古代文学研究的法门之一。先生形象地称之为"查账式的核对":"史传中的记载,孤立地看,是不大容易看出问题来的,只有核对才能发现抵牾矛盾。在做了一番查账式的核对以后,前四史由于可资参照的材料不多,所以问题不大;自《晋书》而下,都有程度不同的讹误,其中尤以《晋书》、《梁书》、《陈书》为甚。"(《中古文学史料丛考·自序》)因此,对古代文学研究忽视材料与考证的错误观念,先生提出了中肯批评:"我们的古典文学研究者有时过于忽视材料和考证问题,不善于鉴别材料的真伪,甚至可以望文生义,曲解原文。这就可能造成误解,贻误读者。"① 他与沈玉成先生合著的《中古文学史料丛考》,无一不在第一手材料基础上,缜密考辨文献真伪、抵牾、讹误,从而得出正确结论,成为材料与考证结合的典范

---

① 曹道衡:《材料、考证和古典文学研究》,见《中古文学史论文集》,中华书局1986年版,第496页。

之作。与刘跃进先生合著的《南北朝文学编年史》也是"通过这些细致的考证和资料的排比"①,揭示文学产生、发展的嬗变轨迹。先生的论文或论著,凡有疑讹处,均不避其繁,悉心考证。因此,得出的结论往往平实可靠,成为不刊之论。乾嘉学风培养了先生严谨扎实的治学态度,而对乾嘉学风的理性沉思,又形成了他自己的治学理念。

相对于埋首故纸堆中皓首穷经的清代乾嘉学者而言,先生主要生活在新社会,有更广阔的理论视野,尤其对马克思主义唯物史观的正确理解与自觉运用,大大加强了他学术的深刻性与科学性。比如,他主张以一种历史的态度评价、定位古人的文学观:"我们研究文学史,不但要具有今天的文学观点,同时也必须历史主义地阐明古人的文学观,说明某些文体在古人心目中的地位,不管古人的看法是否正确,也必须在文学史中予以适当的介绍。"(《南朝文学和北朝文学研究·后记》)这种还原历史、反映客观的态度,正是马克思主义唯物史观在学术研究中的正确运用,对于纠正学术界某些以今律古、片面追求标新立异的风气,无疑有着重要意义。

基于对马克思主义唯物史观的正确理解,自觉运用"存在决定意识"的基本原理阐释文学现象,是曹先生学术思想的一个重要方面。他在《南朝文学和北朝文学研究·后记》中说:"在探讨南北朝文学的特点及其区别时,笔者认为其根本的原因还应该从当时的社会存在,即人们的生产和生活方式中去探求。因为文学本身归根结蒂是一种社会意识形态。马克思主义关于社会存在决定社会意识的原理,毕竟是颠扑不破的真理,不管我们过去曾经对此作过什么狭隘的或片面的理解,但那是我们自己的问题,不应该归咎于这原理。"文学无论有多么强烈的主体性,但终究决定于作家的文化积淀、生存环境,以及文学生成的社会、政治和经济结构。文学的发生、特点与风格的形成,必然离不开社会存在的基本土壤。当然,先生也深刻地认识到,文学与存在并非是一种简单的线形因果关系,所以他强调:"只是文学和社会存在的关系问题上,应该注意到许多复杂和曲折的问题。"(《南朝文学和北朝文学研究·后记》)也正是基于这样的一个理性认识,他特别注意北方民族入主中原对南方文化与文学的影响。其实,北方民族的迁徙,

---

① 曹道衡:《流水十年间——〈南北朝文学编年史〉出版弁言》,见《南北朝文学编年史》,人民文学出版社,第1页。

不仅造成了文化上大融合,也部分地改变了政治、经济和文化结构,不同的社会存在对文学的影响也就不同。先生对北朝文学研究的开拓性成就,不能不说与这种学术思想密切关联。

然而,曹先生并没有机械地守望着传统,而是以传统学术思想为基础,以一种发展宏通的眼光观照当代的学术研究,因此,先生学术思想也烙上鲜明的时代特征。这主要表现在三个方面:一是对当下文学研究的吸收与反思;二是强调文学技巧与审美属性;三是关注文学的发生和嬗变。

曹先生对当下文学研究的吸收和反思主要体现在对文学本体研究的复归上,而且成为以后治学的基本理念。改革开放之初,非常的岁月刚刚过去,整个学术风气的拨乱反正远比政策的调整来得缓慢艰难,古代文学研究界依旧一片混沌。衡量文学的标准究竟是什么? 是否仍然将文学贴上政治标签? 在这决定古代文学研究方向的根本问题上,曹先生等老一辈研究者选择了复归文学本体研究的正确道路,不再单一地研究文学与政治的关系,而是在注意从历史、文化、地理、民族等多角度多层次对文学进行外部研究的同时,开始致力于文学本体研究。

毫无疑问,文学"形式"是文学本体研究的重要层面,俄国形式主义美学流派之所以特别注重研究文学形式,就因为文学形式是文学的基本存在方式。所以曹先生首先就对以往备受争议的形式以及与此相关联的形式主义问题进行了正本清源。他在《可否也谈谈形式问题》中说:"一部作品虽有好的内容,如果没有完善的艺术形式去表现它,很可能显得缺乏文采,不能对读者产生强烈的感染力。即使是辞句的修饰,音节的安排等问题,常常也能对作品产生很大影响。尤其是诗、词、戏曲等文学体裁,这些规格和技巧问题更具有严重的意义。"① 他批评了过去"光谈作品的思想内容,很少指出作家的艺术创作特色,至于一些形式方面的问题则几乎闭口不谈"的研究倾向;他还以骈文、律诗为例,具体地分析了形式的作用,这在下文再论。为此他也对形式主义进行了重新评价:"其实,把一种文体说成'形式主义',本来就不很妥当。因为在文学方面说,'形式主义'这种文体,却是由

---

① 曹道衡:《中古文学史论文集》,中华书局1986年版,第490页。

古汉语多系单音词的特点而产生,在文章发展过程中自然形成的。因此不能笼统地一律把它看作形式主义的作品。"① 处在时代发展的转型之际,先生能够平和而坚定地对当下的文学研究进行深刻反思,进而为自己也为时人找到一条正确的研究道路。

基于对文学本体的重新认识,曹先生特别强调文学技巧与审美属性的研究。虽然文学技巧和审美属性本是文学本体研究的重要层面,然而在很长一段时期内,却处于文学研究的边缘地带。先生冷静地审视文学技巧和审美属性的功能,并充分肯定具有审美属性的艺术形式,除上文所论以外,还突出表现在对宫体诗和骈文的评价上。

由于宫体诗内容单一、形式浮艳,而长期被研究者所否定,但曹先生却注意到了宫体诗贫乏内容之外的华美形式,并从文学形式发展的角度,论证了宫体诗运用语言技巧追求形式上纯熟优美的历史必然性。他明确指出:"无可否认的事实是,我们过去对'宫体诗'的评价失之偏颇,只是看到了其中个别不健康的内容,而用来否定其全部,完全抹煞了萧纲等人对诗歌技巧的贡献,这是应当纠正的。"(《南朝文学和北朝文学研究·后记》)在《兰陵萧氏与南朝文学》一书中,他专门研究了宫体诗的代表人物及其创作,对所谓的"艳诗"从形式到情感都作了细密分析。从文学发展史的角度,恰当评价宫体诗价值及其存在的合理性,对宫体诗研究产生了深刻影响。

曹先生经常谈到文学技巧、审美属性与文学内容的关系。如上文所引《可否也谈谈形式问题》就探讨了文辞、音节等艺术形式对内容的影响。曹先生以骈文、律诗为例,讨论文学形式问题。"例如骈文、律诗如果不讲平仄,不用对仗,就不成其为骈文和律诗了。……即使是一些不讲平仄和对仗的古诗、散文,如果适当地注意一下声律和字句工整,来加强它们的节奏感和诗文的色泽,也是有好处的。"② 先生清楚地认识到,既然形式是内容的存在方式,就必然影响内容的表达,美的艺术形式会增强作品对读者的感染力。先生对宫体诗和骈文的研究,更多就是着眼于文学技巧与审美属性。

从宏观上看,文学的发生与内在嬗变规律,也属于文学本体研究的范围。除纯粹的资料考证外,曹先生很少对文学现象作单一、静态

---

① 曹道衡:《关于魏晋南北朝的骈文和散文》,见《中古文学史论文集》,中华书局1986年版,第57页。
② 曹道衡:《可否也谈谈形式问题》,见《中古文学史论文集》,中华书局1986年版,第492页。

的研究,往往是溯本求源,追寻文学现象背后的历史成因,通过对文学发生及其嬗变的清晰梳理,把握文学史的发展脉络。这一研究模式显然缘于他对文学发展的理性认识。他在谈到撰写《南北朝文学编年史》体例时说:"本书在编排上,较之以往的文学史试图有所突破,即不以时代为断限,而是特别注意疏通文学自身发展的内在脉络,努力清晰地勾画出南北朝文学兴衰的轨迹。……为了更有力地展现这个时期南北文学的嬗变轨迹,本书特别安排了前编和后编两个不可分割的重要内容。……通过这些细致的考证和资料的排比,使人们对于北方文学从十六国荒原起步到隋代文学融合与繁荣的过程就有了比较全面系统而又深刻的了解。"① 细致的材料排比,精心的体例安排,目的在于回答文学发生的原因,转变的契机、变化的深层动力。真正地体现先生"从基本的文学史实出发,一点点地搞起,从发现小规律,到发现中规律,最后才能上升到大规律"② 的文学史研究的基本理念——当然,其中也包含跃进先生的学术思想。

二、曹先生的学术特点

在新的理论乱花迷眼、追求方法更新的今天,或许曹先生的学术思想缺少惊世骇俗、石破天惊的震撼,然而先生的学术思想在平实和谨严中透出一份难以企及的深刻,这也恰恰是先生学术研究的特点。具体体现在以下三个方面。

(一)微观研究上,悉心考辨,推陈出新

曹先生许多文章都从细处入手,以实证的形式出现,考证范围很小,考证步骤很细,然而正是在缜密考证的基础上,得出可靠结论,这是曹先生学术的一个显著特点。

他在谈到编写《中国文学家大辞典》过程时说:"每一条都自己动手而不再假手于人。在撰写辞条的过程中,我们要求自己尽可能对原始材料搜集得齐备一些,以便让条目中的说明叙述建立在相对牢固的基础上,而不是直抄史传。……从工作开始到现在,前后八年,其间虽

---

① 曹道衡:《流水十年间——〈南北朝文学编年史〉出版弁言》。
② 曹道衡:《真诚的合作,难忘的岁月》,见《沈玉成文存》,中华书局2006年版,第534页。

然穿插过别的工作,但我们的主要精力则始终没有离开这些颇为烦琐的考证。"(《中古文学史料丛考·自序》)的确,沉潜心志,钩稽考辨,是曹先生治学的基本法门。经过先生的悉心考辨,作品写作年代、作者生卒年月及其生平事迹了然清晰,如《中古文学史料丛考》;文学现象的产生、文风的成因、文化的融合也在微观考辨中还原历史的本来面目,如《十六国文学考略》《西魏北周时代的关陇学术与文化》。作为学术伴侣,沈玉成先生见证了先生的治学过程,他曾不无深情地说:"道衡同志是一位诚实而谨严的学者。"并指出:"因为道衡同志是以经史为根柢,沿着清人朴学的路子来研治集部的。……掌握大量第一手材料,并从这些材料中引出结论,这是道衡同志一贯遵奉的原则。"(《中古文学史论文集·序》)

因为熟悉学术前沿,又不随便"采用别人已有的成果",而是在"已经阅读了较多的第一手材料之后,才敢作出判断",使先生的文章尤其是后期文章,都是在原典材料坚实考辨的基础上得出新的结论,从而成为中古文学研究的典范。沈玉成先生在上文中列举了一个典型例证:"《试论北朝文学》一文中谈到了鲍照的《行路难》,据《艺文类聚》十九引《陈武别传》和《世说》注引《续晋阳秋》,对《乐府诗选》所引《陈武别传》和《晋书·袁山松传》的记载作了补充。仅仅不到十个字的差别,就明确了《行路难》是'北人旧歌',陈武是'休屠胡人',并考定了陈武的生活年代大体属于三国。这一看来不起眼的结论,在同行们的眼里,不啻在鲍照上溯曹丕七言诗发展中断截了的链条上增添了一个环节。"曹先生的微观考证是如何精细而又推陈出新,于此可见一斑。

(二)专题研究上,纵横联系,发掘潜因

曹先生的专题研究,其面广,其论深。广博深厚的功底,高卓弘通的学识,使先生的研究达到一种令人神往的学术境界。先生特别注意研究中古时期许多为人所忽视的文学现象,而在考察这些文学现象时,他常常将与该问题相关的各个方面纵横比较,从而发掘出影响文学发展的潜在因素,这是他学术研究的第二个特点。

先生认为影响文学发展的潜在因素,首先存在于文学自身发展的影响之中。第一,存在于文学发展的纵向影响中,"有时一个时期的文学看似衰落,而事实上却已潜伏着后一个时期文学的某些因素,并为其准备了条件。"① 他自己也正是在文学发展的链条上研究东晋文学，研究宫体诗、骈文的艺术技巧和审美属性；第二，存在于不同区域文学的平行影响中，他不仅注意南朝文学对北朝文学的影响，而且还尤其注意研究北朝文学对南朝文学的影响②，特别是后者，尤显先生的覃思卓见。

其次存在于学术文化与不同政治地域的影响之中。先生常常将文学还原到文学生成的学术文化、政治地域的土壤中，寻绎文学与学术文化、政治地域之间的联系，从而发掘影响文学发展的潜在因素。如研究北朝文学，不仅研究南朝文学的影响，尤为注意北朝特殊生活方式，以及学术、宗教、文化、政治、民族等对北朝文学的影响。展开来看，他的研究所涉及的先秦到六朝文学史，简直就是"一部简要的学术发展史、士族形成史、宗教传播史、民俗变化史、民族融合史"③。其实，正是在文学与学术文化、政治地域的联系和还原中，发掘了影响文学发展的潜在因素。

再次存在于文体之间交叉渗透的影响中。中国古代，文学与非文学界限模糊，文体之间交叉渗透十分明显。因此曹先生以考察"文学"概念为逻辑起点，进而考察文体的交叉渗透。他认为："'文学'一词，本来有广义和狭义两种解释。这个区别在外国也同样存在。马克思和恩格斯在《共产党宣言》中提到的'文学'，取的是广义的解释。"政论、应用文以及历史著作，具有文学意味的篇幅本来就不少，"从文体上说，和狭义理解的文学作品本来有着千丝万缕的密切联系，很难截然分割"。他举例说，袁淑《驴山公九锡文》、沈约《修竹弹甘蔗文》是有寄托的杂文，从文体上看，应属于狭义的文学作品，但文章所用的格式，却和当时的应用文完全一样。古代小说和历史二者也存在着千丝万缕的联系，难以截然分割。而"那些应用文和历史、哲学著作，在语言和写作技巧方面，也总是和狭义的文学作品相互影响着"，"律诗和骈文，虽然一个有韵，一个无韵，然而讲究平仄和对仗的特点，以及喜欢用典的习惯，都是完全相同的。它们之间的相互影响，更是不言自

① 曹道衡：《南朝文学与北朝文学研究》，江苏古籍出版社1998年版，第163页。
② 详见曹道衡：《东晋南北朝时代北方文化对南方文学的影响》，载《中古文学史论文集》，中华书局1986年版。
③ 刘丽文：《取精用弘，学富识广》，《文学遗产》1999年第6期。

明"① 。对古代文体之间交叉渗透的条分缕析,不仅揭示了影响文学发展的另一潜在因素,而且对文学研究的本身也有方法论上的启示。

（三）宏观研究上,溯本求源,探寻规律

曹先生的微观考证虽源于乾嘉朴学,却又超越了乾嘉朴学,其原因就在于他并非仅仅停留在烦琐考证上,而是以考证为基础,进而探究文学的特质及其发展规律,这集中地体现在对文学的宏观研究上。曹先生始终坚持从唯物史观出发,从宏观上探究文学现象产生的本源,以及影响制约文学发展的诸种因素,从线性的历史的角度来研究文学,这是曹先生学术研究的第三个特点。

《南北朝文学史》是曹先生与沈玉成先生一起构筑他们宏观学术体系的开始。就曹先生而言,《南北朝文学史》也可以说是他学术研究中的一个里程碑与转折点。在此之前的各种论著中,他的研究多属于微观或专题研究,而《南北朝文学史》则从各个专题研究入手,且又非常注重各个专题之间的因果联系,各专题间相互勾连,宏观构架了南北朝文学发展的历史。

然而,曹先生的宏观研究并不是从某种现成的理念出发故作扬高凿深之论,而是试图在历史的还原中探寻其发展的深层原因。他明确指出:"历史的发展虽然是曲折的、复杂的,但它总是呈螺旋形地不断前进着,历史上的许多重大的变革的出现,都有其深刻的社会原因。"(《南朝文学和北朝文学研究·后记》)因此,先生特别注重文学史发展过程中的前后因果联系及其嬗变轨迹,在深层次上昭示文学发展的内在规律。在追溯两汉和魏晋之间学风变化时,他"强调的是魏晋的学风和文学对两汉的继承关系,认为魏晋玄风的兴起是两汉以来学术思想发展演变的结果,崇尚老庄的风气,其起源几乎与今文经学的衰微及古文经学的兴起是同步的。"(《南朝文学和北朝文学研究·后记》)虽然余嘉锡、汤一介先生对此均有所论述,然而自觉运用于文学研究,先生则首开其例。而他和跃进先生合著的《南北朝文学编年史》,则突破时代断限,"特别注意疏通文学自身发展的内在脉络,努力清晰地勾划出南北朝文学兴衰的轨迹。……展现这个时期南北文学的嬗变轨

---

① 曹道衡:《中古文学史论文集》,中华书局1986年版,第57—58页。

迹。"更显现了高屋建瓴的大家手笔。

先生的宏观研究,基本上都建立在大量微观考辨与专题研究基础上。他的《南朝文学与北朝文学研究》、《兰陵萧氏与南朝文学》都是在专题研究基础上的综合研究,间或涉及文学史料与作家著述的微观考辨。即使是《南北朝文学编年史》这样著作,也是以"深入的专题研究作基础",大量涉及"细致的考证和资料的排比",因为以微观考辨与专题研究为基础,所以先生的宏观研究,不仅眼光宏通,其结论也同样坚实可靠、严谨深刻。

三、曹先生的学术贡献

曹先生的学术研究是一座丰富的宝藏,在研究范围上,上至先秦,下至唐宋;在研究门类上,经史子集,无所不包;在研究文体上,有辞赋骈文、诗文小说、历史哲学;在研究形态上,有古籍整理、史料考辨、本体研究,等等。即以中古文学研究而言,也包罗宏富,难以缕述。系统论述先生的学术贡献绝非本文所能及,我们只能撷其要者,从以下四个方面予以评述。

(一)北朝文学的开拓

由于资料的匮乏,北朝文学(包括十六国文学)研究一直少人问津。可以说,曹先生是改革开放以后研究北朝文学,并取得拓荒性贡献的第一人。先生的北朝文学研究主要涉及史料钩沉、专题论文、研究著作三种类型。

先生研究北朝文学也是从史料钩沉开始,如《十六国文学家考略》《关于王褒的生卒年问题》《邢劭生卒事迹试考》,以及与沈玉成先生合著《中古文学史料丛考》卷五《北朝隋》等。沈玉成先生在评价《中古文学史论文集》所收的北朝文学研究论文时说:"关于十六国和北朝文学,这是前人最少接触过的领域,刀耕火种,即易有收获。……其中《十六国文学家考略》,钩沉索隐,可以看成一篇《补十六国文苑传》,文章中所搜集的材料和论述,使我们比较清楚地了解了当时北中国地区的文学概况,弥补了文学史上的一块空白。"(《序》)其实,曹先生所有对北朝文学史料的钩沉考证,都具有填补空白的意义。

　　先生还从地域文化的角度撰写了一系列地域文化与北朝文学的论文,如《试论北朝河朔地区的学术与文艺》《"河表七州"与北朝文化》《北朝黄河以南地区的学术与文化》《西魏北周时代的关陇学术与文化》等。这类论文,打破传统研究模式,采用近代地域文化研究的视角,深入探讨地域文化差异对文学的影响,以及形成这种文化差异的社会根源。尤值注意的是,先生打破以往"重南轻北"的观念,认为北朝文学也有自己的特色,不能站在以往汉族文化的立场审视北朝文学,否则即影响了对北朝文学的客观评价。其《南朝文学与北朝文学研究》中就有大量关于北朝河朔地区的文化传统、北朝实际生活状况、北方少数民族的汉化及北朝文学的兴起等问题的一系列研究,再现了北朝文化的历史风貌,凸现了北朝文学的生成土壤。此外,《南北朝文学史》专列七章论述北朝文学,《南北朝文学编年史》除"正编"将南北朝文学合述以外,"前编"专述《十六国文学编年》。这些研究都开拓出北朝文学研究新的天地。

　　(二)中古文学的系统性研究

　　在曹先生之前,对中古文学作系统研究者,当首推刘师培先生《中国中古文学史》、王瑶先生《中古文学思想》、《中古文人生活》、《中古文学风貌》、陆侃如先生《中古文学系年》。在前辈学术积累的基础上,曹先生的中古文学研究,考证更为细密,体系更为完整,论述更为深刻,对文学史发展嬗变的内在规律把握也更为清晰准确。《南北朝文学史》《南北朝文学编年史》是其对中古文学系统研究的代表著作。

　　《南北朝文学史》(与沈玉成先生合著)是目前体系最为完整,论述最为详尽的南北朝文学断代史。该书全面系统地分析了南北朝时期的作家、作品、流派,多角度多层次的分析了活跃于这一时期的各种文学体裁,准确阐述了南北朝文学影响、交融、发展嬗变及其内在动因。诚如跃进先生所评价:"《南北朝文学史》就是这样一部以若干专题作基础,全面系统地评价这个时期重要作家和作品以及文学流派的重要成果。就其横断面而言,这是目前最为详尽的一部学术专著。学术界盛称这种'在平实中创新'[①] 的精深研究是曹先生对中古文学研究的

　　[①] 跃进:《在平实中创新——〈南北朝文学史〉座谈会纪要》,《文学遗产》1992年第5期。

重要贡献。"① 而且专列七章详尽论述北朝文学,就比以往任何文学史都显得完整、系统。

《南北朝文学编年史》(与刘跃进先生合著)是南北朝文学研究一项突出的学术成果。该书分前编:"南北朝分裂时期的十六国文学编年";正编:"南北朝时期文学编年";后编:"南北融合时期的隋代文学编年"。不仅将文学现象、历史大事、作家作品加以系年,而且"不以时代为断限,而是特别注意疏通文学自身发展的内在脉络,努力清晰地勾划出南北朝文学兴衰的轨迹。……通过这些细致的考证和资料的排比,使人们对于北方文学从十六国荒原起步到隋代文学融合与繁荣的过程就有了比较全面系统而又深刻的了解。"兼具"史料"与"史"的双重价值,从而使南北朝文学研究有了历史的科学性与系统性。在曹先生之前,国内尚无全面系统的南北朝编年史,所以本书具有首创意义。特别是其中十六国和北朝文学编年,历来很少有人涉及,因此也具有填补空白的意义。

(三)文学史料的考订与整理

对史料的钩稽、考证、辨伪,贯穿着曹先生整个治学过程。除了系列考证性论文以及《南北朝文学编年史》之外,集中反映在《中古文学史料丛考》和《先秦两汉文学史料学》二书中。

中古文学研究的难点:一是史料的匮乏,二是现存史料的抵牾与讹误。曹先生与沈玉成先生在撰写《中国文学家大辞典》过程中,全面搜集史料,对自西汉至隋代的文学家生平、作品等,进行大量的缜密考证。其研究成果部分写入《中国文学家大辞典》中,更多集中于《中古文学史料论丛》(与沈玉成先生合著)一书。该书以时间为序,分为汉魏、两晋、宋齐、梁陈和北朝隋五卷,或考作家作品,或考史籍记事;或拾遗补正,或商榷前说,或订正讹误。资料翔实,结论可靠,是研究中古文学必备的案头之书。

文学史料学是研究文学的基础性工作。先秦史料由于时代久远,散佚严重,真伪杂糅,辑考颇为困难。因此先前有关先秦两汉的文学史料著作大抵不够全面系统。曹先生与跃进先生合著的《先秦两汉文

---

① 刘跃进:《中古文学领域的开拓者——试述曹道衡先生的学术历程及其成就》,《文学评论》1999年第3期。

学史料学》,一是资料宏富。不仅系统介绍先秦两汉文学史料,而且另列"下编"介绍与先秦两汉文学史研究相关的重要史料。现存的前人整理的先秦两汉文学选本与总集、秦汉石刻简帛以及相关文字训诂之学等文献均已收录。二是注重史料辨伪。该书辨伪,第一,以近年考古发现的新材料,考定"五四"以来疑古论者所定之部分伪书其实"并非后人伪托",如《文子》、《晏子春秋》、《鹖冠子》、《六韬》;第二,利用前人成果排比勘对,或证前说,或出己见,如《列子》、《尚书》;第三,利用现存的文献悉心加以勘对,如《逸周书》,宋人已疑其伪,然著者以此书前后内容比勘,以证宋人所言"书多驳辞"之无据;以《左传》所记之言与《逸周书》细加比勘,证明有些篇目的确产生于孔子之前,以驳"孔子亦未必见"之非。其他如诸子之书,对作者、成书、篇目等等,亦悉加考辨,为读者提供了诸多学术信息。凡此种种,可见著者用力之专,思考之深,考证之精。非一般史料学著作所能及,价值之高,自不待言。

(四)《文选》学研究

1985年,曹先生与沈玉成先生合作点校高步瀛《〈文选〉李注义疏》,开始步入《文选》研究,经过辛勤耕耘,在这一领域也取得了辉煌成就。据不完全统计,共发表论文30篇,并撰《萧统评传》(与傅刚合著)等著作3部。其研究主要集中在三个方面:一是《文选》的版本、旧注;二是《文选》的编者;三是《文选》的选文。

《文选》版本与旧注一直备受关注,而李善注和五臣注优劣之争,对五臣本与李善本的传播又产生直接影响。自宋以降,一般皆重李善而轻五臣,改革开放以后,又出现了褒五臣而轻李善的倾向。上世纪90年代后期,曹先生即开始研究《文选》版本与旧注问题。《论〈文选〉的李善注和五臣注》、《读〈资暇集〉兼论〈文选〉李善注与五臣注异同》、《读〈文选〉札记》等论文,细致研究了李善注与五臣注的原文差异、二者关系,五臣注版本价值与注文价值等。得出结论是:"现在流行的李善注本在版本上不及现存的五臣注本",然而五臣注"在大多数地方,只是承袭了李善注",既不宜过高评价,也不宜全盘否定[①]。看似折衷之言,实为公允之论,对于今天研究《文选》仍富有启迪。

① 曹道衡:《论〈文选〉的李善注和五臣注》,见《汉魏六朝文学论文集》,广西师范大学出版社1999年版,第112—113页。

《文选》编者研究,主要是《文选》究竟为谁所编纂的问题。日本学者清水凯夫认为是刘孝绰而不是萧统。曹先生《有关〈文选〉编纂中几个问题的拟测》(与沈玉成先生合著)则认为,刘孝绰的确参加了《文选》的编纂,并起了重要作用,但从《文选序》看,仍不能说《文选》编纂与萧统无关。此后《关于萧统和〈文选〉的几个问题》又从《文选》的编定、萧统后期的处境、编纂《文选》的历史背景等,作了更细致论述。而曹先生探讨萧统文学观与《文选》关系的系列论文,则又是这一问题论述的补充和旁证。

曹先生对《文选》所收录的选文也予以充分重视。《从文学角度看〈文选〉所收齐梁应用文》、《从乐府诗的选录看〈文选〉》、《〈文选〉和辞赋》、《望今制齐,参古定法——读〈文选〉中的几篇骈文》等论文,对《文选》所收的乐府诗、辞赋、骈文、应用文等进行了较为全面的考察,通过考察所收各体文章,探索《文选》的选文标准,进而为考察作者及其时代的审美观念提供了依据。在此基础上,曹先生又进一步探讨了《文选》所透出齐梁文学思潮及其演变的信息,以及《文选》与南朝文风的内在联系等。此外,在《文选》的文体研究、所选作品的创作年代考订、作家考订以及作家的排次等方面,无一不见曹先生的钩沉考论,思深虑精。

四、曹先生的学术启示

曹先生毕生献身学术,其学术思想、治学方法,以及所取得的卓著学术成就,昭示当代,沾溉后人。不仅他的著作成为古代文学研究者的案头必读,他的学术思想与治学方法也必将启迪当代,垂范后世。曹先生的学术至少给我们有以下几点启示:

(一)注重实证而无凿空之论

从以上的论述中可以看出,掌握第一手材料,是做任何学术研究的起点。改革开放以后,曹先生学术逐步走向鼎盛。仔细考察他的学术历程就能发现:新时期曹先生的学术研究实际上是从材料爬梳与考证开始,1984年参加编撰《中国文学家大辞典》,历时八年,开始时主要精力放在"对原始材料搜集"和"颇为烦琐的考证"上,其间虽也涉及不少专题研究,但主要还是在微观层面上。以《南北朝文学史》为标志,先生的研究由微观进入宏观。先生说自己"八十年代后期到九十年代初,进入上升阶段"①,从时间上看,正是与沈先生合著该书的时期。其后虽也间有考证,主要则是以"论"为主,如《中古文史丛稿》所收之论文。而《南朝文学与北朝文学研究》《兰陵萧氏与南朝文学》从文学史的角度看,虽属于文学断面研究,然研究重点放在文学发生及其特点形成与社会区域、文化学术之关系等方面,着眼点仍在宏观。曹先生后期与跃进先生合著《南北朝文学编年史》,则在材料系统钩稽考辨的基础上,意在揭示出文学发展嬗变的轨迹;即使《先秦两汉文学史料学》这样似乎纯粹的史料性著作,不仅在"概说"中对这一段文学史料加以宏观描述,而且其编写体例也着眼于"史"的宏观眼光。立足于微观史料考辨,又以宏观的眼光观照微观,是先生后期学术的一大特点,《南北朝文学编年史》表现得尤为突出。由微观到宏观,再以宏观观照微观,是曹先生新时期学术历程的基本发展轨迹。

微观的材料搜集与考证,自不待言,即使是文学断面研究,或宏观研究,曹先生的结论都建立在实证的基础上。他与沈先生曾有同感:"对史料的钩稽清理确实有助于对文学史上某些现象的阐述。这条道理,过去也经常挂在口头上,写在文章里,可是通过近十年的实践,才真正有了切肤之痛和惬心之乐。……过去常常提到的'史论结合',不经过亲身的实践,确实是难以真正体会其中甘苦的。"(《中古文学史料丛考·自序》)注重考证,显其沉潜之功;史论结合,不作凿空之论,是曹先生给当代与后人最为深刻的学术启示之一。这在学术浮躁的今天,尤有现实意义。

(二)注重发展而不迷信胶着

学术的发展是建立在研究者对前贤和自我的双重超越上。在群体层面上,既包括后人对前贤学术思想、学术成果、研究方法的吸纳,也包括后人对前贤研究领域的拓展、成果的深化、谬误的修正。在个体层面上,随着研究者个人学术积累的逐步深厚,以往所形成的认识也会不断深化,甚至发生变化,因而研究者的观点也就始终处在不断

---

① 曹道衡:《真诚的合作,难忘的岁月》,见《沈玉成文存》,中华书局2006年版,第534页。

的深化与修正中。但是对于前贤或自我,能够冷静客观地审视与反思,甚至修正与否定,并非易事,既需要深厚的学术积累,又需要敢于不断超越的勇气。曹先生既具备深厚的学养,又始终能以一种发展眼光对待学术研究;既不嗤点前贤,又不迷信前贤;既不故步自封,又能不断超越自我。

因为熟悉学术前沿,先生的研究始终站在前人的肩膀上,广泛地吸收了刘师培、陈寅恪等一大批前辈学者的成果,如他谈自己研究北人生活状况,"坞堡"聚居对北人宗族观念以及礼法制度的影响,就从陈寅恪先生《桃花源记旁证》、万绳楠先生《陈寅恪魏晋南北朝史讲演录》和唐长孺先生的《读〈抱朴子〉推论南北学风的异同》等论著中得到启发(见《南朝文学和北朝文学研究·后记》)。然而,先生的成就主要是在对前贤的超越上。不仅表现在文学的宏观研究上,也表现在前贤所擅长的史料考证上。如《中古文学史料丛考》考证范围十分广泛,而且在诸多考证中,"不少是在参阅已有成果的基础上所提出的不同意见。我们尊重前人的研究结论,然而智者千虑,即在大学者如钱大昕、陈寅恪、余嘉锡,他们的判断偶尔也不无可商之处。"(《自序》)先生以谦虚的态度,深刻的识见,可靠的材料,对如陈氏所考竹林七贤之名称,余氏之言徐干、葛洪之卒年,姜亮夫、陆侃如之史考,刘汝霖《汉晋学术编年》之缺失与谬误,或补苴,或修正。

超越前人需要深厚的学养,超越自己则需要自我更正的勇气。作为一个研究者最可怕的就是故步自封,尤其在取得一定的成就后就沾沾自喜,学术霸权也由此而生。这种自我僵化的做法,小到影响个人学术研究,大到影响一代学术风气。曹先生虽已取得学术泰斗的成就,却始终黾勉追求学问的平实与谨严,他的学术研究也展现了崇高的人格境界。先生在评介自己的《南朝文学与北朝文学研究》一书时说:"从这一本小书的性质来看,它和《南北朝文学史》中一些论述,虽然绝大部分上是一致的,但个别结论也可能有所出入,这是因为本书的成书在该书完稿之后七八年,在这个时期,我对有些问题又作过一些探讨,并且又读到了不少别的同志的论著,使自己的看法有所改变。"(《后记》)可见,在研究过程中,先生不断汲取时人的研究成果,通过材料积累与覃思精研,在超越前人的同时也不断超越自己,这是先生给我们的学术启示之二。

（三）注重融通而不偏执一隅

上一世纪随着西学东渐，西方文化思潮和各种理论扑面而来，古代文学研究也日趋多元化。新中国成立后，虽有短暂沉寂，但伴随改革开放，文学多元研究更趋活跃。曹先生的学术研究立足于传统，却又没有偏执一隅，面对学术研究的世纪转型，以一种融通的学术情怀，兼容并取，这主要体现在三个方面：

1.学术门类兼融。先生研究虽主要集中于中古文学，但是中古时期的社会政治、生存方式、历史地理、学术文化、宗教习俗等无不了然于胸。从以上论述可知，先生的研究领域十分广阔，他的南北朝文学研究，往往从文学历史学、文学地理学、文学文化学等多学科门类入手，从更为深刻的层面揭示文学发生、风格形成、发展嬗变等丰富复杂的原因。而且曹先生的这种触类旁通的多元文学研究，并不是各类学科研究的杂糅与黏结，而是在漫不经意之中达到如盐入水一般的融合。这种多元化研究方式可能并非先生刻意追求的初衷，但是知识的渊博与深厚，打通了学术门类的界限，从而进入一种自由的审美的学术境界。先生这种兼融多种学术门类的多元研究方法，打破文学研究拘于一隅的尴尬局面，对当时乃至于今后的文学研究走向必将产生深刻影响。

2.学术视角灵活。深厚的多种门类的学术修养，使曹先生的研究，不拘一格，视角灵活。不同专题，研究视角往往不同。比如研究北朝乐府民歌，先生以当时北方居民的生存方式与宗族观念为切入视角，他说："著名的北朝乐府民歌，就是历史条件的产物。……在战乱频仍的年代里，北方各地居民为了避免侵掠，于是聚族而居，结成'坞堡'，在这种'坞堡'中，不但强化了人们的宗族观念，使汉以来的礼法进一步加强。"（《南朝文学和北朝文学研究·后记》）而研究乐府旧题《折杨柳行》，则又从文人心态、政治结构变化以及传统思想影响，考查其文学史意义。正如跃进先生所说："曹先生却能从陆机和谢灵运的两首诗中辨析出两晋文人心态的变化。……太康诗人志在用世，而元嘉诗人则更多地关心个人的荣辱。这种心态的不同，其根本原因就在于魏晋以后'门阀制度'的形成与衰微、儒释道对士人的不同影响所致。"① 许多专题论文,常常从点入手,抉微知著,展示一个时代的断面,进而洞悉其在整个文学史上的作用与意义。

3.学术精神宏阔。曹先生为人平和通达,其学术精神带有"海纳百川"的大家气度。对于历史上各种学术争议,先生不偏激、不保守,他相信,"历史上的许多重大的变革的出现,都有其深刻的社会原因;尤其是千百年一直被人们所肯定的历史现象,本质上总多少有合理性。"(《南朝文学和北朝文学研究·后记》)先生始终以一种宽容的态度对待一切存在过的历史现象,并努力在历史的还原过程中,寻找存在的依据,给予客观的历史评价。比如在对历史上宫体诗的评价,他就认为:"以一个极端反对另一个极端的现象在历史上数见不鲜,陈子昂本人在反对齐梁文学的时候,有不少论点也未免过火,后来韩愈和白居易也有这种情况。但我们今天来评价古人,似乎应该采取历史唯物主义的态度,尽量要求客观公正。"(《南朝文学和北朝文学研究·后记》)这种能够客观接受历史的态度源于他学术精神的宏阔,这也是曹先生在学术上为人所敬重的一个重要原因。融通而不局狭,兼容而不偏执,是曹先生给我们的学术启示之三。

斯人已逝,学术长存。在传统与现代的交接点上,先生奠定了自己的学术地位,他的学术依然那样年青,那样充满着历史穿透力。

[原载《文学遗产》2006年第5期]

---

① 刘跃进:《中古文学领域的开拓者——试述曹道衡先生的学术历程及其成就》,《文学评论》1999年第3期。

附　录

理学文化精神的标本

——从《爱莲说》审美意蕴的重新阐释谈起

一、引 论

宋代理学家周敦颐一直以谈理名世。一篇《爱莲说》在文学史上却占有尺方之地。然而笔者认为,今人对《爱莲说》审美意蕴的阐释却进入了一个误圈。

对《爱莲说》审美意蕴的阐释有两种代表性的观点:一种认为,《爱莲说》通过对莲花的刻画,歌颂了自己理想的坚贞不渝、洁身自好的君子情操,流露了与世异趣的封建士大夫情调①。另一种认为,借莲花勉励人们要具有不同流合污的所谓君子的高尚人格。并隐约地讽刺了社会上追求功名富贵,庸俗不堪的人们。两家阐释略有差异,但透过语言表层含义,直指文心,并无本质区别。都认为莲花具有象征的意味——是君子情操或人格的象征,即英国美学家贝尔《艺术》中所说的"有意味的形式"(significant form)。从表层看,两家的论述无可非议。莲花的确是一种象征,沉积深厚的文化意蕴。但是若作更深层次的思考,就会发现,两家所论,审视作品的角度都是依托于儒家文化精神,从既定的传统知识分子人格与心理结构出发,来考察《爱莲说》的审美意蕴。也就是说,两家阐释过于注重民族传统文化精神的普同性和整体性,而忽略了文化精神在传承过程中的差异性和主体性,这就形成了批评托物言志文章的一个固定视角,一个一成不变的思维模式,乃至出现一种被人们熟视无睹的批评现象:由于意蕴阐释的过于宽泛,使同类文章所表达的主旨,似乎是大同小异,了无新意。活生生的文学个性被宽泛的阐释淹没在僵死的文学共性之中! 从而使文学批评进入一个批评家自我设定的误圈。

中华民族的知识分子特别注重自我修养,一旦形之于文,必然折

---

① 四川大学中文系编:《宋文选》,人民文学出版社1980年版,第116页。

射出自我人格的光辉,托物言志的作品表现得尤为明显。这就使这类作品披上一件共性的外衣,显现出传统文化的普同性和整体性。然而,文学的审美价值在于差异性与主体性之中。人虽以"类"的形式而存在,但是每一个同类中的"人"仍是一个活泼灵动的个体;天下大山,泰山峻伟奇异,黄山奇中见媚,同为名山,风景殊异。在显现出普同性、整体性文化精神的文学作品中只有织进鲜明的主体性和差异性,才具有生生不息的生命力。如果说,文学史家必须从文学发展的历史纵向上,追寻其差异性与主体性;那么,文学批评家除了这个任务之外,还必须在文化发展的时代平面上,追寻其差异性与主体性。

要跳出《爱莲说》批评的误圈,就必须在文化发展的时代平面点上寻绎其差异性和主体性。

二、理学文化特征与周敦颐的文化意识

无论释义美学如何强调:艺术作品的意义不能归结为作者的原意或意图,而恰恰在于同代及后代人们对作品的理解,释义的任务不是复制对象"本文",而是一种"生产性"的努力。但是它毕竟注重:在理解过程中偏见可受到调整与改正,以显露"本文"的真理。"阐释",绝非是空穴来风,天马行空。"本文"真理必然折射特定的文化背景与创作主体的种种意识(包括潜意识)和人格精神。分析美学家维特根斯坦指出:"我们算做审美判断的那些词,在我们所认为的某一时期的一种文化中,起一种非常复杂的但又非常明确的作用。你要描述这些词的用法,或要描述你所指的一种有教养的趣味,你就必须描述一种文化。"① 也就是说,对文学作审美判断,必须立足于作品产生的文化背景。所以,考察《爱莲说》所显现的文化精神差异性和主体性,就应该在文化发展的时代平面上考察孳生《爱莲说》的文化背景,以及创作主体的文化意识。唯此才能领悟到沉积于《爱莲说》中深层的审美意蕴和独特的文化精神。

周敦颐是北宋理学开风气的人物,《爱莲说》必然与理学文化有难以割舍的血肉联系,必然或隐或显地体现理学文化特征。宋代理学虽

---

① 维特根斯坦:《美学讲演集》,转引自《二十世纪西方美学名著选》,复旦大学出版社1987年版,第24页。

然立足于儒,却又接受佛道文化。北宋开创理学的几位大儒都受到佛道的熏染,据台湾学者南怀瑾研究:"宋代理学的大儒们,在他们毕生治学的历史记载上,都有过'出入佛老'若干年的纪录,然后又好像憬悟知非的警觉,认为入禅为逃禅,入道为遁世,便又翻身入世,归于儒家思想,以修身、齐家、治国、平天下为己任的态度,不管他们后来是如何的推排佛老,但在他们治学的过程中,有互相吸收融会的地方,那是无可否认的事实。"① 佛老哲学所探讨的问题:心理活动、精神修养、人性问题以及人的心、性、情与宇宙的关系等,在理学文化中都是重要的思维母题,即使是周敦颐《通书》、《太极图说》,看上去似乎完全阐述《易》与《中庸》之义,实际上则是融汇了佛老两家的学术思想。

周敦颐的思想受近人的批评甚至抨击,我们不想涉足其间。但与评析《爱莲说》有关的几个问题必须提请诸君注意。

(1)在宇宙观上,周敦颐认为世界的本原是太极,提出"无极而太极"(《太极图说》)的理论。按朱熹的解释,无极而太极就是"无形而有理"。这里的"理"不是客观世界的规律,而是佛学中"一心"、"真如"的翻版。也就是说,周子认为世界是一个精神性的本体。这显然与经典儒学有不小的差异。(2)在人性论上,他力主"诚"与"静"。"诚者,圣人之本,大哉乾元。万物资始,诚之源也;乾道变化,各正性命,诚斯立焉。纯粹至善者也。"(《通书·诚上》)所谓"诚",是人受命于天的本然之性,即《中庸》所谓"诚者,天之道也;诚之者,人之道也"的一种精神境界。诚,纯粹至善,乃一切道德的本原。他把人性分为"刚柔"、"善恶"和"中"三类境界,因此周子又提出了至静的原则,"圣人定之以中正仁义而主静,立人极焉",又说"无欲故静"(《通书·师》)。可见,他所追求的是至静去欲、慎守中和的精神境界。与老子宣扬的"归根曰静,是谓复命"(《老子》第十六章)的道家学说如出一辙。这就在儒学本原上把佛和道的学说融合得天衣无缝。简言之,由于周敦颐认为世界是精神性的本原,所以他把追求一种至高的本然之性的道德境界和无欲诚心的人格修养作为最高的准则和要求。黄庭坚评价他"人品甚高,胸怀洒落,如光风霁月。廉于取名而锐于求志,薄于徼福而厚于得民,菲于奉身而燕及茕嫠,陋于希世而尚友千古。"② 史书记载,他做地方

---

① 南怀瑾:《禅宗与道家》,复旦大学出版社 1991 年版,第 84—85 页。

② 《宋史》卷四百二十七《道学·周敦颐传》,中华书局 1985 年版,第 12711 页。

官时耿直不阿,为民作主,是真实可信的。

如果进一步考察周敦颐的文学观,将更有利于我们理解《爱莲说》的审美意蕴。刘大杰指出:"宋代的文学思想,到了理学家,才正式建立起道统文学的权威。"①韩愈、欧阳修虽然提出"志乎古道","道至文亦至"的观点,但是真正提出"文以载道"之说的,是周敦颐。《通书·文辞》中说:"文所以载道也,轮辕饰而人弗庸,徒饰也,况虚车乎?文辞艺也,道德实也,笃其实而艺者书之,美则爱,爱则传焉。贤者得以学而致之,是为教。故曰言之无文,行之不远。"他强调以优美文辞为思想载体,以道德为具体内容,以达到教化的目的。观点虽非创新,具体内涵却与前人有别。

在讨论了理学文化背景和《爱莲说》创作主体的文化意识及其人格精神之后,我们就可以直接地切入作品,开掘沉积于《爱莲说》中深层的审美意蕴及其文化精神的差异性与主体性。

三、《爱莲说》——理学文化的标本

当我们阅读《爱莲说》时,首先感受到作品中跳动着的"予独爱莲"之情。作者之所以如此强烈地喜爱莲花,是因为它"出淤泥而不染,濯清涟而不妖,中通外直,不蔓不枝。香远益清,亭亭净植",让人在观赏中获得世俗心灵的净化。接着,周子以议论的形式,运用比较,进一步说明爱莲的原因:"予谓菊,花之隐逸者也;牡丹,花之富贵者也;莲,花之君子也。"显然,周子以花喻人,将自己的情感投射到客观事物之上,在审美对象(莲花)上观照到自我人格的本质力量。但是,如果我们作更深层次的思考,就可能疑窦丛生:(1)菊花既象征隐士,也具有洁身自好、冰雪澄澈的人格,如何作者独钟情于莲?(2)文中为何流露出一种深沉的孤独情绪?(3)"淤泥""清涟"象征什么?解开了这些疑窦,就揭示出作品所沉积的文化精神及其差异性和主体性,才能真正把握文章的审美意蕴。

显然,如果仅仅认为莲花象征君子洁身自好的情操,高尚脱俗的人格,未免失之简单化。周子所写的三种花中,菊花同样具有这样的

---

① 刘大杰:《中国文学发展史》,上海古籍出版社1982年版,第583页。

品质。菊是花之隐逸者。隐逸者(隐士)又称处士,犹如纯洁贞静的少女;又称高士,"雪满山中高士卧,月明林下美人来"(高启《梅花诗》)——也具有冰清雪洁的君子情操,表现出一种与世俗异趣的情调。试想,迁客骚人笔下的寒梅、幽兰,不也具有这样的品质吗? 如写梅,"更无花态度,全是雪精神"(辛弃疾《临江仙·梅》);写兰,"幽独空林色"(陈子昂《感遇》之二)。由于传统文化积淀,在梅、菊、兰、莲等水陆草木花中都显现出这种文化精神和审美意蕴。这正是上文所说的传统文化的普同性与整体性。为何周子"予独爱莲"? 在回答这个问题之前,我们有必要重提杜威一个值得注意的观点:"为了去了解艺术生产的意义,我们必须先把艺术搁置一旁,先去注意那些非审美的经验的力量和条件。我们必须通过这种迂回曲折的方法来获得一种艺术理论。"① 解决这个涉及审美发生学上的问题,我们必须在作家弘扬的理学文化的特定背景和作家的主体文化意识中寻绎。

上文已经论述,周子追求至高的本然之性,无欲诚心的道德境界,他所奠基的宋明理学又受佛道的深厚浸染。这种特定的文化背景,决定了作者在莲花中沉积有与前人不同的文化精神和审美意蕴。六朝以后,大乘佛法将小乘佛法遗世独立、超然物外的厌离尘世的思想,化为积极入世的精神。即不但要有出世的心情,而且要有入世的精神,跳进人间的火坑地狱去救世救人,度己、度人、度鬼,普救众生。"正如后世佛教所用的标记'莲花'一样;'莲花'是纯净无污的'圣洁'之花,但它却不生长在高原山顶之上,它要在拖泥带水的秽污烂泥中开花结果。"② 这种与世无争的出世心情,毫无条件的入世普救众生的自愿,不仅融佛道文化于一体,而且与儒家"达则兼济天下,穷则独善其身"找到了互相交融的契合点,形成了理学文化精神的要义。周敦颐以莲花作为大乘佛法精神的标志,显然不是偶然的巧合,而是有文化渊源的联系。莲花"出淤泥而不染,濯清涟而不妖",正是入禅入道之后,又翻身入世、归于儒家思想的一种理想文化精神的显现。

如果从创作主体与审美对象的联系考察,就可进一步寻绎出主体的文化精神。周子不仅把莲花作为高洁人格的象征,而且以淤泥象征现实,以清涟象征儒学人格的砥砺和佛道精神的修炼。莲花"出淤泥

---

① 转引自朱狄:《当代西方美学》,人民文学出版社1984年版,第50页。
② 南怀瑾:《禅宗与道家》,复旦大学出版社1991年版,第25页。

而不染,濯清涟而不妖",正是扎根世俗又不为世俗所羁;超然出世又不高蹈避世,保持天生的本然之性。正如佛家所云:"且如圆成,虽复随缘成于染净,而恒不失自性清净,只由不失自性清净故,能随缘成染净也。"①菊花虽然具有遗世独立、超然物外的出世态度,却缺少莲花那种扎根世俗的入世精神。这正是周子独钟情于莲花的真正原因。

周子在人性论上除重视"诚"(天禀本然之性)外,还强调"静"和"一"的精神境界。"静"和"一"就是"无欲也,无欲则静虚动直"(《通书·圣学》)而且一旦做到了无欲,就能够"诚立、明通。诚立,贤也;明通,圣也"(《养生亭记》)。为了便于问题的说明,我们可将周子人性论观点概括如下:

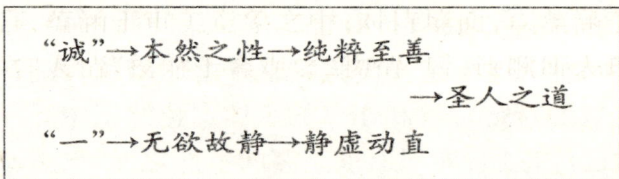

> "诚"→本然之性→纯粹至善
>   →圣人之道
> "一"→无欲故静→静虚动直

《爱莲说》同样灌注了周子这种人性意识。莲花"出淤泥而不染,濯清涟而不妖",保持一种天然的本性,正是周子追求"诚"的精神境界的折射。"亭亭静植","不蔓不枝",从外形上看,干直而无逸枝,犹如寂然而立的"一",正象征了"无欲"即纯粹的人生境界;从内质上说,形直而中通的内虚,香清且幽然而静,不禁使人联想起周子所推崇的"明通"和"中节"的圣人道德精神,两者既有一种字面上的相关性,也有意无意地形成了文化上的象征意味,而且与"静虚动直"也构成直接的本质的联系。上图可见,无论是"诚"或"一",其归结点都是"圣人之道"。故曰《爱莲说》不仅贯注了周子的诚心无欲、明同于一的人性文化意识,也同时体现了以圣人为风范的君子道德境界的追求。这正是"花之君子"的内在意蕴。因为它是如此纯粹至善,令人仰止,甚至难以企及,所以周子发出了"可远观而不可亵玩焉"的深沉慨叹。只有经过现实的磨难(出淤泥),人格的砥砺与精神的修炼(濯清涟),并且"不染"、"不妖",才可能达到以圣人为风范的超拔的精神境界。

非常有趣的是,周子的无欲与超然,正如莲花一样,仍牵蔓着污浊的现实,掺杂着难断的尘心。"牡丹之爱,宜乎众矣","莲之爱,同予者

---

① 《华严一乘教义分齐章》卷四,《大正藏》第四十五册,日本大正藏刊行会1960年版,第499页。

何人",所流露出的是浓厚的孤独情绪。这种情绪正折射出这位理学奠基者在筚路蓝缕的人生追求中的沉重生命意识,也典型地体现了理学家虽经佛老精神的修炼,却终未坠入梦幻空花的境界。

综上所述,《爱莲说》不仅以莲花作为人格精神力量的本质对象化,通过莲花的具体描绘,歌颂封建士大夫洁身自好的情操,超凡脱俗的人格,显现了传统文化的普同性和整体性,而且在莲花身上沉积了理学文化入禅入道、又翻身入世的精神,显现了作者植根于世俗,却又保持本然之性,注重诚心无欲、明通于一的人性意识,追求以圣人为风范的道德境界的主体文化精神,从而显现了与传统文化的差异性与主体性。从整体上考察,《爱莲说》正是显现了理学家以儒学为本原,又融汇佛道而形成的理学文化标本。

言理明志,以文载道,正是周子创作上的一种追求,《爱莲说》典型地体现了周子的文学观。

四、余论

新自然主义美学家托马斯·芒罗认为,人们应该集中地研究艺术,努力把艺术的每一种类型解释一种在它自己权限范围之内的文化现象。把艺术作为文化现象,以多元的传统文化视野研究中国古代文学,这不仅是一个批评视角的转换问题,而且也是传统文学研究走出困境的方法之一。它也可以避免目前常采用的以新瓶装老酒的方法。但是,采取这种批评视角的关键在于它的"多元性"。我们应力求避免简单地以儒学的历史文化为绳墨,审视纷纭复杂的文化现象。笔者认为,从传统的文化视野审视中华古典文学,应注意三个不同的层次:历史文化精神,时代文化背景,主体文化意识。所谓历史文化精神就是特定民族的文化思想在历史流动的时间序列中发展承传的普同性,它是民族文化积聚过程所显现出的一种整体性特征;时代文化背景就是民族文化思想在一个时代的平面上创造发展的差异性,它是民族文化积累的某一阶段在整体的链条中所显现的局部特征;主体文化意识是历史文化思想经过主体过滤而融有主体经验的抽象而形成的个体性,它是民族文化思想在时代平面的一点上所显现的文化因子特征。历史、时代、主体构成传统文化学批评的三元特征。立足于主体意识,考察经过主体过滤的文化背景,揭示其所浸润的历史文化精神。如果胶着于历史文化精神,研究虽然省力,结论也无大错,但活泼泼的文学个性却被扼杀了。

[原载台湾《古今艺文》第26卷第4期]

论八股与八股取士制度

　　清朝废除八股考试,至今也只有九十余年的历史,但是八股却像鸦片烟枪一样被扔进了垃圾堆,成为一种尚未出土的文物。大骂八股的人虽然不少,真正了解八股的人却又不多。骂来骂去,却不知对象是个什么样子,多少显得有一点滑稽。一方面,八股作为一种政治文化现象,我们有必要认识它、了解它,给予它恰当的历史评价;另一方面,八股作为一种古代文体样式,我们也应该讨论它、研究它,阐述其对明清文化(文学)所产生的客观影响。只有这样才能还给它历史的真实面目,即便骂起来也能够言之凿凿。

一

　　要真正认识八股,必须把它放在科举制度发展的特定历史背景下加以考察。明代洪武三年(1370)朱元璋下诏开科取士,并以之作为唯一的选官制度。此次科举与唐宋有两点不同:第一,考试重心有所转变。明代把"明经"放在首位,这与唐代流传的"三十老明经,五十少进士",重诗赋、轻明经是大不相同的。第二,考试内容和形式有所变化,《明史·选举制》二说:"科目者,沿唐、宋之旧,而稍变其试士之法,专取'四子书'及《易》《书》《诗》《春秋》《礼记》五经命题试士。盖太祖与刘基所定。其文略仿宋经义,然代古人语气为之,体用排偶,谓之八股,通谓之制义。"① 可见,八股取士始于洪武,但是明初的八股尚未成为定式,作者可以纵横而论,颇类唐宋时代的策论,这可以从洪武三年的头科状元黄子澄的墨卷中得到印证。只是后来迭经变化,才渐成为固定程式。清方苞在《钦定四书文·凡例》中对八股的发展变化阐述十分

---

① 《明史》卷七十《选举制二》,中华书局1974年版,第1693页。

清楚:

> 明人制义,体凡屡变。自洪、永至化、治,百余年中,皆恪遵传注,体会语气,谨守绳墨,尺寸不逾。至正、嘉作者,始能以古文为时文,融液经史,使题之义蕴隐显曲畅,为明文之极盛。隆、万间兼讲机法,务为灵变,虽巧密有加,而气体茶然矣。至启、祯诸家,则穷思毕精,务为奇特,包络载籍,雕刻物情,凡胸中所欲言者,皆借题以发之。就其善者,可兴可观,光气自不可泯。凡此数种,各有所长,亦各有所蔽。①

方苞乃桐城派散文之祖,其文清正雅洁,对八股文也造诣颇深。从方苞所论可以看出,明代八股分为四个阶段:第一阶段,洪武至弘治,恪守经书之传注,揣摩古人之语气,不越前人绳墨,为八股文初创期。第二阶段,正德至嘉靖,汲取古文的作法,融通经史,表达意蕴,或隐或显,或曲折或畅达,为八股文鼎盛期。第三阶段,隆庆至万历,注重机理文法,追求灵活多变,然文气不振,为八股文衰落期。第四阶段,天启至崇祯,殚精竭虑,追求奇特;内容上包罗典籍,雕绘物情;借题发挥,表达一己之见,有比较显明的主体性,是八股文转变期。由此可见,八股在明代并无定式。

清代承袭了明朝八股取士的科举制度,顺治年间除一度扩大录取名额以外,别无变化。但是有一点必须注意,即从顺治到乾隆四代皇帝有感于明末科举考试中华丽浮靡的文风,曾多次下诏推行质朴的文风②,使清代八股文曾一度出现一线生机,号称"清八股四大家"的刘子仕、熊伯龙、李光地、韩菼,其八股文章阐述儒家义理深刻独特,文字雅正流畅,此外一些著名的文学家如方苞、王士禛、袁枚等人的八股文也做得得心应手。这一时期在八股文的历史上可称为中兴时期。但至清中叶之后,由于数百年积弊,八股程式渐趋琐碎僵化,文题大都已经作尽,很难翻出前人如来佛的手心,只能"剽窃陈言,雷同肤廓",光绪二十八年(1902),只好宣告了它的灭亡。

以上便是八股文由产生到灭亡的简要过程。今天我们之所以重

---

① 方苞:《钦定四书文》,《望溪集》外卷二,清咸丰元年戴均衡刻本。
② 顺治、康熙、雍正、乾隆均就八股下过诏书,顺治诏见《四易斋随笔》,余见《清史稿》有关本纪。

提这一陈腐的话题，我觉得有两点有必要重新审视：一是应该把八股文和八股取士作为一种政治文化现象，考察其在历史上曾经起过的进步作用；另一是应该从文章学的角度把八股文作为一种文体研究，考察其在明清文化（文学）中所产生的影响。

二

先从政治文化角度考察。我不敢妄断西方的考试制度如何受到中国科举制的影响。但是，中国的科举取士，比西方以考试选拔人才早八百多年，这却是事实。实行科举取士，无疑是选拔人才的一次制度上的革命，无论统治者的目的何在，而且随着历史的发展，科举取士也弊端丛生，但是它毕竟提供给读书人平等的竞争机会，给下层书生打开了通向仕途的通道，在今天看来是很具有现代意识的。试想，在隋开科取士之前，历代选拔人才的制度，从秦汉之前的分封世袭制，到两汉的察举和征辟制，再到魏晋的九品中正制，迭经变革，只有科举制一旦诞生，即成定制，几乎伴随在它之后的整个封建时代。历代王朝并不乏励精图治、见识高卓的皇帝，他们也曾推出一个又一个政治、文化的变革措施，为什么一直对科举制存而不废呢？说明这种选拔人才的制度，依托于皇权膨胀、任人唯亲、恩荫世袭之风尚浓的封建农业帝国的政治文化背景下，有一定的存在合理性。

中国的科举制度产生以后有一个不断变化的过程。八股取士产生在科举的最后阶段。隋以策论取士；唐设明经、进士两科，进士考诗赋，明经考经学，唐明经考试虽从"九经"中出题，却并不要士子写成文章，商衍鎏论《八股文之源流》曰："帖经之法，只令全写注疏，类于默书与今日之填题，既不增加词意，推展发明，唯凭记诵。"① 而且只要求每个士子考"所习之经"，这样，应试士子无须多少真才实学，理所当然受到文人的轻视，所以支撑唐代科举制度的是诗赋取士。宋承唐制，仍以诗赋取士，只是在王安石为相之时，为配合政治改革而推行科举改革，其对神宗皇帝问曰：

---

① 商衍鎏：《清代科举考试述录及有关著作》，百花文艺出版社2004年版，第245页。

> 今人材乏少,且其学术不一,异论纷然,不能一道德故也。一道德则修学校,欲修学校,则贡举法不可不变。若谓此科尝多得人,自缘仕进,别无他路,其间不容无贤;若谓科法已善,则未也。今以少壮时,正当讲求天下正理,乃闭门学作诗赋,及其入官,世事皆所不习,此科法败坏人材,致不如古。①

王安石认为诗赋取士,只是崇尚文辞,不切适用,"及其入官,世事皆所不习",因此向宋神宗奏议复兴古学,令士人读经,改诗赋取士为经义文章取士。明清八股取士的真正源头,应追溯到王安石头上。推想王安石提倡兴学、立师、授经,目的是"化民成俗";实行经义取士也是想为国家选拔能够治国理财、役民用兵的有用人才,并非完全是想把士子圈定在儒家思想的苑围之中皓首穷经。王安石自己也并不是一位纯儒,他的学术文化思想贯串着一条致用的线索,他说:"文者,务为有补于世而已矣";"辞者,犹器之有刻镂、绘画也","要之以适用为本"(《上人书》)。他早期诗文无不浸润着这种思想。明白了这一点,也就清楚了王安石科举改革的意义。他站在理想主义的实用原则上,试图把读书人从埋首研究文辞的书斋里拉到经济文章的道路上来,为君所用,这正是一个杰出的封建政治家识见的超人之处。

朱元璋正是看出了王安石推行科举改革对于选拔国家有用人材,维护封建帝国统治的意义,所以下令以经义文章作为选官的唯一途径。洪武三年,他颁发诏书说:

> 汉、唐及宋,取士各有定制,然但贵文学而不求德艺之全。……自今年八月始,特设科举,务取经明行修、博通古今、名实相称者。朕将亲策于廷,第其高下而任之以官,使中外文臣皆由科举而进,非科举者毋得与官。②

他批评了唐宋选官"不求德艺之全"的弊端,推行以科举选取"经明行修"之人的制度。在他看来,选取的"经明行修"之人,应是德(伦理道德)艺(治国之术)双全。王安石的科举改革到了朱元璋的手中才以九

---

① 《宋史》卷一百五十五《选举制一》,中华书局1984年版,第3617页。
② 《明史》卷七十《选举制二》,中华书局1974年版,第1695—1696页。

五之尊的身份得以真正的贯彻实行。这是中国科举史上一件令人瞩目的大事。应该说,八股取士之初是一项很了不起的考试选才制度的革新,其意义是不能低估的,不能因为八股文后来声名狼藉,甚至臭名昭著,便连同这个富有意义的科举考试革新也一并抛入历史垃圾堆中。

其实明代的科举考试,虽然不出"四书五经",但是其内容并不能仅仅归纳为"代圣贤立言"。当然我们无法对明代的墨卷作全面的分析,但是从所引的方苞对明代八股文的阐述也可以窥见一斑。应试的士子,不仅可以"以古文为时文",可以"融液经史"和"包络载籍",而且"胸中所欲言者",还可以"借题以发之"。当时的八股,所选的材料有经有史,还可包融其他载籍;所论的内容,不仅是圣人之言,也可以借题发挥。可见"代圣贤立言"只是一种普通的要求,具体情况也并不尽然。为什么唐代的明经考试(真正代圣贤立言)趋于灭亡,而明代的八股文考试延续了五百年呢? 它总是有一点活力,否则早该就木入土了。

耐人寻味的是,清承明制,继续八股取士制度,而此时八股的种种弊端已原形毕露,所以那位富有革新进取精神的康熙帝即位不久就下令"将浮饰八股文章永行停止,惟于为国为民之策论、表、判中出题考试。"① 此后三科考试均未采用八股。但不久仍恢复八股,"永行停止"的铮铮誓言犹在耳畔,而科举考试的改革走了一圈又回到了原点上。我们没有翔实材料论述康熙恢复八股考试的原因,但是有一件事对我们理解个中的原因透出若干消息。乾隆九年(1744),兵部侍郎舒赫德上书又重提取消八股考试,当时主持科举考试的礼部对舒赫德的上书,提出一个"议复"。"议复"中说:"且夫时艺取士,自明至今殆四百年,人知其弊,而守之不变者,非不欲变,诚以变之,而未有良法美意以善其后。"② 这真是道出了实行八股取士不得已的苦衷。既然八股自身弊端重重,八股取士又不得不用,清代的统治者只好做一些补苴罅漏的工作。比如康熙放松对出题作法多所忌讳的要求,雍正则亲自降旨,要求八股文要"清真雅正,理法兼备",乾隆见作八股文的士子,"剽窃陈言,雷同肤廓",令方苞编定前人八股典范之作供士子揣摩研习。

① 梁章钜:《制义丛话》,《续修四库全书》(第1718册),上海古籍出版社2003年版,第13页。
② 梁章钜:《制义丛话》,《续修四库全书》(第1718册),上海古籍出版社2003年版,第532页。

上文所引的礼部"议复"中还有："国初诸名人,皆寝食于经书之中……始于圣贤之义理,心领神会,融液贯通;参之经、史、子、集以发其光华,范之规矩准绳,以密其法律。"① 这说明清初八股考试虽然方向未改,规矩依旧,但其内容已关涉到经史子集,范围似乎扩大了很多,生长在封建磐石之下的八股文似乎又从石缝中透出了一点生气。所以清代八股文呈现出中兴的局面,出现了一批像周镐《逸民伯夷叔齐》那样的优秀八股文,正是这种政治文化背景使然。康乾之后,八股僵死,并无足观矣。

综上分析,我们可以得出以下几点结论:

(1)八股取士之初,它由原先的诗赋文学取士转入经济文章取士,注意德(伦理道德)艺(治国之术)双全,是中国科举制度的一项重大变革。此间经王安石针对锢弊,本着致用的原则,提出科举改革,到朱元璋正式实行八股取士,就选取国家的管理人才而言,显然八股取士比诗赋取士要科学得多,进步得多。

(2)优秀的八股文,虽然题不出"四书五经",意不离圣贤之言,但是并非仅仅是"代圣贤立言",而融有作者对历史、现状的思考,对圣贤之言的认识和理解,反映了某种治国治政的思想。如明朝黄子澄的墨卷几乎就是论述中央集权的重要性,实质是为明代高度中央集权制的现实寻求理论依据。

(3)八股文和八股取士制度依托于封建农业帝国后期皇权专制极为膨胀的政治文化背景。在这种背景下,八股的存在自有其合理性,即使是后来八股文垂垂待毙,八股取士弊端丛生,人们也无法寻找出另外一条牢笼志士、驱策英才的良术,也就是说,在统治者甚至在一般知识分子的心目中这是唯一合理的选才措施。所以,就连思想激进的李贽、袁枚等人也为八股文说过不少好话。李贽甚至把八股文与《西厢》、《水浒》相提并论,认为是"古今至文"(《童心说》)之一种。只是因为后来"西学东渐",更为合理的选拔人才的方式已经传入中国。政治文化背景发生了变化,八股也理所当然地遭到猛烈抨击,终于宣告了它的灭亡。我们只有依托于特定的政治文化背景,才能认识其存在的历史合理性。

---

① 梁章钜:《制义丛话》,《续修四库全书》(第1718册),上海古籍出版社2003年版,第532页。

（4）任何事物都有一个生长、发展、衰亡的过程，有些事物发展到最后甚至走向了自己的反面。八股取士正是如此，它由一个富有朝气的科举制度逐渐走向死亡，直至腐朽。它本是一种选拔人才的方法，却逐步发展成了窒息人才的创造精神、扼杀人才的封建专制文化的典型体现，成为士子汲汲于名利的工具，就连八股文权威方苞也感慨"害教化、败人才者，无过科举"（《何景恒遗文序》）。但是，今天我们对它的评价决不能因为它后期的死亡腐朽，而把它前期的朝气活力，一股脑儿地全盘否定。

三

以上是从政治文化的层面考察八股文和八股取士制度，为了更进一步地认识和了解八股文，我们还可以从文章学的角度考察其对明清文化（文学）的影响。

古文、骈文、时文，是古代文章学中三个相对独立的概念。所谓"时文"，是北宋以后科举中的经义文章，被人们看成时行的文章，所以简称"时文"，后来则成为八股文的别名。一般人认为，古文、时文迥然有别，"古文气息，时文法脉"（高塘《论文集钞·杂条》），亦即古文重文气，融有作家的才调情志；时文讲法度，重视脉络格套。事实并不如此简单。时文兴起之后，与古文交叉浸染，所以王葆心《古文辞通义》说："陋者援时文以为古文，高者且能援古文以为时文"。"援古文以为时文"是明清文章家力图改革时文所提出的最为响亮的口号，它给僵死的八股文注入了一丝灵气。在上文中所说的优秀八股文未必尽为"代圣贤立言"，而融有历史的、现实的一点思考，正是"援古文为时文"的文章改造的结果。而"援时文为古文"，则使古文也染上一点时疾。即使明清的著名古文作家也缺少抵御时文传染的免疫力。造成这种文化现象，有两个方面的原因：第一，如朱自清《经典常谈》说：八股文"原是君主牢笼士人的玩意儿，但它的影响极大；明、清两代的古文大家几乎没有一个不是八股文出身的。"[1] 八股取士既然是文人的唯一进身之阶，他们要跻身仕途，必然要对八股文精研覃思，那种严格的八股训练，必然不自觉地渗

---

① 朱自清：《经典常谈》，复旦大学出版社2004年版，第151页。

透到古文写作之中。第二，古文与时文虽有种种区别，但八股文作为一种文章式样，不可能是从天而降，而是在形式上吸取了历代文章的作法而产生的，这就使古文与时文有一种天然的相通关系。如若不信，读一读韩愈的《原毁》、王禹偁的《待漏院记》，你看是不是充满了八股味？黄仁黼《古文笔法百篇》干脆就把王文称为"时文八股之祖"。

我们只需举一些大文章家为例证，就可充分说明时文与古文的交叉影响。

清代著名学者黄宗羲在《明文案》序中推归有光为明文第一。归有光既用古文之笔作时文，如高塘在《论文集钞·杂条》所说："世每好言以古文为时文，而托之于震川（归有光）先生，夫先生岂不尔哉。顾其制义（时文），气则古文之气，法犹时文之法"；又用时文之法作古文，所以黄宗羲《明文案》序认为："试除去其叙事之合作，时文境界，间或阑入"。归有光的文章雅正严谨，历来为文评者所首肯，但在黄宗羲的眼中，归作除叙事作品之外，时时透出八股的作法。过重法度脉络，严谨有余，灵气不足，确是归作的特点。高手尚且如此，"陋者援时文以为古文"，简直是乱花迷眼了。

桐城派是清代最大的古文流派，延续师承二百余年，作家百计，名作如林，影响之大，为中国文坛所仅见。虽然其领袖人物方苞、戴名世、刘大櫆等人大骂八股，而他们自己又恰恰是八股大家，仍然是一只脚叉在古文上，另一只脚又套在时文的圈子内。朱自清批评"方苞受八股文的束缚太甚"，因此他的古文"严整而不雄浑，又缺乏情韵"。刘大櫆、姚鼐讲究音节，"分明是八股文讲究声调的转变"①。即使是方苞提出的桐城派古文"义法"的理论，"义"——言有物，即要求阐述儒家"义理"；"法"——言有序，即讲究"行墨蹊径"，恐怕也难脱八股的影子。有人批评桐城派"以古文为时文，以时文为古文"，也算是不刊之论。

此外，八股文讲结构条理，讲对偶音调，讲气脉贯通，不仅影响了古文，而且影响了诗歌理论和创作。上文已论清代八股文较有生气的是清初至乾隆时期，把它称为八股文中兴时期。在这个时期清代诗坛有四大学派。其盟主的理论有王士禛的"神韵"说，沈德潜的"格调"说，翁方纲的"肌理"说，袁枚的"性灵"说。我们可以作一个武断的结

---

① 朱自清：《经典常谈》，复旦大学出版社2004年版，第152—153页。

论,他们都不同程度地受到八股的影响。我们只要研究一下他们诗歌理论就不难证明。

王士禛标举神韵,看似与僵死的八股程式毫无关涉。但是,他明确地说:"时文虽无与诗古文,然不解八股,即理路终不分明"①。沈德潜论诗力主儒学"诗教",与八股原出一脉;讲究法律格调,称"唐玄宗'剑阁横云峻'一篇,王右丞'风劲角弓鸣'一篇,神完气足,章法、句法、字法俱臻绝顶,此律诗正体"②,也与八股重法度、格套有暗合之处。翁方纲《石洲诗话》强调义理即是以学术以经术为根底。其本质是将宋江西诗派的诗歌理论注入八股的血液,浸染在乾嘉学风之中。在这四派的代表人物之中较为特殊的是袁枚。他极力主张作诗应有个性,独抒性灵。认为"时文之学,有害于诗",但同时又认为诗与时文"而暗中消息,又有一贯之理",还认为诗的"气脉不贯"是因为"不能时文"的缘故③。如果仔细研究明清诗论,其中以八股文文理论诗者相当普遍。方东树《昭昧詹言》向人们所昭示的作诗"文法"几乎都可以从八股文的制艺秘诀找出蛛丝马迹,如果详细研究必须作出专论。在此我们只是阐明:八股文虽有僵硬死板的文章理路格套,但是由于文人士子浸润已久,一旦操觚而为文为诗,必然不自觉地融入作家的笔下,使明清诗文也散发着浓浓的八股气息。换言之,八股从问世的那天起,就或多或少、或隐或显地影响着其他文体。当代的一些古文论研究者对此几乎全部忽略了,或者是视而不见,有意绕开。个中原因,让人一言难尽!

通过如上论述,我们仍可以抽象出下列几点结论:

(1)八股文作为一种文体,它融有古文、骈文、律诗的部分特点,它注重脉络,讲究格套,不能简单地归结为僵死的模式,而是对前代古文经验的一种总结,讲句式对偶、音调和谐,与骈文、律诗的语言形式美特征也不能说毫无关系。所谓"以古文为时文",既是改造八股文的一个口号,又反映了优秀八股文的特点。但是八股文把前人的某些创造经验加以绝对化、极端化,在发展过程中,要求渐趋苛刻繁琐,模式渐趋刻板僵化,客观上桎梏了人的创造性。所以发展至晚期,使那些日

① 王士禛:《池北偶谈》卷十三《谈艺三》,齐鲁书社2007年版,第246页。
② 沈德潜:《说诗晬语》卷上,《清诗话》,上海古籍出版社1999年版,第540页。
③ 袁枚:《随园诗话》卷六,人民文学出版社1982年版,第197页。

日沉浸八股的士子成为迂腐酸牙的"孔乙己",也就不足为怪了。但是八股文作为一种文体样式,与诗词(那要求也够琐碎苛刻了)一样应在文章学的研究中占有一席之地。

(2)明清散文创作队伍壮大,作品众多,在中国文学的发展史上是史无前例的,显然是受八股文的影响。明清以经义文章取士,在这根指挥棒下,封建知识分子日日沉浸于经义文章之中,研究文章的遣词用句,立意构思,法度义理,毕竟为古文写作也打下了基础,一旦敲开了世俗之门,丢掉敲门砖,转入古文写作,也就得心应手了,所以古文的名家几乎也全是八股的名家。当然,也由于古文名家"少习时文,操之太熟,声律对偶,把笔即来,如油渍衣,剪除不去"①,使明清古文除小品文、叙事文以外,大都充溢着头巾气、学究气,法度谨严,灵气不足。

(3)明清八股文的法度条理,音律对偶,同样影响了明清的诗论和诗歌。从宏观上看,明清诗作选材不出唐宋,但是其诗律更细,意脉更显,严谨整饬有余,活泼灵动不足,这不能不说是受八股文气熏染的缘故。

简短的结语

总之,八股文和八股取士是封建专制文化的一种典型体现,它是统治者统一思想、牢笼英士的一种工具,给中华民族带来的负面影响尤其表现在使士子们的思维只能让儒家思想跑马,一元文化价值观代替多元文化价值观,封建晚期那种万马齐暗的死寂局面,虽然不能简单地归罪于八股文与八股取士,但是不能说与它毫无关系。但是,作为一种取士制度,在特定的政治文化背景下,它曾在历史上产生过进步作用,具有一定的存在合理性。作为一种文体,它在康乾之前还透出一些生气,对整个明清文化(文学)都产生了巨大影响,无论这影响是积极的,还是消极的,但是,作为一种客观存在却是毋庸置疑的。我们既不能视而不见,众口缄默,也不能众口一词,一概骂倒。我想,即使是鸦片不也可送一部分到药店给人治病么?

[原载《六安师专学报》1996年第1期,原题为《八股简论》]

---

① 施补华:《与吴挚甫书》,《泽雅堂文集》卷二,清光绪十九年陆心源刻本。

宋江悲剧蠡测

《水浒传》是一部英雄悲剧。水浒英雄的悲剧是以宋江为聚焦点。宋江的悲剧，原因虽有数端，然考其要者，却主要缘于他的性格悲剧。而其性格悲剧又缘于两个方面：一是两种背离的文化积淀而形成双重性格分裂，另一是理性的自我实现而造成人性的膨胀。二者交织，酿就了宋江的人生苦酒。

积淀于宋江性格之中的两种文化是忠与义。晁盖死后，宋江坐上梁山第一把交椅后，立即将晁盖命名的"聚义厅"改为"忠义堂"。堂名之变，不唯反映了梁山路线的变化，亦且反映了晁、宋两人性格的差异。晁盖以义为立身行为的规范，宋江除此而外又添加了一个"忠"字。宋江性格，就整体倾向而言，在英雄排座次之前，以义为主；排座次之后，以忠为先。唯其重义，乐于为人排忧解难，使宋江被称为"及时雨"、"呼保义"，赢得了江湖好汉的景仰，团结了一大批绿林英雄，推动了梁山事业的发展乃至鼎盛。又唯其重忠，使之身在江湖，心存魏阙，在梁山英雄取得了两赢童贯、三败高俅的辉煌之时，又不惜屈膝卑躬，谋求招安，终至亲手断送了梁山事业，自己亦以神聚蓼儿洼而告终。

宋江所崇尚的义，非为儒家仁义之义，而是江湖义气之义。儒家之义是士大夫应该遵从的道德伦理规范。孔子认为，君子应"义以为质"（《论语·卫灵公》），"义以为上"（《论语·阳货》）。孟子把义理解为由羞恶之心发展而来，成为维护宗法等级制度的道德准则。西汉董仲舒更把义与仁、礼、智、信规定为五常，成为基本的人伦准则，且找到与忠的相通点。而江湖之义，一方面含有上古武士的尚武精神，另一方面又是"人是其义而非人之义"(《墨子·尚同中》),成为被扭曲的墨家兼爱文化的延展。宋以后,随侠义精神的日益世俗化,江湖之义,既是生活于社会底层的人们反抗封建暴虐的一种精神武器,也是其谋求生存的一种手段。它的行为规范是相互忠诚,相互帮助,扶危济困,除暴安良。讲究的是"生死之交一碗酒",义已经完全转化为民间文化的载体,成为一种独特的文化精神。晁盖与宋江正是以这种文化精神为凝聚力笼络了一大批绿林英雄,从而使梁山事业迅速发展到鼎盛。

宋江所崇尚的忠却是典型的儒家伦理规范。本来在孔子那里,"忠"是指诚恳为人的人格态度和注重诚信的行为准则,强调"居处恭,执事敬,为人忠"(《论语·子路》)。孔子亦重忠君,但是有条件的:"惟君使臣以礼",才"臣事君以忠"(《论语·八佾》)。孟子谓"教人以善谓之忠"(《孟子·滕文公上》)。至汉代"忠"的内涵已经扩大,忠已成为"治国之本"。班固《白虎通义》卷下《三纲六纪》云:"三纲者何谓也:谓君臣,父子,夫妇也。"第一纲即是规定臣民必须对君王要绝对尽忠。于是忠君就成为儒家伦理道德的重要内容了。显然,宋江性格中所积淀的忠的文化观念,是经过汉儒修正后的儒家伦理观念。"忠义堂"之忠,就是忠君,"替天行道"的大旗亦仅仅是为忠君观念涂上一层神秘的天人感应的色彩而已。所以,当梁山事业辉煌的时候,宋江便朝思暮想渴望招安,终于将一批与他出生入死的兄弟引上绝路,轰轰烈烈的梁山事业也因此断送。

二

梁山事业因义而鼎盛,因忠而衰亡,其本身亦昭示了忠与义这两种文化观念的背离乃至于对立。

忠与义是中华民族文化中不同层面的两种文化观念。如上所述,在最初的儒学思想中。忠与义是同一伦理人格中的两个侧面,二者互相包融,难以分割。但自汉之后,二者逐渐分离,而后"忠"入朝廷,"义"落民间。至宋明,这两种文化观念已互相背离乃至互相冲突。此时,义一旦由个人行为规范发展为团体行为规范时,就衍生一种小集团意识,这种小集团意识是以集团内部的权益分配为驱动力,所以水浒英雄一上梁山,就共同享受一种大秤分金、大碗喝酒的逍遥任诞的生活。小集团内部虽也有集团组织秩序,但这又非国家组织秩序所比。这与忠大不相同。忠一旦由个人的行为规范转化为团体行为规范时,就构成一种皇权意识。皇权意识是以儒家伦理为官僚阶层的精神规范,以森严的等级制度为官僚阶层的行为规范。君王成为抽去了血肉的顶礼膜拜的偶像,臣民对君主的地位、人格、才略等诸方面政治资源的认同是皇权意识的主体。《水浒》只反贪官不反皇帝的基调,正透出了作者施耐庵浓厚的皇权意识,这显然与小集团意识构成二律背反。

宋江既重义,又尚忠,两种背离的文化观念同时积淀到性格主体之中,必然造成其性格与行为的双重分裂。私放晁盖是义,但是当他以义为行为准则时,实际上已经犯了背叛朝廷的弥天大罪,背离了忠的儒家伦理原则。金圣叹评《水浒》第十七回曰:"宋江而诚忠义,是必不放晁盖者也;宋江而放晁盖,是必不能忠义者也。"① 睿智的金圣叹已看到宋江性格与行为的背离,却没有看到积淀于宋江性格中两种文化观念——忠与义的背离而造成的宋江性格本身的分裂,此乃金公不识处。同理,当宋江谋求招安,履行忠的行为规范时,又背离了义的准则。这种性格与行为的分裂最终必然导致他个人与梁山事业的悲剧。

三

当然,如果更进一步考察宋江的深层心理,可以看出,忠的文化观念在宋江的性格中未必积淀得十分深厚。这在浔阳楼所题的反诗中看得非常清楚,"他日若遂凌云志,敢笑黄巢不丈夫"。黄巢是叛逆朝廷的"大盗",宋江把自己与黄巢相提并论,且渴望过之。语气虽露出几分自信,甚至几分霸气,骨子里却更充满企慕,足见其志向并不完全在于尽忠朝廷,而是希冀充分地实现自我。酒后的癫狂,剥去了笼罩在宋江头上的社会面纱,于是裸露出真实的人性本质。如果我们抽去对宋江政治的与道德的评价,从人性的角度而言,宋江渴望招安也并不仅仅是因为忠,或许正是一种追求自我实现的选择。因为在当时的现实中,招安,在宋江看来,是一种无可选择的选择。上梁山前宋江劝武松的一席话即流露了此种心态:"如得朝廷招安,你便可……一刀一

---

① 林乾主编:《金圣叹评点才子全集》(第三卷),光明日报出版社1997年版,第318页。

枪,博得个封妻荫子,久后青史留一个好名,也不枉为人一世。"要博得封妻荫子,青史留名,依靠蜗居梁山水泊、入草为寇是无法实现的。梁山事业即便再轰轰烈烈,也属"乱臣贼子"之流,而依靠梁山好汉来打碎现有的秩序也是不可能的,宋江之前并非无前车之鉴。对此,宋江了若指掌。所以宋江只有也只能选择认同皇权、投靠朝廷的招安一途,以遂己志。此点只有号称"智多星"的吴用深得宋江衷肠,而且如若深究吴用深层心理,或许与宋江引为同调。所以宋江谋求招安,吴用以默许的方式而予以支持;当宋江为药酒所鸩时,吴用也就绝望而自戕。只有那些文化层次低、愚鲁质朴之辈,如李逵、武松,不谙世事,仅谋求生存环境之改善,而激烈地反对招安。由此看来,宋江之悲剧,不唯是由背离的文化积淀而造成的性格与行为双重分裂所致,亦且是追求自我实现的人性膨胀的结果。本来,追求自我实现是人性结构中的一个重要层面,东汉耿纯劝刘秀上尊号时所言,典型地代表封建士族渴望自我实现的心态:"天下士大夫捐亲戚,弃土壤,从大王于矢石之间者,其计固望其攀龙鳞,附凤翼,以成其所志耳!"① 托庇皇权,攀龙附凤,是封建时代最主要的实现自我的途径,即所谓"学成文武艺,货于帝王家。"倘逢盛世明主,此途未必不通。可悲的是,宋江生遭暗主(尽管《水浒传》中屡称主上圣明,徽宗之暗弱,于史可征,于小说中亦可见),奸臣当道,政治窳败。当此之时,自我实现的愿望犹如肥皂泡,愈是膨胀,飘逝愈速。

因此,从浔阳楼题诗的狂歌激情中所透出理性的人性中自我实现的沉思,我们已经不难窥测到宋江悲剧命运的不可避免性。

四

这种由两种背离的文化所积淀的悲剧性格,以及理性的自我实现的人性意识,是宋江特殊的生活经历所铸就的。宋江出身于小庄园地主的家庭,围绕在他的四周大都是小生产者与贫民。这类生活在社会底层的人们,成为世俗化的江湖之义的文化精神主要承载者,他们为谋求生存,反抗暴虐,相互之间必须以义为重。而其江湖义气中所透

---

① 《后汉书》卷一《光武帝纪上》,中华书局1965年版,第21页。

出的善良本性必然沁入宋江的心灵之中,颐养了宋江重义的性格。

入梁山之前,宋江是押司,属刀笔小吏之类。这种卑微的身份,又使他有机会接触到大批的绿林好汉。他所耳濡目染的是绿林好汉酒酣耳热、一诺千金的江湖义气,这种氛围也不可能不影响到他的性格。但宋江毕竟出身于一个儒学文化浓厚的家庭,属于下层中的"文化贵族"。业儒守道之家,使之必然自幼饱读儒家典籍;而后又从事官府的刀笔小吏,置身于官府中森严的儒学伦理规范之中,这种文化氛围又培养了宋江的忠君思想。宋江上梁山过程的忸忸怩怩正是其忠君思想的显现。只是在浔阳楼题了反诗,有了性命之虞后,方不得已落草梁山。背离的文化观念必然形成宋江性格的二重分裂,所以在晁盖等人劫了生辰纲之后,既徇情枉法,放走晁盖,又认为他们犯下弥天大罪,为法度所不容;上梁山之后,既以义为旗帜凝聚了梁山好汉,又以忠为号召,先易厅名,后求招安。本求忠义两全,最终却是求忠不得,于义亦失。在神聚蓼儿洼之前,他明知是御赐毒酒,不仅自己日日饮之,还唤来李逵,令与同饮,唯恐在他死后桀骜的铁牛又聚义生事。这不唯是忠,也实在是他完全绝望之后的一种清醒。此刻,他已明白,即便是李逵等再轰轰烈烈一回,也难逃今天的悲剧结局。

另一方面,宋江毕竟是社会底层的"文化贵族",社会底层的生活,特别是在私放晁盖、怒杀阎婆惜之后的种种屈辱经历,使之内心蓄满了悲愤与怨气,他不甘心身居社会底层所受的种种屈辱,就必须改善现实的生存环境,跻身于统治阶层,浔阳楼的题诗正是此种心态的直露表现。而"文化贵族"所追求精神满足的特质又刺激了他自我实现的膨胀的人性意识。宋江之所以选择在两赢童贯,三败高俅,梁山事业鼎盛之机寻求招安,是因为他错误地认为此时自己的身价已经加码,具备了与朝廷讨价还价、跻身上层统治阶层的本钱——下层的"文化贵族"是无法认识清楚上层政治斗争的残酷的。而后征方腊、讨王庆,也只是一种自我实现的本质对象化而已。正是这种膨胀的自我实现的人性意识,使之在统治者为他早已设置好的政治陷阱面前迷惑了,自投罗网,遭到毁灭。

特殊的人生历程与文化氛围铸就了宋江的悲剧性格与膨胀人性,终至导演了一部壮烈的人生悲剧。

施耐庵的伟大之处就在于:与刻画其他英雄不同,他不是在刀光剑影中刻画宋江,而是把宋江分裂的性格与膨胀的人性置于特定的社会与文化背景之中,不仅从侧面折射出社会的黑暗,政治的腐败,而且宋江悲剧的本身昭示了上层文化与市民文化无可调和的冲突,裸露出中国文化内部自身的暗伤。

[原载台湾《古今艺文》第 24 卷第 4 期]

张问陶诗学思想研究

　　在清中叶流派纷呈的诗学理论中,张问陶虽然没有专门的诗学著作传世,但是在他诗集中,诗论作品之多,诗学思想之丰富,是值得注意的。据笔者粗略统计,《船山诗草》中专门论诗的作品58首①,与论诗相关的作品约140余首。

　　然而,大陆学术界对张问陶的诗歌理论研究几近空白②,只有少数批评史著作略有涉及,或在其他研究中连带而及(这在下文注释中已经详细标出)。在为数不多的研究中,认为张问陶诗学理论,因袭袁枚,标举性灵,几乎已成为一种共识③。而且王英志先生还认为:"张问陶的诗学观点由于表达形式的限制,比较粗略,不及袁枚的《随园诗话》、诗序等论诗专著观点阐述得详尽周全,范围亦不如袁枚性灵说广泛。"④的确,张氏诗学理论不及袁枚周详,涉及范围不及袁枚广泛,然而,如果对其诗论作详细考察,即可发现:他的诗论,不仅涉及了"天真""天趣""真""性灵""空灵""化工"等一系列重要的诗学理论范畴,对创作主体、审美对象、诗歌本体等诸多方面都有所论述,而且,如果仔细地梳理,还可看出,其实张氏已经建构了一个较为完整的诗学理论体系。笔者认为,张氏诗论的核心是"天真"。其中以"天趣"、"真"

---

　　① 这些作品是:《论文八首》、《论诗十二绝句》、《颇有谓予诗学随园者笑而赋此》(二首)、《重检记日诗稿自题十绝句》、《题屠琴坞论诗图》(十首)、《岁暮怀人作论诗绝句》(十六首)。本文所引张诗依据《船山诗草》,中华书局1986年版。下引诗只注篇名。

　　② 迄今为止,尚无专题研究论文,目前所见仅有王英志《张问陶诗学略说》。见《文史知识》1996年第11期,但王文论述较为粗疏。

　　③ 王运熙、顾易生主编《中国文学批评通史》(陆)曰:"他的诗论也一依袁枚的主张,标举性情。"上海古籍出版社1996年版,第522页。《船山诗草·出版说明》也明确地说:"所有这些诗歌主张同袁枚的性灵说有着相同的内涵。"可见这种观点基本为学术界所共识。

　　④ 王英志还明确地说:张问陶的诗学观点,"其要旨与袁枚性灵说同调。"见胡传淮:《张问陶年谱》,巴蜀书社2000年版,第6页。王英志在《性灵派研究》中更明确地将张问陶划入"性灵派"殿军。参见《性灵派研究》第十章第二节,辽宁大学出版社1999年版。朱则杰的《清诗史》亦将张问陶划为"性灵派的羽翼"。参见《清诗史》第十二章第三节,江苏古籍出版社2000年版。

为构成层面；以"性灵"为基本内涵；以"空灵""化工"为意境表现。性灵、空灵、化工，不唯围绕着天真说而展开，亦且构成一种向天真回归的网状结构。

一、张氏诗学理论的核心："天真"

在张问陶诸多诗学范畴中，其理论的核心是什么？清人崔旭《念堂诗话》认为是强调真情与天趣："船山师《论诗绝句》云'写出此身真阅历，强于钉饾古人书。'……又'天籁自鸣天趣足，好诗不过近人情。'其宗旨如此。"今人王运熙、顾易生主编《中国文学批评通史》、王英志《性灵派研究》等则认为是"标举性灵"。而笔者认为，从张氏所涉及的诗学范畴之间的逻辑联系看，"天真"应是其诗学理论的核心。故其论诗反复强调"天真"：

> 欲写天真得句迟，我心何必妄言之。眼前风景床头笔，境过终难补旧诗。——《重检记日诗稿自题十绝句》
>
> 想到空灵笔有神，每从游戏得天真。笑他正色谈风雅，戎服朝冠对美人。——《论诗十二绝句》

虽然仅此二诗，我们还难以明确界定"天真"的理论内涵，但是细检《船山诗草》，"天真"一词频频地出现在他的酬赠品题和抒怀寄慨之作中，概括言之，其理论内涵可分为以下三类：

第一，指创作主体的性情气质，即"天真"或是指率性而为的性情气质，或是指超然世俗的生命本真，如：

> 许斋蕴藉人，言动随天真。……闲寻古寺无期暮，点笔褒弹旧词赋。大骂扬雄不值钱，劝我努力功名报君父。悯予纵酒几亡命，正色当筵苦规诤。——《送许斋之官浙江》
>
> 尘缘逐处损天真，衣食劳劳厌此身。——《巳未岁暮述怀》
>
> 爱跨疲羸访故人，偶然淡语得天真。胸中别有闲丘壑，不受京华一点尘。——《赠同年顾容堂》

许斋或"闲寻古寺",或"点笔褒弹",随性为之,性格潇散;或"大骂扬雄",或正色诤友,随情为之,绝无矫饰。显然,这种率性而为的禀性气质即是"天真"。而这种"天真"本身也带有一份超然,因为,一旦坠入滚滚红尘,为衣食劳劳,以身役心,不唯丧失了自身的情性气质,亦且损害了生命本真。顾容堂所以身居京华而不染尘俗,是因为他胸中别有丘壑,超然脱俗,故对坐偶语,亦时时流露出本性的天真。

率性而动、超然世俗的"天真"的性情气质是主体进入创作状态时必备的前提和条件,其《题法时帆前辈诗龛向往图》曰:

> 画手得诗意,笔墨皆精神。陶公执卷足酒态,数枝残菊存天真。

"诗龛向往图"所以极富诗意,是因写出了诗人的性情气质即"精神",其内核也就是"天真"。为何"执卷足酒态""数枝残菊"就表现出陶公之"天真"? 因为陶公之"执卷",是"好读书不求甚解,每有会意,便欣然忘食"(《五柳先生传》),不期而得"意";"足酒态",是"忽焉复醉,既醉之后,辄题数句自娱"(《饮酒诗序》),不期而得"诗";"数枝残菊",是"采菊东篱下,悠然见南山"(《饮酒诗》),不期而得"真"。这种人生态度,摆脱了现实羁缚,纯任性情,一片化机,无所求而至,偶然得之,即成佳境。这既是诗人生命的存在状态,也是诗人进入创作时必备的前提与条件,故诗如其人,在自然造化中得其天真。

第二,指审美对象的风神韵味,这既可表现在"旧时风月"的自然之景中,也可表现在"苍生鬼神"的社会人生中,如:

> 画意诗情绝潇潇,旧时风月一清新。但凭好景留今日,未必虚怀让古人。世外心交多冷趣,闲中墨戏多天真。乱头粗服偏神似,肯仿林宗垫雨巾。——《题黄左年同年为吴子华仿石田翁全庆堂玩月卷子,左田与城东、肖生子华用石田元韵联句题后,亦步元韵》
>
> 自磨醉墨写天真,知为苍生为鬼神? 莫讶上书狂欲死,东山李白是乡人。——《代启答毕秋帆先生并上近诗一卷》

写"旧时风月"可得"天真"。因为"旧时风月"之"清新"缘诸作为审美物件的韵味风神。他曾赞美友人的梅花小照,是因其以"气高神淡远,香动影装回"(《题吴子华梅花小照》)凸显了梅花幽香淡远、疏影徘徊的风神韵味。写"苍生鬼神"也可得"天真",因为写苍生鬼神也能表现出李白式的主体情性气质,同样具有风神韵味。其《题姚伯昂诗》"奇篇能磊落,淡语亦丰神",即强调在写磊落不平之气时,突出对象的风神韵味。可见,诗人虽然强调胸中丘壑,但并非要求栖迟衡门,远离现实,应"风雨关心数卷诗"(《题张蒋塘诗卷时将归吴县即以志别》)。然而,这种"风雨关心"的社会价值取向,并非外在强加于主体的理性规范,而是经过主体的过滤,积淀于主体情性之中:"文章飞动谈风雅,风景流连写性情"(《题杨西禾九柏山房诗稿》),一旦发诸吟咏,仍然是性情的自然流露,即"天真"。

第三,指主体与客体融合表现在诗歌本体中的综合审美质量。这种审美质量,一方面表现为审美主体在自然山川的本质对象化中发诸心底的生命体验;另一方面又表现为以飞龙一鳞的意象所创造的诗歌意境:

> 胸中有天地,触物皆经纶。以此事章句,譬诸龙一鳞。关心在时务,下笔唯天真。——《陈荫山舍人招同胡城东朱少仙》

"关心时务"是一种社会价值取向,但表现这种价值取向,不是简单的言志,而是"胸中有天地,触物皆经纶",主体的"胸中天地"在自然的本质对象化中,由"物"的天机而顿悟人事的"经纶",以飞龙一鳞的意象写出这种生命的体悟,创造出诗歌的"天真"的意境。正因为如此,他认为:

> 杜甫《秦州》作,天真协古风。……诗骨秋逾炼,禅心老更空。——《早秋夜寄怀》

杜甫《秦州杂诗》二十首,歌咏当地山川风物之境,抒写伤时感乱之情和个人身世之悲,也是属于"协古风"的"天真"之作。所以他赞叹:"我爱君诗无管束,忽然儿女忽风云"。(《题邵屿春诗后》)无论是儿女之情还是风云之气,只要不是外在强加的理性羁缚,而是发诸心底的生命体验,创作中表现出这种主客体融合而产生的神韵,都是一种"天真"。为此,他反对"正色谈风雅"的矫饰的创作态度,认为在游戏笔墨中往往更能见天真的气质神韵。

综上所论,张氏所言之"天真"包含三个方面:创作主体的性情气质,审美物件的风神韵味,诗歌本体的艺术本质。其内涵与外延十分丰富,如果联系下文论述就可以看出,其诗学范畴的内涵几乎均由这一范畴衍申而来,都是围绕着这一范畴而展开的,因此说"天真"是张问陶诗学理论的核心范畴。

二、天真的两个理论层面:"天趣"和"真"

在张氏的诗学范畴中,与"天真"直接关联的一对范畴是"天趣"和"真"。"天趣"和"真"构成"天真"的两个理论层面,是其诗学思想的第二理论极次。

先言"天趣"。在张氏诗学理论中,与"天趣"理论内涵近似的诗学范畴还有"天然"和"天机"。天然,指对象的自然造化与主体脱尽世俗桎梏而超然物外的自在状态;天机,指对象所蕴涵的天然内质与主体在本质对象化过程中所凸显的情性和感悟;天趣,指包孕于诗境意象中的天机之趣。三者互相交织,难以切割。从理论上说,在这三个子范畴中,"天机"是核心,它因乎"天然",达乎"天趣",是注之于诗的主要审美质素:

> 物情也似人情好,谁领天机注我诗。——《江南诗意》

注之诗境的天机,不仅包括"物情",也包括"人情"。物情之天机,是指自然之物作为审美对象所显现的天然内质。人情之天机,从审美主体看,是缘诸主体天质自然的禀性、超然绝俗的心态:"癯鹤临风意欲仙,斯人清净出天然。"(《赠同年陈户部琴山》)如瘦鹤临风,超然欲仙,是主体脱尽世俗桎梏而超然遗世的自在状态:清净、自然,即天然。注之诗文,必得天机。所以,诗人说"余生飘忽渐知非,傀儡登场听指挥。酒趣难言真道要,诗情偶露即天机。"(《和少仙》)泥身世俗,如傀儡登场,必然失去天然的自在状态,就毫无天机可言,正如《庄子·大宗师》所曰:"其耆(嗜)欲深者,其天机浅。"只有在酒趣中摆脱现实桎梏,才能得其"难言"的"真道要",在诗情中偶露天机。从审美过程看,是主体对"物情"之天机的直观感悟:"浮云过太空,无心忽相遇。人生随天机,即事有真趣。"(《六月二十八日偶遇亥白兄过东读书楼》)浮云飘空,为自然造化的外在状态(天然),一旦与人心不期而遇,主体不仅发现"物情"之天机,而且在对象中发现了自我情性。刹那间物我浑融,主体灵性穿透客观物象,直觉感悟宇宙人生的真谛。

审美主体天质自然的禀性和超然绝俗的心态,审美过程的物我浑融,不仅表现主体与客体之天机,而且还得其天机之"趣",即"天趣"。天趣,对主体而言,蕴涵于审美意象之中;对诗境而言,蕴涵于诗歌境界之中,是主体之"人情"投射于客观之"物情"后,诗歌所表现出的审美质量:

> 授图一笑得天趣,草帽团团忽飞去。——《谢宋芝山画山水即送其归山西》
>
> 名心退尽道心生,如梦如仙句偶成。天籁自鸣天趣足,好诗不过近人情。——《论诗十二绝句》

前诗论画,诗人观赏山水画图,于谈笑之中顿悟意象之"天趣"。天趣本原于"天籁"——客体之天机,而天籁又必须融入诗人"名心退尽"的超然之情性——主体之天机,才能真正获得天趣。可见,天趣,既包涵于境象之内,又包涵于境象之外。境象之内的天趣是诗歌本体静态存在的意境;境象之外的天趣,既是创作借助语言张力而将诗人对审美对象的顿悟余于言外,又是鉴赏借助于联想而悟意象之外的诗人之悟。

再言"真"。"人生随天机,即事有真趣",天机之趣以"真"为前提,亦即诗境之天趣,既包涵意象之真,又以意象之真为存在前提。天机、天趣、真既互相区别,又互相包融。有真,方有天机;有天机与真,方有趣。所以张氏反复强调诗画的"写真":

> 指点甬东修竹影,写真已是十年前。

——《甬东听雨图为前军门陈树斋题》

江湖原自有闲人,更有闲人为写真。——《题友人江乡小景》

在他看来,意象之真是传达诗画天趣的基本手段。所写之"真",有景真:"且傍桃花一写真"(《吴芝田添香伴读图》);有情真:"世缘空处性情真"(《赠沧湄》);有意真:"胸中自有真意"(《断酒》);还有语真:"即此眼前真实语,也通诗境也通禅"(《除夜五鼓将入朝独坐口占》)。

张氏所言之"写真"与绘画之"写真"有联系也有区别。有几点值得注意:其一,景真,虽然需要描摹山光物态,然而并非简单地摹其外形,而是突出特征,得其神采。其《小除日与秩存》曰:"传神不以貌,下笔如有诗。收取残宵眼前景,一一变化神明之。"收取残宵之景,通过意象的再造与叠合,突出其神采。其二,语真,并非是文采雕琢,而是以清淡自然之语传神达意,所以他批评"雕文镂采"(《论诗十二绝句》),强调"毋绮语"、"尚清歌"(《雨后与崔生论诗》),"臭味能从淡处真"(《菊花诗》)。其三,意真,"意"除了上文已论及的主观之意外,还包含客观之景的意态神韵,即以景为载体,在景物传神的描摹中,凸显"意"。如《细雨骑驴入剑门图》曰:"只为山写意,不为山写真。足迹所未到,仿佛传其神。"(这里的"真"指描摹物态的真实,与上文所说之"真"意义有别。)诗人的意思是:写真景是为传神,传神是为写意——即在写景中显现天机。其四,情真,他强调情与意相生相融。其《题屠琴坞论诗图》曰:"谁知无赖扬州月,看到虚空却有情","看到虚空"即在审美对象的澄观默照中,领悟到扬州月的天机,——得其真意。"却有情"即由意生情。情与意相融。其五,趣真,有真即有趣,有时真与趣互相融合:"人生随天机,即事有真趣",得天机之真,即有真趣。

综上所论,张氏之"天趣"与"真"亦围绕着创作主体、审美对象、诗歌本体三方面,是对"天真"的进一步描述,因此说这一范畴的内涵是"天真"的自然延伸,是构成"天真"的基本理论层面。在这两个层面中,"真"为意象,"天趣"为境界;"真"为基点,"天趣"为升华。然二者相辅相成,得天趣,其意象必真;意象之真,亦必得天趣。从诗歌本体说,即以天趣为意境显现的基本审美特质,以意象之真为意境构成的基本审美质素。

三、天真的基本内涵:"性灵"

与"天趣"、与"真"直接关联的另一个诗学范畴"性灵"。张问陶的"性灵"说有三层的涵义:一是主体所固有的鲜明独特的情性,这是进入审美过程的前提与条件;二是在主体澄观默照下审美物件所显现出的灵性,这是主体在审美过程中的发现与感悟;三是主客体融合而产生的审美意象所包含的美学内容,这是构成"天真"审美质量的基本内涵。

对于审美主体而言,"性灵"指性情(情性),它缘诸主体的天然禀性,故又称之血性。主体的性情与血性,具有鲜明独特的个性特征,诗歌必须深深地烙印上诗人的这种个性特征,方为"天真"。因此,犹如袁枚所主张的那样,张问陶也强调诗中有"我",反对摹拟因袭:

> 诸君刻意祖三唐,谱系分明墨数行。愧我性灵终是我,不成李杜不张王。——《颇有谓予诗学随园者笑而赋此》
> 诗中无我不如删,万卷堆床亦等闲。——《论文八首》

在当时人认为他诗学随园(袁枚)时,他明确宣告,我诗所写的是"我"的性灵,而不是他人的性灵。这不仅暗示了自己性灵说与袁枚性灵说的理论差别,而且揭示了创作主体性灵的客观差异性。因此,他反对摹唐规宋,因袭他人,强调诗之妙处即在于诗中有"我",诗写"心声"。其标志,就是毫不掩饰地抒写情性,所以他反复地强调性情,或曰情性:

> 文章体制本天生,只让通才有性情。模宋规唐徒自苦,古人已死不须争。笺注争奇那得奇,古人只是性情诗。——《论诗十二绝句》

之所以不必模宋规唐,以学问为诗,一是因为文章体制出自天然(天生),不是模宋规唐之所能得;二是因为古人之诗缘诸"性情",无法模拟。性情出自生命的本真,是一种与生俱来的天然本性,即"血性",故其论诗又重"血性",其《小雪日得寿门弟诗札即用原韵寄怀》曰:"语真关血性,笔徒见灵光。"诗的"语真"原于诗人的"血性",血性是诗人的本色个性,是"天真"的重要内涵,所以他鄙夷"乡曲小儒无血性"(《日本刀歌赠陈瀚》)。

在审美过程中,一旦将性灵(情性)投射于审美对象时,主体或在人化自然中领悟山川物态的"性灵",或由审美物件而触发"性情":

> 野鹤闲云寄此生,暗香真到十分清。转怜桃李无颜色,独抱冰霜有性情。……照影别开清净相,传神难得性灵诗。
> ——《梅花》
> 冷眼看空《游侠传》,热肠涌出性情诗。——《赠徐寿征》

前一例,诗人在梅花的澄观默照中,将"野鹤闲云"的出世情怀投射于审美物件(梅花),在梅花暗香疏影与独抱冰霜的气韵中,领悟其所独具的清净之相和高洁之质的"性灵"。后一例,诗人在鉴赏《史记·游侠列传》时,透过文字,领略到侠肝义胆的性灵,触发了诗人的"热肠",从而"涌出性情"诗。

无论是主体对山川物态性灵的领悟,或由审美物件而触发情性,都能产生创作灵感:

> 凭空何处造情文,还仗灵光助几分。奇句忽来魂魄动,真如天上落将军。——《论诗十二绝句》
> 笔有灵光诗骤得,胸无奇气酒空浇。——《秋夜》

现实的审美对象,一旦转化为诗人心灵的审美意象时,它不再是现实的实象,而是心灵的虚象,故曰"空"。要捕捉住这种空的意象,为文造情,就需要灵感。灵感(即灵光)一至,便魂魄飞动,奇句忽来,而诗歌骤得。"冷眼看空《游侠传》,热肠涌出性情诗",亦有此意。将这种主客观融合、包涵着性灵的意象,运用诗境表现出来,这就是"性情诗",再如:

> 笔墨无功性灵出,一痕花影一痕秋。——《题图牧山画兰》

随身鹤影看风格,泼眼山光写情性。——《徐直生兵部艾湖泛春图》

澄江抱明月,见月不见水。妙手为传神,见月不见纸。笔墨有性灵,水月无终始。船头抱膝人,诗情定如此。——《题李芑渔小照》

仗他才子玲珑笔,浓抹山川写性灵。——《题子靖长河修禊图》

诗人在审美过程中,将情感投射于对象,由"一痕花影"而悟一缕秋色,由山光鹤影而见风神格调,由江抱明月,水月长存而感悟人生,诗画正是借助于才子的玲珑(空灵)之笔,在浓抹山川之时,传其神韵,突出主客体融合而涌出的性灵。使作者得其心,而造其境,览者悟其境,而会其意。

是否抒写性灵,的确是诗人衡量诗歌优劣的一条重要美学标准,"不写性灵斗机巧,从此诗人贱于草"(《题法式帆前辈诗龛向往图》),这就给人构成一个深刻的印象:"一依袁枚的主张,标举性情"。然而,张氏强调性灵,是将其置于"天真"的理论内涵中加以论述的。所以山川之灵性,诗人之情感,无论是出世的,还是入世的,只要是发乎本性,不刻意而求;得乎天机,自然本真,都是一种性灵。所以诗人认为,即使是饮食温饱,因为人之天性所需,故亦为性情:"通儒饮食皆风雅"(《乙卯春夏与谷人前辈饮酒诗》),"偶图温饱亦人情"(《即事》)。这也是张问陶性灵说的独特之处。

综上所论,在张问陶诗学理论中,"性灵"与"天趣"、"真"在内涵上互相包融,互相阐发,其理论级次是:由抒写"性灵"而达其"真",因真而达其"天趣",从而形成"天真"的综合审美质量。由此可见,虽然,主体性情(性灵)是决定"天真"的首要审美要素,却只是"天真"的一个基本内核,无法包融"天真"的全部内容。因此,不能说"性灵"说是张氏诗学理论核心。

四、天真的诗境表现:"空灵"和"化工"

将"性情"以"空灵"和"化工"的诗歌境界表达出来,即为"天真"。

也就是说"空灵"和"化工"是"天真"的诗境表现。

张氏论诗极重"空灵",其《题屠琴坞论诗图》曰:"也能严重也能清,九转丹金铸始成。一片神光动魂魄,空灵不是小聪明。"无论风格严肃,或清灵之作,都必须意境空灵;意境空灵,也是"一片神光"——即主体在审美对象中触发灵感、涌出性情的必然结果。

"空灵"的主要构成质素是"空"。唯有空,方有灵气往来;空则灵,不空则滞。张氏所言的空灵之"空"实际上包含三个方面:心空、象空、境空。

所谓心空,指审美主体在对客体澄观默照时的空明的心理状态,是妙悟生成的前提。主体一旦心境空明,纯任性灵自然流出,才可能创作出空灵之诗:

> 别有诗人闲肺腑,空灵不属转轮王。——《论文八首》
> 当其下笔时,兴会忽飘举,离离奇奇不知作何语。或严如天神,或丽如好女,或如锦绣缎,或如黑风雨,如鬼叫墟墓,如囚叹囹圄。……我亦付之可解不可解,譬如燃犀一照妖魔骇。……倒泻天河浇肺腑,先使肾肠心腹历历清可数。然后坐拭轩辕镜,静照九州岛土,使彼五虫万怪摄入清光俱不腐。——《赠邵五》

诗境的"空灵",并非佛教的梦境空花,而缘生于主体"闲肺腑"和"肾肠历历清可数",即主体心境屏弃杂念,进入"心斋""坐忘"的空明审美心境。主体一旦心境空明,则万象纷呈,即如苏轼《送参寥师》所言"静故了群动,空故纳万境"。故下笔时,兴会标举,各种意象纷至沓来,如燃犀照渚,妖魔惊骇,然后主体置于一个恰当的思维角度,在沉思默虑中梳理意象之间的潜在的逻辑联系,使"五虫万怪"摄入诗境,从而构成"清光"一般的空明意境。张氏所描摹的这种心理状态,实际上包含两个心理阶段:一是进入审美状态时澄观默照,腾踔万象;一是在万象腾踔时的沉思默虑,梳理意象。二者都以象空为心理内容。

所谓象空,并非无相,而是指主体在审美过程中对客观物象澄观默照而形成的心灵意象,是注之于诗,生成境空的审美质素。与心空的两种心理阶段相联系,象空之"象"向两个方面转化,一是由实在的现实物象向虚化的心理意象转化;一是由无序的心理意象向有序的诗歌意象转化：

> 谁知无赖扬州月，看到虚空却有情。
> ——《长生禅林赠大恒上人》
> 悟到实境原虚境，书到传神竟入神。
> ——《题法庶子溪桥诗思卷子》
> 君写奇花我赋诗，一般生趣几人知。凭空下笔宁无法，得意忘言亦有时。——《题陈肖生》

"看到虚空"，即是现实的"实境"之象投映于主体心灵而形成的"虚空"之象，这是由物象向心象的转化。在这一过程中，因天机之"悟"而生"情"，即产生了心灵的意象。如若这种心灵的意象，像上文所说，在兴会标举中，纷至沓来，呈现出无序状态时，主体再一次进入澄观默照中，梳理意象之间潜在的逻辑关系，凸显对象的天机神韵——即"生趣"，使无序的意象进入有序状态，最后，在"得意忘言"、"书到传神"过程中，将有序的意象再转化为诗境的意象——即"入神"，从而产生境空。

所谓境空，指将主体心灵意象定格于诗歌语言而形成空明意境，是空灵之境的生成。境空，一是指诗歌之象的不沾不滞，表现不可太切、太实，而是以一鳞一爪而写全龙；二是指诗歌之旨的不黏不脱，或以一鳞一爪写其天机神韵时，融入诗人怀抱的"真美"，或以香草美人而致诗人之意。前者是象内之空，因空显象；后者是象外之空，以空见意。张问陶汲取宋严羽之说，以禅喻诗，而且融入王士禛"神韵"说：

> 诗中开悟境，象外写仙心。迦叶此是笑，羚羊何处寻。
> ——《黄小松作诗龛图》
> 提笔便存天外想，神龙鳞爪破空来。——《题屠琴坞论诗图》
> 古人怀抱有真美，天矫神龙见首尾。眼空天海发心声，篱下喓喓草虫声。——《题方铁船工部诗》

诗歌所表达的境界并非滞着于物象的逼真描摹，而是如"世尊拈花，迦叶微笑"，得其神而会其心，创造"羚羊挂角，无迹可求"的空灵之象，即以"无迹"之境写"有迹"之象,以破空之"鳞爪"而写神龙。写一鳞一爪的目的是,在得神龙的天机神韵之时,写出主体之"心声",怀抱之"真美"。这可能藉以象征,别有寄托:"香草美人三致意,苦心安敢望离骚"(《重检记日诗稿自题十绝句》)。但其寄托,必须是"神龙鳞爪",不黏不脱,唯此,才能显现其象外之空。

张问陶之所以如此注重"空",是因为,就审美主体而言,只有心空,方可悟;就诗歌意境而言,只有境空,才能得其神。——有悟,有神,才见诗的性灵:

> 势迫出奇谋,心空生妙悟。——《甲寅上元时帆前辈招饮》
> 妙手为传神,见月不见纸。笔墨有性灵,水月无终始。
> ——《题李艺渔小照》
> 酒肠渐窄花应笑,诗境全空笔有神。——《秋怀》

心空可生妙悟,妙悟而生空灵的意象,空灵而有"神",有"性灵",即借空灵的意象在抒写主体的情性与妙悟之时即可写出万物的天机神韵,从而构成空灵之诗境。他反复强调"写意"、"传神"、"生趣",就是要求诗人既写出万物之性灵,也写出诗人之性灵。而当以"淡语丰神","乱头粗服"写出这种空灵之境时,从艺术境界上说,就是一种化工。

化工即为自然造化之工。贾谊《鵩鸟赋》曰:"天地为炉兮,造化为工。"后来李贽《杂说》评《拜月》《西厢》为化工之作,强调艺术表现的真切自然,传神入化。张氏在继承李贽之说的基础上,特别强调"意"、"气""悟""神"与化工的关系。

第一,"意"与化工。诗必写"意",意是构成化工之境的内在涵蕴。其《小游仙馆排闷杂诗》曰:"酒徒随意写屏风,妙手人人抵化工。"主客体性灵的交融契合而生"意"。意,既是主体性灵的自然流露,亦是客体性灵的真切捕捉,所以写意之境即为化工。

第二,"悟"与化工。诗有妙悟,悟为生成化工之境的审美中介。其《指头画莲赠少仙》曰:"化工原也费心裁,水养灵根露养胎。忽悟此花清净相,一弹指顷一如来。"主体在对莲花澄观默照之时而"悟"其清净之相,所悟之相即为审美意象,将这种审美意象通过语言物化,即形成化工之境。"悟"与"意"密切关联。"意"是主客体性灵交融契合、瞬时而"悟"的结果。悟的产生标志意象的形成,但是,"悟"还必须经过潜在的理性抽象才能形成"意"而进入诗境,所以说"悟"只是生成化工之境的审美中介。

第三,"气"与化工。诗中有"气",气是化工之境的外在表现。一是主体气清,化为诗境,即产生化工之境(天成)。其《写摩诘山果草虫诗意为墨卿比部题》曰:"诗情画态总天成,未拂生绡气已清。"主体清空一气,所形成的"诗情画态"必然天成,即化工。二是因心动而产生的化工之境,必有"生气",其《答赠姚春木》曰:"藻翰皆生气,东南此异才。论严诗笔正,心动化工来。"主体的气清产生于超然的情怀,发诸生命的本真。"生气"即天然的气韵,是天机的外在表现,故曰"气"是发诸天真的外在表现。唯此,气动而生化工。

第四,"神"与化工。诗境有"神",神是化工之境的风格表现。其《寿秩存》曰:"绝域文章皆化境,更生岁月却飞仙。诗经敛手神逾王,史未书名世已传。"化境之诗,如更生岁月中的飞仙而其"神王",神王(旺),即风神弥满。神与气密切关联。气是天真的外在表现,然而,就诗境而言,气是注之诗境的生命本原,而神则是这种生命本原的外化。故曰神是化工之境的风格表现。

由此可见,性灵是诗境的构成内质,而空灵、化工则是诗境的风格表现。由此我们也可以得出结论:张问陶的诗学理论是以天真为理论核心,以天趣和真为基本层面,以性灵为内涵,以空灵和化工为艺术表现的最高境界,天趣和真,性灵、空灵和化工,既是天真的内涵的自然衍申,最终也指向天真的理论内涵。

余论:张氏诗论的因与革

综上所论,也可看出,张氏诗学理论在思想上,儒释道侠,兼收并蓄,渊源比较庞杂。在理论上,又杂取众家而扬弃发展,构成一种独特的诗学思想体系。对张氏诗学体系的渊源作缜密追踪,非本文所能为。本文仅就其主要的诗学范畴:天真、性灵、空灵,以清前、中期诗学理论发展为限,作简单回溯,以考察张氏诗论在时代平面上的因与革。

先言"天真"。"天真"以及"天趣"与"真"等诗学概念,其前辈理论家均有所涉及,兹概述如下:第一,"天真"。王士禛论诗倡"神韵",认为"天真"是神韵的一种审美品质。其《仿元遗山论诗绝句》曰:"枫落吴江妙入神,思君流水是天真。"① 所谓天真,即自然天成,不假修饰。所以他论诗亦往往以"天然""自然"为标格。其《池北偶谈》曰:"晚唐人诗:'风暖鸟声碎,日高花影重'……皆佳句也。然总不如右丞'兴阑啼鸟缓,坐久落花多。'自然入妙。"② 又《师友诗传续录》:"孟诗有寒俭之态,不及王诗天然而工。"③ 第二,"真"。袁枚论诗重"性灵",认为有性灵必得其"真"。如《随园诗话》卷七:"诗难其真也,有性情而后真,否则敷衍成文矣。"④ 他以"真"为标准而赞成李贽的"童心"说。以为童心最为真率而无矫饰,故其卷三曰:"诗人者,不失其赤子之心者也。……近人陈楚南《题背面美人图》云:'美人背倚玉阑干,惆怅花容一见难。几度唤他他不转,痴心欲掉画图看。'妙在皆孩子语也。"⑤ 他以孔子"情欲信"为原则检讨王渔洋诗,以为王诗之弊在于缺乏"真",其卷三又曰:"阮亭主修饰,不主性情。观其到一处必有诗,诗中必用典,可以想见其喜怒哀乐之不真矣。"⑥ 第三,"天籁"与"趣味"。袁枚认为,诗人凭借自然灵性,即景生情,偶然兴会,脱口而出,即为"天籁"。其《老来》诗曰:"老来不肯落言筌,一月诗才一两篇。我不觅诗诗觅我,始知天籁本天然。"诗中天籁得乎性灵,自然天成,中必有趣,方为妙诗,故力抵"格调",如宋人杨诚斋一样,强调"风趣"。《随园诗话》卷一:"格调是空架子,有腔口易描;风趣专写性灵,非天才不办。"⑦ 趣必"真",方有味。《随园诗话》卷一:"味欲其鲜,趣欲其真;人必知此,而后可与论诗。"⑧ 可见,以性灵写真,而又妙语解颐,趣味横生,是袁枚作诗一个美学追求⑨。第四,"本色语"与"遗世意"。渔洋神韵说以清淡冲远为审美趣尚。在语言上尚本色,其《赵怡斋诗序》:"论诗当先观本色。《硕人》之诗曰:'巧笑倩兮,美目盼兮。'而尼父有

---

① 陈良运主编:《中国历代诗学论著选》,百花洲文艺出版社1995年版,第925页。
② 王士禛:《带经堂诗话》,人民文学出版社1963年版,第52页。
③ 王夫之等:《清诗话》,上海古籍出版社1999年版,第151页。
④ 王英志主编:《袁枚全集》(三),江苏古籍出版社1993年版,第227页。
⑤ 王英志主编:《袁枚全集》(三),江苏古籍出版社1993年版,第71页。
⑥ 王英志主编:《袁枚全集》(三),江苏古籍出版社1993年版,第77页。
⑦ 王英志主编:《袁枚全集》(三),江苏古籍出版社1993年版,第2页。
⑧ 王英志主编:《袁枚全集》(三),江苏古籍出版社1993年版,第20页。
⑨ 袁枚:《随园诗话补遗》卷十举例曰:"燕以均年虽老,而诗极风趣。近咏《七夕》云:'相看只隔一条河,鹊不填桥不敢过。作到神仙还怕水,算来有巧也无多。'"诗意新奇,纯用口语,读之莞尔。

'绘事后素'之说,即此可悟本色之旨。"① 本色即自然天成的语言风格,在诗歌意境上,注重远离尘嚣、淡忘世情的思想感情。《古夫于亭杂录》:"景文云:庄周云:'送君者皆自厓而返,君自此远矣。'令人萧寥有遗世意。愚谓《秦风·蒹葭》之诗亦然。"② 不染尘滓,亦为天然,天然与天真丝缕相连。

显然,张问陶的天真说受王、袁影响较深。但二者有三点不同:其一,研究对象不同。王、袁理论虽也涉及创作主体,然以诗歌本体为主要对象。而张氏则以研究主体为起点,以对象为审美中介,最后归于诗歌本体研究。其二,理论内涵不同。王、袁论天真是指诗境的风神格调,张氏将王、袁天真的理论内涵由诗歌本体扩大到主体的性情气质与对象的气韵风神,极大地丰富了天真的理论内涵。其三,理论核心不同。王以"神韵"为理论核心,其天真的归结点在于神韵;袁以"性灵"为核心,其天真的归结点在于性灵。张氏则以天真为理论核心,其他诗学范畴均为天真的子范畴,以天真为归结点。

再言"性灵"。清初施润章论诗,主张应以"诗书六艺之文"为本,然而他也承认,诗发诸性情,非学而工。其性情之发,藉"丘壑之美,江山之助"。邬国平、王镇远先生认为,"提倡有感而发,诗为性情之物","山川景物不仅可以启人诗情,而且幽人畸士于自然景物中寻找到了寄托志趣的途径,借此来渲泄情感。"③ 宋琬在强调清明广大的盛世之音的同时,也注重个人的性情。其《竹巢诗序》认为,诗宜出乎人的性情,自然发露,就会有奇姿异态。

此后,袁枚汲取明代公安派理论,改造清初诗论家的性情说,提倡性灵,并形成完整的理论体系。他认为,第一,情即天性。诗歌抒情,因人性的不同,情感表达也不同,以此证明情出乎天性。《随园诗话》卷六曰:"凡作诗,写景易,言情难。何也?景从外来,目之所触,留心便得;情从心出,非有一种芬芳悱恻之怀,便不能哀感顽艳。然亦各人性之所近:杜甫长于言情,太白不能也。"④ 性与情的区别仅仅在于性为体,情为用,可由情而逆性。《小仓山房文集·书复性书后》曰:"夫性,体

---

① 王士禛:《带经堂诗话》,人民文学出版社1963年版,第131页。
② 王士禛:《带经堂诗话》,人民文学出版社1998年版,第87页。《渔洋诗话》文字与此稍异,见《清诗话》,上海古籍出版社1999年版,第181页。
③ 王运熙、顾易生主编:《中国文学批评通史》(陆),上海古籍出版社1996年版,第266—267页。
④ 王英志主编:《袁枚全集》(三),江苏古籍出版社1993年版,第177页。

也;情,用也。性不可见,而于情见之。"① 第二,性灵是创作的先决条件和诗歌艺术的内在本质。他在《小仓山尺牍·答何水部》中强调"若夫诗者,心之声也,性情所流露者也。从性情而得者,如出水芙蓉,天然可爱。"② 他认为,性情是创作之本源,辞藻是表现之形式。第三,写性灵必得神韵。其《小仓山尺牍·再答李少鹤》曰:"仆意神韵二字尤为要紧。……神韵是先天真性情,不可强而至。"③ "先天真性情"在诗中即表现为神韵,在此他又以性灵为体,神韵为用。因此他强调"词欲巧",即诗在表现上宜巧不宜拙。《随园诗话》卷四:"凡作人贵直,而作诗文贵曲。孔子曰:'情欲信,词欲巧。'孟子曰:'智譬则巧,圣譬则力。'巧,即曲之谓也。"④ "巧"与"生气"融合,诗即活泼灵动而富有神韵。故《小仓山房诗集·品画》:"品画先神韵,论诗重性情。蛟龙生气尽,不如鼠横行。"⑤

如若比较上述三点与本文对张问陶性灵说所分析的三点,即可看出,虽然张氏汲取了袁枚的部分理论内涵,但两者差异十分明显。其一,张氏不仅认为性灵是主体的天性与情感,而且认为性灵也是审美对象在主体澄观默照所显现出的灵性,是主体在审美过程中的发现与感悟,这是袁枚性灵说所无法包含的。其二,张氏将性灵作为天真的主要理论内涵,性灵是主客体融合而产生的审美意象所包含的美学内容,这与袁说区别更显。

后言"空灵"。空灵作为诗学范畴在清初的诗论鲜有提及。然清初朱彝尊论词推崇姜夔,标榜清空。直接继承宋代张炎词论而来。张炎《词源》宣称"词要清空,不要质实。清空则古雅峭拔,质实则凝涩晦昧。"⑥ 其后,明代胡应麟论诗主张"文尚典实,诗贵清空"(《诗薮·外编》卷一)⑦,张岱亦曰:"诗以空灵才为妙诗"(《琅环文集·与包严介》)⑧。清初论诗虽未明确标举空灵,然神韵说的本质与空灵关联。

---

① 王英志主编:《袁枚全集》(三),江苏古籍出版社1993年版,第148页。
② 王英志主编:《袁枚全集》(四),江苏古籍出版社1993年版,第149页。
③ 王英志主编:《袁枚全集》(四),江苏古籍出版社1993年版,第208页。
④ 王英志主编:《袁枚全集》(三),江苏古籍出版社1993年版,第107页。
⑤ 王英志主编:《袁枚全集》(一),江苏古籍出版社1993年版,第666页。
⑥ 唐圭璋:《词话丛编》第一册,中华书局1986年版,第259页。
⑦《中国美学史资料汇编》(下),中华书局1981年版,第141页。
⑧《中国美学史资料汇编》(下),中华书局1981年版,第193页。

第一,神韵之境即为空灵。王士禛"神韵说"近承清初画论而来。清初王时敏、王原祁等人论画,提倡神韵,且赋予了神韵清远简淡、意趣深蕴、天然自得的审美内涵。如王时敏《西庐书跋》:"神韵超佚,体备众法。""不待仿摹,古人神韵自然凑泊笔端。""笔墨神韵,一一寻真。"渔洋论诗主张"清远"。其《池北偶谈》:"汾阳孔文谷云:诗以达性,然须清远为尚。"① 清远,不唯是神韵之标格,亦即清淡悠远的意境,诗人通过对清幽绝俗的物象的描绘,寄托淡远超脱的心境,其本质即为空灵。第二,色相俱空亦为空灵。渔洋推崇司空图"不着一字,尽得风流"之说,汲取严羽"兴趣"说理论内核,在《分甘余话》中,他在列举李白、孟浩然之后说:"诗至此,色相俱空,政如羚羊挂角,无迹可求,画家所谓逸品是也。"② 其本质即为空灵之境。他所论之"化境",亦为后来张问陶所汲取,即指空灵的臻境,其《香祖笔记》曰:"舍筏登岸,禅家以为悟境,诗家以为化境,诗禅一致,等无差别。"③ 其立足点也在于空灵之境上。

然而,无论是明代,还是清前、中期的理论家,或标举空灵,或关涉空灵,均为零金碎玉,缺少系统,直至张问陶,才对空灵之说予以详细阐述,并形成完整的理论系统。而且张氏将空灵与化工相连缀,表现出一种向天真回归的审美祈向。另,张氏的性灵说,强调诗人本色个性之时,注重壮美,这实际上汲取了沈德潜诗论中强调风格气骨的理论主张④,纠正了空灵的浮滑空疏之弊,这一点特别值得注意。

综上所论,在清中叶诗学理论中,张问陶的诗学思想是杂取众家之长,建立了自己的完整理论体系。他一方面强调自我,在理论上独树一帜;另一方面也抉破町畦,显现出一种调和各派的倾向。所以清中叶的许多理论流派都受到后人的批判,而他却因为调和、圆熟,而障过挑剔者的眼光,但也因此没有受到学界的应有重视。

[原载《古代文学理论研究》第21辑]

---

① 王士禛:《带经堂诗话》,人民文学出版社1998年版,第73页。
② 王士禛:《带经堂诗话》,人民文学出版社1998年版,第71页。
③ 王士禛:《带经堂诗话》,人民文学出版社1998年版,第83页。
④ 沈德潜《七子诗选序》:"予惟诗之为道,古今作者不一,然揽其大端,始则审宗旨,继则标风格,终则辨神韵,如是焉而已。……窃谓宗旨者,原乎性情者也;风格者,本乎气骨者也;神韵者,流于才思之余、虚与委蛇,而莫寻其迹者也。"

后 记

　　呈现在读者诸君面前的这本"自选集"实在是惭愧得狠。我的学问是半路出家,因此自己至多也只能算是一个"草根"学者。小学五年级就来了"文革",一直持续到高中毕业。这期间读书自然成了闹革命以外的"副业";然后下乡,在文化沙漠中"大有作为"了;间隔六年后,才有机会上大学读书;再然后又去了一所师范学校教书,因为父兄相继逝去,不得不过着"教书亦为稻粱谋"的生活,一晃又是十二年多。真切地感受到"我的青春小鸟一去不回头"……

　　直至1996年考入南京师范大学师从郁贤皓先生攻读古代文学,才算真正走上学问之路。郁先生曾在我的《魏晋哲学与诗学》一书的"序言"中用"年龄已高"形容我当时读书时的情境——不过,出书时,我偷偷地改成了"年龄已大",这也是我对先生抱愧的地方。乡下人说,"人到四十不学艺",而我的"学艺"也真是过了"不学艺"的年龄。以后在学问的道路上,虽是磕磕碰碰,却也是孜孜以求。这一本自选集,在读者诸君看来,也许并不值得"选集",而在我来说,恰恰记录了我的一段人生历程——很为"选集"而自慰。所以收录到本书中的文章,时间跨度达20年之久。对于旧作,除了按照出版要求,作了格式的调整以外,文字一仍其旧(极少数篇名略有改动),在我自己的心里,大约也有"立此存照"的意思,因此也不必为曾经浅薄而感到汗颜吧。

　　对于读者诸君来说,我还必须说一声"抱歉"。因为,在我自己看来,我的学问真正开始于"陆机、陆云研究"和"魏晋经学与诗学关系研究"。关于"陆机、陆云研究",已经出版了《陆士衡文集校注》《陆士龙文集校注》近200万字的专著;其"二陆年谱汇考"12万字也被收录范子烨主编《中古文学研究》一书,2014年6月由世界图书出版公司出版;而且还撰写了大量关于陆机、陆云的研究文章,拟结集出版《陆机陆云研究》一书,约40万字。关于"魏晋经学与诗学关系研究",也发表了大量的论文,书稿目前已经完成了第二稿写作,正在进行第三稿写作,待出版时大约也有近100万字吧。这两项研究已发表的论文,因为要出版专著,所以在本书中一律没有收录,主要考虑避免前后书稿的重复,让愿意读书的人花冤枉钱,我的这一苦心也是要祈请读者诸君原谅的。

收录于本书的部分文章是我和学生合作的成果,为了不掠人之美,在文章最后都已注明。所以,这本"自选集"还记录了我和我的学生在探讨学术过程中其乐融融的人生经历——这也是在我母亲去世以后,最大的精神慰藉。母亲是我心目最伟大的人,给我生命,养我成长,教我坚韧,催我进取……母亲给了我最为可贵的"非物质文化遗产"——善良、执著、百折不回。我也希望我的学生、我的孩子们无论是现在还是在将来能够在这本"自选集"中感悟一点人生中应该"守望"的精神。

刘运好

2014年3月28日于江城天地斋